Klages
Grundzüge des Filmrechts

Grundzüge des Filmrechts

Grundlagen · Verträge · Rechte

Herausgegeben von

Christlieb Klages

Rechtsanwalt
und
Dozent an der Deutschen Film- und Fernsehakademie Berlin

Bearbeitet von

Wolf Albin, Rechtsanwalt in Berlin; *Godehard Behnke,* Rechtsanwalt in Berlin; *Prof. Dr. Fred Breinersdorfer,* Rechtsanwalt, Drehbuchautor und Vorsitzender des Verbandes deutscher Schriftsteller; *Prof. Dr. Thomas Dreier,* Leiter des Instituts für Informationsrecht der Universität Karlsruhe; *Christian Füllgraf,* Rechtsanwalt in Lübeck; *Dipl.-Volkswirtin Renée Gundelach,* öffentlich bestellte und vereidigte Sachverständige für Film-, Fernseh- und Videoproduktionen sowie film- und medienwirtschaftliche Fragen, Mitglied im Verwaltungsrat der FFA, Berlin und der VG Bild-Kunst, Bonn; *Birgit Kalscheuer LL.M.,* wissenschaftliche Mitarbeiterin am Institut für Informationsrecht der Universität Karlsruhe; *Christlieb Klages,* Rechtsanwalt in Berlin, Dozent an der Deutschen Film- und Fernsehakademie Berlin; *Philipp Kreuzer,* Administrator bei EURIMAGES-Council of Europe; *Prof. Dr. Erika Lücking,* Richterin am VG Berlin; *Irene Schlünder,* Rechtsanwältin und Verwaltungsleiterin der Deutschen Film- und Fernsehakademie Berlin

Verlag C. H. Beck München 2004

Verlag C. H. Beck im Internet:
beck.de

ISBN 3 406 50201 6

© 2004 Verlag C.H. Beck oHG,
Wilhelmstraße 9, 80801 München
Druck und Bindung: Nomos Verlagsgesellschaft
In den Lissen, 12, 76547 Sinzheim

Satz: Fotosatz H. Buck
Zweikirchener Straße 7, 84036 Kumhausen

Gedruckt auf säurefreiem, alterungsbeständigem Papier
(hergestellt aus chlorfrei gebleichtem Zellstoff)

Vorwort

Im Medienrecht wird um Positionen gerungen, die unterschiedlicher nicht sein können. Der Filmemacher möchte frei und möglichst ohne Beschränkungen seinen Film herstellen. Arbeitszeitenregelungen, Drehgenehmigungen, die Klärung von Musikrechten, die Persönlichkeitsrechte der Abgebildeten und viele weitere Regelungen beschränken ihn dabei. Der Filmemacher trägt das wirtschaftliche Risiko. Er hat mit den leistungsschutzberechtigten Darstellern zu verhandeln, die ein hohes Honorar als Garantie und zudem eine erfolgsbezogene prozentuale Beteiligung beanspruchen. Der Auftragsproduzent hat mit den Einflussnahmen des zielführenden Senders umzugehen. Die bei der Herstellung des Werkes beteiligten Urheber fühlen sich oft nicht hinreichend gewürdigt und haben eine andere Vorstellung von einer angemessenen Vergütung als der Filmhersteller. Wenn die Finanzierung steht und die komplexen vertraglichen Verhältnisse mit den verschiedenen Beteiligten geregelt sind, die Rechte an Drehbuch, Musik und anderen benutzten Werken eingeholt sind und der Film erstellt ist, soll die Auswertung den wirtschaftlichen Erfolg bringen. Der Umstand, dass Inhalte jedweder Art ohne Qualitätsverlust in einem weltumspannenden Datennetz verbreitet und übermittelt werden können, führt zur Forderung der Rechteinhaber nach einem verbesserten Schutz auch im digitalen Umfeld. Und so kommt es, dass bei den Verhandlungen über die Gestaltung des Urheberrechts so hart und kontrovers gestritten wird wie bei der Umsetzung der Richtlinie 2001/29/EG zur Harmonisierung bestimmter Aspekte des Urheberrechts und der verwandten Schutzrechte in der Informationsgesellschaft.

Wer Film- oder Fernsehbeiträge produziert, muss bestimmte rechtliche Normen berücksichtigen, will er nicht Ansprüchen Dritter ausgesetzt sein. Es gilt, aktuelle Tarifverträge zu kennen, die gesetzlichen Änderungen des Urheberrechts und höchstrichterliche Entscheidungen zu verfolgen. Andererseits ist gerade im Medienrecht Detailwissen schnell veraltet und der Filmschaffende ist gut beraten, sich um ein grundlegendes Verständnis einzelner Rechtsprobleme zu bemühen. Der Aufbau des Buches ist deshalb so gewählt, dass die Probleme in der Reihenfolge ihres Entstehens behandelt werden.

Im ersten Kapitel werden die wirtschaftlichen Voraussetzungen einer Filmproduktion dargestellt, von der Erstellung der Kalkulation bis zur Finanzierung des Films, Kalkulationsschemata und Fachtermini werden erläutert, Filmförderungsquellen aufgezeigt, und zahlreiche Ratschläge einer

Vorwort

erfahrenen Praktikerin vermitteln Marktkenntnis. Im zweiten Kapitel werden Rechtsfragen des Filmrechts erörtert. Von der Frage des Ideenschutzes über den Formatschutz zum Titelschutz werden im ersten Abschnitt Themen besprochen, die vor der Erstellung eines Filmes jeden Filmemacher angehen. Die Frage, ob und wie eine Idee, ein Treatment oder ein Exposé zu schützen ist, bewegt jeden kreativen Menschen ebenso wie die Frage, wie man das fertige Werk vor Nachempfindung schützen kann. So hat der erste Zivilsenat des BGH noch kurz vor Drucklegung erneut festgestellt, dass das Urheberrecht nur Werke gegen ihre unbefugte Verwertung als solche in unveränderter oder unfrei benutzter Form schützt, nicht aber ihre bloße Benutzung als Vorbild zur Formung anderer Stoffe und hat damit den Formatschutz verneint (BGH, Urteil vom 26. Juni 2003 – I ZR 176/01). Die teilweise Verwendung von vorbestehenden Werken, etwa von Fotos oder Filmausschnitten bedarf einer rechtlichen Klärung ebenso wie die Verwendung von Musik im Film; lediglich unter den engen Voraussetzungen des Zitatrechts bedarf es der Zustimmung des Rechteinhabers nicht. Die Sorge, die Persönlichkeitsrechte eines Dritten zu verletzen, ist berechtigt, da das Persönlichkeitsrecht nicht detailliert statuiert ist, sondern über Jahre durch richterliche Einzelentscheidungen geprägt wurde. Die Entscheidung, ob der Abgebildete eine absolute und relative Person der Zeitgeschichte ist, ob der Name eines Beschuldigten zu nennen ist oder ob er durch einen Balken unkenntlich zu machen ist, muss der Filmemacher alleine treffen. In dem entsprechenden Beitrag werden ihm die Abgrenzungskriterien an die Hand gegeben. Die Frage, ob der Filmtitel als Werktitel hinreichend geschützt ist oder als Wortmarke einzutragen ist und welche Funktion der Titelschutzanzeiger hat, erfährt der Leser bei der Behandlung des Titelschutzes.

Im zweiten Abschnitt werden Rechtsfragen erörtert, die während der Herstellung des Filmes auftreten. Die Abgrenzung von Dienstvertrag und Arbeitsvertrag, zwischen Selbständigkeit und Scheinselbständigkeit bewegt jeden Filmemacher genauso wie die Frage der zulässigen Arbeitszeit oder die Zulässigkeit von Optionsvereinbarungen bei Serienproduktionen. Die Kenntnis der maßgeblichen Tarifverträge ist ein Muss für den Filmemacher. Wie sich die Stellung von Urhebern und ausübenden Künstlern dagegen mit Hinblick auf die Neuregelungen des Urhebervertragsrechts verändert haben, erfährt der Leser im Beitrag „Filmautorenvertrag". Eine Übersicht über die Vertragspartner und die anderen Marktteilnehmer, über Verhandlunsstrategien und Grundfragen zur Vergütung von Autoren steht der Aufzählung voran, was alles in einem Autorenvertrag zu regeln ist. Zahlreiche praktische Hinweise, etwa auch zur vereinbarten Honorarhöhe, vermitteln wertvolle Marktkenntnisse des Autors. Der darauffolgende Beitrag gibt eine Übersicht über Gemeinschaftsproduktionen und stellt dar, welche Punkte typischerweise in Koproduktionsvereinbarungen zu regeln sind. Die Aufgaben des ausführenden Produzenten sind beschrieben und Haftungsprobleme werden aufgezeigt. Ob und welche Versicherungen für den Film abzuschließen sind, wird ausführlich in dem Beitrag „Filmversicherung" beschrieben. Die Fertigstellungsgarantie, die Error- und Omissions-Versicherung und die Shortfall-Guarantee werden detailliert beschrieben und die Notwendigkeiten diskutiert, das Procedere, die Ausschlüsse und selbst die Vertragsanlagen aufgeführt.

Im dritten Abschnitt werden die urheberrechtlichen Positionen der am Film Beteiligten erläutert. Ist das Abfilmen von Ereignissen, etwa eines Konzertes, eine geistige Eigenschöpfung? Was unterscheidet das Filmwerk vom Laufbild und was sind Lichtbilder? Welche Ansprüche hat der Filmhersteller und welche der Cutter, Maskenbildner, Filmregisseur, Kameramann, der Beleuchter und die übrigen Beteiligten beim Film? Auf der Grundlage der jüngsten Urheberrechtsreform werden diese Fragen beantwortet wie auch das Recht der öffentlichen Zugänglichmachung gemäß §§ 15 Abs. 2 Nr. 2, 19a UrhG, der Kopierschutz sowie die Rechte des Filmherstellers.

Der vierte Abschnitt befasst sich mit der Auswertung des Filmes, insbesondere mit der Frage, wie Nutzungsrechte übertragen werden. Dieses Kapitel sollte Pflichtlektüre aller Medienschaffenden sein, da die Regelungen über den Erwerb von Rechten Besonderheiten aufweisen. In den Jahren anwaltlicher Tätigkeit habe ich häufig feststellen müssen, wie viel Mühe für die Erstellung eines Films aufgewandt wird und wie leichtfertig dagegen Nutzungsrechte übertragen werden. Die Auswertung des Films im Internet schließlich beschäftigt die Industrie schon heute. Internet-TV, Abrufdienste, Video on Demand und der digitale Vertrieb von Kinofilmen sind nahe Visionen. Nicht mehr beschränkt durch die Anzahl der Kopien startet ein Film weltweit per Abruf über Satellit in allen Sprachen zum jeweils gewünschten Zeitpunkt. „Wir stehen wie Pinguine mit wehenden Flügeln an der Kante der Eisscholle und schauen, wer zuerst hineinspringt", so antwortete ein amerikanischer Filmschaffender auf die Frage, wann diese Visionen Realität werden.

Der fünfte Abschnitt gibt einen Überblick über die Verwertungsgesellschaften und die Vergütungsansprüche und die Folgen von Rechtsverstößen. Die Abmahnung, die Stufenklage und Abwehrstrategien sowie die Möglichkeiten der Schadensberechnungen werden aufgezeigt.

Im letzten Abschnitt werden die Folgen der Insolvenz erörtert. Die Neuregelung der Insolvenzordnung, bei der der Gesetzgeber es versäumt hat, auf die Besonderheiten der Immaterialgüterrechte Rücksicht zu nehmen, und die steigende Zahl der Insolvenzen am Ende des Medienbooms der 90er Jahre bedingen die ausführliche Behandlung.

Zu danken habe ich den geduldigen Autoren dieses Buches, die ob des langen Werdensprozesses die Beiträge aktuell gehalten haben, und den Studenten an der dffb in Berlin, die durch ihre Fragen in den Vorlesungen zur Schwerpunktbildung des Buches unbemerkt beigetragen haben. Weiter danke ich Wolf Albin für seine Mitarbeit, Annette Frank für die Durchsicht und Unterstützung, Frau Dr. Bugyi-Ollert für die Anregungen, meiner Frau Jocelyn für den Rückhalt und meinen Kindern Jonathan und Josefine dafür, dass ich meinen Rechner in den Spielpausen auch mal zum Schreiben verwenden durfte. Für Anregungen und Hinweise zur Verbesserung dieses Buches bin ich dankbar.

Berlin im August 2003 Christlieb Klages

Bearbeiterverzeichnis

Albin	Kap. 2. A I, V und VII
Behnke	Kap. 2. B I zusammen mit Lücking
Breinersdorfer	Kap. 2. B II
Dreier	Kap. 2. C und Kap. 2. D I zusammen mit Kalscheuer
Füllgraf	Kap. 2. A III und IV, Kap. 2. E
Gundelach	Kap. 1
Kalscheuer	Kap. 2. C und Kap. 2. D I zusammen mit Dreier
Klages	Kap. 2. A II, VI und VIII, Kap. 2. F
Kreuzer	Kap. 2. B IV, Kap. 2. G
Lücking	Kap. 2. B I zusammen mit Behnke
Schlünder	Kap. 2. B III, Kap. 2. D II

Inhaltsübersicht

Bearbeiterverzeichnis	IX
Inhaltsverzeichnis	XIII
Abkürzungsverzeichnis	XXV
Literaturverzeichnis	XXIX

1. Kapitel – Wirtschaftliche Fragen einer Filmproduktion (*Gundelach*)

A. Einführung	1
B. Kalkulation/Budget	2
C. Finanzierung des Films	10

2. Kapitel – Rechtsfragen des Filmrechts

A. Von der Idee zur Produktionsentscheidung

I. Schutz von Exposé, Treatment, Drehbuch (*Albin*)	17
II. Erlaubnis zur Verfilmung (*Klages*)	23
III. Verwendung von Archiv- und Bildmaterial (*Füllgraf*)	31
IV. Zitat im Film (*Füllgraf*)	38
V. Persönlichkeitsrecht der Abgebildeten (*Albin*)	45
VI. Filmmusik (*Klages*)	65
VII. Formatschutz (*Albin*)	70
VIII. Titelschutz (*Klages*)	76

B. Herstellung des Films

I. Arbeits-, Dienst- und Werkvertrag (*Lücking/Behnke*)	80
II. Filmautorenvertrag (*Breinersdorfer*)	95
III. Koproduktionsverträge (*Schlünder*)	140
IV. Filmversicherung (*Kreuzer*)	146

C. Rechte am Film (*Dreier/Kalscheuer*)

I. Einleitung	188
II. Film als Werk/Laufbild	189
III. Urheberschaft der Beteiligten/Miturheber	192
IV. Rechte der Filmurheber	196
V. Rechte der ausübenden Künstler/Darsteller	206
VI. Rechte des Filmherstellers/Produzenten	209
VII. Dauer des Urheberrechts/der verwandten Schutzrechte	210

D. Auswertung des Films
- I. Übertragung von Nutzungsrechten *(Dreier/Kalscheuer)* .. 212
- II. Auswertung des Films im Internet *(Schlünder)* 220

E. Verwertungsgesellschaften und Vergütungsansprüche *(Füllgraf)*
- I. Überblick 228
- II. Übertragung der Rechte und Ansprüche 230
- III. Wahrnehmungs- und Abschlusszwang 230
- IV. Gesamtverträge und Tarife 230
- V. Verteilung der Einnahmen 231
- VI. Soziale und kulturelle Einrichtungen 231
- VII. Gegenseitigkeitsverträge 231
- VIII. Abtretung von Vergütungsansprüchen 232
- IX. Digitalrechte und VG Bild-Kunst 232

F. Rechtsverstöße und deren Folgen *(Klages)*
- I. Einleitung 234
- II. Abmahnung 234
- III. Unterlassungsanspruch 235
- IV. Strafbewehrung 236
- V. Verteidigungsstrategie bei Abmahnungen 237
- VI. Auskunfts- und Schadensersatzansprüche 239

G. Insolvenz *(Kreuzer)*
- I. Einleitung 243
- II. Ablauf der Insolvenzverfahrens 244
- III. Betroffene Vermögenswerte im Film- und Fernsehbereich 264
- IV. Behandlung von Nutzungsrechts- und Lizenzverträgen .. 270
- V. Möglichkeiten der Kreditsicherung in der Insolvenz 284
- VI. Schlussbewertung 285

Anhang
- I. Vor- und Nachkalkulationsschema (Spiel- und Dokumentarfilm) 287
- II. Tarifvertrag für Film- und Fernsehschaffende 307

Sachverzeichnis 333

Inhaltsverzeichnis

Bearbeiterverzeichnis	IX
Inhaltsübersicht	XI
Abkürzungsverzeichnis	XXV
Literaturverzeichnis	XXIX

1. **Kapitel – Wirtschaftliche Fragen einer Filmproduktion** *(Gundelach)*
   - A. Einleitung 1
   - B. Kalkulation/Budget 2
   - C. Finanzierung des Films 10

2. **Kapitel – Rechtsfragen des Filmrechts**
   - A. Von der Idee zur Produktionsentscheidung
     - I. Schutz von Exposé, Treatment, Drehbuch *(Albin)*
       1. Einleitung 17
       2. Filmidee 18
       3. Exposé 18
       4. Treatment 20
       5. Drehbuch 20
       6. Rechtsfolgen ungenehmigter Verwertung 21
       7. Wie kann ich meine Ideen effektiv schützen? ... 21
       8. Laufbilder – Schutz für „anspruchslose" Filme .. 22
       9. Schutzmöglichkeiten außerhalb des UrhG 23
     - II. Erlaubnis zur Verfilmung *(Klages)*
       1. Erlaubnis vor Drehbeginn 23
       2. Abweichungen vom Drehbuch 24
       3. Übersetzung 25
       4. Freie Bearbeitung 25
       5. Persiflage 25
       6. Remake, Prequel, Sequel und Spin Off *(Albin)* .. 25
       7. Freie Benutzung 26
         - 7.1. Benutzung von kulturellem Gemeingut 26
         - 7.2. Freie Benutzung urheberrechtlich geschützter Werke 27
           - 7.2.1. Welche Merkmale sind für das Original charakteristisch, und welche Merkmale finden sich in dem neuen Werk wieder? ... 27

Inhaltsverzeichnis

7.2.2. Welchen Umfang machen die Originalmerkmale am neuen Werk aus?	28
7.2.3. Hält das neue Werk einen inneren Abstand zum Original ein?	28
7.2.4. Abschließende Faustregel	28
8. Wiederverfilmungs- und Bearbeitungsrechte	30

III. Verwendung von Archiv- und Bildmaterial *(Füllgraf)*

1. Verwendung von Archivmaterial	31
1.1. Einleitung	31
1.2. Filmwerk oder Laufbild	31
1.3. Werkcharakter von Wochenschauen	32
1.4. Lizenzvergütung oder Nutzungsvergütung	32
1.5. Verwertungsverträge der Archive	33
1.6. Checkliste Archivmaterial	34
2. Nachahmung von Laufbildern durch Neuverfilmung	35
3. Nutzung von Gemälden und Fotos im Film	35
3.1. Bild- und Tonberichterstattung über aktuelle Ereignisse (§ 50 UrhG)	36
3.2. Unwesentliches Beiwerk (§ 57 UrhG)	38

IV. Zitat im Film *(Füllgraf)*

1. Einleitung	38
2. Zitat im Urheberrecht	39
2.1. Großzitate (§ 51 Nr. 1 UrhG)	39
2.2. Kleinzitate (§ 51 Nr. 2 UrhG)	40
2.3. Musikzitat	41
3. Selbständiges Werk	41
4. Zweck und Umfang des Zitats	41
5. Beeinträchtigung der Auswertung des zitierten Werks	43
6. Änderungsverbot	43
7. Quellenangabe	43
8. Weitere Entwicklung des Zitatrechts	44
9. Checkliste Filmzitat	45

V. Persönlichkeitsrecht der Abgebildeten *(Albin)*

1. Konflikt zwischen Medienöffentlichkeit und Persönlichkeitsrechtsschutz	45
2. Wer wird geschützt?	46
3. Was wird geschützt?	46
3.1. Recht am eigenen Bild	47
3.1.1. Filmaufnahmen, Fotos und andere Abbildungen	47
3.1.2. Einwilligung	48
3.2. Verwendung von Namen	55
3.2.1. Echte Namen	55
3.2.2. Fiktive Namen	55
3.3. Wiedergabe der Stimme	56
3.4. Wiedergabe von Zitaten	57
3.5. Daten von Personen	57

3.6. Beleidigende Kommentare, Äußerungen und
falsche Angaben über Personen 57
    3.6.1. Beleidigung 58
    3.6.2. Üble Nachrede und Verleumdung 59
    3.6.3. Rechtfertigung 60
    3.6.4. Wer haftet? 61
4. Rechte der Betroffenen 61

VI. Filmmusik *(Klages)*
1. Musikurheber und Filmherstellungsrecht 65
2. Filmmusik bei Auftragsproduktionen 65
3. Kosten der Filmmusik 66
4. Rechte an der Tonträgeraufnahme 66
5. Musik als Beiwerk 67
6. Nutzung von Musik ohne Einwilligung 68
    6.1. GEMA-freie Musik 68
    6.2. Musikzitat 68
7. Fazit 68
8. Checkliste Musikrechte 69

VII. Formatschutz *(Albin)*
1. Schutz von Serien- und Fernsehfilmformaten 70
2. Schutz von Showformaten 71
3. Wettbewerbsrechtlicher Schutz von Showformaten ... 72
4. Rechtsschutz der Bestandteile 73
    4.1. Moderator 73
    4.2. Titel 73
    4.3. Studioausstattung 75
    4.4. Jingles 75
5. Praktische Tipps 75

VIII. Titelschutz *(Klages)*
1. Einleitung 76
2. Kennzeichnungskraft 76
3. Verwechslungsgefahr 77
4. Titelschutzanzeiger 78
5. Internationale Benutzung von Werktiteln 79
6. Wortmarke 79

B. Herstellung des Films
I. Arbeits-, Dienst- und Werkvertrag *(Lücking/Behnke)*
1. Einleitung 80
2. Unterscheidung von Arbeits-, Dienst- und
Werkvertrag 81
    2.1. Arbeitsvertrag 81
    2.2. Dienstvertrag 81
    2.3. Werkvertrag 81
    2.4. Abgrenzungsfragen 81
        2.4.1. Arbeitsvertrag und Dienstvertrag 81
        2.4.2. Dienstvertrag und Werkvertrag 83
        2.4.3. Selbständigkeit und Scheinselbständigkeit . 83

2.4.4. Checkliste zur Abgrenzung Arbeitnehmer/
freier Mitarbeiter 84
3. Arbeitsverhältnis in einer Filmproduktion 85
   3.1. Maßgebliche Tarifverträge 85
   3.2. Begründung eines Arbeitsverhältnisses 86
   3.3. Vereinbarungen über die Dauer des Arbeitsvertrags 87
   3.4. Arbeitsvertragliche Pflichten des Filmschaffenden 88
   3.5. Anspruch auf Gagenzahlung 89
   3.6. Krankheit oder andere Verhinderung des
Filmschaffenden 90
   3.7. Zulässige Arbeitszeit 90
   3.8. Urlaubsanspruch des Filmschaffenden 91
   3.9. Besonderheiten bei der Beschäftigung von
Kindern und Jugendlichen 92
   3.10. Beendigung des Arbeitsverhältnisses 92
   3.11. Optionsvereinbarungen für weitere Filmproduktionen 93
4. Werkvertrag in einer Filmproduktion 94
   4.1. Bedeutung des Werkvertrags 94
   4.2. Versprochenes Werk 94
   4.3. Abnahme als Voraussetzung des Vergütungsanspruchs 94
   4.4. Mangelfreiheit des Werks 95
   4.5. Vertragsgestaltung 95

II. Filmautorenvertrag *(Breinersdorfer)*
   1. Neues Urhebervertragsrecht 95
   2. Übersicht über die Vertragsarten 98
   3. Vertragspartner 99
      3.1. Produzenten 99
      3.2. Sender 100
      3.3. Theaterverlage, Medienagenturen, Agenten 101
   4. Autorenverbände 102
   5. Verhandlungsspielräume/Verhandlungsstrategien 103
   6. Vertragsform 105
      6.1. Schriftform 105
      6.2. Bestätigungsschreiben 105
   7. Grundfrage: Buyout oder Nutzungshonorar 106
   8. Tarifvertragliche Vorgaben 109
   9. Was im Autorenvertrag zu regeln ist 109
      9.1. Definition des Projekts 109
      9.2. Übertragung der Rechte 110
      9.3. Einfache oder ausschließliche Nutzungsrechte .. 112
      9.4. Verträge ohne antizipierte Rechteübertragung ... 112
      9.5. Zeitliche Begrenzung der Rechteübertragung ... 113
      9.6. Räumliche Begrenzung der Rechteübertragung .. 113
      9.7. Honorarhöhe 114

Inhaltsverzeichnis

9.8. Mehrwertsteuer	115
9.9. Reisekosten	115
9.10. Recherchekosten	116
9.11. Quotelung und Fälligkeit der Honorarzahlung	116
9.12. Quotelung und Fälligkeit beim Buyout	118
9.13. Beteiligung an Umsatz oder Gewinn des Verwerters	120
9.14. Ablieferung des Werks	120
9.15. Verzug und Verzugsfolgen	121
9.16. Abnahme	121
9.17. Nachbesserung und Bearbeitung	122
9.18. Gewährleistung	124
9.19. Mitspracherechte des Autors	126
9.20. Anwesenheitsrechte des Autors	127
9.21. Urhebernennung	128
9.22. Mitsprache von Schauspielern	130
9.23. Werknutzung durch den Auftraggeber	132
9.24. Belegexemplare	132
9.25. Vereinbarung über die Besitzstandswahrung	132
9.26. Insolvenz des Vertragspartners	132
9.27. Rechtsschutzklauseln	132
9.28. Salvatorische Klauseln	133
10. Sonderfälle der Autorenverträge	133
10.1. Verträge mit Verlagen und Agenturen	133
10.2. Verträge des Autorenteams	135
10.2.1. Gesellschafterverträge zwischen Autoren	135
10.2.2. Autorenteam und Auftraggeber	139
10.3. Verträge mit Förderungseinrichtungen	139

III. Koproduktionsverträge *(Schlünder)*

1. Einleitung	140
2. Vertragsgegenstand	141
3. Budget und finanzielle Anteile	141
4. Einbringung von Vorarbeiten	143
5. Durchführung der Produktion und Entscheidungsbefugnisse	143
6. Ort der Postproduktion	143
7. Versicherungen	144
8. Zuordnung der Auswertungsrechte	144
9. Aufteilung der Erlöse	144
10. Eigentum am Filmmaterial	145
11. Nennung/Credits	145
12. Haftung und Gesellschaftsform	145
13. Steuerfragen	146
14. Geltendes Rechtssystem und Gerichtsstand	146

IV. Filmversicherung – Completion Bond, E & O Versicherung, Shortfall *(Kreuzer)*

1. Einleitung	146
2. Fertigstellungsgarantie/Completion Bond	147

Inhaltsverzeichnis

2.1. Grundlagen und Interessenlage	147
2.2. Schutz der Investition vor nicht gedeckten Produktionsrisiken	148
2.2.1. Überschreitungsgründe	148
2.2.2. Fertigstellungsrisiko	149
2.3. Gegenstand der Fertigstellungsgarantie	150
2.3.1. Übernahme des Fertigstellungs- und Überschreitungsrisikos	150
2.3.2. Keine Übernahme des Finanzierungsrisikos	150
2.3.3. Arten der versicherten Produktionen	151
2.3.4. Produktionscontrolling durch den Fertigstellungsgaranten	151
2.3.5. Rückversicherung und Auswahl des Fertigstellungsgaranten	151
2.4. Einzelne Vertragsverhältnisse	152
2.5. Fertigstellungsgarantie – wesentliche Vertragsbedingungen	154
2.5.1. Wesen und Rechtsnatur	154
2.5.2. Bedingungen für den Eintritt des Versicherungsschutzes	154
2.5.3. Typische Haftungsausschlüsse	156
2.5.4. Ausschluss bestimmter Mehrkosten	157
2.5.5. Einheitliche Festlegung von Lieferbestimmungen und Liefertermin	158
2.5.6. Pflichten des Begünstigten	159
2.5.7. Rang der Sicherungsvereinbarungen	160
2.6. Produzentenvereinbarung – wesentliche Vertragsbedingungen	160
2.6.1. Grundlagen	160
2.6.2. Pflicht zur Zahlung der Garantiegebühr	160
2.6.3. Festlegung der Vertragsproduktion	160
2.6.4. Weitere Pflichten des Produzenten	161
2.6.5. Informations-, Einsichts- und Weisungsrechte	163
2.6.6. Übernahme- oder Abbruchrecht des Fertigstellungsgaranten	164
2.6.7. Rückführung erbrachter Garantiebeträge (sog. „recoupment")	166
2.7. Sonstige vertragliche Vereinbarungen	167
2.7.1. Kopierwerkserklärung	167
2.7.2. Abtretungsanzeige	168
2.7.3. Mehrparteienvereinbarung	168
2.7.4. Einheitliche Vertragsanlagen	169
2.8. Notwendigkeit einer Fertigstellungsgarantie?	169
2.9. Abschlussverfahren	170
2.10. Zusammenstellung von Unterlagen für den Completion Bond	170
3. Error und Omissions Versicherung	171
3.1. Einleitung	171

Inhaltsverzeichnis

3.2. Gegenstand des Versicherungsschutzes 172
   3.2.1. Vermögensschadensversicherung des Produzenten 172
   3.2.2. Verletzung eines allgemeinen Persönlichkeitsrechts 173
   3.2.3. Verletzung von Immaterialgüterrechten ... 174
   3.2.4. Folgen bei Verletzung 175
   3.2.5. Umfasste Tätigkeiten: Herstellung und Auswertung 175
3.3. Eintritt des Versicherungsfalls 176
3.4. Ausgeschlossene Risiken 176
   3.4.1. Nicht geschützte Verwendungen im Filmwerk 176
   3.4.2. Schadensersatzansprüche der Mitwirkenden bei der Herstellung 176
   3.4.3. Folgeschäden durch Produktionsausfall oder Auswertungsstopp 176
   3.4.4. Wiederverfilmungen 177
   3.4.5. Vertragliche Ansprüche und gerichtliche Verfügungen 177
   3.4.6. Kein Ersatz für Entschädigungen mit Strafcharakter 177
   3.4.7. Ansprüche von Angehörigen 178
3.5. Übliche Vertragsbedingungen 178
   3.5.1. Höchsthaftung und Selbstbehalt 178
   3.5.2. Laufzeit, Verlängerung und Beendigung ... 178
   3.5.3. Kosten des Versicherungsschutzes 179
   3.5.4. Zeitpunkt 179
3.6. Voraussetzungen für den Versicherungsschutz ... 180
   3.6.1. Erforderliche Unterlagen 180
   3.6.2. Anzeige- und Sorgfaltspflichten des Produzenten und Produktionsanwalts 181
   3.6.3. Einhaltung der „clearance procedures" – Checkliste 182
   3.6.4. Hinweise für Rechtsanwälte 183
3.7. Ausländische Versicherungen 184
4. Shortfall Guarantee 184
   4.1. Ausgangssituation 184
   4.2. Gegenstand der Versicherung 185
      4.2.1. Übernahme des Auswertungsrisikos 185
      4.2.2. Keine Übernahme des Bonitätsrisikos 186
      4.2.3. Arten der versicherten Produktionen 186
      4.2.4. Gegenleistung des Produzenten 186
      4.2.5. Risiko durch Haftungsausschlussklauseln . 186
   4.3. Voraussetzungen für den Abschluss 187
   4.4. Macht eine solche Versicherung Sinn? 187

Inhaltsverzeichnis

C. Rechte am Film *(Dreier/Kalscheuer)*
I. Einleitung 188
II. Film als Werk/Laufbild
1. Wann ist ein Film ein urheberrechtlich geschütztes Werk? 189
   1.1. Werkcharakter 189
   1.2. Originalität 189
      1.2.1. Voraussetzung: persönliche geistige Schöpfung (§ 2 Abs. 2 UrhG) 189
      1.2.2. Einzelfälle 190
      1.2.3. Vorstufen, Filmausschnitte, einzelne Filmbilder 191
2. Schutz als Laufbild 192

III. Urheberschaft der Beteiligten/Miturheber
1. Allgemeines 192
2. Urheberschaft beim Film 194

IV. Rechte der Filmurheber
1. Urheberpersönlichkeitsrecht 196
   1.1. Allgemeines 196
   1.2. Einzelne urheberpersönlichkeitsrechtliche Befugnisse 197
      1.2.1. Veröffentlichungsrecht (§ 12 UrhG) 197
      1.2.2. Namensnennungsrecht (§ 13 UrhG) 198
      1.2.3. Recht auf Werkintegrität (§ 14 UrhG) 198
2. Verwertungsrechte 200
   2.1. Werkverwertung in körperlicher Form (§ 15 Abs. 1 UrhG) 200
   2.2. Werkverwertung in unkörperlicher Form (§ 15 Abs. 2 UrhG) 202
3. Schranken 203
4. Schutz technischer Maßnahmen 205

V. Rechte der ausübenden Künstler/Darsteller
1. Ausübende Künstler 206
2. Persönlichkeitsrechtliche Befugnisse ausübender Künstler 207
3. Verwertungsrechte 208

VI. Rechte des Filmherstellers/Produzenten
1. Eigene Rechte des Filmherstellers 209
2. Abgetretene Rechte 210

VII. Dauer des Urheberrechts/der verwandten Schutzrechte
1. Schutzdauer des Urheberrechts 210
2. Schutzdauer verwandter Schutzrechte 211

D. Auswertung des Films
I. Übertragung von Nutzungsrechten *(Dreier/Kalscheuer)*
1. Nutzungsrechte im Allgemeinen 213

  2. Besonderheiten in Bezug auf den Film 216
   2.1. Vertragsrechtliche Bestimmungen in Bezug auf
    Urheberrechte 217
   2.2. Vertragsrechtliche Bestimmungen in Bezug auf
    Rechte ausübender Künstler 218
  3. Weiterübertragung der Rechte durch den Filmhersteller 220
 II. Auswertung des Films im Internet *(Schlünder)*
  1. Einleitung 220
  2. Urheberrechtliche Grundlagen 221
  3. Möglichkeiten der Auswertung eines Films im
   Internet 223
   3.1. Internet-TV 223
   3.2. Abrufdienste/Video-on-demand 225
   3.3. Direktvertrieb an Kinos 226
   3.4. Verwendung von Filmteilen in Homepages 227
   3.5. Einheitliche Nutzungsart Internet? 227

E. Verwertungsgesellschaften und Vergütungsansprüche
 (Füllgraf)
 I. Überblick 228
 II. Übertragung der Rechte und Ansprüche 230
 III. Wahrnehmungs- und Abschlusszwang 230
 IV. Gesamtverträge und Tarife 230
 V. Verteilung der Einnahmen 231
 VI. Soziale und kulturelle Einrichtungen 231
 VII. Gegenseitigkeitsverträge 231
 VIII. Abtretung von Vergütungsansprüchen 232
 IX. Digitalrechte und VG Bild-Kunst 232

F. Rechtsverstöße und deren Folgen *(Klages)*
 I. Einleitung 234
 II. Abmahnung 234
 III. Unterlassungsanspruch 235
 IV. Strafbewehrung 236
 V. Verteidigungsstrategie bei Abmahnungen 237
 VI. Auskunfts- und Schadensersatzansprüche 239
 VII. Schadensberechnungen 239
  1. Lizenzanalogie 240
  2. Konkreter Schaden – entgangener Gewinn 241
  3. Herausgabe des Schädigergewinns 241

G. Insolvenz *(Kreuzer)*

I. Einleitung 243

II. Ablauf des Insolvenzverfahrens 244
  1. Beginn mit Stellung des Insolvenzantrags 244
    1.1. Gegenstand eines Insolvenzverfahrens 244
    1.2. Stellung eines Insolvenzantrags 245
    1.3. Zeitpunkt und Verpflichtung zur Stellung eines Insolvenzantrags 245
    1.4. Inhalt des Insolvenzantrags 246
    1.5. Wo ist der Antrag zu stellen? 246
    1.6. Besonderheiten bei Insolvenz natürlicher Personen 246
    1.7. Folgen der Antragstellung und vorläufiger Insolvenzverwalter 247
      1.7.1. Vorläufige Sicherungsmaßnahmen und Insolvenzverwalter 247
      1.7.2. Fortbestand bestehender Verträge 248
      1.7.3. Schutz vor insolvenzbedingter Kündigung und Vertragsbeendigung 249
  2. Eigentliches Insolvenzverfahren nach Eröffnungsbeschluss 250
    2.1. Eröffnungsbeschluss und sein Inhalt 250
    2.2. Folgen der Verfahrenseröffnung 251
      2.2.1. Übernahme der Unternehmensführung durch den Insolvenzverwalter 251
      2.2.2. Eigenverwaltung durch den Schuldner nur in Ausnahmefällen 251
      2.2.3. Insolvenzbeschlag des Schuldnervermögens 252
      2.2.4. Unterbrechung laufender Gerichtsverfahren 252
      2.2.5. Beginn der Gläubigerbeteiligung 252
    2.3. Insolvenzverwalter und sein Aufgabenbereich ... 253
      2.3.1. Feststellung, Bereinigung und Verwertung der Insolvenzmasse 253
      2.3.2. Feststellung und Prüfung der Gläubigerforderungen 254
    2.4. Einstufung der Gläubiger 254
      2.4.1. „Einfache" Insolvenzgläubiger 254
      2.4.2. Besonders gesicherte Gläubiger 255
      2.4.3. Massegläubiger 255
    2.5. Schicksal und Abwicklung laufender Verträge des Schuldners 256
      2.5.1. Keine Durchsetzbarkeit vertraglicher Ansprüche ab Verfahrenseröffnung 256
      2.5.2. Automatischer Fortbestand nur von bestimmten Verträgen 257
      2.5.3. Wahlrecht des Insolvenzverwalters 257
      2.5.4. Kein Wahlrecht bei einseitiger Erfüllung .. 258

2.5.5. Beschränktes Wahlrecht bei teilbaren
Verträgen und Teilleistungen 259
2.5.6. Ausübung des Wahlrechts 260
2.6. Schicksal des Schuldners und Verfahrensbeendigung 260
2.6.1. Alternative Lösung durch Insolvenzplan .. 260
2.6.2. Verwertung bei Scheitern einer alternativen
Lösung und Liquidation 261

III. Betroffene Vermögenswerte im Film- und Fernsehbereich
1. Einleitung 264
2. Rechte am Film als Teil der Insolvenzmasse 264
2.1. Vertragliche Nutzungs- und Leistungsschutzrechte an Film- und vorbestehenden Werken 264
2.2. Übliche Lizenzvertragsketten im Film- und
Fernsehbereich 265
2.2.1. Herstellung 266
2.2.2. Auswertung 266
3. Eigentumsrechte an Filmnegativ, Filmkopien und
sonstigen Filmmaterialien 268
4. Formate, Ideen und Ergebnisse der Stoffentwicklung . 269
5. Vertragliche Ansprüche und sonstige Vermögensgegenstände 269
6. Besonderer Schutz bei Urheberinsolvenz durch
Einwilligungserfordernis 270

IV. Behandlung von Nutzungsrechts- und Lizenzverträgen
1. Einleitung 270
2. Fortbestand der Nutzungsrechte bei abgeschlossenem
Erwerb 271
3. Schutz durch Stellung des Insolvenzantrags 272
3.1. Fortbestand laufender Verträge des Schuldners .. 272
3.2. Schutz des insolventen Lizenznehmers vor insolvenzbedingtem Rechtsverlust 272
4. Insolvenzverwalterwahlrecht nach Verfahrenseröffnung
(§ 103 InsO) 273
4.1. Grundsätzliche Anwendung des § 103 InsO 273
4.2. Folgen bei Erfüllungswahl 274
4.3. Folgen bei Erfüllungsablehnung 275
4.3.1. Erlöschen von schuldrechtlichen Nutzungsberechtigungen 275
4.3.2. Rückfall der vertraglichen Nutzungsrechte 275
4.3.3. Erlöschen von Sublizenzen 276
4.4. Einordnung und Erfüllung urheberrechtlicher
Nutzungsrechts- und Lizenzverträge 277
4.4.1. Unklarheiten hinsichtlich schuldrechtlichem Charakter 277
4.4.2. Allgemeine Unterscheidungskriterien 279

Inhaltsverzeichnis

    4.5. Beschränktes Wahlrecht bei teilweiser Erfüllung und Teilbarkeit 280
    4.6. Insolvenzfestigkeit und Ausschluss des Wahlrechts bei Drittfinanzierung 281
  5. Folgen der Neuregelung für die Praxis 282
    5.1. Insolvenz des Lizenznehmers 282
    5.2. Keine Insolvenzfestigkeit bei Lizenzgeberinsolvenz 282
    5.3. Juristische Diskussion 283
    5.4. Vertragliche Regelungsmöglichkeiten 284

V. Möglichkeiten der Kreditsicherung in der Insolvenz ... 284

VI. Schlussbewertung 285

Anhang

  I. Vor- und Nachkalkulationsschema (Spiel- und Dokumentarfilm) 287
  II. Tarifvertrag für Film- und Fernsehschaffende 307

Sachverzeichnis 333

Abkürzungsverzeichnis

a.A.	andere(r) Ansicht
a.a.O.	am angegebenen Ort
Abb.	Abbildung
Abs.	Absatz
AfP	Archiv für Presserecht (Zeitschrift)
AG	Amtsgericht, Aktiengesellschaft
AGB	Allgemeine Geschäftsbedingungen
AGBG	Gesetz über die Allgemeinen Geschäftsbedingungen
AGICOA	Association de Gestion Internationale Collective des Oeuvres Audivisuelles
Alt.	Alternative
ArbZG	Arbeitszeitgesetz
ARD	Arbeitsgemeinschaft der öffentlich-rechtlichen Rundfunkanstalten der Bundesrepublik Deutschland
Art.	Artikel
Aufl.	Auflage
BAG	Bundesarbeitsgericht
BayObLG	Bayerisches Oberstes Landesgericht
BGB	Bürgerliches Gesetzbuch
BGBl.	Bundesgesetzblatt
BGH	Bundesgerichtshof
BGHSt	Entscheidungen des Bundesgerichtshofs in Strafsachen
BGHZ	Entscheidungen des Bundesgerichtshofs in Zivilsachen
BUrlG	Bundesurlaubsgesetz
BVerfG	Bundesverfassungsgericht
BVerfGE	Entscheidungen (Amtliche Sammlung) des Bundesverfassungsgerichts
bzgl.	bezüglich
bzw.	beziehungsweise
ca.	circa
DFG	Deutsche Forschungsgemeinschaft
d.h.	das heißt
DtZ	Deutsch-Deutsche Rechts-Zeitschrift
DVD	Digitale Versatile Disk
EFZG	Entgeltfortzahlungsgesetz
EG	Europäische Gemeinschaft(en)
EPK	Electronic-Press-Kit
etc.	et cetera
EU	Europäische Union
e.V.	eingetragener Verein
evtl.	eventuell
FBW	Filmbewertungsstelle

Abkürzungsverzeichnis

f.	folgende
ff.	fortfolgende
FFA	Filmförderungsanstalt
FFF	FilmFernsehFonds Bayern
FFG	Filmförderungsgesetz
FSK	Filmselbstkontrolle
FuR	Film und Recht (Zeitschrift)
gem.	gemäß
GEMA	Gesellschaft für musikalische Aufführungs- und mechanische Vervielfältigungsrechte
GeschmMG	Geschmacksmustergesetz
GG	Grundgesetz für die Bundesrepublik Deutschland
ggf.	gegebenenfalls
GmbH	Gesellschaft mit beschränkter Haftung
GmbHG	Gesetz betreffend die Gesellschaften mit beschränkter Haftung
GRUR	Gewerblicher Rechtsschutz und Urheberrecht (Zeitschrift)
GÜFA	Gesellschaft zur Übernahme und Wahrnehmung von Filmaufführungsrechten
GVL	Gesellschaft zur Verwertung von Leistungsschutzrechten
GWFF	Gesellschaft zur Wahrnehmung von Film- und Fernsehrechten
Hrsg.	Herausgeber
i.d.R.	in der Regel
i.H.v.	in Höhe von
inkl.	inklusive
InsO	Insolvenzordnung
i.S.d.	im Sinne des
i.S.v.	im Sinne von
i.Ü.	im Übrigen
i.V.m.	in Verbindung mit
Kap.	Kapitel
KG	Kammergericht, Kommanditgesellschaft
km	Kilometer
Komm.	Kommentar
KUG	Kunst- und Urhebergesetz
LG	Landgericht
lit.	littera
MarkenG	Markengesetz
max.	maximal
MDM	Mitteldeutsche Medienförderung
MDR	Mitteldeutscher Rundfunk, Monatsschrift für Deutsches Recht (Zeitschrift)
Mio.	Million(en)
MTV-FF	Manteltarifvertrag für Film- und Fernsehschaffende in der Bundesrepublik Deutschland
m.w.N.	mit weiteren Nachweisen
NachwG	Nachweisgesetz

Abkürzungsverzeichnis

NJW	Neue Juristische Wochenschrift (Zeitschrift)
NJW-RR	NJW-Rechtsprechungs-Report (Zeitschrift)
Nr.	Nummer
NRW	Nordrhein-Westfalen
NSDAP	Nationalsozialistische Deutsche Arbeiterpartei
NZA	Neue Zeitschrift für Arbeitsrecht
NZI	Neue Zeitschrift für das Recht der Insolvenz und Sanierung
OLG	Oberlandesgericht
ORF	Österreichischer Rundfunk
p.m.a.	post mortem auctoris
RBÜ	Revidierte Berner Übereinkunft
Rdnr.	Randnummer
RTL	Radio Television Luxemburg
S.	Seite
s.	siehe
SED	Sozialistische Einheitspartei Deutschlands
SGB	Sozialgesetzbuch
s.o.	siehe oben
sog.	so genannt
SPIO	Spitzenorganisation der deutschen Filmwirtschaft
Std.	Stunde(n)
StGB	Strafgesetzbuch
s.u.	siehe unten
TzBfG	Teilzeit- und Befristungsgesetz
u.a.	unter anderem; und andere
u.Ä.	und Ähnliches
UFITA	Archiv für Urheber-, Film-, Funk- und Theaterrecht (Zeitschrift)
UK	United Kingdom
UrhG	Urhebergesetz
UrhG-E	Urhebergesetz-Entwurf
US	United States
U.S.A.	United States of America
USD	US-Dollar(s)
usw.	und so weiter
u.U.	unter Umständen
UWG	Gesetz gegen den unlauteren Wettbewerb
v.	vom
VDD	Verband Deutscher Drehbuchautoren
VFF	Verwertungsgesellschaft der Film- und Fernsehproduzenten
VG	Verwertungsgesellschaft
VG Bild-Kunst	Verwertungsgesellschaft Bild-Kunst
VGF	Verwertungsgesellschaft für Nutzungsrechte an Filmwerken
VG Wort	Verwertungsgesellschaft Wort
vgl.	vergleiche
VHS	Video-Home-System

Abkürzungsverzeichnis

VS	Verband Deutscher Schriftsteller
VVG	Versicherungsvertragsgesetz
WahrnG	Urheberwahrnehmungsgesetz
WRP	Wettbewerb in Recht und Praxis (Zeitschrift)
z.B.	zum Beispiel
ZBF	Zentrale Bühnenvermittlung
Ziff.	Ziffer
ZPO	Zivilprozessordnung
ZPÜ	Zentralstelle für private Überspielungsrechte
z.T.	zum Teil
ZUM	Zeitschrift für Urheber- und Medienrecht (Zeitschrift)
ZVV	Zentralstelle für Videovermietung

Literaturverzeichnis

Becker/Schwarz (Hrsg.), Aktuelle Rechtsprobleme der Filmproduktion und Filmlizenz, Baden-Baden 1999
Beier, Die urheberrechtliche Schutzfrist, München 2001
Brandt, Softwarelizenzen in der Insolvenz unter besonderer Berücksichtigung der Insolvenz des Lizenzgebers, NZI 2001, 337
Deutsch/Mittas, Titelschutz. Der Werktitelschutz nach Markenrecht, München 1999
Edwards, Rights and Clearances for Film- and Television Productions, London 1997
Eickmeier/Eickmeier, Die rechtlichen Grenzen des Doku-Dramas, ZUM 1998, 1
Fromm/Nordemann, Urheberrecht, Kommentar, 9. Aufl., Stuttgart 1998
Hausmann, Insolvenzklauseln und Rechtefortfall nach der neuen Insolvenzordnung, ZUM 1999, 914
Hoeren/Sieber, Handbuch Multimediarecht, München 2002
Homann, Praxishandbuch Filmrecht, Heidelberg 2001
Keil (Hrsg.), Buchreihe Filmproduktion, München 1998
Lausen, Der Rechtsschutz von Sendeformaten, Baden-Baden 1998
Lütje, Die Rechte der Mitwirkenden am Filmwerk, Baden-Baden 1987
Meiser/Theelen, Filmschaffende und Arbeitsrecht, NZA 1998, 1041
Moore, The biz: the basic business, legal, an financial aspects of the film industry, Beverly Hills 2000
Palandt, Bürgerliches Gesetzbuch, 62. Aufl., München 2003
Prinz/Peters, Medienrecht, München 1999
Reupert, Der Film im Urheberrecht, Baden-Baden 1995
Schaub, Arbeitsrechts-Handbuch, 10. Aufl., München 2002
Schricker, Urheberrecht, Kommentar, 2. Aufl., München 1999
Schröder, Filmarbeitsrecht, 1961
Schulze, Urheber- und Leistungsschutzrechte des Kameramanns, GRUR 1994, 870
Schwarz, Schutzmöglichkeiten audiovisueller Werke, ZUM 1990, 321
Schwarz, Urheberrecht und unkörperliche Verbreitung multimedialer Werke, GRUR 1996, 836
Schwarz, Klassische Nutzungsrechte und Lizenzvergabe bzw. Rückbehalt von „Internet-Rechten", ZUM 2000, 816
Schwarz/Klingner, Rechtsfolgen der Beendigung von Filmlizenzverträgen, GRUR 1998, 103
Schwarz/von Hartlieb, Handbuch des Film-, Fernseh- und Videorechts, 4. Aufl., München 2003
Serra, Schutz von Autoren, ZUM 1990, 335
Tschöpe, Anwalts-Handbuch Arbeitsrecht, 3. Aufl., Köln 2003

Wallner, Insolvenzfeste Nutzungsrechte und Lizenzen an Software, NZI 2002, 70

Wenzel, Das Recht der Wort- und Bildberichterstattung, 3. Aufl., Köln 1986

1. Kapitel – Wirtschaftliche Fragen einer Filmproduktion

Renée Gundelach

A. Einleitung

Dieses Buch richtet sich an kleine und mittlere Filmproduktionen, aber 1
auch an Autorenfilmer und unabhängige Filmemacher, die ihr Filmwerk eigenverantwortlich realisieren und daher selbst produzieren wollen. Um dies zu erreichen müssen sie sich als **Filmproduzenten** in der kommerziellen Filmindustrie behaupten, denn nur so können sie ihre Ideen und Geschichten filmisch erzählen. Hierzu brauchen sie Mut und Stärke, aber vor allem auch Informationen, um in diesem wenig transparenten Wirtschaftszweig selbständig arbeiten und gleichzeitig mit dieser Arbeit und den daraus resultierenden Filmrechten ihren Lebensunterhalt verdienen zu können.

Das bedeutet, dass die Filmproduzenten über genügend Wissen und 2
Einblicke verfügen müssen: Wie funktioniert die **Filmbranche**, wie werden üblicherweise Kinofilme produziert und finanziert, welche Verträge müssen zu welchen Bedingungen abgeschlossen werden. Es sind viele wirtschaftliche, rechtliche und branchenspezifische Informationen notwendig, die einen Filmproduzenten überhaupt erst in die Lage versetzen, seinen Film erfolgreich herstellen und mit seinem Film jetzt und in Zukunft Geld verdienen zu können. Nicht anders als in der klassischen Filmindustrie sind dabei die sich ständig ändernden Finanzierungsbedingungen zu berücksichtigen.

Für die Produktion des Films wird für einen befristeten Zeitraum 3
künstlerisches, technisches und wirtschaftliches Fachpersonal benötigt. Auch muss die entsprechende Filmtechnik gemietet werden, um die Bilder aufzunehmen. Nach Beendigung der Dreharbeiten wird das Bild- und Tonmaterial mit den Zwischenstufen Rohschnitt, Feinschnitt, Tonbearbeitung und Mischung zu einem Filmwerk komponiert. Der Produktionsprozess ist mit Herstellung der in Ton und Bild kombinierten **Null-Kopie** oder eines digitalen oder analogen Masterbandes abgeschlossen. Nach Fertigstellung gilt es den Film zu vertreiben. Dafür muss der Produzent über alle Verwertungsrechte verfügen. Er kann nur die Nutzungsrechte des Films, also die Rechte der öffentlichen Aufführung im Kino, die Senderechte für das Fernsehen, die Video- und DVD-Rechte usw. verkaufen,

wenn er diese Rechte zuvor zur Produktion des Filmwerks von dem Drehbuchautor, dem Komponisten, dem Regisseur und anderen erworben hat. In diesem Kapitel werden die wirtschaftlichen Grundlagen hierfür besprochen. Das Budget bildet den Rahmen für die Größenordnung des Films.

B. Kalkulation/Budget

4   Um einen Film produzieren zu können benötigt man Geld, viel Geld. Filme machen ist teuer. Und es stellt sich für den Filmproduzenten die Frage: **Wie viel Geld** muss beschafft werden bzw. wie hoch soll das **Budget** des Films sein, das zu finanzieren ist? Diese Daten ergeben sich u.a. aus der Länge der Drehzeit und aus der Art der Filmtechnik, die zur Herstellung genutzt werden soll.

5   Neben der Frage der Gesamtfinanzierung stellt sich das Problem der **Liquidität**. Denn selbst wenn Auswertungsverträge mit Zahlungsversprechen vorliegen, so realisieren sich diese Zahlungen erst nach Fertigstellung und Ablieferung bei Abnahme des Filmwerks. Das bedeutet für den Produzenten, dass die gesamten Produktionskosten – zunächst – von ihm vorzufinanzieren sind, oder anders ausgedrückt: das Budget ist sein Risiko.

6   Es stellt sich auch im Hinblick auf die Höhe der **Herstellungskosten** die Frage, welches Risiko der Produzent auf sich nehmen will und kann, und welche Erfolgschancen das geplante Filmprojekt am Markt hat, seine Herstellungskosten durch Nutzung und Auswertung der Filmrechte ganz oder teilweise wieder einzuspielen.

7   Die Größe des Budgets wird durch die **Kalkulation** ermittelt, zunächst basierend auf Grunddaten des geplanten Herstellungsprozesses wie z.B.: Welche Schauspieler tragen diesen Film und was kosten sie? Wo finden die Dreharbeiten statt? Wie lange sollen sie dauern? Mit welcher Technik soll welcher „Look" erzeugt werden und was ist ihr Preis? Welche Kostüme und Requisiten müssen hergestellt oder gemietet werden? Gilt es an Originalschauplätzen zu drehen oder im Studio? **Je präziser das Drehbuch ist, desto konkreter kann eine Kalkulation erstellt werden.**

8   Es wäre leichtfertig, einfach nur pauschal eine Größenordnung wie etwa 3 Mio. Euro aufzurufen. Jeder Partner, der gegebenenfalls Geld in diesen Film investieren möchte, wird eine derartige, möglicherweise aus Unkenntnis hingeworfene Aussage für Realität halten und diese Größenordnung ernst nehmen.

9   Die Kosten der Erstellung einer Filmkalkulation sind Bestandteil des Budgets, und dieses sollte realistisch ermittelt werden. Die Kalkulation sollte alle möglichen **Kosten des Filmprojekts** beinhalten. Dazu gehören die Projektentwicklungskosten vor den Dreharbeiten ebenso wie die Kos-

B. Kalkulation/Budget

ten für das abzuliefernde Material und Werbe- und PR-Kosten des Produzenten, wenn der Film bereits fertiggestellt ist.

Die Berechnung der Kosten eines Filmprojekts sollte von einem professionellen Produktions- oder **Herstellungsleiter** nach Möglichkeit zusammen mit dem Regisseur vorgenommen werden, und zwar auf der Grundlage eines Drehplans, welcher die geplanten Motive, die Ausstattung und die Drehtage angibt und aus dem sich die zu bezahlenden Zeiträume für Stab- und Darstellergagen ergeben.

Ein **Budget** zu erarbeiten bedeutet auch die jeweiligen Preise zu kennen oder zu recherchieren und verlangt eine gewisse Kreativität in der Umsetzung des Drehbuchs in die geplanten Dreheinstellungen und Drehtage.

Eine ausführliche Anleitung zur Erstellung einer **Kalkulation** findet sich in dem vierteiligen Band 3 „Kalkulation" der Buchreihe „Filmproduktion", Herausgeber *Klaus Keil*, 1998, TR-Verlagsunion.

Bei der Erarbeitung einer Kalkulation empfiehlt sich eine Orientierung an vorgegebene Kalkulationsschemata. Für einen Kinofilm ist das Kalkulationsschema der **Filmförderungsanstalt** (FFA) eine gute Hilfe, welches für Spiel- und Dokumentarfilme zu verwenden ist (siehe Anhang). Für Animationsfilme gibt es ein eigenes Schema (siehe unter www.ffa.de).

Das Kalkulationsschema gliedert sich in zehn Abschnitte mit Kosten für:

– Vorkosten, das sind Kosten für Motivsuche und Finanzierung, Stoffentwicklung, Probeaufnahmen, Recherche, Finanzverhandlungen,
– Rechte für vorbestehende Werke wie Roman, Musik, Drehbuch, Filmarchivmaterial, Dolby Lizenz u.Ä.,
– Gagen für Stab und Darsteller, Musiker sowie Lohnnebenkosten und Zusatzverpflegung,
– Atelierbau und Atelierdreh,
– Ausstattung, Dreh an Originalmotiven, Außenaufnahmen, Requisiten, Kostüme, Kamera-, Licht-, Ton- und Bühnentechnik und Fuhrpark,
– Reisen für Stab und Darsteller, Lastentransporte,
– Film- und Tonmaterial, Kopierwerk, digitale und Videobearbeitung, Fotos, Trailer und Electronic-Press-Kit (EPK),
– Endfertigung von Bild und Ton, Schneideraum, Sprach-, Geräusch- und Musikaufnahmen, Sound Design und Mischung,
– Versicherungen,
– allgemeine Kosten für das Produktionsbüro, Filmselbstkontrolle (FSK), Filmbewertungsstelle (FBW), Rechts-, Steuer- und Projekt-Beratung, Produktionspresse und PR.

Die Summe dieser Kosten wird als „Fertigungskosten" bezeichnet. Auf diese Zwischensumme werden beim Kinofilm Handlungskosten (HU's) in Höhe von 7,5 % berechnet sowie eine Überschreitungsreserve von bis zu 8 % kalkuliert.

16　Weiterhin sind die **Finanzierungskosten** zu berücksichtigen, welche für den Avalkredit, also die Bürgschaft zur Vorfinanzierung des Fernsehvertrags, Zinsen auf Bankdarlehen, Prüfgebühren der öffentlichen Förderung usw. anfallen. Die Endsumme ergibt die geplanten **Herstellungskosten** des Films.

17　Die einzelnen dieser ca. 350 Kostenpositionen der Kalkulation setzen sich im Wesentlichen aus den Faktoren Menge mal Preis zusammen, z.b. Anzahl der Drehtage mal Höhe der Gage für die einzelnen Funktionen, seien es der Aufnahmeleiter oder die Schauspieler. Hierbei sind gegebenenfalls weiterhin die zu bezahlenden Urlaubstage und/oder Überstunden zu berücksichtigen.

18　Der geplante Verbrauch des Filmmaterials errechnet sich aus der geplanten Filmlänge und dem geplanten oder regiespezifischen **Drehverhältnis**. Die so errechnete Meterlänge multipliziert mit dem Preis für das Rohfilmmaterial ergibt die Kosten für diese Position.

19　Die Erstellung der Kalkulation bedeutet, jeweils den aktuellen Preis am Markt zu ermitteln. Dazu sind Listenpreise eine Orientierung, branchenübliche Rabatte sind zu berücksichtigen. Für die Stabgagen gelten als Richtschnur die **Tarifgagen**. Diese basieren auf einer 50-Stunden-Woche und weiteren Vorschriften, welche im Manteltarifvertrag vom 1.1.1996 und im Gagentarifvertrag für Film- und Fernsehschaffende der IG Medien niedergelegt sind. Die Gagen für Film- und Fernsehschaffende werden immer wieder neu verhandelt (siehe unter www.verdi.de und www.connexxav.de).

20　Die Gage eines Hauptdarstellers wird individuell verhandelt. Bei den übrigen **Darstellergagen** sollten bei mittleren Rollen die Durchschnittsgagenpreise pro Tag bei der Zentralen Bühnenvermittlung (ZBF) abgefragt werden. Stehen bestimmte Schauspieler für bestimmte Rollen bereits fest, so können die jeweiligen Preise bei diesen selbst oder den entsprechenden Agenturen unmittelbar angefragt werden.

21　Für die technische Bearbeitung des belichteten Materials, Ton und Bild und für die entsprechenden Schritte im **Kopierwerk** und bei der Endfertigung ist es sinnvoll, die jeweils in Frage kommenden technischen Betriebe um Kostenvoranschläge zu bitten. Der Wert dieser Kostenvoranschläge liegt auch darin, dass z.b. ein Kopierwerk in dem Preisangebot auch die jeweiligen Bearbeitungsstufen mit angibt und die Kosten hierfür kalkuliert, welche von der Entwicklung des Rohmaterials bis zur Null-Kopie entstehen, unter Berücksichtigung des jeweiligen technischen Wegs.

22　Eine Kalkulation sollte nur auf der Basis der geplanten Drehtage erstellt werden. Dieser **Drehplan** wird sinnvollerweise von einem Regieassistenten oder einem Produktionsleiter erarbeitet. Eine grobe Rechenvorgabe in Bezug auf die Drehzeit könnte auch die Vorgabe sein, dass ca. drei Minuten des Films pro Tag gedreht werden sollen. Das würde für einen 90-Minuten-Film 30 Drehtage ergeben. Steht die Anzahl der Drehtage fest, gilt

B. Kalkulation/Budget

es noch zu entscheiden, ob diese 30 Tage in sechs Drehwochen à fünf Arbeitstage oder in fünf Wochen à sechs Arbeitstage geleistet werden sollen.

Bei technisch aufwendigen Dreharbeiten oder Dreharbeiten mit Kindern oder an extremen Schauplätzen sind längere Drehzeiten als durchschnittlich üblich zu planen. Steht die Drehzeit bzw. die Anzahl der Drehtage fest, so sind die verschiedenen Stabfunktionen in der Vorbereitung und/oder Nachbereitung der Dreharbeiten mit zusätzlichen Arbeitstagen hierfür in der Kalkulation zu berücksichtigen. 23

Die Gagen nehmen in einer Kalkulation einen wesentlichen Bereich ein und es ist sinnvoll, die relevanten und künstlerisch gestaltenden Positionen nach ihrem Preis zu fragen, wenn feststeht, dass mit einem bestimmten Kameramann oder mit einem bestimmten Cutter gearbeitet werden soll. Üblicherweise haben diese „Head of departments" auch bestimmte Assistenten und Mitarbeiter, ohne die sie nicht arbeiten möchten. Auch diese Personengruppen sind entsprechend zu kalkulieren. 24

Es macht Sinn mit diesen kleinen bewährten Teams der jeweiligen Abteilungen zu arbeiten. Sie sind eingespielt und ergänzen sich in der gemeinsamen Arbeit. Bei ihnen gibt es wenig Missverständnisse und Reibungsverluste. Das gilt für Kamerateams ebenso wie für die Teams in der Ausstattung, im Kostümbild, im Schneideraum, bei Ton oder Beleuchtung. 25

Zur Erstellung einer Kalkulation gibt es hilfreiche Computerprogramme wie z.B. „Sesam" (www.SesamSoft.de). Bei einem Low-Budget- oder einem Dokumentar-Film kann es genauso gut oder sogar besser sein eine entsprechende Tabellenkalkulation mit einem **Kalkulationsprogramm** wie z.B. Excel – entsprechend dem vorgegebenen Kalkulationsformular der FFA – selbst zu erstellen. 26

Ein Drehbuch in Bilder umzusetzen erfordert Phantasie, so dass es außerordentlich effizient ist, die Kalkulation zusammen mit dem Regisseur zu erstellen. Er kann dann jeweils gefragt werden, wie er sich bestimmte Drehbuchszenen in der künstlerischen Umsetzung vorstellt. Aber auch die Zusammenarbeit und Planung mit dem Filmarchitekten, der Kostümbildnerin, der Kamerafrau, dem Oberbeleuchter, dem Tonmeister und anderen professionellen Beteiligten und die Eingliederung ihrer Angaben zum Projekt in die **Kalkulation** lässt eine gute und solide wirtschaftliche Basis für ein Filmprojekt entstehen. 27

Auch bei einem Dokumentarfilmprojekt sollte die Kalkulation zusammen mit den Kreativen erstellt werden, Regie oder Kamera, und dies selbst wenn aufgrund der Thematik des Films im Vorhinein noch gar nicht endgültig feststeht, wann, wo und mit wem gedreht werden kann. Es gilt gerade beim **Dokumentarfilm** so präzise wie möglich den geplanten Film in einer bestimmten Form inhaltlich und dann auch kalkulatorisch zu beschreiben. Das bedeutet nicht, dass später aufgrund aktueller Ereignisse nicht doch anders gedreht werden kann. Die Abweichungen sind übli- 28 cherweise nicht so gravierend, als wenn bestimmte Ereignisse gar nicht erst einbezogen worden wären.

29 Eine Kalkulation kann nicht in einem Arbeitsgang erstellt werden. Sie bedarf einiger Überarbeitungen und Korrekturen, um zu einem annehmbaren und dem Inhalt des Drehbuchs oder dem Wert des Filmprojekts adäquaten Volumen zu kommen. So sind z.b. neben den Tagesgagen auch Projekt-Pauschalen für die Filmschaffenden denkbar. Diese sollten sich grundsätzlich an den **Tarifgagen** orientieren, und die möglichen Überstunden, Nacht- oder Sonntagszuschläge mit beinhalten und gegebenenfalls auch den Urlaub anteilig pauschal abgelten. Andererseits kann auch die Kalkulation z.b. nur anteilige Tarifgagen vorsehen, wenn entsprechende Vereinbarungen getroffen werden, dann aber sinnvollerweise und um Konflikte zu vermeiden für alle Filmschaffenden gleichermaßen.

30 Wichtig ist es bei den Gagen für Stab und Schauspieler, die Kosten für gesetzliche Sozialversicherung, Krankenkasse, Berufsgenossenschaft, Umlagen und Abgaben des Arbeitgebers auf Löhne zu kalkulieren, die sowohl auf die Arbeitszeit als auch auf den zusätzlich zu gewährenden Urlaub zu zahlen sind. Sofern bestimmte selbständige Filmschaffende auf Rechnung arbeiten ist zu prüfen, inwieweit hier Abgaben an die **Künstlersozialkasse** fällig werden. Dies ist aufgrund gesetzlicher Vorschriften bei jeder gestalterischen Tätigkeit der Fall, also in jedem Fall für den Drehbuchautor und den Filmkomponisten, aber auch für den auf Rechnung arbeitenden Schauspieler und Kameramann.

31 Wenn die ersten Entwürfe der Kalkulation vorliegen, so gilt es die schwierigeren Abteilungen im Preis zu kalkulieren, wobei der Preis sich durch die möglichen Auswertungs- und Nutzungsarten des Films bestimmt, wie z.B. die Kosten für den entsprechenden Rechteerwerb. Was kosten die deutschsprachigen Rechte eines Romans, und was kosten diese Rechte bei weltweiter Verwertung des Films in allen Medien und Sprachen für einen bestimmten Zeitraum? Welcher Betrag muss für die Musik-Rechte eingestellt werden bei Auswertung des Films in Europa und was kosten die Musik-Rechte weltweit und zeitlich unbegrenzt? Wie sollte der **Verfilmungsvertrag** lauten? In diesem Punkt setzt die Entscheidung des Produzenten ein, welcher er sich schon ganz zu Anfang stellen muss: für welches Publikum ist der Film gedacht? In welchen Auswertungsformen und Nutzungsrechten, in welchen Ländern und/oder Sprachen und Medien glaubt er den Film vertreiben zu können? Von dieser Vermarktung, vom Verleih und Vertrieb des Films und von bereits für die Finanzierung geschlossenen Verträgen hängt es ab, welche Rechte an vorbestehenden Werken gekauft werden müssen, und welche Rechte von den Filmschaffenden, die den Film gestalten, bei der Produktion des Films abgegolten werden müssen.

32 Für einen unabhängigen Kinofilm sollten sämtliche Rechte an den vorbestehenden Werken, also Buch, Musik usw. erworben werden, damit er

B. Kalkulation/Budget

nach Fertigstellung auch in sämtlichen bekannten Nutzungsarten ausgewertet werden kann. Wenn der Produzent die Senderechte nicht erwirbt, so kann er den Film nicht im Fernsehen auswerten; wenn der Produzent nur die Rechte für den deutschsprachigen Raum erwirbt, so kann er den Film nicht an den deutsch-französischen Kulturkanal ARTE verkaufen usw. Und hier liegt ein Problem, da gerade bei vielen **Low-Budget-Produktionen** am Anfang noch nicht klar ist, ob der Film auch tatsächlich weltweit verkauft werden kann und ob es tatsächlich Sinn macht, schon im Vorhinein sämtliche Rechte zu erwerben. Wenn bei der Produktion das Geld fehlt alle Rechte zu erwerben, dann bietet sich an, bestimmte Nutzungsformen zu optionieren und auch im Voraus den Preis hierüber schon zu verhandeln, damit im Falle eines möglichen Verkaufs z.B. der nordamerikanischen Rechte auch klar ist, welche zusätzlichen Kosten hierfür anfallen.

Ein unabhängiger Film hat es schwer sich als einzelnes Filmwerk am Markt zu platzieren, und für den unabhängigen Produzenten ist es mühsam ein einzelnes Werk überhaupt zu verkaufen. Dies betrifft sowohl den Verkauf des Films an einen Verleih und Herausbringung im Kino als auch Verkauf des Films an öffentlich-rechtliche oder private Fernsehanstalten, an einen Videovertrieb, DVD u.Ä. Gleiches gilt für den **Dokumentarfilm.** Trotzdem ist es unerlässlich, dass dem Filmproduzenten sämtliche Rechte, die er in seinem Filmwerk versammelt hat, vollständig zur Verfügung stehen, damit er überhaupt die Chance hat den Film weltweit zu vermarkten, wie z.B. in Australien und Japan. 33

Aufgrund der neuen Übertragungsformen und der Satellitenabstrahlung ist es für den Sender zunehmend unmöglich nationale Ländergrenzen bei der Rechteauswertung einzuhalten. Aber genau das wäre notwendig, wenn vom Produzenten nur die Nutzungsrechte für das Nutzungsgebiet Bundesrepublik Deutschland erworben worden wären. Wenn ein Filmwerk z.B. nicht über die US-amerikanischen Nutzungsrechte am Roman verfügt, der dem Film zugrunde liegt, so kann der Produzent den Film auch nicht an das amerikanische Kabelfernsehen verkaufen oder im Museum of Modern Art vorführen, und wenn der Produzent bestimmte Nutzungsrechte an der Musik nicht erworben hat, z.B. einen Schlager nur im deutschsprachigen Bereich verwerten darf, so kann er den Film nicht in Italien im Kino zeigen. 34

Das bedeutet, dass sämtliche **Rechte an sämtlichen vorbestehenden Werken** in Wort, Musik und Gestaltung vom Produzenten bei der Herstellung des Films vollständig erworben sein müssen, und zwar sowohl die Filmherstellungsrechte als auch die Nutzungsrechte. Gleiches gilt für die Schauspieler und Mitarbeiter im Team. Auch hier sollte sich der Produzent sämtliche Nutzungsrechte übertragen lassen, welche für eine umfassende Auswertung des Films in allen Nutzungsarten nötig sind. Unter diesen Bedingungen sind die entsprechenden Dienst- und/oder Werkver- 35 träge mit den Filmschaffenden abzuschließen (**Anlage Honorarbedingungen**).

36   Wenn das Budget des Films durch die Kalkulation bestimmt ist, gilt es die Höhe des Budgets in Relation zum Filmwerk zu setzen und auch die Möglichkeiten der Erlöse durch Verwertung zu eruieren. Gegebenenfalls ergibt sich, dass der Film zu den kalkulierten Kosten nicht finanziert werden kann.

37   Das bedeutet dann eine weitere Durcharbeitung der Kalkulation. Neue Überlegungen sind zu anzustellen, an welchen Stellen das Drehbuch inhaltlich oder der geplante Film in seiner **Auflösung** so verändert werden kann, dass Kosten eingespart oder neue, andere technische Wege gefunden werden können, welche bei gleichem Ergebnis weniger kosten.

38   All dies bedarf einer genauen Recherche und fachlicher Beratung kompetenter Fachleute. Diese fachlichen Berater können für die jeweilige Produktion enorm viel Geld sparen. Die Ideen eines Filmarchitekten können die Realisierung einer Szene unter einem ganz anderen Blickwinkel erscheinen lassen und Lösungen anbieten, auf die ein Regisseur nie gekommen wäre. Es gibt auch Dramaturgen, welche beim Drehbuch helfen, es gibt **Berater** in Bezug auf die Vermarktung, Presse und Werbung, Finanzierung usw. Ein guter Berater hilft teure Fehler zu vermeiden, und das Prinzip „learning by doing" sollte in dieser Hinsicht nicht angewendet werden.

39   Wichtig ist auch den **Zeitfaktor** bei der Kalkulation nicht zu vergessen. Wie lange werden wohl die Vorarbeiten für die Planung und Finanzierung dieses Filmprojekts dauern, welche Kosten müssen hierfür einkalkuliert werden, welche laufenden Kosten sind zu berücksichtigen, welche Reisen müssen unternommen werden, zu welchen Festivals und Filmmärkten muss gefahren werden, um bestimmte Leute zu treffen usw. Jeglicher Zeitraum, den sich ein Filmproduzent jetzt vorstellt, sollte er mindestens verdoppeln. Es dauert immer länger als geplant.

40   In die Kalkulation sollten unbedingt auch Kosten für Versicherungen eingestellt werden, um das Risiko der Produktion für den Filmemacher zu senken und die Herstellung zu sichern. Empfehlenswert und notwendig sind in jedem Fall eine Haftpflicht- und Feuerregresshaftpflichtversicherung sowie eine **Negativversicherung**. Letztere deckt das Risiko bei den Dreharbeiten ab, falls das Rohfilmmaterial fehlerhaft ist, falls die Kamera versagt und trotz Testaufnahmen unscharfe Bilder liefert oder das Kopierwerk versehentlich den Film falsch entwickelt oder Bild- und/oder Tonträger auf dem Transport verloren gehen.

41   Ob und wann und für welche Personen (oder Drehorte) eine **Filmausfallversicherung** abgeschlossen wird, hängt vom Projekt ab. Falls die Gestaltung des Films nur auf einer Person ruht wie z.B. dem Regisseur, der gleichzeitig Produzent ist, so ist es notwendig, diese Person gegen Ausfall zu versichern. Gleiches gilt für Hauptdarsteller oder andere wichtige Rol-

B. Kalkulation/Budget

len. Es lässt sich auch ein ganzer Drehort gegen Beschädigung und Ausfall durch Sturm oder Feuer versichern, um die Dreharbeiten bei Vernichtung des Motivs wiederholen zu können. Eine besondere Filmversicherung ist der „**Completion Bond**". Hier wird die Fertigstellung des Films versichert, der Completion Bond ist eine sogenannte Fertigstellungsgarantie. Falls ein Completion Bond abgeschlossen werden soll, sollte der Produzent sich in jedem Fall vorher erkundigen, ob der Completion Bond und sein Rückversicherer auch seriös sind und im Schadensfall zahlen können und werden.

Bei deutschen Produktionen betragen die **Handlungskosten** üblicherweise 7,5 %. Gemäß Filmförderungsgesetz (FFG) kann eine Überschreitungsreserve bei einem Kinofilm maximal 8 % betragen. Ist jedoch der Abschluss eines Completion Bond geplant, so muss aufgrund der Versicherungsbedingungen die Überschreitungsreserve 10 % betragen, und auch die Handlungskosten können den internationalen Gepflogenheiten angepasst werden. 42

Bei den unabhängigen Filmproduzenten, welche ihr Hauptaugenmerk auf die erfolgreiche visuelle Umsetzung des geplanten Filmprojekts setzen, ist es wichtig darauf hinzuweisen, dass es sich bei einem Filmprojekt auch um einen Wirtschaftsbetrieb handelt und der Filmemacher als Unternehmer und Arbeitgeber handelt. Das bedeutet bei dem hohen Einsatz an Filmschaffenden bei einem Film, dass in die Kalkulation Kosten für die Buchhaltung des Films und Abrechnung der Gagen der Filmschaffenden, also die Kosten für eine **Filmgeschäftsführung** kalkuliert werden müssen, und zwar nicht nur für den Zeitraum der Dreharbeiten, sondern auch bis hin zur Endabrechnung des Films gegenüber den Geldgebern. Dieser Bereich wird häufig völlig unterschätzt, spielt jedoch in der Produktion eine große Rolle und kann einen Zeitraum von einigen Jahren einnehmen. 43

Sämtliche arbeitsrechtlichen Vorschriften gelten beim Film genauso wie bei jedem anderen Wirtschaftsbetrieb. Die beteiligten Schauspieler und Mitarbeiter beim Film möchten häufig nicht nur wissen, was sie bei dem Film als Tagesgage oder als Pauschalhonorar verdienen, sondern sie möchten auch während der Dreharbeiten ihre Gage ausgezahlt bekommen. Es bedarf also einer ordnungsgemäßen **Lohnabrechnung**. Bei Beschäftigung von Mitarbeitern, welche z.B. nicht der Europäischen Union angehören, wie etwa eines Schweizer Cutters, muss eine **Arbeitsgenehmigung** vor Arbeitsbeginn vorliegen. 44

Gleiches gilt für jeden Filmschaffenden: Jeder einzelne Komparse und jede Hilfskraft für Stunden oder Tage unterliegen den aufwendigen und komplizierten lohnsteuer-, sozialversicherungs- und arbeitsrechtlichen Bestimmungen, und es macht Sinn, auch hier mit Fachkräften bei der Lohnabrechnung zu arbeiten. Es empfiehlt sich daher, in der Kalkulation die Kosten für Steuerberater und Rechtsanwälte in Bezug auf das Filmprojekt zu berücksichtigen, ebenso wie die Miete für die möglicherweise 45

Gundelach

einzusetzenden Computerprogramme, spezielle Lohnabrechnungen für Film und Prüfkosten für die Schlussabrechnung des Filmbudgets einzubeziehen.

46 Je nach Finanzierung müssen zur Erfüllung des Finanzierungsvertrages bestimmte Materialien geliefert werden wie z.b. ein Intermed, ein IT-Band, Titelszenen, Dialogbuch, Post-Production-Script, digitale Kopie oder auch Archivkopien im Film- oder digitalen Format. Diese „Delivery Materials" sollten bei den Produktionskosten des Films mit kalkuliert werden. Auch die vom Produzenten zu tragenden Prüfkosten der Schlussabrechnung und/oder des Testats eines Wirtschaftsprüfers gehören mit in die Kalkulation, ebenso wie die Mietkosten für ein Kostenstandsprogramm zur laufenden Erstellung der Kostenstände und der endgültigen Schlussabrechnung.

47 In jedem Fall sollten auch die Kosten für die Grundausstattung im Promotionsbereich wie Plakat, Presseheft, Standfotos, Pressetexte, Electronic-Press-Kits, gegebenenfalls „Making Offs" u.Ä. **Werbemaßnahmen** sowie Präsentationen durch eine Promotionsfirma in der Kalkulation der Planung des Films mit eingestellt werden. Es reicht nicht einen Film fertig zu stellen, er muss auch bekannt gemacht werden, um verkauft zu werden.

48 Ist die Kalkulation in den Grundzügen erstellt, kann der Produzent für sich selbst ein Honorar in Höhe von 2,5 % der kalkulierten Herstellungskosten (Produzentenhonorar) und für den Herstellungsleiter jeweils 2/3 der Regiegage ansetzen. Die Regiegage beträgt maximal 5 % der Herstellungskosten. Diese und andere Hinweise stehen in den „**Grundsätzen sparsamer Wirtschaftsführung**" und sind Teil der Richtlinien für die Projektfilmförderung der FFA. Diese schreiben auch vor, dass bei mehrfacher Betätigung des Produzenten während der Produktion eines Films, wie z.B. Betätigung als Regisseur und/oder Kameramann, die jeweilige marktübliche Gage um 20 % zu kürzen ist. Diese Vorschriften gelten zwar nur für geförderte Filme, aber da die meisten Filme gefördert werden, hat sich dadurch eine gewisse Branchenüblichkeit herausgebildet.

C. Finanzierung des Films

49 Nachdem die Höhe des Budgets ermittelt wurde, wird zur Finanzierung des Filmprojekts aus den Elementen, die auch bereits Grundlage der Kalkulation waren, ein „**Package**" erstellt. Das Package besteht aus Drehbuch, Synopsis, Angaben zum kreativen Stab mit entsprechenden CV und Filmografien, Absichtserklärung („Letter of Intent") der Schauspieler, welche den Film tragen sollen oder in wichtigen Nebenrollen auftreten, am besten unter Angabe ihrer Filmografie und Präsentation in einem aktuellen Foto. Zur Verstärkung der intendierten Visualisierung des Drehbuchs sind Angaben über den „Look" des Films sinnvoll. Angaben zum

C. Finanzierung des Films

Filmproduzenten selbst, über seine bisher produzierten Filme und über seine Branchenerfahrung sollten nicht fehlen. Diese wesentlichen Informationen reichen üblicherweise aus, um einen Verleiher, Weltvertrieb oder einen Finanzierungsfonds zu interessieren.

Das bedeutet jedoch nicht, dass nicht weitere detailliertere Informationen vorliegen sollten, die auf Rückfrage und bei Interesse eines möglichen Finanziers auf Anforderung sofort nachgeliefert werden können. Dazu gehören eine detaillierte Kalkulation, Nachweis der vollständigen **Rechtekette** in Bezug auf das zugrunde liegende vorbestehende Werk und das Drehbuch, detaillierte Angaben zum Regisseur und seine Vorstellung in Bezug auf die Realisierung des Films, Angaben zur zeitlichen Produktionsplanung und Fertigstellung ebenso wie Angaben zur Art des Drehens: Original oder Studio, Inland oder Ausland und Ähnliches. Sinnvoll kann es auch sein, von vornherein eine Kurzfassung des Drehbuchs in englischer und/oder französischer Sprache bereit zu halten.

Mit diesen Unterlagen kann sich der Produzent bei entsprechend gut gestalteter visueller Aufbereitung an **Verleiher** oder an eine Vertriebsfirma wenden, die er für sein Projekt für geeignet hält. Der deutsche Verleiher ist für den Produzenten das Bindeglied für die erfolgreiche Verwertung seines Films am Kinomarkt. Es ist daher wichtig, das Verleihprogramm eines Filmverleihers zu kennen, um das geplante Filmprojekt dem Passenden anzubieten. So macht es z.B. keinen Sinn, einen „Arthouse-Film" einem ganz auf kommerzielle Filme ausgerichteten Verleiher anzubieten.

Die beste Übersicht in Bezug auf die Verleiher verschafft man sich durch Ansehen des aktuellen Kinoprogramms. Die eigene Marktbeobachtung über Marketing und Stärke des Verleihs erfordert eine gewisse Zeit, dazu kommen Nachfragen über Einschätzung und Informationen über geplante Ausrichtung des Verleihs. Die im Inland aktiven Verleiher sind im jährlich erscheinenden **Verleihkatalog** dargestellt, jeweils mit ihrem aktuellen Filmprogramm wie auch mit ihrem „Verleihstock".

Je nach Thematik des Filmprojekts ist es sinnvoll, sich auch zu Beginn der Finanzierung der Erfahrung und der geschäftlichen Kontakte eines **Weltvertriebs** zu bedienen: dies kann ein deutscher, ein deutschsprachiger oder auch ein europäischer Weltvertrieb sein. Die Weltvertriebe sind u.a. im „Verband der deutschen Filmexporteure e.V." zusammengeschlossen, daneben gibt es jedoch auch auf europäischer Ebene, insbesondere in London und Paris, erfolgreiche Weltvertriebsunternehmen oder „Sales Agents", deren Angebot und Programm am besten auf den Filmmessen und Märkten parallel zu den Festivals aufzuspüren ist. Geeignet hierfür ist u.a. die „Berlinale" und der „Europäische Filmmarkt", ebenso wie die Filmfestspiele und Filmmärkte in Cannes und Mailand. Es gibt auch auf bestimmte Genres, z.B. Dokumentarfilm oder Musikfilm, spezialisierte Weltvertriebe, sowie Vertriebe, die nur auf den Verkauf von bestimmten einzelnen Verwertungsrechten, z.B. Fernsehrechten spezialisiert sind.

54 Zur Finanzierung des geplanten Filmprojekts dient die vom Verleiher bei Interesse an dem Filmprojekt gezahlte **Verleihgarantie** ebenso wie die eventuell vom Weltvertrieb gezahlte Weltvertriebsgarantie.

55 Üblicherweise werden an den deutschen **Verleiher** nicht nur die Rechte vergeben den Film im Kino auszuwerten, sondern zusätzlich auch die deutschsprachigen Videorechte (VHS und DVD) ebenso wie, bei entsprechender Garantiezahlung, die deutschsprachigen Fernsehrechte. Ein **Weltvertrieb** übernimmt die gesamten Nutzungsrechte für Kino, Video, Pay-TV, Fernsehen usw. für eine weltweite Auswertung, mit Ausnahme der Gebiete, die dem Produzenten und Koproduzenten im Inland zustehen, und der Lizenzen, die bereits vorab verkauft und zur Produktion des Films verwendet wurden.

56 Das geplante Filmprojekt kann auch durch Verkauf der **Senderechte** an eine öffentlich-rechtliche oder private Fernsehanstalt finanziert werden. Die Beteiligung einer Fernsehanstalt kann auf der Basis einer Koproduktion, eines Lizenzvorabkaufs oder eines einfachen Lizenzvertrags geschehen.

57 Eine **Verleihgarantie**, ein Verkauf der deutschen Senderechte, eine eventuelle Video/DVD-Garantie für den deutschsprachigen Raum und eine Weltvertriebsgarantie sind die wesentlichen Signale vom Markt, die dem Produzenten das Interesse der Filmwirtschaft an der Auswertung seines zukünftigen Filmwerks kundtun. Leider ist die filmwirtschaftliche Situation aktuell jedoch so schwierig, dass nur in Ausnahmefällen Garantien, also Vorauszahlungen auf zukünftig zu erwartende Erlöse aus der Auswertung des Films vorab vertraglich zugesichert werden können. Insofern wird sich der Produzent bei Produktionsbeginn mit einem Auswertungsvertrag ohne Garantie oder einem „**Letter of Intent**" zufrieden geben müssen, sofern ein Verleih und/oder ein Weltvertrieb Interesse an der Auswertung des Films hat.

58 **Filmförderung.** Aufgrund der nicht sehr erfolgreichen kommerziellen Situation des deutschen Films und um das Risiko für den Produzenten zu mindern ist es notwendig, Teile des Budgets auch durch bundesdeutsche und/oder regionale **Filmförderungen** der Länder und Gemeinden zu finanzieren. Bei dieser Finanzierung durch Subventionsprogramme stehen dem Produzenten Fördermittel in Form von bedingt oder unbedingt rückzahlbaren Krediten – mit oder ohne Kreditzinsen – und Zuschüssen zur Verfügung.

59 **Die Beauftragte der Bundesregierung für Angelegenheiten der Kultur und Medien** (BKM) vergibt auf Antrag Produktionsförderung für einen neu herzustellenden Film in Form eines Zuschusses, einer Subvention an den Produzenten zur Herstellung des vorgelegten Filmprojekts.

60 Die **Filmförderungsanstalt** (FFA) vergibt auf Antrag Projektfilmförderungsdarlehen, welche nur im Erfolgsfall aus den Erlösen des Films zu tilgen sind.

C. Finanzierung des Films

Für Produzenten von Erstlingsfilmen und Kinderfilmen stehen die Produktionsförderungsdarlehen des **Kuratoriums Junger Deutscher Film** in Form von aus den Erlösen rückzahlbarer Darlehen zur Verfügung. Ebenso verfügen die einzelnen Bundesländer über Filmförderungsprogramme, die von den kulturellen Filmbüros oder Kultusministerien in **Hessen, Mecklenburg-Vorpommern, Schleswig-Holstein, Saarland, Bremen, Sachsen, Sachsen-Anhalt und Thüringen** als Zuschüsse vergeben werden, von den größeren Förderungseinrichtungen wie der **NRW-Filmstiftung**, dem **FilmFernsehFonds Bayern** (FFF), der **FilmFörderungHamburg**, der **MFG Baden-Württemberg**, dem **Filmboard Berlin-Brandenburg**, der **Mitteldeutsche Medienförderung** (MDM), der **NordMedia** und der **HessenMedia** in Form von bedingt oder unbedingt rückzahlbaren Darlehen. 61

Ziel der Filmförderung der Bundesländer ist es, die Wirtschaftskraft des jeweiligen Bundeslandes zu stärken, daher sind diese Mittel mit entsprechenden Auflagen versehen: Es sind Umsätze bei der Produktion des Films im jeweiligen Bundesland zu tätigen, die sogenannten „Länder-Effekte", deren Höhe sich aus der Höhe der Fördermittel ergibt. Teilweise wird das Eineinhalbfache des möglichen Förderbetrags als zukünftige Ausgabe gesehen, manchmal genügen einhundert Prozent, um die Richtlinien der Länderförderung zu erfüllen. Darüber hinaus ist eine Finanzierung durch einzelne Förderungen der Städte und Gemeinden möglich, insbesondere wenn die Thematik inhaltlich mit der Region oder einer Person der Zeitgeschichte oder Ähnlichem zu tun hat. 62

62

63

Neben den nationalen Filmförderprogrammen gibt es auf europäischer Ebene des Europarates eine Produktionsfinanzierung durch „**EURIMAGES**". Das Programm sieht unter bestimmten Bedingungen eine Finanzierung europäischer Koproduktionen durch Vergabe von bedingt rückzahlbaren Darlehen an die jeweiligen europäischen Koproduzenten vor, welche aus den späteren Erlösen zu tilgen sind. 64

Ein Produzent kann sich auch entscheiden seinen geplanten deutschen Film nicht allein zu produzieren, sondern das Risiko mit einem anderen deutschen Produzenten, der schon länger am Markt erfolgreich Filme produziert hat, zu teilen. Möglicherweise steht diesem Koproduzenten eine **Bundesfilmpreisprämie** aus einem früheren Film zu oder er verfügt noch über **Referenzfilmmittel** der Filmförderungsanstalt aus einem erfolgreich im Kino gelaufenen Film oder aus der Länderförderung. Diese Mittel kann er durch seine Beteiligung an dem neuen Film als innerdeutscher Koproduzent in die Koproduktion des neuen Films einbringen. 65

Gleiches gilt für internationale, also deutsch-ausländische Koproduktionen: hierbei muss der deutsche Produzent oder die deutsche Gruppe nur einen Teil des geplanten Projekts finanzieren, z.B. 60 %. Die restlichen 40 % kommen dann aus einem oder mehreren anderen europäischen oder außereuropäischen Ländern. In diesem Fall muss der deutsche Produzent 66 gegenüber seinen Finanzierungspartnern jeweils nur seinen deutschen Anteil an der Finanzierung des Films nachweisen.

67 Wenn ein großer Teil des zukünftigen Filmprojekts finanziert ist, kann es trotzdem sein, dass noch ein Restbetrag fehlt. Diese Lücke muss der Filmproduzent dann mit einem Bankkredit, mit **Rückstellung** seiner eigenen Gage, eventuell mit Gagenrückstellungen Dritter, mit Beteiligung von Filmschaffenden, mit Lieferantenkrediten und/oder **Beistellungen** oder anderen eigenen Leistungen schließen. Denn nur bei geschlossener Finanzierung kann der „Cash-Flow", die notwendige Auszahlung einzelner Finanzierungsverträge, beginnen.

68 Möglich ist eine Finanzierung auch durch **Sponsoring** bestimmter Firmen und durch **Merchandising**. Diese Finanzierungsformen sind sehr auf den Einzelfall abgestellt. Bei Merchandising muss es ein Produkt geben, welches vermarktbar ist, wie z.b. ein „Pumuckl", und beim Sponsoring muss der Inhalt des Films für die jeweilige Firma von Interesse sein.

69 Denkbar sind auch Finanzierungen durch Beistellung und/oder Rückstellung und/oder Koproduktionen von technischen Betrieben.

Beispiel: Ein Kopierwerk oder ein Studio beteiligt sich in Höhe seiner Leistung und lässt die geplanten Umsätze ganz oder teilweise als Finanzierung gegen entsprechende Erlösbeteiligung oder Rechte während der Produktion im Film.

70 Die Finanzierung eines unabhängigen Kinofilms setzt sich also aus vielen einzelnen Bausteinen zusammen. Die Beachtung der jeweiligen Vorschriften, Richtlinien und/oder Gesetze, welche die einzelnen Finanzierungsbausteine mit sich bringen, sowie die Abstimmung derselben kann zu einigen Koordinierungsproblemen führen, die dann in Rücksprache mit den Finanzierungsbeteiligten auszuräumen sind.

71 Filmemachen ist teuer. Geld gibt es nur für den fertigen Film. Das bedeutet, sämtliche sogenannten Ablieferungsbedingungen („delivery items") müssen mit in die Kalkulation. Ebenso wichtig ist es den gesamten Bereich der **Projektentwicklung** angemessen zu kalkulieren. Zu den Entwicklungskosten rechnet man üblicherweise die Herstellung oder Überarbeitung eines Drehbuchs und die für die Vorbereitung des Filmprojekts erforderlichen Kosten wie z.B. Optionsgebühren des vorbestehenden Werks, Autorenhonorare, Kosten des Erwerbs der Stoffrechte, Rechte an Treatment oder Exposé, Recherchen (Themen, Drehorte) – dies ist insbesondere wichtig bei Dokumentarfilmen – Script Consulting, Reisekosten, Musikberatung, Rechtsberatung, Storyboard, Übersetzungen, Producers Fee, Handlungskosten, Casting usw.

72 Die Auszahlung von Lizenzverträgen oder Förderdarlehen setzt eine geschlossene Finanzierung voraus. Sollte ein Baustein in der **Gesamtfinanzierung** fehlen, so ist dieser gegebenenfalls durch eine Zwischenfinanzierung für eine begrenzte Zeit zu ersetzen. Denn ohne Nachweis der Gesamtfinanzierung des Filmprojekts kann keine der einzelnen im Finan-

zierungsplan enthaltenen Finanzierungszusagen für die Produktion bereitgestellt werden.

Die Entwicklung, Planung und Finanzierung eines unabhängigen Films 73 kann eineinhalb bis drei Jahre dauern. Um diese lange, kostenintensive Zeit zu überbrücken und das Risiko des Produzenten zu mindern, gibt es Hilfen z.B. in Form einer Förderung der Drehbuch- oder Projektentwicklung eines Films oder mehrerer Projekte gleichzeitig („**slate funding**").

2. Kapitel – Rechtsfragen des Filmrechts

A. Von der Idee zur Produktionsentscheidung

I. Schutz von Exposé, Treatment, Drehbuch

Wolf Albin

1. Einleitung

Der grundsätzliche urheberrechtliche Schutz eines Filmwerks erfährt 74 eine wesentliche Ausnahme für die so genannten „vorbestehenden Werke". Dem Autor, der die erste Idee zum Film besaß, daraus später ein Exposé, ein Treatment und schließlich ein fertiges Drehbuch entwickelt hat und damit häufig den Anstoß für die Produktion gab, werden weder nach dem Gesetz noch nach den gängigen Autorenverträgen Rechte am fertigen Film eingeräumt. Will er sich gegen eine unerlaubte Verwertung seiner Leistungen wehren oder gesetzliche Vergütungsansprüche geltend machen, kommt es deshalb darauf an, inwieweit diese „vorbestehenden Werke" zum Film selbst urheberrechtlich zu schützen sind.

Das Urhebergesetz greift, wenn ein „**Werk**" vorliegt (§ 2 UrhG). Wel- 75 che Anforderungen erfüllt sein müssen, damit eine Idee oder ein Manuskript Werkcharakter besitzen, ist weder im Gesetz noch an anderer Stelle genau definiert. Die Rechtsprechung hat hierzu jedoch klarstellende Kriterien entwickelt. Maßgeblich ist, ob die persönliche Leistung eines Autors eine **eigenständige geistige Schöpfung** darstellt. Für den schöpferischen Akt reicht es nicht aus, dass der Urheber die Idee bloß im Kopf trägt. Er muss sie **in schriftlicher oder mündlicher Form** entäußert haben.

Sehr schwierig ist dagegen die Antwort auf die Frage, wann eine Leis- 76 tung eigenständig ist und damit ein Urheberrecht erhält. Allgemein darf ein Einfall als eigenständig oder individuell gelten, der von alltäglichen, stereotypen Ideen oder häufig gebrauchten Handlungsmustern unterscheidbar ist. Die Leistung muss sich einem Autor als Urheber eindeutig zuordnen lassen. Sie sollte von solcher **Einmaligkeit** sein, dass sie in ihrer konkreten Ausprägung nur schwerlich zwei verschiedenen Personen gleichzeitig einfallen könnte.

Die Frage, wann diese Voraussetzungen im Einzelnen vorliegen, muss 77 für Idee, Exposé, Treatment und Drehbuch unterschiedlich beantwortet werden. Denn die Leistung eines Autors verändert sich in diesen verschiedenen Stadien der Stoffentwicklung und erlebt dabei unterschiedlich starke urheberrechtliche Anerkennung.

2. Filmidee

78 Die Idee stellt einen ersten, in den meisten Fällen groben und mündlichen Einfall für eine Story dar. Um urheberrechtlichen Schutz erfahren zu können, müsste diese Grundidee nach den eingangs dargestellten Kriterien individuell, also ein einzigartiger, nie dagewesener Einfall, sein. Nach über hundert Jahren Filmgeschichte werden nur noch ganz wenige Ideen und Einfälle diese Qualität haben. Vielleicht ist sogar der bekannte Satz wahr, nachdem im Kino zusammengenommen nur zehn verschiedene Geschichten existieren, die immer neu erzählt werden. Jedenfalls wird sich ein urheberrechtlicher Anspruch auf die Idee für eine Arztserie mit dem wesentlichen Inhalt „Arzt verliebt sich in Krankenschwester, zeugt mit ihr ein uneheliches Kind und erlebt viele Auseinandersetzungen in Familie und Beruf" kaum mehr mit Aussicht auf Erfolg erheben lassen. Denn dieser Einfall ist wie die meisten Ideen bereits in dieser oder einer abgewandelten Form verfilmt worden. Eine Idee wird auch nicht dadurch einzigartig, weil sie alte Einfälle frisch und originell variiert.

79 Nur wenn der Autor seine Idee zu einer einmaligen Fabel oder Story verdichtet hat, wird ihr urheberrechtlicher Schutz gewährt. Diese seltene Ausnahme hat beispielsweise das LG München für „Das doppelte Lottchen" gemacht. Ein auf *Erich Kästners* Roman basierender Film wurde verboten, weil die Verfilmung unerlaubt die anerkannt von Kästner herrührende spezielle Idee zu einer Verwechslungskomödie mit einem Zwillingspaar benutzt hatte. Hilfreich mag dabei gewesen sein, dass der Roman von *Kästner* zweifellos Weltliteratur ist und das Gericht die urheberrechtliche Qualität des Romans nicht prüfen musste.

80 Das zweite große Problem des urheberrechtlichen Schutzes für Ideen besteht in der **Beweisbarkeit der Autorenschaft**. Eine mündlich geäußerte Idee hat zwar ebenfalls Anspruch auf urheberrechtlichen Schutz. Die Tatsache, dass der Autor Urheber einer etwa in einem Gespräch mit einem Produzenten geäußerten Idee ist, hat jedoch er zu beweisen. Solange eine in einer Produktion verarbeitete Idee nicht schon die schriftliche Form eines Treatments oder Drehbuchs angenommen hat, ist dieser Beweis praktisch nur sehr schwierig zu führen. Wegen dieser großen rechtlichen und praktischen Schwierigkeiten gilt deshalb in den allermeisten Fällen: **Filmideen werden vom Gesetz nicht geschützt.**

3. Exposé

81 Unter einem Exposé wird die erste schriftliche Abfassung der Filmidee verstanden. In der Regel umfasst es bis zu zehn Seiten. Auf ihnen werden

A. Von der Idee zur Produktionsentscheidung

kurze Skizzen zu den Hauptcharakteren ausgearbeitet, der wesentliche Gang der Story festgelegt sowie Zeit und Ort der Geschichte bestimmt. Dagegen sind das Ende des Films und die filmische Umsetzung des Stoffs mit Rücksicht auf die häufig noch ungeklärte Produktionsentscheidung meist nur angedacht. Zumindest das Format (Spielfilm, Fernsehfilm, Serie etc.) und das Genre (Komödie, Drama etc.) des späteren Filmprojekts werden im Exposé aber in aller Regel festgelegt.

Ob ein Exposé diese künstlerisch zu fordernden Punkte umfasst, dahinter zurückbleibt oder über sie hinausgeht, interessiert im Rahmen eines Rechtsstreits dennoch letztlich wenig. Überhaupt bleibt die formale Bezeichnung eines Skripts als „Exposé", „Treatment" oder „Drehbuch" für den urheberrechtlichen Schutz dieser Werke bedeutungslos. Hier wie sonst auch hängt das Urheberrecht einzig von der Individualität der Ausarbeitung ab. Weil im Exposé bekannte Klischees und Handlungsmuster meist detaillierter und vertiefter als in der Filmidee verarbeitet werden können, besteht für ein solches Skript eine größere Chance, einmalig und von anderen Einfällen unterscheidbar zu sein. Dennoch wird beim Exposé wie schon bei der Filmidee die notwendige Kürze der Form häufig einen Mangel an den erforderlichen individuellen Merkmalen bedingen. Urheberrechtlich ist deshalb ein **Exposé praktisch nur in Ausnahmefällen geschützt.** 82

Liegen diese Voraussetzungen aber vor, kann selbst einem bloß einseitigen Exposé **urheberrechtlicher Schutz** zugebilligt werden (*BGH* UFITA 38 [1963], 340 – Straßen). In diesem dem Urteil (Straßen) zugrunde liegenden Fall zeigt sich beispielhaft, wann ein Skript individuell und unterscheidbar ausgearbeitet ist. Im Exposé war ein kurzer Dokumentarfilm über den Straßenbau aufgerissen. Neben der Handlung enthielt das Skript bereits Dispositionen zur Bildfolge, einzelnen Aufnahmeobjekten sowie die Umsetzung des Inhalts in Dokumentar- oder Tricksequenzen. Durch diese technische Konkretisierung war die an sich freie und ungeschützte Idee, einen Film über Straßen und deren Bau zu drehen, hinreichend individualisiert worden. Deshalb gilt zusammenfassend: Je detaillierter die literarische Handlung ausformuliert und je fortgeschrittener die filmische Ausarbeitung des Stoffes ist, desto eher liegt eine schützenswerte individuelle geistige Schöpfung vor. 83

Haben Arzt und Schwester aus unserer obigen Idee also erst einmal Namen und Charaktere sowie die Handlung Konflikte und Schauplätze erhalten, kann diese Masse an Details und individuellen Einfällen helfen, das Exposé zu einer hundertsten Arztserie urheberrechtlich zu schützen. Darin eingeschlossen ist wiederum nicht ein Schutz der austauschbaren Grundstory. **Geschützt wird nicht die Grundidee, sondern nur die individuelle und konkrete Abfassung, die sich im Exposé niedergeschlagen hat.** Das führt dazu, dass sich nicht jede inhaltliche Anlehnung eines Werks an ein fremdes Exposé, sondern nur die identische oder nahezu 84 identische Übernahme dieser Details als urheberrechtlicher Verstoß verfolgen lässt.

85 Diese Einschränkungen stellen viele Autoren vor das Problem, dass gerade in einer Branche, deren Erfolg einzig und allein auf kreativen Ideen und Einfällen beruht, keinerlei gesetzliche Absicherung in der ersten Produktionsphase bestehen. Gerade das Exposé wird als erster Arbeitsentwurf häufig aus der Hand gegeben und kann somit ungehindert als **geistige Anleihe** ausgebeutet werden. Andererseits würde der Schutz des Exposés auch wenig nutzen. Mit Hilfe von nur geringfügigen Veränderungen lässt sich auf einfache Weise auf Grundlage des alten ein neues Exposé erstellen, welches mit dem Original möglicherweise die gemeinfreie Grundidee teilt, wegen der Verschiebung einiger Details jedoch nicht mehr als Original erkennbar ist. Ausgleich kann nur durch engagierte Vertragsgestaltung mit dem Produzenten geschaffen werden. Tipps dazu finden sich am Ende des Kapitels.

4. Treatment

86 Aufbauend auf dem Exposé wird meist nach der Produktionsentscheidung ein 20 bis 50-seitiges Treatment erstellt. Das Treatment ist die letzte Vorstufe zum fertigen Drehbuch. Inhaltlich wird die Story in Szenen, Dialoge und deren Schauplätze strukturiert und die Handlung um Nebenfiguren ergänzt. Durch diese weiteren Ergänzungen und Vertiefungen erreicht das Treatment meistens die für ein Werk erforderliche Individualität. Das Treatment ist daher regelmäßig urheberrechtlich geschützt. Finden sich auf fünfzig Seiten Treatment aber nur Dialoge wie z.B. *Sie:* „Du musst Dich entscheiden. Sie oder ich!" – Er: „Ich liebe Euch beide", so ist das weder originell noch einzigartig und urheberrechtlich nicht schützenswert.

5. Drehbuch

87 Das Drehbuch vollendet das inhaltlich schon nahezu vollständige Treatment vor allem durch das Hinzufügen von Anweisungen für die filmische Umsetzung der Story. Drehbücher hat man früher deshalb auch als „kurbelfertig" oder „fertig zum Dreh" bezeichnet. Gewöhnlich werden jeder Szene Regie- und Kameraanweisungen zugeteilt. Es können weitere Anweisungen für Maske, Kostüme der Schauspieler, Geräuschkulisse, musikalische Untermalung und Soundtrack bestimmt werden. Manche Autoren verzichten mit Rücksicht auf den Regisseur und dessen eigenen Anspruch auf künstlerische Freiheit bis auf essentielle Festlegungen gänzlich darauf, der Story Details für die Verfilmung beizufügen. Die Gerichte ziehen zur Beurteilung des urheberrechtlichen Schutzes eines Drehbuchs gerne diese technischen Details heran. Abgesehen von banalen Ausnahmen gilt dennoch für beide Fälle: Ein Drehbuch ist im Regelfall als urhe-

A. Von der Idee zur Produktionsentscheidung

berrechtliches Werk geschützt. Es wird in § 89 Abs. 3 UrhG als vorbestehendes Werk zum Film ausdrücklich erwähnt.

6. Rechtsfolgen ungenehmigter Verwertung

Sind diese Voraussetzungen erfüllt und liegt damit ein im Sinne des UrhG schützenswertes Werk vor, so kann die Übernahme eigener geistiger Leistungen durch andere untersagt und ein daraus entstandener Schaden ersetzt werden. Dritte dürfen ohne Einwilligung des Urhebers das Werk also nicht nutzen, insbesondere nicht bearbeiten und verfilmen. Darüber hinaus besteht ein so genanntes **Urheberpersönlichkeitsrecht** an den Werken. Es gibt dem Autor ein Recht auf Namensnennung und berechtigt ihn, sich gegen Entstellungen des Werks zu wehren (zu den Einzelheiten siehe Abschnitt F. Rechtsverstöße und deren Folgen). 88

7. Wie kann ich meine Ideen effektiv schützen?

Mit der Anerkennung einer Idee oder eines Skripts als Werk haben Drehbuchautoren erst eine Stufe im Kampf gegen den geistigen Diebstahl genommen. Darüber hinaus muss die Nutzung ihres Werks durch andere einen **verbotenen Eingriff** darstellen. Denn nicht jede Verwertung fremden geistigen Eigentums ist unzulässig. Vielmehr ist die **freie Benutzung** geschützter Werke erlaubt und im Sinne einer möglichst ungehemmten künstlerischen Entfaltung auch gewollt. In der Praxis verlieren Drehbuchautoren deshalb die Prozesse, weil ausschließlich die Bearbeitung oder Kopie eines Skripts durch Dritte urheberrechtlich untersagt werden kann. Ästhetische und inhaltliche Anlehnungen müssen dagegen in gewissen Grenzen hingenommen werden, auch wenn sie unerwünscht sind. Um in einem solchen Fall nicht nur Recht zu haben, sondern auch Recht zu bekommen, werden im folgenden einige **Tipps** vorgestellt, bei deren Beachtung sich die Position des Autors stärken lässt. 89

Als Urheber eines Werks gilt von Gesetzes wegen, wer auf dem Manuskript des Drehbuchs als Autor namentlich bezeichnet wird (§ 10 Abs. 1 UrhG). Werden dort mehrere Personen als Autoren benannt, ist unabhängig von der tatsächlichen Einzelleistung bis zum Beweis des Gegenteils davon auszugehen, dass alle Genannten zusammen Miturheber des Werks sind. Ein Autor ist also gut beraten, alle Schriftstücke mit seinem Namenszug zu kennzeichnen und die **Nennung von Beteiligten und Helfern unter Angabe ihrer Funktion** auf das Notwendige zu beschränken. Ein darüber hinausgehender Copyright-Vermerk ist nicht notwendig. Auch die Anfügung des Zeichens © bringt keinen gesteigerten Urheberschutz mit sich. Von solchen Formalien ist urheberrechtlicher Schutz entgegen landläufiger Meinung nicht abhängig. Solche Kennzeichnungen werden allenfalls für Laien abschreckend wirken. 90

2. Kapitel – Rechtsfragen des Filmrechts

91 Weit verbreitet ist die Vorstellung, durch Registrierung oder Hinterlegung des Manuskripts könne geistigem Diebstahl vorgebeugt werden. Eine gesetzliche Registriermöglichkeit für geistiges Eigentum, ähnlich dem Patentamt, gibt es aber weder in Deutschland noch in den USA. Um deshalb im gerichtlichen Streit die originale Urheberschaft an ihrem Werk nachweisen zu können, vertrauen viele Autoren ihre Manuskripte Notaren oder hierauf spezialisierten Agenturen zur Registrierung an. Dieser Weg bringt außer den damit verbundenen hohen Kosten jedoch wenig ein. Eine Hinterlegung liefert im Rechtsstreit zwar den gewünschten Beweis der ersten Urheberschaft. Der Beweiswert würde aber nicht gemindert, wäre das Manuskript etwa kostenlos bei Freunden oder anderen Dritten hinterlegt worden. Im Übrigen erklärt die Hinterlegung wiederum nicht, ob die Ideen des Autors tatsächlich in einem anderen Werk übernommen worden sind.

92 Die Gefahr für Eingriffe in das Urheberrecht ist naturgemäß dann am größten, wenn Autoren ihre Manuskripte für Vertragsverhandlungen an Dritte herausgeben müssen. In diesen Fällen haben sich in den USA so genannte **Stillhalte- und Vertrauensabkommen** mit Produzenten und Sendern etabliert und bewährt. Darin verpflichtet sich der Interessent, Dritten keine Kenntnis vom Inhalt eines Skripts zu verschaffen und selbst keine der darin enthaltenen Ideen zu übernehmen. Im Streitfall ist der Autor zwar wiederum verpflichtet, den Nachweis der Vertragsverletzung zu erbringen. Die Anforderungen an diesen Beweis sind aber geringer als an den schwierigen Beweis einer urheberrechtlichen Verletzung. Außerdem können die Verhandlungspartner Vertragsstrafen vereinbaren, die unabhängig von einer urheberrechtlichen Verletzung zu zahlen sind (Einzelheiten bei *Schwarz*, Schutzmöglichkeiten audiovisueller Werke, ZUM 1990, 321 f.; *Serra*, Schutz von Autoren, ZUM 1990, 335 f.).

93 Allerdings haben nur wenige prominente Autoren eine Stellung am Markt, die es ihnen erlaubt derartige individuellen Abreden zu treffen. Andere Autoren sollten es zumindest vermeiden, **unaufgefordert Manuskripte einzusenden**. Diese weit verbreitete Praxis lädt nicht nur zum Ideenraub ein. Sie bleibt auch bis auf eine verschwindend geringe Zahl von Einzelfällen erfolglos. Es entspricht der Praxis aller Sendeanstalten, zugesandte Drehbücher oder andere Skripte grundsätzlich nicht zu verfilmen.

8. Laufbilder – Schutz für „anspruchslose" Filme

94 Weil die Entstehung des Urheberrechts grundsätzlich nicht von der **künstlerischen Qualität** eines Skripts abhängig ist, können zwar auch wenig niveauvolle Manuskripte urheberrechtlich geschützt sein. Manche Story bleibt aber hinter jeglichen künstlerischen Mindestanforderungen zurück. Für Skripte von Dauerwerbesendungen, wie „Der Preis ist heiß" (*BGH* NJW 2001, 603 – K's Mattscheibe), oder pornografische Filme oh-

ne künstlerischen Anspruch (*OLG Hamburg*, GRUR 1984, 663 – Video Intim) gibt es keinen urheberrechtlichen Werkschutz. Die fertigen Filme werden deshalb nicht als Werke, sondern nur als so genannte **Laufbilder** gemäß § 95 UrhG eingeschränkt urheberrechtlich geschützt. Drehbuchautoren haben in diesen Fällen nicht automatisch die gleichen gesetzlichen Rechte wie bei der Herstellung von Filmwerken, denn § 89 UrhG gilt hier nicht! Es ist also besonderes Augenmerk auf die Vertragsgestaltung zu werfen.

9. Schutzmöglichkeiten außerhalb des UrhG

Wenn man sich nicht allein auf den Schutz des Urheberrechts verlassen will, kann man Teile des Werks durch Eintragung einer Marke sichern lassen und eine Ausbeutung des gesamten Werks in eingeschränktem Umfang durch das Wettbewerbsrecht verfolgen lassen (zu den Einzelheiten vgl. Abschnitt VII. Formatschutz, Rdnr. 291 ff.). 95

II. Erlaubnis zur Verfilmung

Christlieb Klages

1. Erlaubnis vor Drehbeginn

Die Verfilmung eines Werks ist eine Bearbeitung i.S.d. § 23 UrhG. Danach muss der Filmemacher bereits vor der Herstellung die **Einwilligung des Urhebers** einholen (§ 23 Satz 2 UrhG). Die Verfilmung eines Theaterstücks oder eines Live-Konzerts gilt nicht als Bearbeitung, da keine Veränderung des Originalwerkwerks erfolgt, sondern das Originalwerk nur vervielfältigt wird. Es entstehen Laufbilder, für deren Verwertung jedenfalls das Vervielfältigungsrecht benötigt wird. Folgt man dieser feinsinnigen Unterscheidung, muss der Filmemacher vor dem Live-Mitschnitt den Berechtigten nicht fragen, da das Bearbeitungsrecht nicht betroffen ist, während er ansonsten aufgrund der ausdrücklichen Regelung des § 23 Satz 2 UrhG zuvor die Einwilligung des Berechtigten einzuholen hat. Der Mitschnitt eines Live-Happenings auf Video wurde vom Kammergericht als Bearbeitung gewertet, der BGH hat in der Revision die Frage offengelassen. Warum der Mitschnitt eines Live-Happenings eine andere Qualität als der Mitschnitt eines Theaterstücks haben soll, mag dem Praktiker verborgen bleiben. Jedenfalls hat der Gesetzgeber mit der Klarstellung in § 23 Satz 2 UrhG eine deutliche Wertung treffen wollen, dass der Filmemacher **vor** der Verfilmung eines Werks die Zustimmung des Berechtigten einzuholen hat. Wer ohne vorherige Zustimmung mit einer DVD-Kamera einen Live-Mitschnitt eines Popkonzerts erstellt, wird in der Szene als „Bootlegger" bezeichnet, mag sich jedoch mit Hinblick auf § 15 Abs. 1 Satz 1 UrhG auf die Rechtsposition zurückziehen, dass eine Einwilligung nicht not- 96 wendig sei und die Einholung einer (nachträglichen) Genehmigung beabsichtigt gewesen sei.

97 Für die Verfilmung einer Romanvorlage bedarf der Filmemacher unzweifelhaft der Zustimmung des Berechtigten. Es muss sich hierbei nicht unbedingt um den Autor handeln, nicht selten übertragen die Autoren das Verfilmungsecht an einen Verlag. Dem Filmemacher sei empfohlen zu überprüfen und sich zu vergewissern, ob er überhaupt mit dem Berechtigten verhandelt. Häufig hat der Autor keine Kenntnis von dem Umstand, dass er sich der Verfilmungsrechte begeben hat und insofern nicht verfügungsberechtigt ist.

2. Abweichungen vom Drehbuch

98 **Beispiel:** Der Filmemacher sichert sich die Rechte zur Verfilmung einer Romanvorlage. Allerdings soll als Beispiel das Liebespaar am Ende, anders als in der literarischen Vorlage, nicht heiraten, sondern getrennte Wege gehen.

99 Grundsätzlich lässt sich der Filmemacher in der Verfilmungsvereinbarung das Recht einräumen, das Werk zu bearbeiten und zu verändern. So ausführlich und weitgehend das auch im Rahmen einer Vereinbarung geschehen kann, eine **gröbliche Entstellung** seines Stoffes hat der Urheber nicht hinzunehmen (§§ 14, 93 UrhG). Die Frage, was eine gröbliche Entstellung ist, ist Frage des Einzelfalls. Maßgebend ist auf einen Vergleich zwischen dem Gesamtinhalt des Buchs und des Films abzustellen. Dem Praktiker sei jedoch empfohlen, den Urheber während der Herstellung des Films beizuziehen. Ein Gericht hatte festgestellt, dass im Einzelfall eine gröbliche Entstellung vorlag, der Autor jedoch bei den Dreharbeiten anwesend war und damit einen Vertrauenstatbestand geschaffen hatte, der den späteren Vortrag der gröblichen Entstellung widersprüchlich erscheinen ließ. Das Gericht führt aus: „Der Autor wird nicht Zügen des Filmwerks, die er zuvor konstant akzeptiert hat, nachträglich widersprechen können" (*OLG München*, GRUR 1986, 460, 461). Nach Treu und Glauben ist ihm Konsequenz zuzumuten.

3. Übersetzung

100 Die Übersetzung eines Werks in eine andere Sprache ist stets eine Bearbeitung. Durch die Übersetzung eines Buchs erhält der Übersetzer ein **Bearbeitungsurheberrecht** an seiner Übersetzung. Damit ist ein deutschsprachiger Bibeltext regelmäßig urheberrechtlich geschützt, da die Übersetzungen aufgrund neuer Erkenntnisse der Forschung überarbeitet werden. Dem Filmemacher steht es frei, einen Film mit biblischen Inhalten zu erstellen. Soweit er bei den Dialogen auf eine aktuelle Übersetzung der Bibel zurückgreift, verletzt er das Bearbeitungsurheberrecht des Verlags.

A. Von der Idee zur Produktionsentscheidung

4. Freie Bearbeitung

Beispiel: Der Filmemacher möchte einen Film über kleine gallische Dörfer machen, welche sich den Römern widersetzen. Müssen die geistigen Väter von Asterix zustimmen? 101

Geschichtliche und tatsächliche Ereignisse entziehen sich dem Urheberrecht, sie basieren nicht auf der künstlerischen Schöpfung eines Einzelnen. Wollte man bestimmten Handlungssträngen Urheberschutz zubilligen, gäbe es nur einen Krimi, in dem A den B vergiftet und mit dessen Frau von dannen zieht; nur einen Film über den Mauertunnelbau und letztlich nur eine Quizshow, in der für das Beantworten einer Frage ein Geldbetrag überreicht wird. Selbstverständlich steht es deshalb dem Filmemacher frei, einen Film über gallische Dörfer und angreifende Römer zu machen, ohne die Väter von Asterix und Obelix zu befragen. Zu den Einzelheiten einer freien Benutzung siehe Rdnr. 107 ff. 102

5. Persiflage

Problematisch wird es dann, wenn in einer Serie ein großer Dicker und ein kleiner Dünner auftauchen, von denen einer Alkolix heißt. Grundsätzlich soll die antithematische Behandlung eines Werks erlaubt sein. Wesentliches Kriterium ist die inhaltliche oder künstlerische Auseinandersetzung mit den Eigenheiten des parodierten Werks. Die bloße Verfremdung allein ist keine **Parodie**, auch nicht die Versetzung von Comic-Figuren in eine andere Zeit oder Umgebung oder in einen anderen Lebensabschnitt (Lucky Luke als Greis). Auch die Bezeichnung eines Filmes als Parodie hilft nicht weiter. Im Übrigen sind die theoretischen Abgrenzungsversuche einem Filmemacher in der Praxis nicht dienlich. Ob die Züge des parodierten Werks gegenüber den schöpferischen Eigenheiten der Parodie verblassen, mag nach Ansicht eines Films schon schwer festzustellen sein. Diese Feststellung jedoch schon anhand eines Treatments zu treffen, erscheint schwierig. Auf dieser Grundlage aber wird der Filmemacher zu entscheiden haben, ob er einen Stoff weiter bearbeitet. Im Ergebnis bleibt festzuhalten, dass eine Parodie grundsätzlich ohne Zustimmung des Urhebers des parodierten Werks erfolgen kann, sofern es sich um eine strenge antithematische Bearbeitung handelt und das parodierte Werk einen inneren Abstand zur Parodie erhält. 103

6. Remake, Prequel, Sequel und Spin Off *(Wolf Albin)*

Zur Entwicklung neuer Filme greifen Autoren und Produzenten gern auf alte Filmstoffe zurück. Die Methode hat mehrere einleuchtende Vorteile: Erfolg und Risiko des Unternehmens bleiben kalkulierbar. Darüber hinaus lassen sich etablierte Marken und Merchandising-Produkte einer weiteren Verwertung zuführen. 104

105 An den Erfolg des Originals kann auf verschiedene Weise angeknüpft werden. Einem Kassenschlager wird gern ein **Sequel**, also eine Fortsetzung, hinterhergeschickt („Der weiße Hai I-IV"). Nichts anderes geschieht beim Prequel, nur dass die Geschichte in die Zeit vor Beginn der Handlung des Originalstoffs verlegt wird (z.B. „Star Wars I, The Phantom Menace"). Schließlich werden in einem Spin Off einzelne Figuren oder Nebenhandlungen eines Films zu eigenständigen Stoffen ausgebaut. Die Handlung eines Spin Off kann sich mitunter vollständig von der Vorlage lösen („Angel" ist ein SpinOff der Serie „Buffy").

106 Für jeden dieser Fälle bedarf es grundsätzlich der kostenpflichtigen Einwilligung des Inhabers der **Wiederverfilmungsrechte** oder der **Bearbeitungsrechte an Drehbuch oder Film**. Bevor aber der kostspielige Erwerb der Rechte erwogen wird, sollte immer geprüft werden, ob das geplante Filmprojekt tatsächlich die Bearbeitung eines bereits verfilmten Stoffs darstellt. Bei näherem Hinsehen ist das Verwendung mancher Ideen und sogar ganzer urheberrechtlich geschützter Werke als **Freie Benutzung** nach § 24 UrhG kosten- und erlaubnisfrei.

7. Freie Benutzung

107 Das Urhebergesetz gestattet die freie Benutzung des Originals in gewissen Schranken. Eine solche Möglichkeit liegt im Interesse eines freien Kunst- und Kulturbetriebs. Denn Filmkunst entsteht nicht im leeren Raum, sondern durch Auseinandersetzen mit und Anlehnen an bereits vorhandene Ideen. Die Grenze freier Benutzung ist aber erreicht, wenn urheberrechtlich geschützte Werke in ihren Wesensmerkmalen übernommen werden. Dann spricht man untechnisch häufig von einem **Plagiat**.

7.1. Benutzung von kulturellem Gemeingut

108 Unproblematisch ist die freie Benutzung fremder Ideen dort, wo keine Urheberrechte verletzt werden können. Gerade wenn Ideen von vorn herein keinen urheberrechtlichen Schutz genießen, ist eine Verletzung ausgeschlossen. Auf jede Form kulturellen Gemeinguts kann deshalb zur Schaffung neuer Werke vollständig zurückgegriffen werden. Historische und tagespolitische Ereignisse, wissenschaftliche Lehren, Theorien und Spielanleitungen, Filmaufnahmen von Ländern und Landschaften und weiteres nicht allgemeines sowie nicht monopolisierbares Gedanken- und Kulturgut steht Jedermann zur freien Verfügung. Sie können sogar identisch verwertet werden.

109 Zur freien Benutzung stehen ebenfalls die Werke, an denen früher urheberrechtlicher Schutz bestand, deren Urheber jedoch bereits länger als siebzig Jahre verstorben ist. In diesem Zeitpunkt erlöschen die Urheberrechte der Nachkommen oder anderer Rechtsnachfolger. Derartige ältere Werke dürfen wiederum vollständig, identisch und ohne Erlaubnis ver-

wertet werden. Für eine Neuverfilmung von Shakespeares „Romeo und Julia" bedarf es keiner Einwilligung der Royal Shakespeare Company.

Die Probleme bei der **Nutzung alter Werke** entstehen aber wie häufig im urheberrechtlichen Detail. Sie liegen häufig in einer neuen, einzigartigen und damit urheberrechtlich geschützten Bearbeitung vor. Nahezu jede Übersetzung eines fremdsprachigen Werks und auch die neueste Interpretation eines bekannten Stoffes ist urheberrechtlich geschützt. Eine Benutzung der alten Werke in dieser Form ist wiederum erlaubnispflichtig und dem jeweiligen Urheber zu vergüten. Darum sind beispielsweise die Werke der klassischen Musik gemeinfrei, nicht aber deren neue Einspielung durch ein Orchester. Gemälde alter Meister sind ebenfalls regelmäßig gemeinfrei. Ihre Benutzung im Film kann aber das Eigentumsrecht eines privaten Eigentümers verletzen (BGHZ 44, 288 – Apfelmadonna). Deshalb dürfen sich Romeo und Julie auch in der hundertsten Verfilmung des Stoffs auf die gleiche Art wieder unglücklich ineinander verlieben, nicht aber in der besonderen Form, die *Baz Luhrmann* für „Romeo und Julia" 1996 gefunden hat. Denn ein Film, der „frei nach" einem Buch gedreht wurde, stellt eine von der Vorlage unabhängige eigene Leistung dar (*BGH GRUR 1978, 304 – Wolfsblut*). 110

7.2. Freie Benutzung urheberrechtlich geschützter Werke

Sehr viel genauer ist zu prüfen, wenn der urheberrechtliche Schutz eines Werks noch nicht abgelaufen ist. Die Gefahr ist groß, dass deren Verwertung bei zu großer Nähe zum Original eine unerlaubte Bearbeitung nach § 23 UrhG darstellt. Eine freie Benutzung ist nur möglich, wenn das Originalwerk lediglich **Denkanstoß zur Schaffung eines neuen, selbständigen Werks** ist. Wahrt das neue Werk diesen Abstand und ist es seinem Wesen nach als selbständig anzusehen, weil in ihm die **Inhalte des Originals „verblassen"**, gilt es nach § 24 UrhG als freie Benutzung (BGHZ 122, 53 ff. – Alcolix). 111

Ausgehend von dieser von der Rechtsprechung gefundenen zugegeben wenig griffigen Regel, ist die Unterscheidung zwischen freier Benutzung und erlaubnispflichtiger Bearbeitung nicht abstrakt, sondern stets im konkreten Einzelfall zu treffen. Sie zählt deshalb zu den anspruchsvollsten Aufgaben auf dem Gebiet des Urheberrechts. Zur eigenen Überprüfung kann man sich folgende Fragen stellen: 112

7.2.1. Welche Merkmale sind für das Original charakteristisch, und welche Merkmale finden sich in dem neuen Werk wieder?

Bei dieser ersten Frage geht es um einen Vergleich der für ein Werk **bestimmenden Merkmale**. Solche Merkmale sind z.B. die Grundidee eines Films, die Charakteristika seiner Figuren, Kostüme und Masken, das Arrangement einer bekannten Filmszene, eine bestimmte Kameraeinstellung, 113

Regieeinfälle und andere schutzfähige, nicht dem kulturellen Gemeingut anheim fallende Teile eines Werks.

7.2.2. Welchen Umfang machen die Originalmerkmale am neuen Werk aus?

114   Ein hoher Anteil übernommener Merkmale in dem neuen Werk ist stets ein Hinweis auf eine unfreie Bearbeitung des originalen Werks. Unmaßgeblich ist hingegen, welches Ausmaß die Unterschiede zwischen zwei Werken erreichen. Werden in einem Werk bestimmende Elemente des Originals übernommen und diese zusätzlich durch eigene Gestaltungen ausgeschmückt, ergänzt und erweitert, kann das Maß der Unterschiede das Original nicht „verblassen" lassen, wenn die Parallelen zwischen den Werken unübersehbar bleiben (*OLG München, ZUM* 1999, 149 ff. – Das doppelte Lottchen). Entscheidend für die Vergleichbarkeit von Original und neuem Werk sind die zwischen ihnen bestehenden Gemeinsamkeiten, nicht das Maß der Unterschiede.

7.2.3. Hält das neue Werk einen inneren Abstand zum Original ein?

115   Es gibt Genres, die geradezu auf eine starke Anlehnung an das Original und die identische Übernahme seiner bestimmenden Merkmale angewiesen sind. Parodie und Satire leben davon, dass durch sie persiflierte Filme auch wieder erkannt werden. In mancher Comedy Show wird schon mit Originalausschnitten aus Filmbeiträgen gearbeitet, die länger als der satirische Kommentar selbst sein können. Trotz eines hohen Maßes an Übereinstimmung mit dem Original geraten Parodie und Satire meist nicht in die Gefahr von Urheberverstößen (*BGH NJW* 2001, 603 ff. K's Mattscheibe). Die Abstriche, die bei der weitgehenden Übernahme bestimmender Merkmale des Originals gemacht werden, gleichen sie durch eine stärkere eigenständige Benutzung des Stoffs, durch Überzeichnung, antithematische Benutzung und ein Übermaß an Spott und Häme aus. Auf diese Weise stellt ein besonders hohes Maß an eigenschöpferischen, distanzierenden Merkmalen einen spürbaren inneren Abstand zu dem benutzten Werk her (BGHZ 122, 53 ff. – Alcolix).

7.2.4. Abschließende Faustregel

116   Je künstlerisch wertvoller ein Original ist, weil es eine Vielzahl individueller Eigenarten aufweist, desto schwieriger gestaltet sich seine freie Benutzung. Dagegen ist ein eher einfach gestricktes Werk – außer bei vollständiger Übernahme des Inhalts – fast immer ohne Einwilligung des Rechteinhabers benutzbar. Umgekehrt spricht eine hohe künstlerische Qualität und eine große Zahl individueller Eigenarten des neuen Werks dafür, dass die Voraussetzungen der freien Benutzung eingehalten worden sind.

117   Nach dieser Regel stellt das **Remake** grundsätzlich die Bearbeitung eines früheren Drehbuchs mit nur leichten inhaltlichen und technischen

A. Von der Idee zur Produktionsentscheidung

Veränderungen dar und bedarf damit regelmäßig der Erlaubnis des Urhebers. Dabei ist es ohne Bedeutung, ob sich die Neuverfilmung tatsächlich als Remake versteht oder die Autoren der Ansicht sind, sie hätten eine gänzlich eigene Story geschaffen.

Beispiel: In der Hollywood-Produktion „It Takes Two" erkannte das OLG München 118 ein Remake des Romans „Das doppelte Lottchen" des 1974 verstorbenen Erich Kästners. Der Verleih meinte, weder Kästner zu kennen, noch sah er in dem Film eine Literaturverfilmung. Dabei basierten sowohl Film als auch Buch auf der folgenden gleichen grundlegenden Story: Zwei durch die Scheidung ihrer Eltern getrennt aufgewachsene, identisch aussehende, einiige neunjährige Zwillingsmädchen treffen sich zufällig auf einem Feriencamp. Sie schließen Freundschaft und tauschen die Rollen. Jede begibt sich in das Elternhaus der anderen und beide führen nach vielen Turbulenzen die zerstrittenen Eltern wieder zusammen. Dem Vorwurf der Bearbeitung dieser Idee stand auch nicht entgegen, dass die Figuren der Neuverfilmung zeitgemäße Namen erhielten, die Handlung um einige Nebenfiguren und weitere zusätzliche Ausschmückungen ergänzt worden war und die für einen amerikanischen Film typischen Klischees vorsah (*OLG München*, ZUM 1999, 151 – Das doppelte Lottchen).

Für ein Remake ist dann ausnahmsweise keine Erlaubnis erforderlich, 119 wenn sich der neue Film so stark von der Vorlage löst, dass damit ein vollkommen eigenständiges Werk geschaffen wird. Insbesondere die Übernahme einer urheberrechtlich nicht monopolisierbaren Filmidee – bei im Übrigen freier und neuer Gestaltung der Handlung – stellt sich nicht länger als Wiederverfilmung eines Drehbuchs dar.

Beispiel: Wird die Idee zu einer Fernsehserie, in der ein verwitweter Förster und Vater zweier Kinder vor der überwältigenden Kulisse der Alpen agiert, dort gegen wirtschaftliche Zwänge in der Forstwirtschaft und für den Erhalt von Flora und Fauna kämpft, von einem anderen Sender übernommen, ist dies auch dann nicht zu beanstanden, wenn das der Serie zugrunde liegende Exposé oder Drehbuch urheberrechtlich geschützt ist. Die übernommene Grundidee setzt sich nur aus sattsam bekannten Handlungselementen und Klischees zusammen (*OLG München*, ZUM 1990, S. 311 ff. – Forsthaus Falkenau).

Wird das Werk dagegen in der **konkreten Ausgestaltung**, die sie durch 121 den Urheber gefunden hat, übernommen, greift diese Verwertung unerlaubt in den einmaligen, schöpferischen Bereich des Werks ein. Würden aus der Försterserie neben den schon erwähnten Grundelementen noch weitere Details nahezu identisch übernommen, z.B. der Charakter des Försters, sein Name, Alter und Aussehen, der genaue Schauplatz sowie die wesentlichen Nebenfiguren und Handlungen, dürfte man von einem Plagiat bzw. technisch korrekt von einer erlaubnispflichtigen Bearbeitung sprechen.

Bei einem **Sequel oder Prequel** ist es für das Verständnis der Handlung 122 stets wichtig, das meist noch junge Original zu kennen. Anders als bei der Wiederverfilmung eines alten, einem jungen Publikum häufig sogar unbekannten Filmstoffs wird die Fortsetzung eines Films ohne Vorkenntnis der Figuren und der Handlung des Originals gar nicht „funktionieren". Eine derart nahe an das Original angelehnte Fortsetzung bedarf als urheberrechtliche Bearbeitung grundsätzlich der Erlaubnis.

123 Deshalb untersagte ein deutsches Gericht die nicht autorisierte Fortsetzung des „Doktor Schiwago" von *Boris Pasternak* unter dem Titel „Laras Tochter" als unerlaubte Bearbeitung des Stoffes (*BGH* NJW 2000, 2202 – Laras Tochter). Die Autorin des Neuwerks übernahm die wesentlichen Handlungselemente des Dr. Schiwago und verfolgte die Leitideen der Geschichte unter Beibehaltung des Genre (Drama) linear weiter. Damit fehlte der für eine freie Benutzung nach § 24 UrhG nötige innere Abstand zum alten Werk völlig. Genauso wäre zu entscheiden, wenn bei einem Sequel die alte Haupthandlung wieder aufgegriffen und die Geschichte aus neuer Perspektive fiktiv weitererzählt würde.

124 Am größten sind die Chancen für eine freie Benutzung des Originals noch beim **Spin Off**. Die aus dem Original herausgelöste Figur oder Nebenhandlung muss in eine vollständig neue Rahmenhandlung eingebettet werden. Deren Eigenständigkeit entscheidet dann darüber, ob ein hinreichender Abstand zum Original eingehalten wird.

8. Wiederverfilmungs- und Bearbeitungsrechte

125 Liegen die Voraussetzungen einer freien Benutzung nicht vor, bedarf es für die Bearbeitung des Originals der Einwilligung des Rechteinhabers. Im rechtlichen Sinne stellt die Erstellung von Sequels und anderer Weiterentwicklungen ebenfalls eine Wiederverfilmung dar. Dabei werden zwar nur Teile eines bestehenden und geschützten Drehbuchs weiterverwertet, aber auch die **teilweise Bearbeitung eines urheberrechtlich geschützten Stoffs ist erlaubnispflichtig.** Bei älteren Filmen liegen die Rechte häufig beim Autor des Drehbuchs. Ist vertraglich keine anders lautende Abrede getroffen, behält er nach der Vorstellung des Gesetzes das Recht zu einer weiteren Verfilmung des Stoffs (§ 88 Abs. 2 Satz 2 UrhG; *BGH* GRUR 1957, 614 f. – Ferien vom Ich). Ausnahmsweise kann sich aus dem Zweck des Verfilmungsvertrags ergeben, dass neben dem Verfilmungs- auch das Wiederverfilmungsrecht übertragen wurde (§ 31 UrhG). Das wird in Fällen zutreffen, in denen der Erwerb des Verfilmungsrechts ohne Miterwerb der Wiederverfilmungsrechte wirtschaftlich sinnlos erschiene, so beispielsweise bei Fernsehserien.

126 In der Praxis halten die Autoren dennoch nur sehr selten die Rechte an einer Wiederverfilmung ihrer Bücher. Produzenten verschaffen sich über „Buyout"-Verträge in aller Regel pauschal das Recht zu einer erneuten Verfilmung. Dann sind sie Vertragspartner für einen Wiederverfilmungsvertrag. Der Autor muss auch in dieser Situation zusätzlich um seine Einwilligung befragt werden. Allerdings darf er sie nur in begründeten Fällen verweigern (§ 34 Abs. 1 UrhG). Hat der Autor etwa begründete Zweifel, dass ein Remake den von ihm geschaffenen Stoff zu entstellen droht, bräuchte er dem Projekt nicht zustimmen. Zehn Jahre nach Vertragsschluss fallen die Wiederverfilmungsrechte dann an den Autor zurück,

wenn nicht im Einzelfall eine längere Laufzeit vereinbart worden ist (§ 88 Abs. 2 UrhG).

Ist das Wiederverfilmungsrecht wirksam erworben worden, kann es 127 vom Erwerber gemäß dem Zweck der Übertragung ausgeübt werden. Streitigkeiten zwischen Autor und Rechteinhaber berühren die Ausübung des durch einen Dritten erworbenen Rechts nicht mehr (BGHZ 27, 93 – Privatsekretärin). Das Recht zur Wiederverfilmung ist, einmal übertragen, selbständig und grundsätzlich vom Schicksal des zwischen Autor und Produzenten ausgehandelten Vertrags unabhängig. Zu beachten ist jedoch, dass das **Remake** nicht die Interessen des Rechteinhabers der Erstverfilmung verletzen darf, z.B. darf das Remake nicht die Auswertung des Originals behindern. Außerdem berechtigt der Erwerb der Wiederverfilmungsrechte an einem Kinofilm nicht zum Remake in einem Fernsehfilm. Beides sind technisch zu unterscheidende Medien, weshalb es einer getrennten Übertragung der Rechte bedarf (*BGH MDR 1976, 471 – Es muss nicht immer Kaviar sein*).

III. Verwendung von Archiv- und Bildmaterial
Christian Füllgraf

1. Verwendung von Archivmaterial

1.1. Einleitung

Bei der Verwendung von Archivmaterial stellt sich immer wieder die 128 Frage, ob die Zustimmung des Rechtsinhabers eingeholt werden muss und ob Rechte erworben werden müssen bzw. welche Rechte erworben werden müssen, um das Material in der eigenen Produktion verwenden zu können.

Entscheidend ist dabei die Frage, ob es sich um **urheberrechtlich ge-** 129 **schütztes Material**, um durch **Leistungsschutzrechte** geschütztes Material oder um **freies Material** handelt. Wesentlich für die Unterscheidung ist, ob es sich bei dem Filmmaterial um ein urheberrechtlich geschütztes Werk i.S.d. § 2 Abs. 1 Nr. 6 UrhG oder ob es sich um Laufbilder i.S.d. § 95 UrhG handelt. Da sich viel Filmmaterial sowohl im Bundesfilmarchiv als auch in diversen europäischen und amerikanischen Filmarchiven befindet, ist es vorteilhaft zu prüfen, ob das zu nutzende Archivmaterial möglicherweise bereits rechtefrei ist. In dem Fall ist ein Zugriff auf die osteuropäischen und amerikanischen Archive zu günstigeren Konditionen möglich.

1.2. Filmwerk oder Laufbild

Sofern es sich bei dem Material um ein urheberrechtlich geschütztes 130 **Filmwerk** handelt, erlöschen diese Rechte gemäß §§ 64, 65 Abs. 2 UrhG

70 Jahre nach dem Tod des Längstlebenden aus dem Kreis des Hauptregisseurs, des Urhebers des Drehbuchs, des Urhebers der Dialoge und des Komponisten der Filmmusik. Sofern das Urheberrecht an dem Filmwerk noch nicht erloschen ist, ist die Zustimmung des Rechtsinhabers für eine Verwendung des Materials erforderlich. Für die geplante Verwendung des Materials müssen die erforderlichen Nutzungsrechte vom Rechtsinhaber erworben werden.

131 Falls es sich bei dem Material jedoch um **Laufbilder** handeln sollte, so sind die Leistungsschutzrechte des Filmherstellers in der Regel 50 Jahre nach dem ersten Erscheinen des Materials erloschen. Das Archiv kann dann nur noch Besitzansprüche geltend machen. Eine Zustimmung zur Verwendung des Materials ist dann nur noch von dem Archiv erforderlich, das das Material in Besitz hat. Ein Archiv ist in diesen Fällen nicht berechtigt, die Nutzung des gleichen Materials, das in einem anderen Archiv gelagert ist, zu untersagen.

132 Da sich die Dauer der Schutzfristen für verschiedene Rechte (Urheberrecht, Leistungsschutzrechte) in der Geschichte des Urheberrechtsgesetzes und der davor existierenden Gesetze mehrfach geändert haben, sollte jeweils eine Einzelfallprüfung vorgenommen werden.

1.3. Werkcharakter von Wochenschauen

133 Es kann vorkommen, dass ein archiviertes Filmwerk als Ganzes Urheberrechtschutz genießt, jedoch einzelne entnommenen Teile lediglich als Laufbilder zu bewerten sind.

134 Insbesondere bei den Deutschen Wochenschauen wird überwiegend davon ausgegangen, dass es sich bei den jeweiligen Wochenschauen als Ganzes um urheberrechtlich geschützte Werke handelt. Der **Urheberschutz** der einzelnen Wochenschau ergibt sich dabei aus der filmischen Nachbearbeitung, insbesondere aus der Bildbearbeitung und der Auswahl, Anordnung und Sammlung des Stoffs sowie der Art der Zusammenstellung der einzelnen Teile. Teilweise wird bereits kurzen Ausschnitten aus propagandistisch gestalteten Wochenschauen aus den Jahren 1940 bis 1942 eine Werkqualität zugesprochen (*LG München I*, ZUM-RD 1998, 89 – Deutsche Wochenschauen).

135 Für die Übernahme ganzer Wochenschauen oder von Ausschnitten, die wiederum für sich urheberrechtlich geschützt sind, gelten die Bestimmungen über Filmwerke. Für die Entnahme einzelner, dem ganzen Filmwerk entnommener Teile, die für sich nicht urheberrechtlich geschützt sind, sind die Bestimmungen über Laufbilder anzuwenden.

1.4. Lizenzvergütung oder Nutzungsvergütung

136 Wenn es sich bei dem Material um ein urheberrechtlich geschütztes Werk handelt und das Archiv selbst Inhaber der Rechte ist, wird das Archiv dem Vertragspartner Nutzungsrechte einräumen. Für die Einräu-

A. Von der Idee zur Produktionsentscheidung

mung der Nutzungsrechte ist eine entsprechende **Lizenzvergütung** an das Archiv zu entrichten.

Im Bereich des bundeseigenen Filmvermögens, das von der Deutschen Wochenschau GmbH, der Transit Film GmbH und der PROGRESS Film-Verleih GmbH treuhänderisch verwaltet wird, ist die Zustimmung des jeweiligen Treuhänders einzuholen, und es sind die für die beabsichtigte Nutzung erforderlichen Nutzungsrechte zu erwerben. Dies gilt auch für urheberrechtlich geschütztes Material, das sich in osteuropäischen oder amerikanischen Filmarchiven befindet. 137

Falls es sich bei dem Material allerdings um Laufbilder handelt, bei denen die Schutzfrist abgelaufen ist, kommt eine Vergütung aufgrund von Urheber- oder Leistungsschutzrechten nicht mehr in Betracht, da ein entsprechender Rechteerwerb nicht mehr erforderlich ist. Der Eigentümer oder Besitzer des Materials ist jedoch berechtigt, sich die Nutzung des Materials vergüten zu lassen. Diese **Nutzungsentschädigung** stellt einen Ausgleich für Kosten dar, die im Zusammenhang mit der Erstellung von Kopien oder aber auch zur Deckung des allgemeinen Aufwands für die Lagerung, Aufbewahrung und Erhaltung des Materials entstehen. Dieser Vergütungsanspruch kann jedoch nur aus dem Eigentum bzw. Besitz an dem Filmmaterial begründet werden. 138

Bei der Höhe der Vergütung ist zu berücksichtigen, dass diese eine reine Nutzungsvergütung darstellt und sich an dem Aufwand des Archivs für die Verwahrung und Erhaltung des Materials orientieren sollte. Eine Berechnung des Entgelts im Hinblick auf die für den Erwerb von Nutzungsrechten üblichen Vergütungssätzen ist dann fehl am Platz. 139

1.5. Verwertungsverträge der Archive

In der Praxis wirkt sich diese unterschiedliche Betrachtung und rechtliche Behandlung des Filmmaterials allerdings oft nicht aus. Insbesondere die Transit Film GmbH, die u.a. die deutschen Kriegswochenschauen treuhänderisch verwaltet, macht in ihrer Preisgestaltung keinen Unterschied zwischen urheberrechtlich geschütztem, leistungsschutzrechtlich geschütztem oder rechtefreiem Material. 140

In den Verwertungsverträgen einiger Archive wird unterschieden zwischen Material, an dem das Archiv die ausschließlichen Nutzungsrechte besitzt und Material, bei dem die Schutzfristen abgelaufen sind. Letzteres betrifft insbesondere Laufbilder, bei denen die Leistungsschutzrechte des Filmherstellers erloschen sind. 141

So weit es sich um **urheberrechtlich geschützte Werke** handelt, liegt ein Lizenzvertrag vor, der die Übertragung von Nutzungsrechten regelt, die gemäß §§ 31 ff. UrhG räumlich, inhaltlich und zeitlich beschränkt werden können. Der Vertragspartner erwirbt in der Regel ein einfaches Recht zur Nutzung des Materials in einer oder mehreren Nutzungsarten für ein bestimmtes Gebiet und einen bestimmten Zeitraum. 142

143 Der Vertragspartner, der jedoch Material nutzen möchte, das aufgrund des Ablaufs der Schutzfristen frei geworden ist, muss sich in vielen Verwertungsverträgen allerdings schuldrechtlich verpflichten, das Material nur in einem Umfang zu nutzen, wie er auch bei der Übertragung von Nutzungsrechten zur Anwendung kommt.

144 Diese Praxis ist keinesfalls unumstritten. Da eine solche Beschränkung aufgrund urheberrechtlicher Bestimmungen nicht möglich ist, kann sich die Beschränkung nur auf Eigentums- oder Besitzrechte stützen. Es ist jedoch noch ungeklärt, ob die Archive, die diese Klauseln verwenden, überhaupt die Nutzung des kopierten Materials derart beschränken können oder ob diese Beschränkungen einen Eingriff in das Eigentum des Vertragspartners darstellen. Denn anders als bei einer Gebrauchsüberlassung wie bei der Vermietung oder dem Verleihen eines Gegenstandes wird dem Vertragspartner von den Archiven eine Kopie des Materials zum Eigentum überlassen. Durch die Verpflichtung des Vertragspartners, urheberrechtlich nicht mehr geschütztes Material nur in dem Umfang nutzen zu dürfen, wie urheberrechtlich geschütztes Material, werden die Bestimmungen des Urheberrechts unterlaufen, die gerade nach Ablauf einer Frist die freie Benutzung des Materials zulassen.

145 Die Transit Film GmbH verwaltet im Rahmen der ihr treuhänderisch übertragenen Rechte auch Material aus der Zeit des Nationalsozialismus, das als menschenverachtend eingestuft werden kann, wie beispielsweise der Film „Der Führer baut den Juden eine Stadt". Die Transit Film GmbH hat sich bereits in einigen Fällen bereit erklärt, Nutzungsrechte an diesem Material für die Verwendung in einem Dokumentarfilm kostenfrei zu übertragen. Die Frage, ob es sich um „menschenverachtendes Filmmaterial" handelt, sollte mit der Transit Film GmbH erörtert werden.

1.6. Checkliste Archivmaterial

146 – Handelt es sich um ein **Filmwerk** oder um **Laufbilder** (auch bei Ausschnitten);
   – Klärung, ob **Schutzfristen** abgelaufen;
   – bei urheberrechtlich geschützten **Filmwerken** und geschützten **Laufbildern**:
      – Zustimmung des Rechtsinhabers,
      – Erwerb der erforderlichen **Nutzungsrechte**;
   – nach **Ablauf** der Schutzfristen:
      – keine Zustimmung des Rechtsinhabers erforderlich,
      – kein Erwerb von Nutzungsrechten,
      – Nutzungsentschädigung für Eigentümer bzw. Besitzer des Materials.

A. Von der Idee zur Produktionsentscheidung

2. Nachahmung von Laufbildern durch Neuverfilmung

Bei Filmaufnahmen, die nicht urheberrechtlich geschützt sind, stellt sich die Frage, wie weit der Schutz dieser Filmaufnahmen geht. Dabei ist zu unterscheiden zwischen der **konkreten Aufnahme** und dem **aufgenommenen Motiv**. 147

Nach § 94 UrhG wird der Filmhersteller vor unmittelbarer Übernahme seiner im Filmträger verkörperten Leistung geschützt. Zudem erwirbt der Filmhersteller nach §§ 72, 91, 95 UrhG den Lichtbildschutz an den einzelnen Bildern des Filmträgers. Das bedeutet, dass nur der konkrete Bild- oder Filmträger geschützt ist, nicht jedoch das aufgenommene Motiv. 148

§ 95 UrhG verweist u.a. darauf, dass der Schutz des Filmherstellers auch für Laufbilder gilt. Damit wird dem Filmhersteller jedoch nur ein Schutzrecht für den konkreten Filmträger und an den Einzelbildern des Filmträgers eingeräumt. Der Filmhersteller kann daher die Verwendung der konkreten Aufnahme untersagen. Ein **Schutz der Laufbilder** dergestalt, dass der Filmhersteller eine Nachahmung der Laufbilder durch filmische Neuaufnahme des gleichen Motivs, Gegenstands oder Geschehens untersagen kann, wird durch das Urheberrecht jedoch nicht gewährt. 149

Eine Aufnahme des Hamburger Hafens, die lediglich Laufbildschutz genießt, ist daher nur hinsichtlich dieser konkreten Aufnahme geschützt. Das aufgenommene Motiv und die verwendete Einstellung ist nicht geschützt, so dass urheberrechtlich nicht verhindert werden kann, dass ein anderer diese Aufnahme nachahmt. 150

Das Gleiche gilt auch für den Schutz von Live-Sendungen, bei denen bereits mangels Aufzeichnung auf einen Filmträger der Schutz des § 94 UrhG ausscheidet. Die Vorschrift des § 87 UrhG gewährt dem Sendeunternehmen den Schutz der Funksendung, nicht aber Schutz vor Nachahmung durch Neuverfilmung. 151

Die Neuverfilmung von Laufbildern ist damit zwar nach dem Urheberrecht zulässig, jedoch ist zu beachten, dass dem Filmhersteller der Laufbilder ein Schutz aus der wettbewerbsrechtlichen Vorschrift des § 1 UWG zustehen kann. Dies ist dann der Fall, wenn die Nachahmung der Laufbilder durch Neuverfilmung ein **sittenwidriges Verhalten** darstellt. 152

Dies ist vor allem dann denkbar, wenn durch die Neuverfilmung ein Mitbewerber geschädigt oder behindert wird, der Ruf eines anderen ausgebeutet oder beschädigt wird oder generell die Leistung eines anderen ausgebeutet wird. Ein Beispiel ist der Hochzeitsfotograf, der ein speziell gefertigtes Gerüst eines Kollegen benutzt, um eine Hochzeitsgesellschaft zu fotografieren (*OLG München*, ZUM 1991, 431 – Hochzeits-Fotograf).

3. Nutzung von Gemälden und Fotos im Film

Grundsätzlich stellt das Benutzen von urheberrechtlich geschützten Gemälden oder Fotos im Film eine eigenständige Art der Verwertung des 153 vorbestehenden Werkes dar. Für die beabsichtigte Nutzung muss daher die Genehmigung des Urhebers eingeholt und die Nutzungsrechte müssen im erforderlichen Umfang erworben werden. Daher sind beispielsweise bei der Benutzung eines Fotos in einem Dokumentarfilm die entsprechenden Rechte zu klären. Einige der Rechte für die Nutzung von Gemälden oder Fotos im Film werden von der Verwertungsgesellschaft Bild-Kunst wahrgenommen.

154 Von diesem Grundsatz gibt es allerdings einige Ausnahmen, die die Rechte des Urhebers beschränken. Diese Ausnahmen bewirken, dass in bestimmten Fällen eine Darstellung urheberrechtlich geschützter Werke ohne Vergütung zulässig ist. So dürfen urheberrechtlich geschützte Werke ohne Zustimmung des Urhebers und ohne Erwerb von Nutzungsrechten im Rahmen von **Bild- und Tonberichterstattungen über aktuelle Ereignisse** benutzt werden. Eine weitere Ausnahme ist gegeben, wenn urheberrechtlich geschützte Werke lediglich ein **unwesentliches Beiwerk** zu der eigenen Leistung darstellen.

3.1. Bild- und Tonberichterstattung über aktuelle Ereignisse (§ 50 UrhG)

155 § 50 UrhG erlaubt unter bestimmten Voraussetzungen die Vervielfältigung, Verbreitung und öffentliche Wiedergabe von urheberrechtlich geschützten Werken und Leistungen zur Bild- und Tonberichterstattung durch Funk und Film sowie in Zeitungen und Zeitschriften.

156 Grund für die Beschränkung von Rechten des Urhebers ist das Interesse der Allgemeinheit an einer schnellen und umfassenden Information über Tagesereignisse. Da Journalisten in der Regel erst spät erfahren, ob im Rahmen ihrer Berichterstattung geschützte Werke und Leistungen wahrnehmbar werden, ist es im Rahmen tagesaktueller Ereignisse oft nicht möglich oder zumutbar, die Zustimmung der Rechtsinhaber zur Nutzung zu erhalten.

157 **Tagesereignis** i.S.d. § 50 UrhG ist dabei eine aktuelle, tatsächliche Begebenheit, die im Interesse der Allgemeinheit steht. Dies können Veranstaltungen aus allen Bereichen und jeglicher Art sein, wie beispielsweise Sportveranstaltungen, Preisverleihungen, Feiern und Ausstellungseröffnungen. Im Rahmen der Berichterstattung über ein solches Tagesereignis ist die Verwendung einzelner vorbestehender Werke zulässig. Beispiele sind die Nutzung einiger Fotos im Rahmen der Berichterstattung über die Eröffnung einer Ausstellung des Fotografen sowie das Zeigen kurzer Ausschnitte einer Bühnenaufführung im Rahmen eines Berichts über die Uraufführung.

158 Die Frage der **Aktualität** des Ereignisses ist an der Erscheinungsweise des Mediums zu orientieren, in dem berichtet wird. So ist bei einer Fernsehsendung, die die Berichterstattung über Tagesereignisse zum Inhalt hat, davon auszugehen, dass spätestens nach einer Woche die Aktualität endet.

A. Von der Idee zur Produktionsentscheidung

Bei einem Monats- oder Jahresrückblick im Fernsehen sowie bei Wiederholungssendungen in größerem zeitlichen Abstand zum Ereignis liegt dann keine Aktualität mehr vor.

Das **Interesse der Allgemeinheit** ist objektiv zu bestimmen. So ist jede Hochzeit im Familienkreis das Tagesereignis, jedoch wird es hier an einem objektiven Interesse der Allgemeinheit fehlen, sofern nicht der familiäre Rahmen überschritten wird, wie beispielsweise bei der Hochzeit eines Thronfolgers. 159

Die Berichterstattung darf sich dabei nur auf **Ausschnitte des Ereignisses** beziehen, über das berichtet wird. Eine vollständige Darstellung oder Übertragung des Ereignisses unterliegt nicht mehr dem Privileg des § 50 UrhG. 160

Weiterhin muss es sich um eine möglichst wirklichkeitsgetreue Wiedergabe des Ereignisses handeln. Das nachträgliche Einfügen von **Archivmaterial** oder das Einfügen von Werken, die während der tatsächlichen Ereignisse nicht wahrnehmbar waren, wirft bereits Probleme auf. Teilweise ist das Einfügen von Werken, die aus technischen Gründen nicht während des Ereignisses aufgenommen werden konnten und im Nachhinein gesondert gefilmt wurden, erlaubt. Der BGH hat die Benutzung einer Archivaufnahme eines bei einer Ausstellungseröffnung wahrnehmbaren Werks zugelassen (*BGH* GRUR 1983, 28). Ansonsten ist die Verwendung von Archivmaterial jedoch unzulässig. 161

Das Privileg des § 50 UrhG gilt auch nur für solche Werke, die im Verlauf der Vorgänge, über die berichtet wird, wahrnehmbar werden. Das bedeutet, dass Gegenstand der Berichterstattung lediglich das Ereignis sein darf, anlässlich dessen das Werk **tatsächlich wahrnehmbar** wird. Daher können bei einer Berichterstattung über die Schenkung einer Kunstsammlung, bei der die Kunstwerke nicht öffentlich ausgestellt wurden, diese nicht unter dem Privileg des § 50 UrhG in dem Bericht gezeigt werden (BGHZ 85, 1, 10 – Presseberichterstattung und Kunstwerkwiedergabe I). Gegenstand der Berichterstattung darf nicht das Werk an sich sein. Die Ausstellungseröffnung darf nicht der „Aufhänger" sein, sich in dem Bericht nur mit einem Bild des Künstlers auseinander zu setzen, das auf der Ausstellung zu sehen ist. 162

Die Nutzung ist zudem nur in einem durch den **Zweck gebotenen Umfang** zulässig, womit die Nutzung des Werks oder der Werke auf Ausschnitte bzw. in ihrer Anzahl beschränkt wird. Für Werke der bildenden Kunst wie Gemälde und Fotografien bedeutet dies jedoch, dass z.B. im Rahmen einer Berichterstattung über eine Ausstellungseröffnung die Abbildung von ein bis zwei Werken eines Künstlers zulässig ist, im Rahmen einer großen Ausstellung ausnahmsweise auch bis zu vier Werken (BGHZ 85, 1 – Presseberichterstattung und Kunstwerkwiedergabe I). 163

3.2. Unwesentliches Beiwerk (§ 57 UrhG)

164 Eine weitere Schranke des Urheberrechts ist die Vorschrift des § 57 UrhG, wonach die Vervielfältigung, Verbreitung und öffentliche Wiedergabe von Werken dann zulässig ist, wenn sie als unwesentliches Beiwerk neben dem eigentlichen Gegenstand der Vervielfältigung, Verbreitung oder öffentlichen Wiedergabe anzusehen sind.

165 Bei **Dokumentarfilmen** kommt hier insbesondere in Betracht, dass es bei dem Filmen einer Alltagssituation oft unvermeidlich ist, dass Musik aus dem Radio oder Bilder eines im Hintergrund stehenden Fernsehers aufgenommen werden.

166 Urheberrechtlich geschützte Werke dürfen jedoch ohne Zustimmung des Urhebers genutzt werde, wenn sie mehr oder weniger **zufällig** in einem anderen Werk als **Nebensächlichkeit** wahrnehmbar werden, da dann die vermögens- und persönlichkeitsrechtlichen Interessen des Urhebers nicht berührt werden.

167 Ein Werk ist dann **nebensächlich**, wenn dem Betrachter die Werke nicht auffallen und sie beliebig ausgetauscht oder weggelassen werden könnten, ohne die Wirkung des anderen Werkes im geringsten zu verändern. Beispiel dafür können im Hintergrund gespielte Musik, ein sich im Hintergrund abzeichnendes Gebäude oder ein im Hintergrund hängendes Gemälde sein.

168 Durch das Werk darf keine Stimmung vermittelt werden bzw. keine Atmosphäre geschaffen werden. So fallen z.B. Gemälde oder Designermöbel, die wahrnehmbar werden, um einen bestimmten Lebensstil oder ein bestimmtes Milieu zu verdeutlichen, nicht mehr unter den Begriff des Beiwerks. Ein anlässlich einer Straßenszene für einen Werbe- und Dokumentarfilm zufällig aufgenommenes Musikstück aus dem Radio, das aufgrund der Straßengeräusche nachträglich abgemischt wird, fällt nicht mehr unter den Begriff des Beiwerks, da die Musik in die Gesamtkonzeption des Films einbezogen wurde (*LG Frankfurt/Main*, UFITA 57 [1970], 342).

IV. Zitat im Film

1. Einleitung

169 Immer wieder besteht das Bedürfnis, in Filmen Werke anderer zu zitieren. Dies können Texte, Bilder, Fotos, Bauwerke, Musik aber auch andere Filmwerke sein. In der Praxis tauchen allerdings bei dem **Gebrauch von Zitaten** in Filmwerken oft Probleme auf. Diese Probleme beruhen zum Teil darauf, dass im normalen Sprachgebrauch der Begriff des Zitats oder des Zitierens mit der Verwendung fremden Materials gleichgesetzt wird. Und während der Einsatz von Zitaten im Rahmen geschriebener wissenschaftlicher Arbeiten nahezu selbstverständlich ist, trifft man gerade bei

A. Von der Idee zur Produktionsentscheidung

Filmurhebern oder Inhabern von Nutzungsrechten, deren Rechte durch das Zitatrecht eingeschränkt werden, auf Unverständnis. Das Zitatrecht stellt darüber hinaus eines der schwierigsten Gebiete des Urheberrechts dar.

Das Zitat stellt eine Schranke des Urheberrechts dar, die im Interesse 170 der Freiheit der geistigen Auseinandersetzung mit fremdem Gedankengut Anwendung findet. Rechtsgrundlage des Zitats ist § 51 UrhG.

Sofern ein Zitat rechtlich zulässig ist, hat der Urheber des zitierten 171 Werkes die Nutzung seines Werkes zu dulden, ohne dafür eine Entschädigung zu erhalten. Jedoch entfällt nicht die Vergütung für die Benutzung eines Werkstücks, das für das Zitat benötigt wird. Wenn also in einem Dokumentarfilm ein Filmzitat verwendet werden soll, so ist weder die Genehmigung des Urhebers einzuholen noch sind Nutzungsrechte zu erwerben. Für das Material, das zur Abklammerung benötigt wird, ist jedoch eine Nutzungsentschädigung zu zahlen.

2. Zitat im Urheberrecht

Im Gegensatz zu der **freien Benutzung** eines Werkes im Sinne von § 24 172 UrhG dient das fremde Werk bei einem Zitat nicht als Anregung zur Schaffung eines völlig neuen Werkes, sondern das fremde Werk wird in der Regel unverändert in das neue Werk übernommen. Von einer **Bearbeitung** i.S.d. § 23 UrhG unterscheidet sich das Zitat ebenfalls dadurch, dass es gerade ohne Umgestaltung oder Veränderung in das neue Werk übernommen wird. Anders als bei der Bearbeitung i.S.d. § 23 UrhG ist es bei einem Zitat nicht erforderlich, vorher die Genehmigung des Urhebers einzuholen. Vom **Plagiat** unterscheidet sich das Zitat dadurch, dass das Plagiat eine bewusste Übernahme fremden Werks unter Behauptung eigener Urheberschaft darstellt, während bei einem Zitat in der Regel eine Quellenangabe unter Nennung des Urhebers des zitierten Werks erfolgt. Bei einem Zitat ist zudem eindeutig erkennbar, dass es sich um ein solches handelt.

Zusammenfassend kann daher festgehalten werden, dass es sich bei ei- 173 nem Zitat um die unveränderte Übernahme fremden Gedankenguts unter den Voraussetzungen des § 51 UrhG handelt, die eine Quellenangabe enthalten muss.

§ 51 UrhG unterscheidet zwischen den Großzitaten (Nr. 1), den Klein- 174 zitaten (Nr. 2) und den Musikzitaten (Nr. 3).

2.1. Großzitate (§ 51 Nr. 1 UrhG)

Ein Großzitat liegt vor, wenn ein Werk als Ganzes zitiert wird. § 51 175 Nr. 1 UrhG bestimmt dazu, dass einzelne Werke nach dem Erscheinen in ein selbständiges wissenschaftliches Werk zur Erläuterung des Inhalts aufgenommen werden dürfen.

2. Kapitel – Rechtsfragen des Filmrechts

176 Unter Wissenschaft wird nicht nur die an Hochschulen oder Forschungseinrichtungen betriebene Wissenschaft verstanden. Ob auch populärwissenschaftliche Werke unter § 51 Nr. 1 UrhG fallen, ist umstritten, wird aber überwiegend angenommen. Grundsätzlich kann auch ein Filmwerk, ein Fernsehfilm oder ein Videogramm ein **wissenschaftliches Werk** sein. Fernsehfilme als wissenschaftliche Werke werden in der Praxis eher selten zu finden sein, da sie häufig nicht den wissenschaftlichen Anforderungen genügen. In der Rechtsprechung wurde die Annahme eines wissenschaftlichen Werks bei einer Fernsehreportage mit dem Titel „Der Spiegel als Forum der Baader-Meinhof-Bande" abgelehnt (*LG Berlin*, GRUR 1978, 108 – Terroristenbild).

177 Bei dem zitierten Werk muss es sich weiterhin um ein bereits erschienenes Werk handelt. Bei Vorliegen dieser Voraussetzungen und des Zitatzwecks ist nach § 51 Nr. 1 UrhG die Verwendung „einzelner Werke" erlaubt, wobei umstritten ist, ob es sich bei dieser Formulierung im Hinblick auf die Gesamtzahl der verwendeten Zitate um eine Bestimmung in Bezug auf das zitierende Werk (absolute Begrenzung der Zahl der Zitate) oder in Bezug auf die zitierten Werke (Abhängigkeit von der Zahl der zitierten Urheber) handelt. Im Ergebnis wird unterschieden: Werden Werke eines einzelnen Urhebers zitiert, so dürfen nur „einige wenige" Werke verwendet werden. Werden andererseits Werke mehrerer Urheber zitiert, so darf eine größere Zahl von Werken verwendet werden. Dabei ist allerdings zu beachten, dass dann die Zitate nicht einfach hintereinandergereiht werden dürfen und damit die Selbständigkeit des zitierenden Werks wegfällt. Die Bedeutung des Großzitats im Film ist sehr gering, da die Voraussetzungen nur sehr selten erfüllt werden.

2.2. Kleinzitate (§ 51 Nr. 2 UrhG)

178 Nach dem Wortlaut des § 51 Nr. 2 UrhG ist das Zitatrecht nur auf Sprachwerke anwendbar. Eine analoge Anwendung des Zitatrechts auf **Film- und Fernsehwerke, Fotografien, Musik und Multimediawerke** ist zulässig. Anders als bei einem Großzitat dürfen bei einem Kleinzitat grundsätzlich nur Stellen eines Werks zitiert werde. Darunter sind Werkteile zu verstehen, die jeweils kleine Ausschnitte des zitierten Werks darstellen.

179 Welchen Umfang die einzelnen Stellen dabei aufweisen dürfen, richtet sich nach dem Einzelfall und ist unter Abwägung und Wertung der Interessen zu bestimmen. Dabei sollten Kleinzitate jeweils nur einen Bruchteil des zitierten Werkes ausmachen, so dass bei größeren Werken mehr und bei kleineren Werken weniger zitiert werden kann (BGHZ 28, 234 – Verkehrskinderlied, *BGH* GRUR 1986, 59 – Geistchristentum). Im Ausnahmefall ist im Rahmen des Kleinzitats auch die Verwendung größerer Teile des Werks und im Extremfall sogar die Verwendung eines ganzen Werks zulässig. Dies gilt insbesondere bei dem **Bildzitat**, also dem Zitieren von

Werken der bildenden Kunst und Fotos (sog. „großes Kleinzitat" oder „kleines Großzitat"). So fällt es unter das Kleinzitat, wenn im Rahmen einer Fernsehsendung als zulässiges Zitat ein Pressefoto als Ganzes gezeigt wird (*LG Berlin*, GRUR 1978, 108 – Terroristenbild).

2.3. Musikzitat

Die Regelung des § 51 Nr. 3 UrhG bezieht sich nur auf das Zitieren von Stellen eines Musikstücks in einem anderen Musikstück und ist daher für den Filmbereich unwesentlich. Die Nutzung eines ganzen Musiktitels oder einzelner Teile daraus in einem Filmwerk ist gesetzlich nicht geregelt. 180

Das Zitieren eines ganzen Musikstücks oder von Teilen eines Musikstücks kann aber unter Voraussetzungen des Großzitats oder des Kleinzitats zulässig sein. 181

Dabei reicht es nicht aus, wenn der Musiktitel lediglich zur Untermalung oder Ausschmückung des Films dient oder unabhängig vom Drehbuchtext bestimmte Stimmungen erzeugen soll. Die Benutzung eines Musikstücks, das einen bestimmten Abschnitt der deutschen Geschichte repräsentieren soll, ist damit unzulässig (*OLG Hamburg*, ZUM 1993, 35 – Musikzitat im Film). 182

3. Selbständiges Werk

Gemeinsam ist allen Zitaten, dass sie nur in einem selbständigen Werk verwendet werden dürfen. Das zitierende Werk muss selbst ein geschütztes Werk im Sinne des Urheberrechtsgesetzes sein, muss also eine persönliche geistige Schöpfung i.S.d. § 2 Abs. 2 UrhG darstellen. Die Selbständigkeit des neuen Werks bedeutet, dass es sich um ein Werk handelt, das von dem zitierten Werk unabhängig ist. Der Schwerpunkt des neuen Werks muss die **eigene geistige Leistung** sein. So kann eine Sammlung von Zitaten zwar durchaus ein Werk im Sinne des Urheberrechtsgesetzes sein, es fehlt aber gerade an der Selbständigkeit des neuen Werks. § 4 UrhG stellt daher auch klar, dass eine solche Sammlung als Sammelwerk wie ein selbständiges Werk geschützt wird. Das zitierende Werk muss also grundsätzlich auch dann noch als eigenständige Schöpfung bestehen bleiben, wenn die Zitate hinweggedacht werden. 183

4. Zweck und Umfang des Zitats

Die entscheidende Voraussetzung für die Anwendung des § 51 UrhG ist das Vorliegen eines **Zitatzwecks**. In der Praxis bereitet gerade diese Bestimmung die größten Probleme. Der Zweck ist dabei sowohl Voraussetzung für die Zulässigkeit eines Zitats an sich als auch Maßstab für den Umfang des Zitats. Die **Erläuterung des Inhalts** des zitierten Werks als Zweck wird nur in § 51 Nr. 1 UrhG ausdrücklich genannt, ist aber auch auf Kleinzitate anwendbar. 184

185 In Literatur und Rechtsprechung haben sich einige Anhaltspunkte für die Prüfung des Vorliegens eines **zulässigen Zwecks** herausgebildet. Die Frage, ob ein zitatspezifischer Zweck vorliegt, muss aber im Einzelfall beurteilt werden.

186 Zwischen dem eigenen Werk und dem fremden Werk ist demnach eine **innere Verbindung** bzw. ein **innerer Bezug** erforderlich. Die Rechtsprechung spricht in diesem Zusammenhang davon, dass das fremde Werk als **Beleg** eigener Gedanken dienen muss. Diese Belegfunktion soll dann gegeben sein, wenn das fremde Werk zur Verdeutlichung übereinstimmender Meinungen oder als Stütze des eigenen Standpunkts benutzt wird. Weiterhin wird eine Belegfunktion bejaht, wenn das fremde Werk zum besseren Verständnis eigener Ausführungen oder zur Begründung oder Vertiefung des Dargelegten im eigenen Werk verwendet wird. Darüber hinaus kann es sich auch um eine kritische Auseinandersetzung mit fremden Auffassungen handeln oder um einen Beleg für eine eigene Interpretation des fremden Werks. Verdeutlicht wird dies in dem grundlegenden Urteil des Bundesgerichtshofs zum Filmzitat (*BGH* GRUR 1987, 362 – Filmzitat): Eine Dokumentation, die sich mit der Entwicklung des Tonfilms in Deutschland beschäftigte, enthielt bei einer Gesamtlänge von 43 Minuten Ausschnitte aus alten Spielfilmen, darunter zwei Ausschnitte aus dem Spielfilm „Mädchen in Uniform" mit einer Gesamtlänge von 5 Minuten 37 Sekunden. Das Vorliegen eines Zitatzwecks wurde angenommen, da es bei einer Dokumentation dieser Art unerlässlich gewesen sei, Beispiele aus den Filmen der jeweiligen Entwicklungsphase des Tonfilms einzublenden. Der Umfang der verwendeten Ausschnitte wurde als gerade noch im zulässigen Rahmen bezeichnet, wobei das Urteil leider keine Angaben dazu enthält, wie lang die einzelnen Ausschnitte waren.

187 Ein **zulässiger Zweck liegt nicht vor**, wenn das Zitat das zitierende Werk lediglich abrunden, ergänzen oder anderweitig vervollständigen soll oder wenn das Zitat ausschließlich zu dem Zweck benutzt wird, das neue Werk zu schmücken. Es darf auch nicht Sinn des Zitats sein, das fremde Werk um seiner selbst Willen zu verwenden. Kein zulässiger Zweck ist ferner die Verwendung eines fremden Werks, um eigene Ausführungen zu ersparen oder zu ersetzen.

188 Das bedeutet jedoch nicht, dass ein Zitat unzulässig ist, wenn der Zweck des Zitats auch darin liegt, das neue Werk auszuschmücken. So ist es bei Vorliegen eines zulässigen Zitatzwecks erlaubt, dass das Zitat auch dem Zweck dient, als Blickfang zu dienen oder das zitierende Werk zu **schmücken**. Ein Filmausschnitt darf als „Aufmacher" für eine Fernsehsendung verwendet werden, wenn dadurch das Interesse des Zuschauers an dem sich kritisch mit dem Filmausschnitt auseinandersetzenden Beitrag geweckt wird (*OLG Frankfurt*, AfP 1989, 553, 555 – Monitor). Der zulässige Zitatzweck muss dann aber gegenüber anderen unzulässigen Zwecken überwiegen.

A. Von der Idee zur Produktionsentscheidung

Ein Beispiel, in dem die Verwendung eines Filmausschnitts unter Berufung auf das Zitatrecht abgelehnt wurde, ist das Urteil des Oberlandesgerichts Köln vom 13.8.1993 (*OLG Köln*, NJW 1994, 1968 – „Aber Jonny"). In einer Fernsehsendung zum Thema „Callboys" wurde nach einer kurzen Einleitung der Moderatorin, die die Frage danach stellte, was für Männer und was für Frauen das sind, die diese Männer für Sex bezahlen, ein 2 Minuten 25 Sekunden langer Ausschnitt aus dem Film „... aber Jonny!" mit *Horst Buchholz* gezeigt. Daran schloss sich ein Gespräch mit einem Callboy und einer Kundin an. Das Gericht war der Auffassung, dass diese Verwendung des Ausschnitts nicht vom Zitatrecht gedeckt war, da sich die Moderatorin durch das Zitat eigene Ausführungen erspart hat. Darüber hinaus sei der Zweck, die Schwierigkeiten des „Berufs" Callboy aufzuzeigen, durch die Verwendung eines Filmausschnitts, der einen fiktiven Inhalt hat, nicht zu verwirklichen. 189

5. Beeinträchtigung der Auswertung des zitierten Werks

Bei der Verwendung von Zitaten muss weiterhin darauf geachtet werden, dass die normale Auswertung des zitierten Werks nicht beeinträchtigt wird und die berechtigten Interessen des Urhebers nicht unzumutbar verletzt werden (Art. 9 Abs. 2 RBÜ). Das soll keine Kritik an dem zitierten Werk ausschließen. Vielmehr sind damit die Fälle gemeint, in denen das verwendete Zitat soviel vom zitierten Werk enthält, dass ein ernsthafter Interessent abgehalten werden könnte, das zitierte Werk selbst heranzuziehen (*BGH* GRUR 1986, 59 – Geistchristentum). Weiterhin ist zu beachten, dass nicht die ideellen Interessen des Urhebers dadurch verletzt werden, dass durch das Zitat ein unzutreffender Gesamteindruck des Gesamtschaffens des Urhebers entsteht. 190

6. Änderungsverbot

Zitate sind gemäß § 62 UrhG unverändert zu übernehmen. In engen Grenzen sind im Rahmen einer Abwägung der Interessen des Urhebers und des Nutzers **Änderungen** zulässig. Diese Prüfung ist jedoch stark einzelfallbezogen und berücksichtigt die Intensität und Erforderlichkeit der Änderung. So weit es der Benutzungszweck erfordert, ist nach § 62 UrhG u.a. die Übersetzung des Werks zulässig. Bei Werken der bildenden Künste und bei Lichtbildern ist die Übertragung in eine andere Größe sowie Änderungen, die sich aus der Art der Vervielfältigung ergeben, zulässig. Beispiel dafür ist die Übertragung einer Farbfotografie in eine Tageszeitung, die lediglich schwarz-weiß gedruckt wird. 191

7. Quellenangabe

Nach § 63 UrhG ist auch bei der Verwendung eines Zitats grundsätzlich die Quelle deutlich anzugeben. Unter dem Begriff der Quelle wird da- 192 bei die **Bezeichnung des Urhebers** und der **Titel des Werks** verstanden. Bei Verwendung ganzer Sprachwerke oder ganzer Musikwerke ist zusätzlich der **Verlag** zu bezeichnen. Nach § 63 Abs. 1 Satz 1, 4 UrhG kann jedoch auch im Bereich des Zitatrechts die Pflicht zur Quellenangabe entfallen, wenn die Quelle weder auf dem benutzten Werkstück genannt ist noch anderweitig bekannt ist. Ein Weglassen der Quellenangaben darf aber erst nach einem fruchtlosen Ergebnis zumutbarer Nachforschungen erfolgen. Bei einer öffentlichen Wiedergabe eines Werks, das Zitate enthält, ist nach § 63 Abs. 1, 2 UrhG die Quelle nur dann deutlich anzugeben, wenn die Verkehrssitte es erfordert. So kann die Quellenangabe bei dem Zitat in einer Fernsehsendung entfallen, wenn dies in einem solchen Rahmen nicht üblich ist.

193 Bei Fernsehsendungen ist es üblich, eine Einblendung von mindestens 10 Sekunden Länge vorzunehmen. Bei anderen Filmwerken, wo Einblendungen eher unüblich sind, wird eine Nennung im Vor- oder Abspann an herausragender Stelle gefordert.

8. Weitere Entwicklung des Zitatrechts

194 Von großer Bedeutung für die Entwicklung des Zitatrechts ist in diesem Zusammenhang der Beschluss des Bundesverfassungsgerichts vom 29.6.2000 (*BVerfG* NJW 2001, 686 – GERMANIA 3).

195 In dem Stück hatte *Heiner Müller* zwei umfangreiche Textpassagen von *Bertolt Brecht* aus dessen Werken „Leben des Galilei" und „Coriolan" verwendet, ohne vorher die Genehmigung der Erben *Brechts* einzuholen. Die Textpassagen Brechts wurden dabei als „Zwischentexte" in den Text *Müllers* eingefügt.

196 Das BVerfG sah die Verwendung der Textpassagen als durch das Zitatrecht gedeckt an. Nach Auffassung des BVerfG reicht dabei die Zitierfreiheit im Kontext einer eigenständigen künstlerischen Gestaltung über die Verwendung des fremden Werkes als Beleg hinaus. Das BVerfG hat die Verwendung der „Zwischentexte" durch *Müller* als künstlerisches Stilmittel angesehen. Sofern also die Aufnahme eines fremden Werkes Gegenstand und Gestaltungsmittel der eigenen künstlerischen Aussage sei, sei es zulässig, fremde Werke auch ohne Bezug in das eigene Werk aufzunehmen. Bei künstlerischen Werken, in denen die Verwendung eines fremden Werkes als Mittel des künstlerischen Ausdrucks verwendet wird, kann der Anwendungsbereich urheberrechtlicher Schranken weiter gefasst werden als bei nicht-künstlerischen Werken.

197 Welche Auswirkungen die Entscheidung des BVerfG auf Zitate in Filmwerken haben wird, ist noch nicht abzuschätzen. Es ist aber anzunehmen, dass die Fälle, in denen die Verwendung fremder Werke als künstlerisches Stilmittel in einem Film angesehen werden, eher den Ausnahmefall bilden.

9. Checkliste Filmzitat

- Vorliegen eines fremden **urheberrechtlich** geschützten Werks, 198
- **Selbständigkeit** des eigenen Werks,
- Vorliegen eines **Zitatzwecks**:
  - Erläuterung des Inhalts,
  - innerer Bezug zum zitierten Werk vorhanden,
  - **Belegfunktion** (Verdeutlichung übereinstimmender Meinungen, Auseinandersetzung mit fremden Auffassungen, Stütze des eigenen Standpunkts, besseres Verständnis eigener Ausführungen, Begründung und Vertiefung des Dargelegten, eigene Interpretation des fremden Werks).
- **Umfang** des Zitats vom Zweck gedeckt,
- keine **Beeinträchtigung** der Interessen des Urhebers,
- **Quellenangabe**.

V. Persönlichkeitsrecht der Abgebildeten
Wolf Albin

1. Konflikt zwischen Medienöffentlichkeit und Persönlichkeitsrechtsschutz

Menschliche Schicksale stehen im Mittelpunkt beinahe jeden Films. 199 Ganz besonders im Dokumentarfilm und im Dokudrama wird detailliert über Menschen, ihre Erlebnisse und Gefühle berichtet. Selbst fiktive Stoffe greifen zu einem Gutteil auf tatsächliche Begebenheiten, tagespolitische oder historische Ereignisse zurück. Fühlen sich Betroffene durch die Art eines Films beleidigt, wird darin eine Tatsache falsch dargestellt oder ist der Film ohne die nötige Erlaubnis gesendet worden, kommt es zum Konflikt. Das **Informationsbedürfnis** der Öffentlichkeit kollidiert mit dem Recht jedes Menschen auf ungestörte Ausübung seines Privat- und Intimlebens. Beide Interessen müssen rechtlich zu einem Ausgleich gebracht werden.

Dieses Spannungsverhältnis ist vom Gesetzgeber und den Gerichten 200 nicht schematisch zu Gunsten einer Seite gelöst worden. Sowohl die Filmhersteller als auch die Betroffenen können sich auf legitime Interessen berufen. Den Medien steht die Film-, Kunst- und Informationsfreiheit bei (Art. 5 GG). Die Betroffenen berufen sich auf ihr verfassungsrechtlich garantiertes Persönlichkeitsrecht (Art. 2 Abs. 1 i.V.m. Art 1 Abs. 1 GG). Mangels exakter gesetzlicher Regelungen und dank vieler, teilweise widersprüchlicher Gerichtsentscheidungen können die Grenzen erlaubter Verwertung fremder Persönlichkeitsrechte im Film, außer in ganz eindeutigen Fällen, nicht in jedem Fall trennscharf gezogen werden. Auch die Gerichte betonen immer wieder, dass es auf eine **Entscheidung im Einzelfall** ankommt. Die folgende Darstellung ist ein Versuch, die Prinzipien des Interessenausgleichs zwischen Medienöffentlichkeit und Persönlichkeitsrechten verständlich zu vermitteln. Sie kann in Zweifelsfällen den Gang zum Rechtsanwalt nicht ersetzen.

2. Wer wird geschützt?

201 Jeder Mensch hat ein im Grundgesetz verankertes Recht auf Achtung und Wahrung seiner Persönlichkeit (Art. 2 Abs. 1 i.V.m. 1 Abs. 1 GG). Dieser Schutz ist nicht auf die Zeit des Lebens beschränkt. Auch die Persönlichkeit **Verstorbener** wird gewahrt. Solch **postmortaler Persönlichkeitsschutz** kommt den überlebenden **Angehörigen und Erben** zu Gute (*BGH* NJW 2000, 2201 – Der Blaue Engel). Sie entscheiden an Stelle des Verstorbenen z.b. über die Bildveröffentlichung. Das Recht hierzu haben nach Erlass des Gleichstellungsgesetzes nun auch überlebende **gleichgeschlechtliche Partner** (*OLG München*, NJW 2002, 305).

202 Der **postmortale Schutz** endet in der Regel zehn Jahre nach dem Ableben (§ 22 Satz 2 KUG). Bei besonders schwer wiegenden Eingriffen ist jedoch auch eine längere Schutzdauer möglich. Eine schwere Persönlichkeitsrechtsverletzung liegt etwa in der kommerziellen Nutzung eines Bildes für Werbezwecke. Eine längere Schutzdauer gilt ebenfalls bei schwer wiegend falschen Tatsachenbehauptungen, z.b. der Aussage der Künstler *Joseph Beuys* habe sich mehrfach antisemitisch geäußert und im Bundestag für eine rechte Partei kandidiert (*LG Düsseldorf*, ZUM 2002, 390).

203 **Juristische Personen** genießen ebenfalls Persönlichkeitsrechtsschutz. Im Unterschied zu Privatpersonen kann eine GmbH, eine Aktiengesellschaft oder ein Verein sich hierauf jedoch nur in Ausnahmefällen berufen. Lediglich wenn ein Unternehmen in seiner Stellung als Arbeitgeber oder als Wirtschaftsteilnehmer herabgewürdigt wird und Rechtsschutz nicht mit den Mitteln des Wettbewerbsrechts erlangt werden kann, darf es Persönlichkeitsrechte in Anspruch nehmen. Deshalb müssen kritische Angriffe der Öffentlichkeit in weitem Maße hingenommen werden (*BGH* ZUM 2002, 552). Nur die Verbreitung offensichtlich falscher Informationen darf untersagt werden (*BGH* NJW 1975, 1882 – Theaterstück). Dennoch gibt es eine journalistische Pflicht zur schonenden Berichterstattung. Wo dies mit dem Informationsbedürfnis der Öffentlichkeit noch vereinbar ist, muss der Name eines Unternehmens vor der Veröffentlichung eines Filmbeitrags unkenntlich gemacht werden (*BGH* WM 1994, 641).

3. Was wird geschützt?

204 Bei der Bestimmung des Umfangs der geschützten Persönlichkeitsrechte erweist es sich als schwierig, dass es an einer einheitlichen gesetzlichen Regelung fehlt. Statt dessen sind die verschiedenen Facetten der Persönlichkeit eines Menschen in unterschiedlicher Weise geschützt. Für das

A. Von der Idee zur Produktionsentscheidung

Bild, den Namen, die Stimme und die Ehre existieren jeweils besondere gesetzlichen Regelungen.

3.1. Recht am eigenen Bild

3.1.1. Filmaufnahmen, Fotos und andere Abbildungen

Die im Film abgebildeten Personen haben ein **Recht am eigenen Bild** 205 (§ 22 KUG). Unter Bildern sind nicht nur Fotos und Filmaufnahmen zu verstehen. Jede wiedererkennbare bildliche Nachahmung einer Person greift in das Persönlichkeitsrecht ein (*BGH* NJW 1965, 2148). Das betrifft sowohl lebensechte **Zeichnungen** oder Plastiken als auch verfremdende **Karikaturen**, **Collagen** und **Gemälde** oder **Puppen**, die nur einige markante Züge einer Person wiedergeben. Schließlich mimt auch ein **Doppelgänger**, obschon selbst eine eigene Persönlichkeit, das Abbild einer anderen Person (*BGH* NJW 2000, 2201 – Der Blaue Engel).

Das Recht am eigenen Bild schützt die Betroffenen sehr weitgehend vor 206 ungewollter **Verbreitung** und **öffentlicher Zurschaustellung** der sie betreffenden Aufnahmen. Damit wird zunächst jede Form ungewollter Veröffentlichung und Sendung untersagt. Darüber hinaus ist jedoch auch die bloße private Weitergabe eines Bildes an dritte Personen verboten, was der Gesetzgeber mit dem Begriff der „Verbreitung" deutlich macht. Im Einzelfall können auch ganze Dreharbeiten im Vorfeld der Veröffentlichung untersagt werden, selbst wenn noch redaktionell ungeklärt ist, welche Aufnahmen später gesendet werden sollen. Das **Herstellen einer Aufnahme** stellt streng genommen auch keinen Eingriff in das Recht am eigenen Bild dar. Die Gerichte beurteilen diese Situation aber großzügiger zugunsten der abgelichteten Personen und urteilen, dass bei Bild- und Filmaufnahmen deren spätere Sendung und Verbreitung zu vermuten sei (*BGH* NJW 1966, 2353 – „Vor unserer eigenen Tür"). Insbesondere bei professionellen Filmaufnahmen wird der Wille vermutet, das Material später auch zu veröffentlichen. So wurde im Fall *OLG Karlsruhe*, AfP 1999, 489 – Wachkomapatient – ein Fernsehsender, der Aufnahmen von einem hilflosen Komapatienten mit Einwilligung der Ärzte, aber gegen den Willen des Betreuers angefertigt hatte, zur Herausgabe des Filmmaterials verurteilt, obwohl er sich verpflichtet hatte, dieses nicht zu senden. Das Gericht war offensichtlich von der Bereitschaft der Nichtverbreitung nicht überzeugt, solange das Material noch im Archiv lagerte. Anders dürfte entschieden werden, wenn Amateure Filmaufnahmen, etwa Urlaubsvideos, machen. Bei diesen Aufnahmen darf bis zum Beweis des Gegenteils von einer privaten Nutzung ausgegangen werden.

Das Aufnahme- und Sendeverbot des Rechts am eigenen Bild betrifft 207 allerdings nur Aufnahmen der betroffenen Person selbst. Allgemeine Filmaufnahmen im persönlichen und räumlichen Umfeld einer Person können nicht untersagt werden. Jede alternative Form der Recherche durch Interviews mit Nachbarn, Angehörigen, Kollegen oder Arbeitgebern, Aufnahmen eines nicht durch Mauern oder Hecken geschützten Wohn- oder Geschäftshauses sowie eine Person nicht direkt betreffende Filmaufnahmen sind statthaft. Die Befürchtung eines Betroffenen, anhand dieser Bilder werde in seine übrigen Persönlichkeitsrechte eingegriffen, reicht nicht aus, um auch solche Aufnahmen verbieten zu können (*OLG Hamburg*, ZUM 2000, 163).

3.1.2. Einwilligung

208   Bildrechte können verwertet werden, wenn der Betroffene in darin eingewilligt hat und nicht andere Gründe dem Gebrauch entgegenstehen.

Eine Einwilligung ist personengebunden, d.h. sie kann nur vom Betroffenen und nicht von Verwandten oder Freunden erteilt werden. Sie kann exklusiv gewährt werden. Bei einem **Exklusivrecht** an einem Bild, einem Interview oder einer Story ist im juristischen Sinne gemeint, dass sich eine Person verpflichtet, die Verwertung ihrer Persönlichkeitsrechte **ausschließlich durch einen Interessenten** zu gestatten. Die Einwilligung kann sich auf jede bildliche Verbreitung erstrecken, nicht jedoch auf tatsächliche Ereignisse, an denen die Person beteiligt war. Diese werden vom Persönlichkeitsrechtsschutz nämlich grundsätzlich nicht erfasst. Ein **Exklusivrecht an Tatsachen und Erlebnissen gibt es** daher **nicht**. Andere Filmemacher sind deswegen nicht gehindert, ebenfalls über die gleiche Story zu berichten oder sie zu verfilmen (*Eickmeier/Eickmeier*, Die rechtlichen Grenzen des Doku-Dramas, ZUM 1998, 1 ff.), sie müssen dies lediglich unter Beachtung der Persönlichkeitsrechte des Betroffenen tun. Wenn es rechtlich geboten ist, muss eine Person in allen Beziehungen weitgehend unkenntlich gemacht werden.

209   **Wann liegt eine Einwilligung vor?** Eine Einwilligung kann der Abgebildete entweder persönlich und ausdrücklich erteilen, sie kann aber auch durch schlüssiges, sich selbst erklärendes Handeln eingeräumt werden. Bemerkt beispielsweise ein Passant, dass er bei Außenaufnahmen in das Bild einer Kamera gelangt, ohne sich dagegen zu wehren, liegt darin grundsätzlich die Erteilung der Einwilligung in die Anfertigung und spätere Ausstrahlung der Aufnahme (*OLG Köln*, NJW-RR 1994, 865). Nimmt eine Person für eine Filmaufnahme Geld entgegen, vermutet das Gesetz bis zum Beweis des Gegenteils seine Einwilligung in eine spätere Sendung des ihn betreffenden Film- oder Fotomaterials (§ 22 Abs. 1 Satz 2 KUG).

210   **Was ist durch die Einwilligung gedeckt?** Die Reichweite einer Einwilligung hängt vom Willen des Erteilenden ab. Für das Vorhandensein einer Einwilligung und ihre Reichweite trägt stets der Verwender die Beweislast (BGHZ 20, 345 – Paul Dahlke). Der genaue Inhalt der Einwilligung sollte daher immer detailliert vertraglich festgehalten werden. Unsicherheiten gehen grundsätzlich zu Lasten des Verwenders. Fehlt es an einer festen Absprache, bestimmt sich der Umfang der Einwilligung nach der Vorstel-

A. Von der Idee zur Produktionsentscheidung

lung des Erteilenden von der inhaltlichen, aber auch technischen Art der Verwendung seines Persönlichkeitsrechts.

Aus diesem Grund rechtfertigt die Einwilligung zu privaten Film- oder Videoaufnahmen regelmäßig nie eine kommerzielle Benutzung. Umgekehrt erstreckt sich die Bereitschaft zur Anfertigung kommerzieller Filmaufnahmen grundsätzlich auch auf die spätere Veröffentlichung des Bildmaterials. Ändert sich dagegen der inhaltliche Zusammenhang, in dem die Aufnahmen erfolgten, kann dies durch die Einwilligung möglicherweise nicht mehr gedeckt sein. Rechnet etwa ein zufällig aufgenommener Passant mit einem beiläufigen Auftritt in einer Vorabendserie und findet er sich stattdessen in einem pornografischen Film wieder, hat er hierfür wohl keine Einwilligung erteilt. Geben die Eltern eines behinderten Kindes die Erlaubnis zu Gruppenaufnahmen mit anderen behinderten Kindern, können sie die Aufführung des Films untersagen, wenn entgegen der Absprache statt eines Gruppenporträts vor allem ein Einzelporträt ihres Kindes erstellt wurde (*LG Hannover*, ZUM 2000, 970). 211

Die gleichen Grundsätze gelten, wenn ermittelt werden soll, für welche Arten der technischen Nutzung die Einwilligung erteilt wurde. Bei Zweifelsfragen kann man hier zusätzlich auf die Grundsätze der im Urheberrecht entwickelten Zweckübertragungslehre zurückgreifen. Die Einwilligung gilt damit immer nur für die zum Zeitpunkt der Aufnahme bekannten Nutzungsarten. Darum dürfen alte Fotografien nicht auf einer CD-ROM neu zusammengestellt werden, wenn diese Nutzungsart im Zeitpunkt der Einwilligung noch unbekannt war (BGHZ 148, 221). 212

Ein Fotomodell muss nicht erwarten, dass im Studio angefertigte, reine Fotoaufnahmen später in einem Fernsehfilm Verwendung finden (*BGH* GRUR 1985, 398 – Nacktfoto). Print und Fernsehen sind technisch völlig **unterschiedliche Nutzungsarten**, weshalb es in dem hier genannten Fall einer weitergehenden Einwilligung und auch einer angemessenen Entlohnung bedurft hätte. Andererseits kann ein Model, das Kleider bei einer öffentlichen Modenschau vorträgt, die Veröffentlichung von Schnappschüssen nicht verhindern, denn auf einer Modenschau darf erwartet werden, dass nicht nur Film-, sondern vor allem auch Fotoaufnahmen gemacht werden (*OLG Koblenz*, GRUR 1995, 771). 213

Kann eine einmal erteilte Einwilligung angefochten werden? Grundsätzlich bindet die Einwilligung den Erteilenden. Die Bindung kann ausnahmsweise durch **Anfechtung** beseitigt werden. Ein Recht zur Anfechtung hat der Abgebildete im Falle der Erschleichung der Einwilligung durch **Täuschung** oder bei Vorliegen eines **Irrtums** des Abgebildeten bei Erteilung der Einwilligung. Täuschung ist ein Verhalten, das irreführt oder einen Irrtum nicht aufklärt und auf diese Weise auf die Willensbildung eines anderen einwirkt (§ 123 BGB). Wird einem Interviewpartner beispielsweise eine positive Berichterstattung suggeriert und wird er statt dessen im späteren negativ Film vorgeführt, kann die Einwil- 214

2. Kapitel – Rechtsfragen des Filmrechts

ligung innerhalb eines Jahres nach Kenntnis der Täuschung wirksam angefochten werden. Den Beweis der Täuschung hat dabei der Anfechtende zu erbringen.

215 Schwieriger ist die **Anfechtung wegen Irrtums**. Ein Irrtum liegt vor, sobald ein Widerspruch zwischen Vorstellung und Wirklichkeit besteht (§§ 119 ff. BGB). Das kann z.b. der Fall sein, wenn der Erklärende sich über den Umfang der Einwilligung oder die Seriosität einer Zeitschrift, eines Senders oder eines Films getäuscht hat. Die Verantwortung für die „Fehlentscheidung" zur Erteilung einer Einwilligung liegt in diesen Fällen also primär auf der Seite des Abgebildeten. Daher ist eine Anfechtung nur unter eingeschränkten Bedingungen möglich. Sie muss unverzüglich nach Kenntnis des Irrtums (§ 120 BGB) erklärt werden. Auch hier trägt der Erklärende die Beweislast. Außerdem ist eine Entschädigung dafür zu zahlen, dass der andere auf den Bestand der Einwilligung vertraute (§ 122 BGB). Wegen dieser schwierigen Voraussetzungen sind Irrtumsanfechtungen in der Praxis selten und versprechen wenig Aussicht auf Erfolg.

216 **Widerruf.** Ähnlich wie beim Schutz des geistigen Eigentums kann eine einmal erteilte Einwilligung widerrufen werden, wenn sich die früheren Überzeugungen des Einwilligenden zwischenzeitlich gewandelt haben. An diese Voraussetzungen sind aus Gründen der Rechtssicherheit hohe Anforderungen zu stellen. Eine Schauspielerin ist z.B. berechtigt, die Einwilligung zur Verbreitung ihrer heute als „Jugendsünde" betrachteten alten Nacktaufnahmen zu widerrufen (*OLG Köln*, AfP 1996, 186). Das Gericht muss aber die Überzeugung erlangen, dass es dem Betroffenen mit dem Gesinnungswandel wirklich ernst ist. Dann führt der wirksame Widerruf zum Verbot jeder Veröffentlichung und jeder zukünftigen Verbreitung der Aufnahmen. Die damit für den Rechtsinhaber verbundenen wirtschaftlichen Schäden muss der Widerrufende jedoch ausgleichen. Der Widerruf spielt wegen seiner hohen rechtlichen Anforderungen und der Schadensersatzpflicht in der Praxis ebenfalls keine bedeutsame Rolle.

217 **Wann brauche ich keine Einwilligung?** Ausnahmsweise bedarf es keiner Einwilligung, wenn für die Veröffentlichung ein öffentliches Informationsinteresse besteht. Das Gesetz nennt in § 23 KUG drei Fälle, in denen Bilder auch ohne Erlaubnis angefertigt und veröffentlicht werden dürfen.

218 **Absolute Personen der Zeitgeschichte.** Ohne Einwilligung können zunächst so genannte Bildnisse der Zeitgeschichte angefertigt und verbreitet werden. Stellen die im Film abgebildeten Personen selbst ein Ereignis dar, spricht man von absoluten Personen der Zeitgeschichte. Hierzu gehören Personen, an denen die breite Öffentlichkeit wegen ihres Ansehens und ihrer Bedeutung ein berechtigtes Informationsinteresse besitzt (§ 22 Abs. 1 Nr. 1 KUG). Dies sind vor allem prominente Politiker, Filmschauspieler, Unternehmer, Sportler, Wissenschaftler und die bekannten Vertreter des Hochadels. *Boris Becker, Katharina Witt, Franz Beckenbauer* oder *Joschka Fischer* zählen beispielsweise zu diesem Personenkreis.

A. Von der Idee zur Produktionsentscheidung

Hinter dieser Regelung steht der Rechtsgedanke, dass, wer einerseits 219
die Nähe der Öffentlichkeit sucht, andererseits auch ein Mehr an Eingriffen in den privaten Bereich hinnehmen soll. Die Zugehörigkeit zu diesem engen Kreis an Personen wird objektiv am Grad des Informationsinteresses an einer Person bestimmt. Der subjektive Wille einer Person, von der Presse unbehelligt bleiben zu wollen, bleibt grundsätzlich außer Betracht. So weit eine Interessenabwägung nichts anderes ergibt, ist deshalb – von intimen Grenzen abgesehen – jede Filmaufnahme von absoluten Personen der Zeitgeschichte erlaubt.

Relative Personen der Zeitgeschichte. In geringerem Umfang dürfen 220
Bilder von so genannten relativen Personen der Zeitgeschichte ohne deren Einwilligung aufgenommen werden (§ 23 Abs. 1 Nr. 1 KUG). Auch an relativen Personen der Zeitgeschichte besteht ein öffentliches Informationsinteresse. Nur stehen in diesen Fällen weniger die Personen selbst, als vielmehr besondere, erhebliche Aufmerksamkeit erregende Ereignisse im öffentlichen Fokus. Bedeutende Sporterlebnisse, Gerichtsprozesse und politisches Zeitgeschehen lassen das öffentliche Interesse an den sonst wenig prominenten Personen wachsen, die an ihnen beteiligt sind.

Das gilt etwa für Täter von Kapitalstraftaten. Deshalb durfte gegen den 221
Willen des Bauunternehmers Jürgen Schneider ein satirischer Film über die Pleite und die daran beteiligten Personen gedreht werden (*OLG Hamburg* bei *Eickmeier/Eickmeier,* ZUM 1998, 1). Ob bei Terroranschlägen, Unfällen oder anderen Unglücksfällen in gleichem Maß die Opfer als relative Personen der Zeitgeschichte begriffen und abgefilmt werden dürfen, ist schwieriger zu entscheiden. Tendenziell ist dabei aus nahe liegenden Gründen des **Opferschutzes** Zurückhaltung anzuempfehlen. Insbesondere wenn Terror- oder Verbrechensopfer deutlich machen, dass sie keine Filmaufnahmen wünschen oder sich dies aus den Umständen ergibt, sollte diesem Wunsch entsprochen werden. Beispielsweise wurde der ARD untersagt, einen Filmbeitrag über eine Frau zu senden, die Opfer eines Mordanschlags wurde und dabei ihr ungeborenes Kind verlor (*OLG Hamburg,* NJW 1975, 649). Als relative Personen der Zeitgeschichte gelten – unabhängig vom Vorliegen eines konkreten Ereignisses – auch Angehörige von absoluten Personen der Zeitgeschichte. Das schließt Kinder sowie Ehe- und Lebenspartner ein. Das öffentliche Interesse auf Berichterstattung über diese Personen wird über ihre Beziehung zu absoluten Personen der Zeitgeschichte vermittelt.

Anders als bei wirklichen Prominenten darf eine Abbildung von relati- 222
ven Personen der Zeitgeschichte nur in inhaltlichem Zusammenhang mit dem sie betreffenden Ereignis erfolgen. Die Erwähnung in einem anderen inhaltlichen Kontext als dem Ereignis oder Jahre danach (BVerfGE 35, 202 ff. – Lebach) muss der Betroffene hingegen nicht dulden. Aufnahmen der Angehörigen von absoluten Personen der Zeitgeschichte dürfen nur in Zusammenhang mit diesen veröffentlicht und gesendet werden. Bricht die

persönliche Beziehung einer relativen zu einer absoluten Person durch Scheidung oder Trennung ab, hat das Auswirkungen auf das Informationsinteresse. Das Recht zur Berichterstattung wird Jahr für Jahr geringer und erlischt schließlich ganz. Gerade bei kurzen Partnerschaften hält es nur eine kurze Zeit nach der Trennung.

223 **Personen als Beiwerk und auf öffentlichen Versammlungen.** Die Veröffentlichung von Bildmaterial ohne Einwilligung der Betroffenen ist schließlich noch in zwei weiteren Fallgruppen erlaubt, nämlich bei der Abbildung von Personen, die lediglich das „**Beiwerk**" zu einer Aufnahme bilden (§ 23 Abs. 1 Nr. 2 KUG) und bei der Abbildung von Personen, die sich auf einer **öffentlichen Versammlung** befinden (§ 23 Abs. 1 Nr. 3 KUG).

224 Personen sind lediglich Beiwerk einer Aufnahme, wenn sie bei der Dokumentation eines anderen Objekts mit abgebildet werden, weil sie sich zufällig auf dem Bildausschnitt befinden. Kam es dem Kameramann nicht gerade auf die Aufnahme dieser Person an, soll daran die Bildveröffentlichung nicht scheitern. Die Person muss aber aus dem Bild weggedacht werden können, ohne dass sich die Filmaussage dadurch ändert. Diese Ausnahmebestimmung darf nicht missbräuchlich dadurch umgangen werden, dass ein einzelner Bildausschnitt vergrößert und eine Randperson herausgezoomt wird, so dass die Person nicht länger Beiwerk ist, sondern selbst im Mittelpunkt der Abbildung steht. Denn dann ändert sich der Fokus der Betrachtung. Das „**Herausschießen**", Vergrößern und **Hervorheben** einzelner Personen aus einer Menschenmenge in einer Großaufnahme ist dann genau so zu bewerten wie das Anfertigen eines direkten Abbilds ohne Einwilligung des Betroffenen. Dieses insbesondere bei Großereignissen, wie Fußballspielen oder der Love-Parade, beliebte filmische Mittel ist also rechtswidrig (*LG München* http://www.kunstrecht.de/news/2001/01film02.htm, Stand 8/2003). Die Einwilligung der Zuschauer kann übrigens auch nicht durch allgemeine Geschäftsbedingungen auf der Rückseite eines Tickets zu einer Fernsehshow erlangt werden. Solche Bestimmungen verstoßen gegen § 307 BGB.

225 Möglich ist auch die Abbildung von Personen auf **öffentlichen Versammlungen.** Eine Versammlung ist öffentlich, wenn sie unter freiem Himmel oder in geschlossenen, aber für jedermann zugänglichen, Räumen stattfindet. Die Befugnis beschränkt sich damit nicht auf die Abbildung von politischen Demonstrationen, deren Teilnehmer und Zaungäste. Als Versammlung gelten auch Fußballspiele, Opernbälle sowie größere gesellschaftliche Ereignisse. Das Herausschießen von Zuschauern ist wiederum unzulässig.

226 **Interessenabwägung.** Auch wenn eine Einwilligung nicht vorliegen muss, ist der Weg für die Verbreitung und Veröffentlichung einer Aufnahme noch nicht gänzlich freigegeben. Zusätzlich zu den oben genannten Voraussetzungen ist in jedem Einzelfall zwischen dem Informationsinter-

A. Von der Idee zur Produktionsentscheidung

esse der Medien und dem berechtigten Interesse einer Person an der Nichtverbreitung abzuwägen.

Klare Kriterien dafür, wie eine Interessenabwägung vorzunehmen ist, existieren, wie schon eingangs ausgeführt wurde, im Wesentlichen nicht. Zur Orientierung muss auf Einzelfälle zurückgegriffen werden. Danach ergibt sich folgendes Bild: Absolute wie relative Personen der Zeitgeschichte müssen nicht jede Form der Abbildung hinnehmen. Die Grenze ist dort zu ziehen, wo der **Intim- und Privatbereich** einer Person berührt wird. 227

Räumliche Tabuzone für Filmaufnahmen sind zumindest die eigenen vier Wände. Dreharbeiten in **Wohnungen** und in **Geschäftsräumen** bedürfen immer einer Einwilligung. Das gilt selbst für Dreharbeiten an für jedermann zugänglichen Plätzen, wie den Zügen der Deutschen Bahn AG (*KG* NJW 2000, 2210). Häuser und Wohnungen dürfen zwar von außen abfotografiert werden, wenn sie frei einsehbar sind. Sind sie dagegen durch Hecken und Zäune vor Einsichtnahme geschützt, ist dies zu respektieren. Diese Grenze darf weder durch die Verwendung von hochauflösenden Teleobjektiven (BVerfGE 101, 361 – Caroline von Monaco III) noch durch Luftbildaufnahmen oder die Wiedergabe einer Lageskizze (*KG* ZUM 2001, 236) umgangen werden. 228

Die neue Rechtsprechung des BVerfG hat die **räumliche Grenzlinie** für verbotene Aufnahmen sogar in den öffentlichen Raum hinein ausgeweitet. Nun ist eine Einwilligung auch dort erforderlich, wo eine private und intime Lebenssituation an einem öffentlichen, aber versteckten Platz gelebt wird. Diese Rechtsprechung ist im Interesse einer umfassenden Berichterstattung aber eng zu verstehen. Hiermit sind zwar öffentlich zugängliche, aber dennoch sehr abgeschiedene Orte gemeint. Ein exklusiver, einsamer Urlaubsort wäre beispielsweise ein öffentlicher Platz, an dem dennoch keine Paparazzi-Aufnahmen gemacht werden dürften (BVerfGE 101, 361 – Caroline von Monaco III). Im entschiedenen Fall hatte sich *Caroline von Monaco* an ein kleines, aber bekanntes Urlaubsziel zurückgezogen. Die Aufnahmen waren zulässig, solange sich die Prominente unter den Augen der Öffentlichkeit bewegte. In Situationen in der sie sich, hier allein in der hinteren Ecke eines Restaurants sitzend, abgeschieden fühlen durfte, war sie für Bildaufnahmen tabu. 229

In sachlicher Hinsicht bilden **intime Informationen** und Bilder über Sexualität, abweichendes soziales Verhalten, die Wiedergabe der Kommunikation unter Ehepartnern und der Inhalt von Tagebüchern die Grenze berichtenswerter Sachverhalte. Auch an der **Bloßstellung** einer Person besteht in aller Regel kein schützenswertes Informationsinteresse. Unzulässig ist daher die Abbildung eines Berufssportlers mit einem aus der Hose herausgerutschten Glied. 230

Mit Rücksicht auf das Grundrecht auf **Familie** (Art. 6 GG) hat auch die Abbildung minderjähriger Kinder nach Ansicht des BVerfG mit großer Zurückhaltung zu erfolgen (BVerfGE 101, 361 – Caroline von Monaco III). 231

232 Diese Grenzen sind wieder nicht schematisch zu ziehen. Deswegen gibt es Bereiche, in denen weitergehende Eingriffe in das Persönlichkeitsrecht von den Betroffenen hinzunehmen sind. **In politischen Diskussionen und Auseinandersetzungen** gibt es ein **starkes Bedürfnis an einer freien und ungehinderten Meinungsäußerung** (Art. 5 Abs. 1 GG). Politiker, aber auch öffentlich agierende Wirtschaftsvertreter (*BGH* NJW 1994, 124 – Greenpeace) müssen ein Mehr an Eingriffen hinnehmen, so weit sie sich sachlich auf die politische Rolle der Betroffenen beziehen.

233 Die **Pressefreiheit** (Art 5 Abs. 1 GG) lässt bei der Interessenabwägung, vor allem bei Berichten mit **hohem Informationsgehalt**, das Pendel stärker zu Gunsten einer Verbreitung und Veröffentlichung von Bildmaterial ausschlagen. Dagegen können Berichte mit überwiegend unterhaltendem Charakter grundsätzlich weniger Gründe für eine Veröffentlichung für sich in Anspruch nehmen. Beispielsweise gewährt die Pressefreiheit keinen Anspruch auf Einsicht in Grundbucheintragungen von Prominenten oder deren Anverwandten durch Journalisten (*KG* NJW 2002, 223).

234 Mangels Einwilligung ist die Anfertigung heimlicher **Aufnahmen mit versteckter Kamera** in der Regel rechtswidrig (*BGH* GRUR 1957, 494 – Spätheimkehrer). Ein **schwarzer Balken** oder ein anderes technisches **Mittel der Unkenntlichmachung** der abgebildeten Personen reicht in der Regel nicht aus, um die Verletzung des Persönlichkeitsrechts zu vermeiden. Werden die Betroffenen an Hand erkennbarer Details wie der Stimme, einem Autokennzeichen oder der Kleidung auch nur von wenigen Bekannten oder Verwandten wieder erkannt, liegt eine Persönlichkeitsrechtsverletzung vor (*BGH* NJW 1979, 2205 – Fußballtorwart). Denn gerade im engen sozialen und familiären Kreis eines Betroffenen wird eine Identifizierung als besonders einschneidend empfunden. Eine **seltene und enge Ausnahme** wird nur bei einem überragenden Informationsinteresse der Öffentlichkeit anerkannt, hinter dem das Recht am eigenen Bild des Einzelnen zurücktritt. Insbesondere investigativer Journalismus darf sich auf diesen Sonderfall berufen, wenn es um die Aufklärung rechtswidriger und strafbarer Sachverhalte geht und das Bildmaterial nicht auf andere Weise zu beschaffen ist (BVerfGE 66, 116 – Der Aufmacher; *LG Berlin*, AfP 2001, 423).

235 Im Falle einer **kommerziellen Verwertung** von Persönlichkeitsrechten überwiegt dagegen regelmäßig das Interesse des Betroffenen. Die kommerzielle Nutzung steht ausschließlich dem Abgebildeten selbst zu. Insbesondere für **Werbung**, auch solche mit Politikern, darf ein Bildnis nicht ungenehmigt verwendet werden. Eine Ausnahme von diesem Abbildungsverbot besteht dort, wo kommerzielle Interessen mit dem Anspruch auf Informationsvermittlung verbunden sind. Die Presse- und Filmfreiheit geht in einem solchen Fall auch dann vor, wenn der journalistische Bericht nur einen sehr bescheidenen Informationsgehalt aufweist. Beispielsweise ist der Abdruck des Bildnisses eines bekannten Schauspielers

A. Von der Idee zur Produktionsentscheidung

auf dem Cover der Kundenzeitschrift eines Drogeriemarktes statthaft (*BVerfG* ZUM 1995, 618). Mit dem Titelbild darf dann auch im Fernsehen für die Zeitschrift geworben werden. Die gleichen Grundsätze gelten auch für eine ähnliche Berichterstattung im Fernsehen.

3.2. Verwendung von Namen

Neben dem Recht am eigenen Bild muss das Recht am eigenen Namen 236 beachtet werden. Nur der Namensträger ist berechtigt von seinem Namen Gebrauch zu machen (§ 12 BGB). Er hat Anspruch auf **Anonymität** und darüber hinaus das Recht, dass **Verwechslungen** mit anderen Namensträgern unterbleiben.

3.2.1. Echte Namen

Werden im Film die Namen wirklicher Personen genannt, gelten 237 grundsätzlich die gleichen Regeln wie bei Eingriffen in das Recht am eigenen Bild. Das bedeutet, dass die Namen absoluter und relativer Personen der Zeitgeschichte beim Vorliegen eines öffentlichen Informationsinteresses genannt werden dürfen. Besteht dagegen kein Recht zur Namensnennung, muss der Name einer Person unkenntlich gemacht und anonymisiert werden. In der Praxis werden dafür verschiedene Methoden verwendet. Üblicherweise werden aus dem Namen **Initialen** gebildet oder durch das **Weglassen des Nachnamens** oder die **Erfindung eines neuen Namens** wird versucht, eine Identifizierung oder Verwechslung zu verhindern. Nicht alle Wege erweisen sich als gleich sicher.

Vor allem bei **Kürzungen des Namens** bleibt die Gefahr bestehen, dass 238 ein kleiner Kreis enger Freunde und Verwandter den Genannten im Zusammenspiel mit zusätzlichen Indizien doch erkennt. Wird dagegen der Name abgeändert, sollte nicht vergessen werden, den Fantasienamen gleich am Anfang des Beitrags mit einem Hinweis auf die redaktionelle Änderung zu versehen. Erfolgt der Hinweis erst im Verlauf des Films oder sogar erst im Abspann, besteht die Gefahr von Verwechslungen unbeteiligter Dritter. Wird beispielsweise berichtet, ein erfundener Urologe Dr. W. aus Bonn habe einen schweren Kunstfehler begangen, kann das Unwahrscheinliche passieren und in Bonn ist tatsächlich ein promovierter Urologe mit diesem Initial tätig. Fällt der Verdacht des Kunstfehlers auf ihn, kann er sich dagegen wehren und für den damit verbundenen Gewinnrückgang Schadenersatz verlangen.

3.2.2. Fiktive Namen

Im Kunstfilm agieren keine realen Personen, sondern es gibt Rollen, die 239 mit fiktiven Namen versehen sind. Trotzdem besteht die Gefahr von Eingriffen in das Recht am Namen wirklicher Personen durch **gewollte oder ungewollte Verwechslungen**. Würde in einem Rennfahrerfilm etwa die Rolle eines Weltmeisters mit „Michael Schuhmann" belegt, wäre dies ein offensichtlich rechtswidriger Versuch, die Prominenz von *Michael Schuhmacher* für den kommerziellen Erfolg eines Filmes auszunutzen. Das Gesagte gilt sowohl bei der Verwendung von echten, als auch von **Spitznamen** (Quick Nick für den Formel Eins Pilot *Nick Heidfeld*), wenn sie den wahren Namensträger identifizierbar machen (*OLG Hamburg*, ZUM 2002, 148).

240 Ist der Betroffene dagegen keine Person der Zeitgeschichte und Träger eines Allerweltnamens wie *Müller, Schmidt* oder *Schulze*, besteht in der Regel keine Gefahr, dass ihn ein Film wegen der schieren Masse der Namensträger identifizierbar macht (*OLG München*, ZUM 1996, 526 – Von Frankenberg). Anders kann die Rechtslage aber zu beurteilen sein, wenn aus weiteren Informationen Rückschlüsse auf die vermeintliche Identität der Person möglich sind.

241 Um diesen Schwierigkeiten vorzubeugen, erscheint in den Credits häufig folgende **Klausel:**

Handlung und Personen dieses Films sind frei erfunden. Ähnlichkeiten mit lebenden oder verstorbenen Personen oder tatsächlichen Ereignissen wären rein zufällig und sind nicht beabsichtigt.

242 Dieser Hinweis ist in aller Regel überflüssig, weil er einer Verletzung von Namensrechten nicht ausreichend vorbeugt. Denn zum einen erscheint diese Klausel zu spät, nämlich am Ende des Films, nachdem sich die Zuschauer schon ein Bild von den Personen gemacht und das Kino vielleicht schon verlassen haben. Zum anderen nutzt diese Klausel nichts, wenn offensichtlich ist, dass die Namensverwechslung gewollt ist, weil die Filmhandlung, wie bei Persiflagen oder zeitkritischen Filmen, ihren Reiz unmittelbar aus der Anspielung auf reale Personen bezieht.

3.3. Wiedergabe der Stimme

243 Auch die Stimme eines Menschen wird als Bestandteil der Persönlichkeit eines Menschen gesetzlich und hier sogar strafrechtlich geschützt. Durch § 201 StGB wird mit Freiheitsstrafe von bis zu drei Jahren oder Geldstrafe bedroht:

wer das nicht öffentlich gesprochene Wort eines anderen mittels eines Abhörgerätes abhört, auf Tonband aufnimmt oder eine solche Aufnahme gebraucht.

244 Damit ist bereits jede Stimmaufnahme und erst Recht deren Verbreitung strafbar. Natürlich kann eine Person ihr ausdrückliches oder schlüssiges Einverständnis mit Tonaufnahmen erklären. Das Verbot der Stimmaufnahme und -verbreitung kann nicht dadurch umgangen werden, dass ein Journalist den Mitschnitt von einer Privatperson erhält, die die Bänder in einem Prozess als Beweismaterial verwenden will (BGHZ 27, 284).

3.4. Wiedergabe von Zitaten

Das Persönlichkeitsrecht schützt auch das Wort, sei es gesprochen oder geschrieben. Das betrifft die Aufzeichnung des eigenen, nicht öffentlichen Wortes mittels Band, seine Mitschrift oder die Veröffentlichung eines nicht öffentlichen Schreibens. Der **Schutz tritt zusätzlich neben die allgemeinen urheberrechtlichen Regeln**, die ein Autor für das veröffentlichte Wort beanspruchen darf. Bei Zitaten ist deshalb zu prüfen, ob das wiedergegebene Wort öffentlich geäußert wurde. Dann dürfen die Äußerungen grundsätzlich verbreitet werden. Hat der Betroffene die Worte dagegen nicht öffentlich geäußert, bedarf es seiner Einwilligung in die Veröffentlichung. Problematisch ist daher die häufig bei Reportagen praktizierte Wiedergabe von Anwalts- oder Privatschreiben, die an die Redaktionen gerichtet sind. Ist solchen Schreiben nicht zu entnehmen, dass sie quasi als offener Brief oder Pressemitteilung an die Öffentlichkeit gerichtet sind, darf aus ihrem Inhalt nicht öffentlich zitiert werden. 245

3.5. Daten von Personen

Das Persönlichkeitsrecht kennt einen eigenen **Datenschutz**. Krankenakten, Ehescheidungsakten, Steuerdaten, Akten einer Suchtberatungsstelle, Akten zur Entmündigung und ähnliche intime Daten sind dem unbefugten Zugriff und der Verwendung durch Nichtberechtigte entzogen. Dabei ist es für die Rechtswidrigkeit des Vorgehens unerheblich, ob die Verwendung solcher Daten etwa im Ausland gestattet ist. So ist es etwa in Großbritannien üblich, Ehescheidungsakten eines Gerichts an die Medien herauszugeben und sie dort zu verbreiten. Die Übernahme dieser Angaben in einem deutschen Filmbeitrag wäre trotzdem grundsätzlich unzulässig (*BGH* ZUM 1999, 734). 246

3.6. Beleidigende Kommentare, Äußerungen und falsche Angaben über Personen

Nicht nur die Machart, sondern auch der Inhalt eines Films kann in Persönlichkeitsrechte eingreifen. Die Informationen in einer Reportage oder die Handlung eines Films können zu Beleidigung, Verleumdung und übler Nachrede führen. Eine Verletzung dieser Ehrrechte ist in den §§ 185, 186, 187 StGB unter Strafe gestellt und muss bei der Arbeit am Film beachtet werden. Die Strafbarkeit wegen Verleumdung und Übler Nachrede knüpft an die Verbreitung falscher **Tatsachen** an, während die Beleidigung die Äußerung missachtender und nichtachtender **Meinungen** zum Gegenstand hat. 247

Ob eine Äußerung eine Meinung oder Tatsache zum Gegenstand hat, ist auch für Juristen eine nicht immer leicht zu treffende Unterscheidung. Sie ist insofern von Bedeutung, als an die Strafbarkeit wegen Beleidigung, höhere rechtliche Anforderungen zu richten sind, so dass die Einordnung 248 einer Äußerung als Beleidigung einer Privilegierung gleichkommt. Im Wesentlichen ist folgender Maßen zu unterscheiden: Tatsachen sind auf ihren Wahrheitsgehalt hin gerichtlich überprüfbar, Meinungen hingegen sind subjektive Werturteile und Ansichten, die sich ihrem Wesen nach nicht auf einen Wahrheitsgehalt überprüfen lassen.

249 Die Schwierigkeit dieser Differenzierung lässt sich etwa am Beispiel der Bezeichnung einer Person als „Nazi" demonstrieren. Eine solche Äußerung kann als Behauptung der tatsächlichen Mitgliedschaft in der ehemaligen NSDAP bzw. in einer neonazistischen Partei wie der NDP, oder als nicht überprüfbare Ansicht über die angebliche Geisteshaltung einer Person gewertet werden. Erstere Aussage wäre eine Tatsachenbehauptung, letztere eine Meinungsäußerung. Gemäß der Rechtsprechung des BVerfG sind im Interesse einer ungehinderten Ausübung der Meinungsfreiheit mehrdeutige Aussagen im Zweifel als Meinung zu werten (*BVerfG* NJW 1992, 2013 – Nazi).

3.6.1. Beleidigung

250 Wegen Beleidigung (§ 185 StGB) wird mit Geldstrafe oder Freiheitsstrafe bis zu einem Jahr bestraft, **wer gegenüber einer lebenden Person seine Miss- oder Nichtachtung äußert.** Die Einordnung einer Äußerung als Beleidigung begegnet nicht unerheblichen rechtlichen Schwierigkeiten, weil sie nur im Einzelfall festgestellt werden kann und es jeweils auf den genauen Kontext eines Film- oder Fernsehbeitrags ankommt. Deshalb werden im Folgenden nur einige wichtige Fallgruppen dargestellt.

251 Für den journalistischen Bereich sind insbesondere so genannte **Schmähkritiken** relevant. Hier steht die Diffamierung einer Person deutlich im Vordergrund der Äußerung. Bezeichnet ein Kommentator einen namentlich bekannten Polizisten als „Bullen" oder zieht ein Liedermacher während einer Talkshow einen Vergleich zwischen einer bekannten Politikerpersönlichkeit und einem Nationalsozialisten (*BayObLG*, MDR 1994, 80), so kommt es den handelnden Personen nicht auf eine geistige Auseinandersetzung mit den Betroffenen, sondern auf deren Herabwürdigung an. Dies ist in aller Regel strafbar.

252 Auch Parteien und Unternehmen können sich gegen solche Beleidigungen zur Wehr setzen, so weit die Schmähkritik direkt auf sie abzielt. Bezieht sich die Meinung dagegen ganz allgemein auf eine weite unbestimmte Personengruppe, wie z.B. „die Politiker" oder „die Polizei", ist dies nicht strafbar. Auch wenn sich einzelne Politiker oder Polizisten dabei angesprochen fühlen, ist die Bezeichnung doch so unscharf, dass keine konkrete Person in ihrer Ehre verletzt ist. Verbirgt sich dagegen hinter einer personenbezogenen Diffamierung eine kritische, wenn auch überzogene Auseinandersetzung mit einer Person, ist die Aussage von der Meinungsfreiheit gedeckt und der Strafbarkeit wiederum entzogen. Beispielsweise durfte die PDS als Nachfolgeorganisation der SED mit dem Titel „Verbre-

cherbande" (*KG* DtZ 1992, 287) oder die CSU als „NPD von Europa" (BGHSt 36, 83) bezeichnet werden.

Ebenfalls bedeutsam ist die Haltung der Gerichte zu den erwähnten **mehrdeutigen Meinungsäußerungen**, wie sie im Film sehr häufig vorkommen. Ein Strafbedürfnis von Äußerungen, die unterschiedlich verstanden werden können, besteht wegen der Bedeutung der Meinungsfreiheit nur, wenn die Aussage nicht auch plausibel in einem straffreien Sinne verstanden werden kann. *Tucholskys* Zitat „Soldaten sind Mörder" ist in dem Sinne auslegbar, dass Bundeswehrangehörige Straftaten nach dem StGB begehen. Ihm kann aber auch die Aussage entnommen werden, dass Soldaten aller Armeen moralisch zu missbilligende Tötungen vornehmen (BVerfGE 93, 266 – Soldaten sind Mörder). 253

3.6.2. Üble Nachrede und Verleumdung

Wer gegenüber anderen eine **Tatsache behauptet oder verbreitet, die geeignet ist, jemanden verächtlich zu machen**, wird wegen Übler Nachrede bestraft. Wird die Tat öffentlich begangen, kann Geldstrafe oder bis zu zwei Jahre Haft verhängt werden. Wird die Tat öffentlich in dem **Bewusstsein der Unrichtigkeit** der verbreiteten Tatsache begangen, ist für eine solche Verleumdung neben der Geldstrafe eine Haftstrafe bis zu fünf Jahren vorgesehen. Eine höhere Strafe ist auch dann möglich, wenn in unmittelbarer Folge der Berichterstattung die Kreditwürdigkeit einer Privatperson oder eines Unternehmens sinkt. 254

Sonderfall 1: Äußerungen von Politikern. Bei der Bewertung einer Äußerung gelten großzügigere Maßstäbe, wenn es sich um **Politik oder politische Berichterstattung** handelt. Politische Auseinandersetzungen sollen zu Gunsten der Meinungsfreiheit (Art. 5 Abs. 1 GG) möglichst frei von zivilrechtlicher oder strafrechtlicher Beschränkung sein. Beschimpfungen und Schmähungen der politischen Gegner gelten zwar als unschön, sind aber im Rahmen des politischen Meinungskampfs als notwendiges Übel zu betrachten. Da nach dem Grundgesetz Parlamentarier während einer Bundestagsdebatte Immunitätsschutz genießen, haben sie und andere Politiker umgekehrt auch weitgehende Eingriffe in ihr Persönlichkeitsrecht durch Berichterstattung, Film und Kunst zu dulden, die – unter Privatpersonen begangen – strafbar wären. Lediglich unwahre Tatsachenbehauptungen über Politiker werden auch hier als Verleumdungen verfolgt. 255

Sonderfall 2: Satire und Parodie. Die rechtliche Bewertung von Satire und Parodie ist in eigener Weise problematisch. Dass dabei häufig das **Grundrecht der Kunst** (Art. 5 GG) betroffen ist, führt nicht automatisch zu einem Ausschluss rechtlicher Überprüfungsmöglichkeiten. Die Mehrdeutigkeit der Filmbeiträge stellt die Gerichte aber vor hohe Schwierigkeiten. Sie versuchen den Sinn einer Aussage dadurch zu erfassen, dass sie diese ihres satirischen oder parodistischen Mantel entkleiden. Verbleibt 255 danach im Kern eine Herabwürdigung oder eine fehlerhafte Tatsachenbehauptung, ist wegen Beleidigung oder Übler Nachrede bzw. Verleumdung zu bestrafen (*BVerfG* NJW 1998, 1386 – Münzen Erna). Würde ein Film in grotesker und überzogener Weise einer bekannten Sportlerin Geschlechtsverkehr mit ihrem Vater unterstellen, wäre dies wohl auch bei Berücksichtigung des Kunstprivilegs verleumderisch und strafbar (*OLG Karlsruhe*, NJW 1994, 1963 – Steffi Graf, dort entschieden für einen Liedtext).

3.6.3. Rechtfertigung

257   Liegen die Voraussetzungen der genannten Delikte vor, hängt die Strafbarkeit schließlich davon ab, ob der Künstler oder Journalist nicht in **Wahrnehmung berechtigter Interessen** (§ 193 StGB) gehandelt hat. In diesen Fällen ist die Tat gerechtfertigt und wird daher nicht straf- oder zivilrechtlich geahndet. Berechtigte Interessen, die im Zusammenhang mit der Filmproduktion eine Rolle spielen, sind wiederum das Informationsinteresse der Öffentlichkeit (BVerfGE 60, 324 – Kredithaie), aber auch die Freiheit der Kunst (BVerfGE 67, 213 – Anachronistischer Zug). Im Rahmen der Prüfung einer Rechtfertigung kommt es zu der bekannten **Abwägung** des Interesses des Betroffenen an der Strafverfolgung mit dem Informationsinteresse. Wie schon bei der Bildberichterstattung genießt die seriöse Berichterstattung den Vorzug vor dem Boulevardbericht.

258   Entscheidend für die Strafbarkeit wegen übler Nachrede und Verleumdung ist, wie schon dargestellt, die **Beweisbarkeit** der aufgestellten Behauptung. Es würde aber jede berechtigte journalistische Arbeit verunmöglichen, müssten bei der Berichterstattung die Maßstäbe eines gerichtlichen Wahrheitsbeweises eingehalten werden. Zu beachten sind zumindest die **Grundsätze journalistischer Sorgfalt**. Sind sie eingehalten, entfällt ebenfalls die Strafbarkeit.

259   Im Einzelnen gilt hier: **Je schwerer ein erhobener Vorwurf für den Betroffenen wiegt, desto intensiver ist** – ggf. auch persönlich – **zu recherchieren** (*BGH* AfP 1988, 34 – Priester). Bedeutsame entlastende Umstände dürfen nicht unerwähnt gelassen werden (*LG Berlin*, ZUM 2001, 606). Bei besonders schwer wiegenden Anschuldigungen ist dem Betroffenen die Möglichkeit zur vorherigen Stellungnahme zu gewähren. Bei schwierigen Sachfragen kann ein Sachverständigengutachten oder anderer Sachverstand eingeholt werden.

260   Probleme treten auf, wenn die fehlerhafte Tatsachenbehauptung nicht aufgrund eigener Recherche sondern durch unzutreffende Auskünfte von **Informanten** zustande kommt. Ein Journalist haftet auch für die falschen Informationen eines Informanten, wenn dieser in der Vergangenheit nicht seriös gearbeitet hat. Es entspricht ebenfalls nicht der gebotenen Sorgfalt, sich auf die Auskünfte glaubwürdiger, aber augenscheinlich schlecht informierter Informanten zu verlassen (*AG Mainz*, ZUM 1994, 653). Offen-

A. Von der Idee zur Produktionsentscheidung

sichtlich fehlerhafte Auskünfte dürfen selbstverständlich nicht verbreitet werden.

Besonders hohen Anforderungen muss eine **Verdachtsberichterstat-** 261
tung genügen. Grundsätzlich ist es zulässig, ohne konkrete Tatsachen, nur aufgrund von Hinweisen, über schwer wiegende Verdachtsmomente gegenüber einer Person zu berichten. Im Beitrag muss aber hinreichend deutlich gemacht werden, dass sich der Bericht nicht auf Tatsachen sondern nur auf Indizien stützt. Andernfalls entsteht beim Zuschauer der fehlerhafte Eindruck eines feststehenden Sachverhalts mit ggf. schwer wiegenden Folgen für die Betroffenen.

3.6.4. Wer haftet?

Bei Ehrverletzungen kann der Betroffene seine Rechte gegenüber allen 262
Beteiligten eines Film- oder Fernsehbeitrages geltend machen. **Sender und Produktionsfirma** eines Films sind für die Rechtsverstöße der für sie tätigen **Journalisten und Filmemacher** verantwortlich. Gegebenenfalls sind alle Filmbeiträge vor der Sendung auf etwaige Persönlichkeitsrechtsverletzungen hin zu kontrollieren.

Probleme ergeben sich dort, wo beleidigende oder verfälschende **Aus-** 263
sagen von Dritten in einem Interview getätigt werden. Macht ein Film sich deren ehrverletzende Äußerung bewusst zu Eigen, haben die an ihm Beteiligten dies wie eine eigene Stellungnahme zu vertreten (*BGH* AfP 1997, 700 – Stern TV). Die Verantwortlichkeit besteht nicht, wenn im Film eine **hinreichende** Distanzierung von dem fremden Beitrag, z.B. durch ernsthaft kritische Kommentare, deutlich wird. Bei tatsächlichen **Live-Sendungen** fehlt es an der Möglichkeit zur vorherigen Kontrolle durch Moderator und Sender. Damit übernehmen sie auch keine Haftung für zufällige Aussagen ihrer Gesprächspartner. Wer dagegen den Hang seiner Interviewpartner zu beleidigenden Äußerungen schon vor der Sendung gekannt hat und wohl möglich auf eine heftige Kontroverse gehofft hat, haftet, wenn sich dieses bewusste Risiko verwirklicht.

4. Rechte der Betroffenen

Gegen Eingriffe in das Persönlichkeitsrecht können sich die Betroffe- 264
nen auf unterschiedliche Weise zur Wehr setzen. Weil Persönlichkeitsrechte besonders sensibel sind, gehen die **Ansprüche** weiter als diejenigen des einfachen Zivilrechts. Im Folgenden werden einige Besonderheiten dargestellt.

Bei gegenwärtigen rechtswidrigen Eingriffen in seine Persönlichkeit 265
muss der Betroffene nicht erst gerichtliche Abhilfe abwarten. Er kann seine Rechte auch im Wege der **Notwehr** (§ 32 StGB) sichern. Notwehr ist die Verteidigung, die erforderlich ist, um einen **gegenwärtigen, rechtswidrigen Eingriff** in das Persönlichkeitsrecht abzuwehren. Werden etwa

gegen den Willen einer Person Filmaufnahmen in der Privatwohnung angefertigt, darf er straflos die Kamera an sich reißen und den Film vernichten. Hierzu ist der Betroffene auch dann berechtigt, wenn sich entgegen seiner Vorstellung gar kein Film im Gehäuse befindet (*OLG Düsseldorf*, NJW 1994, 1971). Beschädigungen an Geräten oder Filmen lösen bei rechtmäßiger Notwehr **keine zivilrechtlichen Schadenersatzansprüche** für die Zerstörung der Ausrüstung aus. Das Notwehrrecht gilt allerdings nicht mehr, wenn die Person um die Rechtmäßigkeit einer Aufnahme weiß. Deswegen dürfen absolute Personen der Zeitgeschichte erlaubte Filmaufnahmen nicht verhindern (*OLG Frankfurt*, ZUM 1995, 878). Statt Notwehr zu üben, ist es einem Betroffenen außerdem gestattet, zur Verhinderung rechtswidriger Aufnahmen die Polizei einzuschalten. Diese kann den Film beschlagnahmen (*VGH Mannheim*, MDR 1996, 494).

266 Gerichtlich kann der Geschädigte zuvorderst den Anspruch auf **Unterlassen** der schädigenden Handlung erheben. Dieser Anspruch kann, um einer drohenden Veröffentlichung oder Sendung zuvorzukommen, praktisch immer im Wege der einstweiligen Verfügung rasch und wirksam durchgesetzt werden. Ist der Beitrag mit der Persönlichkeitsverletzung schon gesendet worden, bleibt den Betroffenen das Recht auf **Gegendarstellung**. Voraussetzung ist lediglich die schlüssige Behauptung einer Persönlichkeitsverletzung. Jenseits von Wahrheit oder Unwahrheit dürfen sie ihren Standpunkt im Fernsehen oder in den Printmedien mit einem eigenen Beitrag verdeutlichen. Der Anspruch auf eine Gegendarstellung kann aufgrund einer entsprechenden europäischen Regelung auf dem gesamten Gebiet der Europäischen Union (Richtlinie 97/36/EG, http://www.alm.de/bibliothek/richtli.htm, Stand 8/2003) und damit im gesamten europäischen Sendebereich erhoben werden. Die Einzelheiten sind detailliert in den jeweiligen Landespresse- und Mediengesetzen geregelt.

267 Der Gegendarstellungsanspruch ist eine Möglichkeit der Betroffenen ihre, Rechte zu einem Zeitpunkt durchzusetzen, zu dem beim Publikum der Eindruck der Berichterstattung noch frisch ist. Deshalb muss der Beitrag der Betroffenen möglichst zeitnah und an gleicher Stelle wie die bemakelte Tatsachenbehauptung erfolgen. Konkret bedeutet dies, dass im Fernsehen die Gegendarstellung zur gleichen Sendezeit – auch zur Primetime – auszustrahlen ist. In Zeitschriften muss die Gegendarstellung auf dem Titelblatt erscheinen, wenn dort die Persönlichkeitsrechtsverletzung abgedruckt wurde (*BVerfG* NJW 1993, 1462).

268 Zeitnähe der Gegendarstellung bedeutet aber zugleich, dass sie nicht nur alsbald gesendet, sondern von den Betroffenen auch rasch beantragt werden muss. Eine mehrere Wochen nach der Verletzung gesendete Gegendarstellung würde ihren Zweck nicht mehr erfüllen können, da dann der Eindruck des Filmbeitrags beim Publikum schon wieder verwischt wäre.

A. Von der Idee zur Produktionsentscheidung

Auch der Betroffene selbst, hat die Zeitnähe durch möglichst rasches Stellen eines Antrags auf Gegendarstellung zu beachten. Die Frist zur Einreichung des Antrags ist dabei nicht starr, sondern anhand des jeweiligen Sendeformats zu bestimmen (*OLG Stuttgart*, ZUM 2000, 773). Für Wochenformate bestehen kürzere, für Monatsformate eher längere Fristen. In der Regel dürften Gegendarstellungsbegehren zwei Wochen nach der Ausstrahlung der Sendung als nicht mehr zeitnah abgelehnt werden.

Der **Antrag auf Gegendarstellung** ist an den Sender zu stellen. Der 269 Text der Gegendarstellung darf nicht gekürzt werden. Andererseits besteht keine Pflicht, eine offensichtlich unzutreffende Gegendarstellung zu senden. Es gilt ein „Alles oder Nichts" – Prinzip. Verweigert ein Sender die ungeschnittene Ausstrahlung mit Hinweis auf dessen offensichtliche Unrichtigkeit, muss der Anspruch vom Betroffenen gerichtlich durchgesetzt werden. Auch das Gericht prüft den Wahrheitsgehalt der Gegendarstellung und gibt sie entweder zur Gänze oder gar nicht frei. In gewissem Maße sind die Sender berechtigt, an das Ende der Gegendarstellung einen eigenen Kommentar (sog. **Redaktionsschwanz**) zu setzen. Ohne den Inhalt der Gegendarstellung zu entkräften, darf darauf hingewiesen werden, dass man zur Sendung gesetzlich verpflichtet sei und weiter auf dem eigenen Standpunkt beharre.

Neben dem Gegendarstellungsanspruch können die Betroffenen eine 270 **Richtigstellung** (teilweise auch als **Widerruf** bezeichnet) durch den Sender erwirken. Die Richtigstellung der eigenen Berichterstattung hat häufig eine stärkere Wirkung als eine bloße Gegendarstellung seitens des Betroffenen. Bleiben dabei für den Zuschauer häufig Zweifel an der Wahrheit der Gegendarstellung bestehen, muss der Sender dabei eine falsche Berichterstattung eingestehen. Die praktische Relevanz des Anspruchs ist allerdings gering, da er im gerichtlichen Hauptsacheverfahren durchgesetzt werden muss und somit nicht mehr zeitnah zur Verletzung erfolgen kann. Eine erfolgte Richtigstellung mindert aber in aller Regel die Höhe des späteren Schmerzensgeldanspruchs des Betroffenen (*LG Berlin*, NJW-RR 1998, 316). Andererseits leidet die Reputation eines Senders unter einer hohen Zahl von Richtigstellungen.

Wenn eine Kompensation der Verletzung des Persönlichkeitsrechts 271 durch die genannten Rechtsschutzmittel nicht möglich ist – und nur dann –, kann ein **Schmerzensgeld** zum Ausgleich der erlittenen immateriellen Schäden gefordert werden. Die Höhe wird von den Gerichten unterschiedlich festgelegt. Grundsätzlich ist die Tendenz bei der Zahlungshöhe seit einigen klarstellenden Urteilen des BGH steigend (*BGH* NJW 1995, 861 – Caroline von Monaco).

Mittlerweile wird anerkannt, dass die Schmerzensgeldbeträge auch 272 Sanktionscharakter aufweisen dürfen. In der Fachliteratur kursieren verschiedene Schadenstabellen, an Hand derer die Betroffenen ihre finanziellen Ansprüche berechnen können (z.B. *Wenzel*, Das Recht der Wort-

und Bildberichterstattung, Rdnr. 14.139; *Prinz/Peters*, Medienrecht, Rdnr. 918). Die dort angegebenen Geldbeträge können aber bestenfalls als unverbindliche Leitlinien dienen, weil die Entscheidung über die genaue Höhe dem jeweiligem Gericht vorbehalten ist. Näherungsweise gilt, **je schwerer die Persönlichkeitsverletzung** wiegt und **je stärker das Verschulden der Medien** zu veranschlagen ist, **desto höher wird das Schmerzensgeld** bemessen. Außerdem ist leider eine Tendenz erkennbar, nach der Prominenten höhere Schmerzensgeldsummen zugebilligt werden.

273 Etwa 750 € wurden jemandem zugesprochen, dessen Einwilligung zur Sendung einer harmlosen „versteckten Kamera"-Situation nicht eingeholt worden war (AG Wiesbaden 92 C 2998/99–31), 5.000 Euro erhielt ein durch *Stefan Raab* als „schwule Sau" bezeichneter Mann (ZUM 2003, 325), ca. 15.000 € ein Anwalt, dessen Schriftsätze an eine Zeitung trotz einer einstweiligen Verfügung abgedruckt wurden (*LG Berlin*, NJW-RR 2000, 555 f.), nahezu 26.000 € bekam ein leichtfertig als Krimineller dargestellter Mann (*OLG Hamburg*, NJW-RR 1996, 90 ff. – RTL aktuell), etwas mehr als 40.000 € wurden einem Arzt zugesprochen, dem ein Newsmagazin teilweise zu Unrecht schlechte Behandlung nachweisen wollte (*BGH* AfP 1997, 700 – Stern TV).

274 Jüngst erhielt *Boris Becker* für den nicht autorisierten Abdruck eines vergleichsweise kleinen Bildes in einem Werbeprospekt eines Elektronikmarkts rund 80.000 € zugesprochen. Dabei berücksichtigte das Gericht die Summen, die Becker gewöhnlich für solche Werbung von seinen Partnern erhält (*LG München*, ZUM 2002, 565). Zum Vergleich: Ungefähr die gleiche Summe erhalten Prominente für den Abdruck mehrerer großformatiger Paparazzi-Nacktaufnahmen (*LG Hamburg*, ZUM 2002, 68).

275 Außerdem hat der Betroffene nach §§ 98, 99 UrhG bzw. § 37 KUG einen Anspruch auf **Vernichtung** der Aufnahmen.

276 Zum Schluss ist noch darauf hinzuweisen, dass die Verletzung von Persönlichkeitsrechten **strafbar** sein kann. Mit Freiheitsstrafe bis zu einem Jahr oder mit Geldstrafe wird gemäß § 33 KunstUrhG die unerlaubte Verbreitung eines Bildnisses bestraft. Solche Fälle sind in der Praxis jedoch sehr selten.

VI. Filmmusik

Christlieb Klages

Ein Filmemacher möchte seinen filmischen Beitrag mit Musik verbinden. Dabei gibt es verschiedene Möglichkeiten: 277
- Er lässt eine Musik komponieren und diese produzieren.
- Er lässt eine bereits komponierte Musik produzieren.
- Er verwendet eine bereits bestehende Einspielung eines Liedes.

Alle drei Möglichkeiten sind in der Praxis anzutreffen. Zudem wird in diesem Kapitel die Verwendung von **Musik im Film** erörtert.

1. Musikurheber und Filmherstellungsrecht

Anhand der obigen Fälle wird deutlich, dass zwischen der Verwendung 278 der Komposition und der Produktion (einer bestimmten Tonträgereinspielung oder CD) rechtlich zu unterscheiden ist. Der Komponist und der Texter eines Liedes gelten als Urheber verbundener Werke, welche die Zustimmung über die Verbindung von ihrer Komposition und einem Film zu erteilen haben. Diese Zustimmung hat in der Praxis verschiedene Bezeichnungen: Filmherstellungsrecht, Verfilmungsrecht oder auch, im angloamerikanischen Sprachraum, Filmsynchronization Right. Unter bestimmten Voraussetzungen sind nicht die Musikurheber selber, sondern Verlage oder die **GEMA** berechtigt die Zustimmung zu erteilen. Häufig haben Komponisten bestimmte Rechte an ihren Werken im Rahmen eines Vertrages an einen Musikverlag übertragen. Zu den übertragenen Rechten kann auch das Filmherstellungsrecht zählen. Über die GEMA erfährt der Filmemacher, ob und durch welchen Verlag die Urheber des Musikwerkes vertreten sind.

2. Filmmusik bei Auftragsproduktionen

Unter bestimmten Voraussetzungen kann jedoch auch die GEMA die 279 Zustimmung wirksam erteilen: Gemäß § 1 i) (3) des Berechtigungsvertrags zwischen der GEMA und den vertretenen Musikurhebern ist die GEMA berechtigt, bei Eigen- und Auftragsproduktionen der Sendeanstalten für eigene Sendezwecke die Nutzungsrechte (als Herstellungsrecht) zu vergeben. Dies gilt demnach nicht für Koproduktionen oder Produktionen, an denen Dritte beteiligt sind. Für alle Beteiligten ist diese Lösung am einfachsten. Dem Filmwerk wird eine Musikreferenzliste mit Angabe von Titel, Texter, Komponist und Verlag beigegeben, im Übrigen ist der Filmemacher von weiteren Unannehmlichkeiten befreit. Er hat lediglich dafür Sorge zu tragen, dass das Werk im Rahmen der vorgenannten Beschränkung ausgewertet wird. Aber Achtung: in der Praxis wird der Filmemacher häufig verpflichtet eine weitergehende Auswertung zu garantieren (das Kino etwa ist in § 1 i) (3) nicht genannt). Dem Filmemacher sei deshalb geraten, sich gegenüber dem Auftraggeber der Produktion insoweit freizustellen, dass der Auftraggeber in Fällen einer Auswertung außerhalb der Beschränkung des GEMA-Berechtigungsvertrags selbst zum weiteren Erwerb der entsprechenden Musikrechte verpflichtet sein soll.

280   Bei dramatisch-musikalischen Werken soll die GEMA nicht berechtigt sein, ebenso wenig bei Verwendung von Musik im Werbespot, §§ 1 i) 4 cc; 1 k), hier sind die Musikurheber oder der Verlag zu fragen. Im Übrigen übertragen die Urheber das Verfilmungsrecht unter einer auflösenden Bedingung an die GEMA, nämlich insofern der Urheber oder der Verlag das Filmherstellungsrecht dem Filmemacher nicht selbst einräumen.

3. Kosten der Filmmusik

281   Sofern eine privilegierte Rechteeinräumung über die GEMA nicht in Betracht kommt, muss der Filmproduzent die Rechte auf dem freien Markt von den Berechtigten erstehen. Über die Höhe des Entgelts lassen sich über den Deutschen Musikverleger-Verband (DMV) Empfehlungen beziehen. Anwälte und Rechte-Clearing-Firmen bieten Filmemachern und Produktionsfirmen ihre Dienste an. Wer einmal mit amerikanischen Rechteinhabern verhandelt hat, weiß, dass zwischen null und aberwitzigen Forderungen alles möglich ist, die **Tabellen des DMV** helfen hier nicht weiter. Sofern die Berechtigten in Deutschland durch einen Verlag vertreten sind, verfügt dieser im Regelfall über eine gewisse Marktkenntnis und mag angemessene Konditionen verlangen. Allerdings erteilen Verlage in Fällen einer wesentlichen Bearbeitung die Zustimmung erst nach Rücksprache mit dem Berechtigten. In diesen Fällen können die Verhandlungen mühsam und langwierig sein.

282   Grundsätzlich bezieht sich das Filmherstellungsrecht auf die unveränderte Nutzung der Komposition und des Textes mit dem Film. Wenn die Musik gekürzt oder etwa ein Popsong als Jazznummer eingespielt wird, sind die Verlage im Einzelfall nicht zur Zustimmung berechtigt, da neben dem Recht zur Verbindung von Werken auch das Bearbeitungsrecht betroffen ist. Und bevor ein Verlag die Kündigung eines Autors mit Hinweis auf die verlagsseitig erklärte Zustimmung zur groben Entstellung eines Werkes riskiert, wird der Urheber persönlich kontaktiert – wodurch sich die Verhandlungen hinziehen. Die **Rechte der Urheber** erlöschen 70 Jahre nach dem Tod des Urhebers, danach ist eine Komposition gemeinfrei.

4. Rechte an der Tonträgeraufnahme

283   Hat der Filmemacher die Zustimmung des Berechtigten, das Lied (Text und Komposition) im Film zu verwenden, möchte er vielleicht die Rechte an einer bestehenden Aufnahme erwerben, um das Lied nicht neu produ-

zieren zu müssen. Betroffen sind die Leistungsschutzrechte des ausübenden Künstlers und des Tonträgerherstellers, welche auch „**master use licence**" heißen. Ob der Tonträgerhersteller oder eventuell ein Produzent der Einspielung zur Vergabe berechtigt ist, ist wiederum Frage des Einzelfalls. Der Produzent einer Boygroup mag den Tonträger selbst produziert haben und ihn im Rahmen eines Bandübernahmevertrags mit dem Tonträgerhersteller zur Verbreitung auf Tonträger lizenziert haben. In diesen Fällen wird der Produzent als Berechtigter verfügen können und nicht die Plattenfirma. Bei reinen Vertriebsverträgen etwa mit einem Import Service ist das Label der Ansprechpartner.

Wer Tonträgerhersteller ist, ergibt sich unzweifelhaft aus den Angaben einer CD. Auch hier gibt es Privilegierungen für Fernsehproduktionen. Die GVL als Pendant zur GEMA hat von den Tonträgerherstellern im Rahmen eines Wahrnehmungsvertrags das Recht erworben, die Vervielfältigung von Tonträgern zum Zwecke der Hörfunk- oder Fernsehsendung gegen Entgelt zu gestatten (§ 1 Ziffer 2 a des GVL-Wahrnehmungsvertrags). Auch hier sind Werbespots und dramaturgische Werke ausgenommen. Leistungsschutzrechte erlöschen 50 Jahre nach Erscheinen des Tonträgers. 284

Damit hat der Filmemacher einzuholen: 285

– die **Zustimmung des berechtigten Urhebers** (dieser häufig vertreten durch einen Musikverlag) für die Verbindung der Komposition und des Textes mit dem Film sowie
– die **Zustimmung des berechtigten Tonträgerherstellers** über die Verwendung einer bestimmten Einspielung.

Nur im Fall der Auftragskomposition und -produktion entfällt das manchmal durchaus aufwendige und langwierige Verhandeln.

5. Musik als Beiwerk

Insbesondere im Dokumentarfilm wird der Filmemacher häufig mit dem Umstand konfrontiert, dass Musik im Hintergrund läuft, etwa während eines Interviews oder bei Dreharbeiten in einer Bar oder durch Straßenmusik, die in das Zimmer hineinschallt, in dem gedreht wird. Entsprechend § 57 UrhG soll die Vervielfältigung von Werken zulässig sein, wenn sie als unwesentliches Beiwerk neben dem eigentlichen Gegenstand der Vervielfältigung anzusehen sind. Gemeint ist, dass das **unwesentliche Beiwerk** neben dem eigentlichen Gegenstand noch weniger als ein Gegenstand von geringer oder untergeordneter Bedeutung ist (*Vogel*, in: Schricker, Kommentar zum Urheberrecht, 2. Aufl., § 57 UrhG Rdnr. 7). Das Entscheidende ist, dass dieses Beiwerk austauschbar und vom flüchtigen Betrachter nicht wahrzunehmen ist. 286

6. Nutzung von Musik ohne Einwilligung

6.1. GEMA-freie Musik

287   Es wird auch, besonders im Internet, GEMA-freie Musik angeboten. Unabhängig von der Frage der Eignung der jeweiligen Musik für den Film ist darauf hinzuweisen, dass der Filmproduzent für den Bestand der Rechte einzustehen hat, etwa wenn später Ansprüche von Dritten an den verwendeten Aufnahmen gelten gemacht werden, da ein gutgläubiger Rechteerwerb auch von Musikrechten nicht möglich ist.

6.2. Musikzitat

288   Bei Vorliegen der übrigen zitatrechtlichen Voraussetzungen soll das Musikzitat im Film zulässig sein (vgl. Rdnr. 169 ff.). Ob der Zitatzweck gegeben ist und die Musik in gebotenem Umfang verwendet wurde, ist stets Frage des Einzelfalls. Die bisherige Rechtsprechung stellt hohe Anforderungen. Ob eine Musik „gut passt", „Kennzeichen" ist oder „Symbolcharakter" hat, soll allein nicht ausreichen. Vielmehr wird darauf abgestellt, ob die Musik als Beleg einer eigenen Auseinandersetzung verwendet wird (*OLG Hamburg*, ZUM 1993, 35, 36). Andererseits soll das Musikzitat als Stilmittel des „Anklangs", der „Hommage", des Kontrasts, der Satire oder des kabarettistischen Einsatzes möglich sein (*Schricker*, in: Schricker, Kommentar zum Urheberrecht, § 51 UrhG, Rdnr. 18 m.w.N.). Wie wenig verständlich und praktikabel die urheberrechtlichen Regelungen sind, wird deutlich am Beispiel eines in einem anderen Lehrbuch (*Homann*, Praxishandbuch Filmrecht, S. 168) skizzierten Falls: Ein Schauspieler summt die Melodie von „Yesterday" im Film. Mit Hinblick auf den starren Melodienschutz gemäß § 24 Abs. 2 UrhG, durch welchen die freie Benutzung von Musik insofern eingeschränkt wird, als es untersagt ist, eine Melodie erkennbar einem Werk zu entnehmen und einem neuen Werk zugrunde zu legen, soll diese Szene bedenklich sein. Diese Auffassung zeigt, wie unklar die Regelung des § 24 Abs. 2 UrhG formuliert ist. Tatsächlich wird die Meinung vertreten, es reicht, dass eine Melodie in einem neuen Werk verwendet wird (*Loewenheim*, in: Schricker, § 24 Rdnr. 30). Meiner Auffassung nach muss sich § 24 Abs. 2 UrhG auf die Verwendung von Melodieteilen in anderen Musikwerken beziehen, anderenfalls ist den Stimmen zu folgen, die diese Vorschrift für schlicht verfassungswidrig halten.

7. Fazit

289   Der Erwerb von Musikrechten stellt den Filmhersteller vor enorme Probleme. Ein One-Stop-Shop (der Rechteerwerb aus einer Hand) oder eine Clearingstelle existieren oder funktionieren nicht. Der Filmhersteller

muss selber herausfinden, wer tatsächlich verfügungsberechtigt ist, und sämtliche Rechte mühsam erwerben. Ein Filmemacher wollte einmal ein filmisches Portrait über einen bekannten Pianisten machen, welches auch auf Festivals zu sehen sein sollte. Die Plattenfirma des Pianisten in New York war bereit für eine bestimmte Zeitdauer die Rechte an einer Einspielung zu überlassen, die jedoch unter der Dauer lag, die der Koproduzent des Films, ein öffentlich-rechtlicher Fernsehsender, von dem Filmemacher garantiert haben wollte. Das Management des Künstlers wollte dagegen nur Rechte für Europa abgeben und die Auswertung auf eine Anzahl von Ausstrahlungen beschränken. Ein Konzertveranstalter in England in einer renommierten Konzerthalle wollte sich den Mitschnitt des in Teilen verwendeten Konzerts vergolden lassen. Nach langen und zähen Verhandlungen wurde den Beteiligten mitgeteilt, dass das Projekt so nicht zu realisieren sei. Der Plattenfirma in New York wurde die Option unterbreitet, innerhalb von einer Woche sämtliche Nutzungsrechte von den verschiedenen Beteiligten zu besorgen und für den Bestand einzutreten, da der Film den Namen und die Person des Künstlers schließlich weiter bekannt machte. So konnte das Projekt doch noch realisiert werden.

8. Checkliste Musikrechte

- Liegen sämtliche Angaben vor: Musikurheber = Texter, Komponist, evtl. Verlag; Tonträgerhersteller = Plattenfirma, Label; evtl. Interpret
- Handelt es sich um eine Fernsehauftragsproduktion zu eigenen Sendezwecken? – wenn nicht:
- Sind die Urheber in Deutschland durch Verlag/Subverlag vertreten? – wenn nicht:
- Sind die Urheber durch eine Agentur vertreten? – wenn nicht, kontaktieren Sie den Urheber selbst.
- Haben die Urheber die Zustimmung erteilt, ist zu entscheiden, ob eine bestehende Einspielung verwendet werden soll oder ob das Werk in einem Studio neu eingespielt wird. Wenn eine bestehende Einspielung verwendet werden soll:
- Kontaktieren Sie den Tonträgerhersteller – die Plattenfirma. Versichern Sie sich, dass die Plattenfirma auch für den leistungsschutzberechtigten ausübenden Künstler verfügen kann.

290

VII. Formatschutz

Wolf Albin

291 Formate sind vor allem im Privatfernsehen zum bestimmenden Faktor der Programmgestaltung geworden. Ob Gameshow, Gerichtssendung oder Real-Live-Soap, sie alle folgen einem schematischen Konzept, bei dem immer neue Kandidaten eine im Voraus feststehende Ideen-, Spiel- oder Handlungsfolge durchlaufen müssen. Formate können aber auch offener angelegt sein. In Spielfilmen und Serien bietet es sich an, lediglich bestimmte Komponenten der Handlung wie Figuren und Handlungsorte vorzugeben. Im Übrigen haben Autoren und Regisseure freie Hand bei der Entwicklung der einzelnen Folgen des Formats. Erfolgreichstes und langlebigstes Format dieser Art sind die James Bond Filme.

292 Weil die Elemente einer nach einem Format gestalteten Sendung in jeder Folge wieder kehren, hängt der erste Erfolg stark von der Originalität der Grundidee zusammen mit der Leistung der Moderatoren oder Darsteller ab. Später machen lange Laufzeiten die Entwicklung und Unterhaltung des Formats vergleichsweise preiswert. Hat sich ein **Format** erst einmal etabliert, lässt ein „Clon" auf einem der vielen Konkurrenzsender meist nicht lange auf sich warten.

293 Für die **Übernahme bestehender Formate** bieten sich zwei Möglichkeiten an: Entweder entrichten die Sender – oftmals hohe – Lizenzgebühren, um das Produkt vollständig übernehmen zu dürfen, oder die wesentlichen Grundideen des Formats werden ohne vorherige Einwilligung durch Autor oder Sender nachgeahmt und um einige neue Aspekte ergänzt. Welcher der aufgezeigten Wege aus der Sicht des Juristen zu empfehlen ist, muss danach entschieden werden, ob und auf welche Weise Formate rechtlich geschützt werden können.

1. Schutz von Serien- und Fernsehfilmformaten

294 Offene Formate für Serien und Fernsehfilme lassen sich in Grenzen schützen. Sie sind per se urheberrechtlich geschützte Filmwerke, weil jeder einzelnen Folge ein individuelles Drehbuch zugrunde liegt. Der Schutz bezieht sich jedoch immer nur auf eine konkrete Folge, nicht auf das Format als solches. Das schmälert aber nicht die Rechtsschutzmöglichkeiten, da die bestimmenden Elemente des Formats in jeder einzelnen Sendung wiederkehren. Die etwa einem Spielfilmformat inne wohnende Rahmenhandlung, deren Charaktere und Namen sowie alle anderen charakteristischen, urheberrechtlich geschützten Merkmale sind auf diese Weise vor unfreier Bearbeitung und Kopie geschützt. Der **Schutz der einzelnen Folgen bedingt den Schutz des ganzen Formats.** Im Wesentlichen gilt das zu den vorbestehenden Werken und zur freien Benutzung Gesagte.

2. Schutz von Showformaten

Über die Frage, ob starre Formate urheberrechtlich zu schützen sind, wird in der juristischen Fachliteratur und vor den Gerichten viel gestritten. Am Ergebnis bestehen aber wenig Zweifel: Die Gerichte haben alle bisherigen Klagen gegen vermeintliche Plagiate, zwar mit verschiedenen Gründen, im Ergebnis aber einmütig, abgewiesen. Das **Showformat wird nicht geschützt**. An dieser ablehnenden Haltung wird sich aller Voraussicht nach zukünftig wenig ändern. 295

Der urheberrechtliche Schutz scheitert aus zwei Gründen: Erstens ist das Format nicht wie ein einzelner Film als künstlerisches Werk im Sinne des Urhebergesetzes anerkannt. Anders als bei Filmen werden für die einzelnen Folgen einer Show grundsätzlich keine Drehbücher verfasst. Die meisten Sender hantieren mit einem ebenso konstanten wie losen Rahmenkonzept. Spontaneitäten der – häufig auch live – produzierten Einzelfolgen sind gewollt, weshalb der genaue Inhalt der Folgen nicht schon im Voraus im Detail feststehen darf. Ein gutes Format zeichnet sich eben gerade dadurch aus, dass es so allgemein und flexibel entworfen ist, dass viel Raum für individuelle und spezielle Einzelfolgen bleibt. 296

Diese wesentliche Eigenschaft eines Formats ist mit den Voraussetzungen für urheberrechtlichen Schutz fast unvereinbar. Denn das Gesetz schützt keine allgemeine, sondern nur eine individuelle Abfassung des Werks. Daher gibt es eine starke Ansicht, die Formaten urheberrechtlichen Schutz gänzlich versagen will (*Lausen*, Der Rechtsschutz von Sendeformaten, S. 169 und 177, mit Beispielen aus der untergerichtlichen Rechtsprechung), da beim Format weder die Spielideen noch die übrigen verbindenden Bestandteile an sich, sondern allenfalls die Leistungen des Moderators einzigartig sind. Dagegen ist der Fundus an Rate- und Kandidatenspielen begrenzt, und wirklich **neue Spiele** werden nur sehr selten geschaffen. Einzigartig, individuell und schützenswert ist am Format höchstens die Zusammenstellung der einzelnen Spielabläufe in einem neuen, originellen und individuellen Gesamtkonzept. In diesen seltenen Fällen bedingt wiederum der Schutz der einzelnen Folgen einen gewissen Schutz der ihnen zugrunde liegenden Gesamtkonzeption. Einen originären Formatschutz verleiht das Gesetz hingegen nicht (*BGH* NJW 1981, 2056 – Quizmaster, a.A. *OLG München*, ZUM 1999, 244 – Augenblix). 297

Darüber hinaus scheitert der Schutz von Formaten an einem zweiten, sehr praktischen Grund. Denn der Autor eines Showformats muss für die Behauptung, dass in einem vermeintlichen Clon sein geistiges Eigentum unerlaubt verwertet worden sei, den Beweis antreten. Spätestens an dieser Hürde scheitert jedoch die Mehrzahl der Prozesse. Der Vergleich von Original und Konkurrenzprodukt ergibt häufig, dass die Verwertung lediglich eine freie unentgeltliche Benutzung und keine erlaubnispflichtige 298

Vervielfältigung oder Bearbeitung darstellt. Die Ursachen für diese Zurückhaltung der Gerichte sind wiederum in der Natur des Formats angelegt.

299 Bei typischen **Spielshows** oder **Real-Live-Soaps** handelt es sich nicht um Produktionen von herausgehobenem künstlerischem Wert. Eine freie Benutzung wird aber um so eher möglich, je einfacher und allgemeingültiger die verarbeiteten Ideen und Einfälle sind. Somit reichen in der Praxis schon leichte Veränderungen an den einzelnen ungeschützten Spiel- und Handlungsabläufen einer Show aus, um den von der Rechtsprechung als Voraussetzung für eine freie Benutzung geforderten inhaltlichen Abstand zum Original einzuhalten. Praktisch wird nur die identische oder nahezu identische Übernahme des Formats zur Rechtswidrigkeit einer nachfolgenden Sendung führen (so ausdrücklich *OLG Düsseldorf*, WRP 1995, 1034 – Taxi-TV/Taxi-Talk). Einen solchen Kardinalfehler hat in der Vergangenheit aber noch kein Sender begangen.

3. Wettbewerbsrechtlicher Schutz von Showformaten

300 Neben dem Urheberrecht kann Rechtsschutz für Formate alternativ noch mittels des Wettbewerbsrechts verfolgt werden. In begründeten Fällen kann gegen die identische Nachahmung eines Formats mit der Unterlassens- und Schadensersatzklage vorgegangen werden. Nachahmungen sind im Wettbewerb unter den Sendern dabei nicht schlechthin untersagt. Vielmehr ist im Interesse eines breiten Wettbewerbs in den Medien die **Nachahmung fremder Formate grundsätzlich gestattet und gewollt**. Eine Grenze besteht nur dort, wo ein Mitwettbewerber ein Format in sittenwidriger Weise identisch oder nahezu identisch übernimmt, denn dann geht die Nachahmung auf Kosten des Originals.

301 Voraussetzung des Schutzes ist, dass erstens das Original eine **wettbewerbsrechtliche Eigenart** aufweist (*BGH* GRUR 1998, 832 – Les-Paul-Gitarren). Damit ist gemeint, dass ein Format Besonderheiten aufweisen muss, die es über den Kreis der bestehenden Shows heraushebt. Zweitens muss die **Nachahmung identisch oder zumindest nahezu identisch** vorgenommen worden sein. Bloße Ähnlichkeiten zwischen Original und Nachahmung oder das bloße Wiedererkennen einiger Elemente zwischen den Formaten reicht nicht aus, um eine identische Übernahme annehmen zu dürfen. Drittens kommt es auf die **Sittenwidrigkeit der Nachahmung** an. Je größer dabei die Übereinstimmungen zwischen Original und Nachahmung sind, desto geringere Anforderungen sind an diesen Nachweis zu richten. Diese letzte Hindernis ist bei Formaten dann überwunden, wenn für den Entwickler ein besonderes Schutzbedürfnis besteht. Besondere sittenwidrige Umstände können vorliegen, wenn ein Mitkonkurrent für sein Format den Ruf eines bestehenden und etablierten Formats ausnutzt, dessen guten Ruf am Markt durch das eigene Produkt beeinträchtigt oder

schädigt bzw. sich durch das Abwerben von Mitarbeitern eigene Entwicklungskosten erspart.

In der Praxis sind ebenfalls alle auf diese Voraussetzungen gestützten 302 Klagen gescheitert. Zum einen liegen die Rechtsschutzhürden im Wettbewerbsrecht nochmals höher als im Urheberrecht. Zum anderen steht die Natur des Showformats wettbewerbsrechtlichem Schutz im Wege. Gerade weil Formate sehr allgemein gehalten werden, ist ihnen entweder die wettbewerbsrechtliche Eigenart abzusprechen oder in der Übernahme solch allgemeiner Bestandteile einer Show wird man keine Nachahmung erblicken dürfen.

4. Rechtsschutz der Bestandteile

Am ehesten lässt sich urheberrechtlicher Schutz noch für die Einzelbe- 303 standteile eines Formats sicherstellen. Jedes einzelne Element einer Show kann unter bestimmten Voraussetzungen gesetzlichen Schutz erlangen.

4.1. Moderator

Die Darbietungen des Moderators oder Spielleiters sind grundsätzlich 304 **urheberrechtlich geschützt.** Die Gerichte erkennen an, dass der Moderator den Unterschied zwischen einer erfolgreichen und einer gescheiterten Show ausmacht (*BGH* NJW 1981, 2056 – Quizmaster). Demzufolge kann sich der Moderator gegen jede Form urheberrechtlicher Verletzungshandlung wehren.

Die Person des Moderators wird als derart stark mit der Show ver- 305 knüpft angesehen, dass er mit einer von ihm produzierten und konzipierten Show zu einem Konkurrenzsender hinüber wechseln kann. Soweit nicht vertragliche Absprachen dem Wechsel entgegenstehen, ist der alte Sender gegenüber solchen Entscheidungen machtlos (*OLG München*, NJW-RR 1993, 619 f. – Jux und Dallerei).

4.2. Titel

Relativ einfach lässt sich der Titel einer Show als Marke schützen. Eine 306 Marke verhindert die Ausbeutung des Rufs durch andere (§ 15 Abs. 3 MarkenG). Der **markenrechtliche Schutz** bezieht sich auch auf die **mit dem Titel verbundenen Embleme, Logos oder andere bildliche Darstellungen.** Marken können gegen Zahlung einer nicht übermäßigen Gebühr beim Markenamt eingetragen werden (§§ 4, 5 Abs. 3 MarkenG). Sie entstehen aber auch ohne Beachtung dieser formalen Voraussetzungen schlicht durch dauernde Benutzung und wachsende Bekanntheit eines Titels. Sobald ein Titel in der Bevölkerung einen hohen Bekanntheitsgrad (ca. 35 % der Bevölkerung im Rahmen einer repräsentativen Meinungsumfrage) erreicht hat, wird er von selbst als Marke geschützt.

Der Schutz des Titels ist auch deshalb von besonderer Bedeutung, da 307 über das Logo der gesamte Bereich des **Merchandising** bestritten und die

Vielzahl ähnlicher Sendungen für den Zuschauer unterscheidbar gemacht. Deshalb kann einem Sender der Gebrauch eines Format mit dem Titel „Gute Nachbarn, Schlechte Nachbarn" untersagt werden, da er sich erkennbar an die Serie „Gute Zeiten, Schlechte Zeiten" anlehnt. In einem solchen Fall sollen die Zuschauer nicht aufgrund eigener Leistung, sondern durch Ausnutzung des überragenden Rufs einer bereits bestehenden Serie gewonnen werden (*KG ZUM 2000*, 512 – GZSZ).

308 Dritte, auch Nichtfernsehanbieter, dürfen den Titel oder seine Bestandteile nicht für eigene Zwecke verwenden, wenn sie dabei den der Marke innewohnenden Ruf für ihren eigenen wirtschaftlichen Vorteil ausbeuten. Ist für den Titel keine Marke eingetragen worden und liegt gleichwohl ein Fall von Rufausbeutung vor, kann gegen diese Verwendung wettbewerbsrechtlich vorgegangen werden. Ein Reifenhersteller durfte deshalb nicht ohne Erlaubnis mit dem Logo einer Ratesendung für sich werben (*LG München*, GRUR 1989, 60 ff. – Wetten dass …?).

309 Eine Marke gewährt dennoch keinen unbegrenzten Schutz und nicht jeder Begriff kann als Marke gesichert werden. Deshalb hat der BGH eine Klage des NDR wegen der Bezeichnung der Nachrichtensendungen von Pro 7 und Sat.1 als Tagesbild und Tagesreport im Vergleich zur Tagesschau abgewiesen (*BGH GRUR 2001*, 1050). Das Gericht hat dazu ausgeführt, dass die Möglichkeit, im engen Markt der Nachrichtensendungen Titel zu kreieren, begrenzt sei und eine derart gängige Bezeichnung wie ‚Tag' nicht monopolisiert werden dürfe.

310 Eine weitere **Grenze der Marke** besteht in ihrer Reichweite. Begriffe, die sich erst im Verlauf der Benutzung einer Marke bilden und mit ihr inhaltlich zusammenhängen, bedürfen gleichwohl einer eigenen Marke. Während etwa der Titel „Big Brother" für die gleichnamige Real Live Soap als Marke eingetragen war, umfasste deren Schutz nicht einen im späteren Verlauf der Sendung zufällig entstandenen Begriff wie „Nominator". Hier war ein Fan Club schneller als RTL II und durfte sich den Begriff als Domain-Namen sichern lassen (*LG München*, AfP 2001, 255).

311 Befindet sich ein Format noch in der Entwicklungsphase, so kann es von Vorteil sein, sich die Priorität an dem genauen Arbeitstitel und seinen möglichen sprachlichen Varianten etwa im **Titelschutzanzeiger** gegen eine geringe Gebühr sichern zu lassen. Denn sollte ein anderer Autor an einem ähnlichen Projekt arbeiten, setzt sich im Kollisionsfall der ältere Titel durch. Außerdem erfährt ein Autor durch die Veröffentlichung häufig, ob der von ihm angedachte Titel bereits als Werkbezeichnung oder Marke in Gebrauch ist. Markeninhaber machen bei einer Veröffentlichung meist auf ihre ältere Verwendung aufmerksam. Dennoch ist Vorsicht geboten, denn die Anzeige im Titelschutzanzeiger entscheidet nicht über die Schutzfähigkeit des Titels oder ihre Eintragungsfähigkeit als Marke.

4.3. Studioausstattung

Grundsätzlich kann eine Studioausstattung, genauso wie ein Bühnenbild im Theater, urheberrechtlich geschützt werden, wenn es sich dabei um ein Werk i.S.v. § 2 UrhG handelt. Da die **Gestaltung des Studios** meist mehr Handwerk als künstlerische Leistung ist, wird es an einer eigenständigen, individuellen schöpferischen Leistung als Voraussetzung für den Urheberrechtsschutz fehlen. Nur wenn die Farben, die Anordnung von Tischen, Sitzecken, Hintergrundgestaltungen u.ä. identisch oder doch nahezu identisch von einem Mitkonkurrenten übernommen werden, sollte wettbewerbsrechtlicher Schutz erwogen werden. Aber auch hier gilt: Ähnlichkeiten in der Studiogestaltung reichen nicht aus, um einen wettbewerbsrechtlichen Anspruch begründen zu können. 312

4.4. Jingles

Kurze Erkennungsmelodien und wiederkehrende musikalische Einlagen können wie andere Musik auch als Werke gemäß § 2 Nr. 2 UrhG urheberrechtlich geschützt sein. 313

5. Praktische Tipps

Der geringe rechtliche Schutz von Formaten ist vor allem für Showentwickler beklagenswert, denn die Ergebnisse ihrer Arbeit sind gesetzlich noch geringer geschützt als bei anderen Autoren. Nur wenn mit potenziellen Vertragspartnern Stillhalteabkommen und Wettbewerbsverbote persönlich ausgehandelt werden können, besteht ein gewisser Schutz vor geistigem Diebstahl. 314

Den Sendern ist trotz der bestehenden rechtlichen Lücken beim Schutz von Formaten zu empfehlen, Lizenzhonorare zu zahlen. Denn der Lizenznehmer erhält zusätzlich zur Nutzungslizenz am Konzept das Know-How am Produkt. Er erhält also Zugang zu Marktforschung und Erfahrungen und kann sich damit eigene kostspielige Experimente ersparen. Auf gleiche Weise kann man sich auch des Good-Will des Lizenzgebers versichern. Die Bereitschaft ein neues Produkt am Markt nicht zu behindern, durch langwierige Prozesse den Start einer Sendung kostenträchtig zu verzögern oder für schlechte Publicity zu sorgen, ist ebenfalls Geld wert. Verträge diesen Inhalts lassen sich aber nur aushandeln, wenn das Konzept nicht von einem Mitwettbewerber gehalten wird. In der Praxis werden Verträge deshalb meist nur mit ausländischen Produzenten abgeschlossen, die nicht selbst auf den deutschen Fernsehmarkt drängen. Deutsche Fernsehsender untereinander lizenzieren Konzepte meist erst dann, wenn die Produktion der Sendung bereits eingestellt worden ist. 315

VIII. Titelschutz

Christlieb Klages

316   Ein junger Filmemacher plant sein Erstlingswerk und nennt seine Produktionsfirma „Columbia Fourstar". Das oscarverdächtige Werk selbst soll „Das Rätsel" heißen.

1. Einleitung

317   Der Filmemacher wird bestrebt sein, seinem Film einen prägnanten Titel zu geben. Nach der Systematik des Markenrechts soll ein urheberrechtlicher Schutz zum einen durch Eintragung einer Wortmarke erlangt werden (§ 4 MarkenG), zum anderen aber auch durch die tatsächliche Benutzung eines Werktitels oder einer geschäftlichen Bezeichnung (§ 5 MarkenG). Der Titelschutz beginnt damit mit der Ingebrauchnahme eines unterscheidungskräftigen Titel im geschäftlichen Verkehr, ohne dass es eine Eintragungsaktes, wie etwa bei der Markeineintragung, bedarf. Die interne Festlegung auf einen Titel, die Bekanntgabe des Titels an einen begrenzten Kreis reichen dafür regelmäßig nicht aus, die Ankündigung eines fertiggestellten, aber noch nicht veröffentlichten Films soll dagegen ausreichen.

318   Deshalb muss der Filmemacher weder für seine Produktionsfirma noch für seinen Film eine Marke eintragen lassen, da ab dem Zeitpunkt der Benutzung der geschäftlichen Bezeichnung (hier: Columbia Fourstar) oder des Werktitels (hier: Das Rätsel) ein **markenrechtlicher Schutz** besteht mit der Maßgabe, dass es Dritten verboten ist, im geschäftlichen Verkehr die Bezeichnung in einer Art zu nutzen, die eine Verwechslungsgefahr zu dem geschützten Titel begründet. Der Schutz soll enden mit der Beendigung der Benutzung. Hierbei wird auf die Verkehrsauffassung abgestellt. Auch wenn ein Film längere Zeit nicht ausgestrahlt wird, liegt eine Titelaufgabe nicht vor, sofern objektiv noch die Möglichkeit einer erneuten Ausstrahlung besteht. Im übrigen ist auf die Verfügbarkeit des Titels für die Zweitauswertung abzustellen (*OLG Düsseldorf*, WRP 1985, 638, 639 f. „Mädchen hinter Gittern"). Die Verwendung von Titeln gemeinfreier Werke ist zulässig, auch wenn mit dem Ablauf der Urheberrechte nicht automatisch die Titelrechte verfallen und dem Erstverleger Rechte an der Bezeichnung zustehen mögen. Ein Unterlassungsanspruch scheitert an der Identitätstäuschung, da es sich tatsächlich um dasselbe Werk handelt.

2. Kennzeichnungskraft

319   Voraussetzung für den Werktitelschutz ist die Unterscheidungskraft des Titels, die Eignung zur Individualisierung. Hinsichtlich des der Bezeichnung „Columbia Fourstar" bestehen hier keine Bedenken. Anders er-

A. Von der Idee zur Produktionsentscheidung

scheint es bei der Bezeichnung „Das Rätsel". Bei beschreibenden Titeln oder bei der Verwendung von Gattungsbezeichnungen fehlt es in der Regel an der Unterscheidungskraft, im übrigen besteht das Bedürfnis, diese Begriffe für die Allgemeinheit freizuhalten. Bezeichnungen wie „Der Sonnenaufgang", „Liebe am Abend", „Der Tod", „Napoleon", „Der 2. Weltkrieg" haben keine besondere Eigentümlichkeit und sind daher zur Individualisierung eines Werks schlecht geeignet. Dennoch werden gerade solche Bezeichnungen häufig gewählt, dabei ist es offensichtlich, dass bestimmte Begriffe der Allgemeinheit – und nicht einem Einzelnen – zustehen müssen. Insofern ist die Bezeichnung „Das Rätsel" nicht unterscheidungskräftig. Gleichwohl mag sich der Filmemacher für diesen Titel entscheiden und dabei in Kauf nehmen, dass er Dritten die Verwendung der Bezeichnung „Das Rätsel" nicht untersagen kann.

Etwas anderes gilt nur dann, wenn das Werk eine gewisse Berühmtheit 320 erlangt, die als Verkehrsgeltung bezeichnet wird. So ist die Bezeichnung „Gute Zeiten Schlechte Zeiten" zunächst nicht eigentümlich. Hier hat jedoch die überragende Bekanntheit und Verkehrsdurchsetzung die zunächst mangelhafte **Kennzeichnungskraft** ersetzt, Gleiches gilt etwa für die Bezeichnung „Krieg und Frieden". Ein weiteres Beispiel für die Verkehrsgeltung einer Gattungsbezeichnung ist etwa „Shell". Auch in ländlichen Gefilden wird ein zu der Bezeichnung Befragter nicht auf die englische Übersetzung von Muschel, sondern auf die Bezeichnung einer Tankstelle tippen. Aufgrund der hohen Verkehrsgeltung hätte die Bezeichnung „Shell" als reine Gattungsbezeichnung markenrechtlichen Schutz als geschäftliche Bezeichnung, auch wenn sie nicht als Wortmarke eingetragen wäre. Allerdings erreicht man eine derartige Verkehrsdurchsetzung im Regelfall erst nach Jahren. Im Übrigen bleibt zu bedenken, dass im Fall einer internationalen Auswertung der Titel zu übersetzen ist. Selbst wenn es im Einzelfall aufgrund einer aufwendigen Marketingkampagne gelingen mag, eine hohe Verkehrsgeltung im nationalen Markt zu schaffen, kann es passieren, dass zeitgleich international auf anderen Märkten Werke mit einer vergleichbaren Bezeichnung auf den Markt kommen und der Film dann dort mit anderer Bezeichnung vermarktet werden muss. Aber Vorsicht: die gezielte Verwendung eines Werktitels als Gattungsbezeichnung kann wettbewerbswidrig sein. Das OLG Hamburg (ZUM 1993, 41 – Pro 7-Tagebilder) verbot die Bezeichnungen „Tagesbild", „Pro 7 Tagesbild" sowie „Pro 7 Tagesbilder" mit Hinblick auf eine 90%ige Bekanntheit des Titels „Tagesschau", mit welchem das Publikum eine gesteigerte Qualität verbindet und diese bei der Verwendung der genannten Bezeichnungen als unlautere Rufausbeutung assoziiere.

3. Verwechslungsgefahr

Der Vorteil von kurzen Titeln liegt auf der Hand: sie sind griffig und 321 eingängig, allein es fehlt häufig an der Unterscheidungskraft. Wer andererseits einen besonders ausgefallenen und kennzeichnungskräftigen Titel wählt, hat die größte Sicherheit vor Nachahmung oder ähnlicher Verwendung. Die Verwendung der Bezeichnung „Columbia Fourstar" aus dem obigen Beispielsfall begründet eine **Verwechslungsgefahr** zu der bekannten „Columbia Tristar", einer zusammengesetzten, unterscheidungskräftigen geschäftlichen Bezeichnung. In den betroffenen Verkehrskreisen könnte etwa der Eindruck entstehen, bei der „Columbia Fourstar" handele es sich um einen Ableger oder eine Tochter der „Columbia Tristar". Aufgrund dieser Verwechslungsgefahr kann Columbia Tristar dem Filmemacher die Verwendung der Bezeichnung untersagen. Dieser Anspruch besteht nicht etwa, weil Columbia Tristar weltbekannt oder als Marke eingetragen ist, sondern weil sie länger in Gebrauch und damit prioritätsälter ist. Unabhängig von dem Umstand, ob eine Bezeichnung als Marke oder als geschäftliche Bezeichnung geschützt ist, soll derjenige, der die Bezeichnung zuerst genutzt hat, dem Nachfolger die Verwendung untersagen können.

4. Titelschutzanzeiger

322 Wie dargestellt soll der Schutz einer geschäftlichen Bezeichnung ab dem Zeitpunkt der Verwendung entstehen. Für den Filmbereich fehlte es hier an der Planungssicherheit, da in dem Zeitraum von der Planung des Films bis zur Veröffentlichung einige Zeit vergeht. Insofern besteht die Gefahr, dass kurz vor Veröffentlichung des Films ein weiterer Film mit einem ähnlichen Titel erscheint, welcher dann prioritätsälter wäre und der Film in letzter Minute noch umbenannt werden müsste. Daher wurde mit der Titelschutzanzeige ein Instrument geschaffen, mit welchem der Werktitelschutz vom Zeitpunkt der Veröffentlichung auf den Zeitpunkt der Ankündigung vorverlagert wird. Allerdings muss der Film tatsächlich in angemessener Zeit erscheinen. Im Spielfilmbereich bietet sich eine Anzeige im Titelregister der SPIO, der „Spitzenorganisation der deutschen Filmwirtschaft" in Wiesbaden, an. Eine Eintragung darin begründet aber per se keine Rechte, sondern wird als Berühmung zu verstehen sein. Der Anmelder der Bezeichnung gibt kund, eine Werk mit einer bestimmten Werkbezeichnung nutzen zu wollen. Sofern der bestimmte Werktitel jedoch bereits für einen anderen Film genutzt wird, drohen dem Anmelder Unterlassungsansprüche, da in der Ankündigung der Nutzung eine Begehungsgefahr begründet wird. Eine Formulierung könnte lauten:

323 Mit Hinweis auf §§ 5 Abs. 3, 15 MarkenG nehme ich Titelschutz in Anspruch für die Bezeichnung „Werktitel" für ein Filmvorhaben in allen Schreibweisen, Darstellungen.

324 Es ist angebracht, diese Titelschutzanzeige nicht zu früh zu schalten, da der Begriff der „Angemessenheit" eine gewisse Unsicherheit lässt. Es soll verhindert werden, dass Produktionsfirmen sich wahllos und ohne

tatsächliche konkrete Vorhaben verschiedene prägnante Titel durch eine kostengünstige Eintragung in der SPIO reservieren. Die übliche Vorbereitungsdauer für die Realisierung von entsprechenden Projekten soll entscheidend sein für die Bestimmung des angemessenen Zeitraums bis zur Veröffentlichung.

5. Internationale Benutzung von Werktiteln

Der Kennzeichenschutz unterliegt wie das Urheberrecht dem Territorialitätsprinzip. Dies bedeutet, dass für alle Titel, die in Deutschland verwendet werden, deutsches Markenrecht anzuwenden ist, also auch auf englischsprachige und andere ausländische Titel. Es reicht deshalb nicht aus, dass ein Titel im Ausland verwendet wird, um kennzeichenrechtlichen Schutz im Inland zu begründen. Ebenso wenig kommt es auf eine eventuelle ausländische Schutzwürdigkeit eines Titels an; stets ist abzustellen auf die Unterscheidungskraft der Bezeichnung gemäß §§ 5, 15 MarkenG. 325

6. Wortmarke

Die Eintragung einer Wortmarke beim Deutschen Patentamt schließlich bietet sich an, sofern eine weitergehende Auswertung geplant ist, etwa die Herstellung und der Vertrieb von typischen Merchandise-Artikeln. Im Fall einer **europaweiten Auswertung** ist an die Anmeldung einer Gemeinschaftsmarke beim Harmonisierungsamt für den Binnenmarkt zu denken. Formulare zur Anmeldung einer Wortmarke befinden sich zum Download auf den Seiten des Deutschen Patentamts unter www.dpma.de. Ebendort findet sich auch ein Link auf die Seiten des Harmonisierungsamts in Alicante. Auch an dieser Stelle sei noch einmal auf die Gefahr der Nutzung von zu griffigen Titeln hingewiesen. Die Bezeichnung „Das Rätsel" wird sich als Wortmarke wohl nicht eintragen oder halten lassen, da die Bezeichnung freihaltebedürftig ist. Es wird Dritten deshalb nicht zu verbieten sein, Kaffeetassen mit der Bezeichnung „Das Rätsel" herzustellen. Bei der Auswahl des Titels sollte deshalb die spätere Auswertung bereits bedacht werden. 326

Literaturempfehlung: *Deutsch/Mittas*, Titelschutz, Der Werktitelschutz nach Markenrecht, München 1999

B. Herstellung des Films

I. Arbeits-, Dienst- oder Werkvertrag

Erika Lücking und Godehard Behnke

1. Einleitung

327 „Vielgestaltig und bunt, beinahe wie der Films selbst, ist das Recht, nachdem sich die Arbeitsverhältnisse der bei der Filmherstellung Beteiligten bestimmen" (vgl. *Schröder,* Filmarbeitsrecht, 1961, S. 333). Dies gilt jedenfalls hinsichtlich Abschluss, Form und Ausgestaltung für die zwischen dem Filmhersteller und den sonstigen Filmschaffenden geschlossenen Verträge.

328 All diesen Verträgen gemeinsam ist lediglich die Verpflichtung der Filmschaffenden zur Mitwirkung bei der Filmherstellung durch die Erbringung spezifischer Leistungen gegen Zahlung einer Vergütung.

329 Rechtlich betrachtet liegen der Zusammenarbeit verschiedenste **Vertragsformen** zugrunde. Die Zusammenarbeit kann auf Grundlage von Werkverträgen, Dienstverträgen und Arbeitsverträgen erfolgen. Zudem ist rechtlich zu unterscheiden, ob der Filmschaffende dem Filmhersteller als selbständiger Unternehmer oder abhängiger Beschäftigter gegenübertritt. Die Abgrenzung, die bereits im allgemeinen Arbeitsrecht höchste Schwierigkeiten verursacht, wird im Filmarbeitsrecht noch dadurch erschwert, dass das Bundesverfassungsgericht (BVerfG 59, S. 231) für den Bereich der Medien dem Bundesarbeitsgericht aufgegeben hat, bei Anwendung der Grundsätze zur Definition der Arbeitnehmereigenschaft im Bereich der Medien das Grundrecht in Art. 5 GG dadurch stärker zu beachten. Den Bedürfnissen der Medien nach der **Beschäftigung freier Mitarbeiter** sollte verstärkt nachgekommen werden. Das Bundesarbeitsgericht unterteilt im gleichen Arbeitsverhältnis in Arbeitnehmeraufgaben und Aufgaben als freier Mitarbeiter (vgl. *BAG* NZA 1994, 169). Für die Praxis bedeutet dies, dass im Bereich der Medien nunmehr nicht nur die schwierige Abgrenzung der selbständigen Tätigkeit zur abhängigen Tätigkeit vorzunehmen, sondern zudem innerhalb eines Vertragsverhältnisses zwischen solchen Tätigkeiten zu unterscheiden ist, die als Arbeitnehmer erbracht werden und solchen Aufgaben, die der Filmschaffende als freier Mitarbeiter erbringt.

330 Die **Abgrenzung** ist dem gemäß nur einzelfallbezogen möglich. Nicht nur die äußeren Umstände eines Vertragsverhältnisses wie persönliche Abhängigkeit, Weisungsgebundenheit, wirtschaftliche Abhängigkeit etc. müssen herangezogen werden, sondern auch die Aufgaben und Tätigkeiten des jeweiligen Mitarbeiters selbst dahingehend untersucht werden, ob die Tätigkeit jeweils als Arbeitnehmer oder als freier Mitarbeiter erbracht

wird. Grundlegende **Richtschnur** ist insoweit, dass Arbeitnehmeraufgaben vorliegen, soweit es um den technischen Teil der Ausführung oder um eine routinemäßige Tätigkeit als Sprecher oder Übersetzer geht. Tätigkeiten im programmgestaltenden Bereich können jedoch im Status des freien Mitarbeiters erbracht werden, so z.b. die im Wesentlichen selbständige Herstellung von Sendungen und Magazinbeiträgen (vgl. *BAG* a.a.O.).

2. Unterscheidung von Arbeits-, Dienst- und Werkvertrag

Ob es sich bei den zwischen dem Filmschaffenden auf der einen Seite und dem Filmproduzenten auf der anderen Seite geschlossenen Verträgen um Arbeitsverträge handelt, auf welche die arbeitsrechtlichen Grundsätze anwendbar sind, oder um privatrechtliche Dienst- oder Werkverträge, bestimmt sich grundsätzlich nach den im Arbeitsrecht entwickelten Kriterien. 331

2.1. Arbeitsvertrag

Ein **Arbeitsvertrag** ist ein zwischen Arbeitnehmer und Arbeitgeber abgeschlossener Dienstvertrag, durch den ein Arbeitsverhältnis begründet wird. Er unterliegt den besonderen Bedingungen des Arbeitsrechts und enthält neben schuldrechtlichen auch persönlichkeitsrechtliche Beziehungen (vgl. Palandt–*Putzo*, BGB, 62. Auflage, Einführung vor § 611 Rdnr. 4). 332

2.2. Dienstvertrag

Ein privatrechtlicher **Dienstvertrag** nach § 611 BGB ist ein gegenseitiger schuldrechtlicher Vertrag, durch den sich der eine Teil zur Leistung der versprochenen Dienste, der andere Teil zur Leistung der vereinbarten Vergütung verpflichtet. Er liegt insbesondere vor, wenn die Dienste in wirtschaftlicher und sozialer Selbständigkeit und Unabhängigkeit geleistet werden (vgl. Palandt–*Putzo*, BGB, 62. Auflage, Einführung vor § 611 Rdnr. 1, 16). 333

2.3. Werkvertrag

Durch den **Werkvertrag** wird der Unternehmer zur Herstellung des versprochenen individuellen Werks, d.h. zur Herbeiführung eines bestimmten Arbeitsergebnisses (Erfolgs) für den Besteller (Auftraggeber) im Austausch gegen die Leistung einer Vergütung verpflichtet (vgl. Palandt–*Putzo*, BGB, 62. Auflage, Einführung vor § 631 Rdnr. 1). 334

2.4. Abgrenzungsfragen

2.4.1. Arbeitsvertrag und Dienstvertrag

Das Arbeitsverhältnis unterscheidet sich vom Dienstverhältnis durch die abhängige und weisungsgebundene Tätigkeit des Arbeitnehmers im Gegensatz zur selbstbestimmten Aufgabenerfüllung des Dienstverpflich- 335 teten. In Ermangelung eines allgemein anerkannten Begriffs des Arbeitsverhältnisses wird der Grad der persönlichen – nicht der wirtschaftlichen – Abhängigkeit des Dienstverpflichteten vom Arbeitgeber als wesentliches Abgrenzungskriterium angesehen (vgl. *OLG München*, ZUM 1989, 146, 149).

336 Die zu erbringende Tätigkeit, z.b. das Führen der Regie oder Kamera, kann ebenso wie das geschuldete Werk, z.b. die Herstellung eines Drehbuchs, sowohl freischaffend als auch in Erfüllung arbeitsvertraglicher Verpflichtungen erbracht werden. Die Art der Aufgabe ist somit kein taugliches Abgrenzungskriterium (vgl. *Reupert*, Der Film im Urheberrecht, 1995, S. 253; andere Ansicht: *Meiser/Theelen*, Filmschaffende und Arbeitsrecht, NZA 1998, 1041).

337 Die Frage, ob ein Arbeitsvertrag oder ein Dienstvertrag vorliegt, wird herkömmlicherweise nach dem **Grad der Weisungsgebundenheit** beantwortet. Allerdings versagt auch dieses Abgrenzungskriterium bei der arbeitsteiligen Filmherstellung, bei der einzelne Fachleute die Verantwortung für einen bestimmten Bereich allein tragen (der Regisseur für die künstlerische Gestaltung, der Kameramann für die Lichtbilder und Bildfolgen, der Toningenieur für die Vertonung etc.). Als tragfähiges Abgrenzungskriterium zwischen Arbeitsvertrag und Dienstvertrag wird demgemäß – in verschiedenen Ausgestaltungen – der Grad der persönlichen Abhängigkeit des Dienstverpflichteten vom Arbeitgeber angesehen.

338 Obwohl Hauptdarsteller z.b. aufgrund ihrer Bekanntheit erheblichen Einfluss auf die Durchführung der Dreharbeiten und die künstlerische Interpretation ihrer Rolle ausüben können, nimmt die Rechtsprechung das Vorliegen persönlicher Abhängigkeitsverhältnisse der Hauptdarsteller vom Filmproduzenten und damit arbeitsrechtliche Beziehungen an (vgl. *BAG* UFITA 92 (1982), 242).

339 Bereits im Jahr 1965 hat das Oberlandesgericht München (*OLG München*, UFITA 1965, 207) entschieden, dass Filmregisseure regelmäßig **Arbeitnehmer** sind. Zur Begründung wird angeführt, dass die persönliche Abhängigkeit vom Filmhersteller darin liege, dass der Regisseur bei seiner Tätigkeit weitgehend von den Wünschen und Weisungen des Produzenten abhängig sei, Ort und Zeit der Aufnahmearbeiten ebenso wie deren Umfang und die dafür erforderlichen und zu verwendenden Mittel vom Filmhersteller festgelegt würden.

340 Folgt man diesem Gedanken, lässt sich die für ein Arbeitsverhältnis vorausgesetzte persönliche Abhängigkeit erst recht im Fall der Kameraleute, Cutter und Hauptdarsteller infolge deren weitergehenden Eingliederung in die Betriebs- und Produktionsabläufe annehmen.

341 Es würde den Rahmen dieser Darstellung sprengen, alle beim Film Mitwirkenden nach dem Grad der persönlichen Abhängigkeit einzuordnen. Grundsätzlich ist aber die Tendenz der Rechtsprechung erkennbar, im Zweifel immer zugunsten des Arbeitnehmers ein Arbeitsverhältnis anzu-

nehmen, da hierdurch insbesondere weitgehende Arbeitnehmerschutzrechte begründet werden.

2.4.2. Dienstvertrag und Werkvertrag

Es wurde bereits dargestellt, dass der wesentliche Unterschied zwischen Dienst- und Werkvertrag die vertraglich geschuldete Leistung des Vertragspartners ist. Im Rahmen des Werkvertrags wird ein im Vertrag genau festzulegender Erfolg, im Rahmen des Dienstvertrags nur das Bemühen bzw. das auf einen Erfolg gerichtete Tätigwerden geschuldet. Demgemäß knüpft auch die Vergütung beim Dienstvertrag lediglich an das Tätigwerden, beim Werkvertrag an den Eintritt des Erfolgs (Abnahme) an.

Der Ausgangspunkt ist einfach: Durch den Werkvertrag wird der Unternehmer zur Herstellung des **versprochenen Werks**, der Besteller zur Entrichtung der vereinbarten Vergütung verpflichtet (§ 631 Abs. 1 BGB). Im Vordergrund der Verpflichtungen des Unternehmers steht demgemäß das versprochene Werk. Geschuldet wird ein bestimmter im Vertrag genauer zu definierender Erfolg.

Hier liegt der maßgebende Unterschied zum Arbeits- und zum Dienstverhältnis. Im Rahmen des Arbeits- und Dienstverhältnisses wird lediglich die Bemühung bzw. das Tätigwerden geschuldet. Demgemäß ist im Rahmen des Arbeitsverhältnisses der Lohn bzw. die Vergütung geschuldet, wenn sich die Tätigkeit über die vertraglich geschuldete Anzahl von Stunden erstreckt, der Erfolg ist nur von sekundärer Bedeutung. Bei dem Werkvertrag hingegen wird die Vergütung nur dann geschuldet, wenn das versprochene Werk vertragsgerecht hergestellt, d.h. der Erfolg erreicht wird.

2.4.3. Selbständigkeit und Scheinselbständigkeit

Während das Arbeitsverhältnis stets ein persönliches, in weiten Teilen auch weisungsgebundenes Abhängigkeitsverhältnis voraussetzt und in diesem Bereich der Angestelltenstatus unzweifelhaft angenommen werden muss, ist die dienstvertragliche und werkvertragliche Leistungserbringung sowohl im Rahmen der selbständigen Tätigkeit als auch im Rahmen der Angestelltentätigkeit denkbar und möglich.

Für den Produzenten ist diese Abgrenzung von entscheidender Bedeutung, trägt er doch bei der Annahme einer abhängigen, unselbständigen Tätigkeit die Arbeitgeberanteile an der Sozial- und Krankenversicherung, hat entsprechende Meldepflichten und muss nicht zuletzt auch die Lohnsteuer abzuführen. Ob die Beteiligten als selbständige Unternehmer oder als Angestellte einen Vertrag mit dem Produzenten schließen, hängt nicht vornehmlich von den Bezeichnungen ab, die die Beteiligten in dem Vertrag verwenden. Es kommt vielmehr auf den materiellen Gehalt der vertraglichen Beziehung an.

Bei der Beurteilung der Frage, ob ein Fall der Scheinselbständigkeit vorliegt, sind in einer Gesamtwürdigung alle maßgeblichen Umstände des

Einzelfalls abzuwägen. Hierbei können bestimmte Umstände für die Selbständigkeit sprechen, andere dagegen. Entscheidend ist, wo der Schwerpunkt liegt.

348 Gewichtige Indizien für die rechtliche Beurteilung der Stellung als Arbeitnehmer sind seine Weisungsgebundenheit und seine Eingliederung in die Arbeitsorganisation des Arbeitgebers. Daneben ist auf die Umstände des Einzelfalls abzustellen. Insoweit gibt die folgende **Checkliste** einen Überblick über die anzustellenden Erwägungen.

2.4.4. Checkliste zur Abgrenzung Arbeitnehmer/freier Mitarbeiter

349

Bezeichnung	kein relevantes Unterscheidungsmerkmal	Indiz für selbständige Tätigkeit	Indiz für Arbeitnehmerstatus
Rechnungsstellung mit Mehrwertsteuer	X		
steuerliche Behandlung der Vergütung	X		
Teilzeit/Vollzeit	X		
nebenberuflich/auf Dauer	X		
Tätigkeit wird regelmäßig nur im Rahmen eines Arbeitsverhältnisses ausgeübt			X
Tätigkeit wird regelmäßig von Selbständigen ausgeübt		X	
wirtschaftliche Abhängigkeit des Dienstleistenden/Arbeitnehmers			X
Auftraggeber kann innerhalb eines zeitlich bestimmten Rahmens über die Arbeitsleistung verfügen			X
teilweise ständige Dienstbereitschaft erforderlich			X
„Zuweisung" von Arbeit			X
Aufnahme in einen Dienstplan			X
Genehmigungspflicht des Urlaubs			X
lediglich Verpflichtung, den Urlaub anzuzeigen		X	
nur geringes Maß an Gestaltungsfreiheit und Eigeninitiative			X
im gleichen Unternehmen werden andere Mitarbeiter mit den gleichen Aufgaben als Arbeitnehmer beschäftigt	X		
Aufnahme in das Telefonverzeichnis			X
eigener Arbeitsplatz im Unternehmen			X

Quelle: *Tschöpe*, Handbuch Arbeitsrecht, Rdnr. 41

B. Herstellung des Films

Generell sei hier nochmals die Tendenz der Rechtsprechung erwähnt, dass im Zweifel eher die Arbeitnehmereigenschaft als die Stellung des freien Mitarbeiters angenommen wird. Dies gilt auch vor dem Hintergrund, dass das BVerfG geurteilt hat, die verfassungsrechtliche Gewährleistung der Rundfunkfreiheit umfasse auch das Recht der Anstalten, in größerem Maße auf freie Mitarbeit zurückzugreifen als in anderen Wirtschaftszweigen. Das BAG vertritt jedoch die Auffassung, dass auch vor dem Hintergrund der verfassungsgerichtlichen Rechtsprechung das BAG nicht gehindert sei, der (befristeten oder unbefristeten) Mitarbeit von freien Mitarbeitern Grenzen zu setzen. Die Tätigkeit eines Funk- und Fernsehmitarbeiters wurde danach aufgespalten in Arbeitnehmeraufgaben und Aufgaben als freier Mitarbeiter (vgl. *BAG* NZA 1994, 169). Da jeder freie Mitarbeiter auch Arbeitnehmeraufgaben zu erledigen haben wird, kann im Zweifel von einer Arbeitnehmerstellung des Filmschaffenden ausgegangen werden. 350

Etwas anderes gilt nur dann, wenn beispielsweise die Vertonung eines Films als Einzelauftrag an ein Tonstudio vergeben wird, das für viele verschiedene Auftraggeber in wirtschaftlich unabhängiger Form tätig wird. 351

3. Arbeitsverhältnis in einer Filmproduktion

3.1. Maßgebliche Tarifverträge

Die Beschäftigten in der Filmproduktion sind – wie unter Rdnr. 335 ff. dargestellt – regelmäßig Arbeitnehmer, die auf der Grundlage von Arbeitsverträgen beschäftigt werden. Hiervon geht auch der für den Bereich der Filmproduktion einschlägige „**Manteltarifvertrag für Film- und Fernsehschaffende** in der Bundesrepublik Deutschland" (MTV-FF) vom 24.5.1996 aus, der zwischen dem Bundesverband Deutscher Fernsehproduzenten e.V., der Arbeitsgemeinschaft Neuer Deutscher Spielfilmproduzenten e.V. und dem Verband Deutscher Spielfilmproduzenten e.V. auf Arbeitgeberseite und der IG Medien – Druck und Papier, Publizistik und Kunst sowie der Deutschen Angestellten-Gewerkschaft – Berufsgruppe Kunst und Medien – auf der Arbeitnehmerseite abgeschlossen wurde. In den persönlichen Geltungsbereich dieses Tarifvertrags, der für die nicht öffentlich-rechtlich organisierten Betriebe zur Herstellung von Filmen geschlossen wurde, fallen nach Ziff. 1.3 alle Film- und Fernsehschaffenden (Angestellte und gewerbliche Arbeitnehmer), insbesondere Architekten (Szenenbildner), Ateliersekretärinnen (Skript), Aufnahmeleiter, Ballettmeister, Continuities, Cutter, Darsteller (Schauspieler, Sänger, Tänzer), Filmgeschäftsführer, Filmkassierer, Fotografen, Geräuschemacher, Gewandmeister, Kameramänner, Kostümberater, Maskenbildner, Produktionsfahrer, Produktionsleiter, Produktionssekretärinnen, Regisseure, Requisiteure, Special Effect Men, Tonmeister sowie Assistenten vorgenannter Sparten und Filmschaffende in ähnlichen mit der Herstellung von 352

Filmen in unmittelbarem Zusammenhang stehenden Beschäftigungsverhältnissen.

353 Ergänzt wird der genannte Manteltarifvertrag zum einen durch den „**Gagentarifvertrag für Film- und Fernsehschaffende**" (Gagen-TV) vom 6.4.2000, der die Vergütungsansprüche der im Rahmen einer Filmproduktion tätigen Mitarbeiter regelt. Zum anderen besteht ein gesonderter „**Tarifvertrag für Kleindarsteller**" (Kleindarsteller-TV) vom 6.4.2000. Als Kleindarsteller werden Film- und Fernsehschaffende betrachtet, deren darstellerische Mitwirkung die filmische Handlung nicht wesentlich trägt und die ihr kein eigenpersönliches Gepräge gibt.

354 Für alle Tarifverträge ist von den vertragschließenden Parteien eine **Allgemeinverbindlicherklärung** durch das Bundesministerium angestrebt worden. Diese war jedoch bereits ohne Erfolg für den vorigen Manteltarifvertrag vom 15.4.1989 beabsichtigt, so dass nicht davon ausgegangen werden kann, dass es in Zukunft zu einer Erklärung der Allgemeinverbindlichkeit kommen wird. Die Tarifverträge gelten danach grundsätzlich nur für beiderseits tarifgebundene Arbeitgeber und Arbeitnehmer, d.h. so weit beide Mitglied einer tarifvertragschließenden Arbeitgeber- bzw. Arbeitnehmervereinigung sind. Indessen haben auch nicht tarifgebundene Parteien eines Arbeitsverhältnisses die Möglichkeit, in den Arbeitsvertrag ausdrücklich die Regelungen des geltenden Manteltarifvertrags oder eines ergänzenden Tarifvertrags einzubeziehen, indem sie dessen ergänzende Geltung vereinbaren. Diese Vorgehensweise empfiehlt sich, um eine vollständige Regelung der für das Arbeitsverhältnis relevanten Gesichtspunkte zu gewährleisten und arbeitsrechtliche Probleme von vornherein zu vermeiden.

355 Die folgende Darstellung wird sich im Hinblick auf die Besonderheiten der Arbeitsverhältnisse in der Film- und Fernsehproduktion wesentlich an den Regelungen des Manteltarifvertrags vom 24.5.1996 orientieren. Die Tarifvertragsparteien auf Arbeitnehmerseite haben zwischenzeitlich zwar erklärt, eine Kündigung des Tarifvertrags zu beabsichtigen, zum Zeitpunkt der Manuskripterstellung aber war eine Kündigung noch nicht ausgesprochen. Der Manteltarifvertrag nebst ergänzender Tarifverträge ist im Anhang abgedruckt.

3.2. Begründung eines Arbeitsverhältnisses

356 Ein Arbeitsverhältnis wird durch den Abschluss eines Arbeitsvertrags begründet. Für dessen Wirksamkeit kommt es nach allgemeinen Grundsätzen nicht darauf an, dass eine bestimmte **Form**, etwa die Schriftform, beachtet wurde; vielmehr kann auch ein mündlich oder fernmündlich geschlossener Arbeitsvertrag wirksam sein. So sieht Ziff. 2.1 MTV-FF lediglich vor, dass Verträge zwischen Filmherstellern und Filmschaffenden schriftlich abgeschlossen werden „sollen"; mündliche Verträge hat der Filmhersteller jedoch unverzüglich schriftlich zu bestätigen. Dies ent-

spricht den Vorschriften des Gesetzes über den Nachweis der für ein Arbeitsverhältnis geltenden wesentlichen Bedingungen (Nachweisgesetz – NachwG – vom 20.7.1995, BGBl. I S. 946), wonach der Arbeitgeber spätestens einen Monat nach dem vereinbarten Beginn des Arbeitsverhältnisses die wesentlichen Vertragsbedingungen schriftlich niederzulegen, diese Niederschrift zu unterzeichnen und dem Arbeitnehmer auszuhändigen hat. Bei der Verpflichtung von Kleindarstellern kann nach Ziff. 2.1 Kleindarsteller-TV sogar auf die schriftliche Bestätigung verzichtet werden.

Zu beachten ist indessen eine gesetzliche Regelung, die seit dem 1.1.2001 die genannten Vorschriften der Tarifverträge im Regelfall überlagert: Für befristete oder auflösend bedingt geschlossene Arbeitsverträge schreibt § 14 Abs. 4 des Gesetzes über Teilzeitarbeit und befristete Arbeitsverträge (**Teilzeit- und Befristungsgesetz** – TzBfG – vom 21.12.2000, BGBl. I S. 1966) nunmehr ausdrücklich die Schriftform vor. 357

Der Arbeitsvertrag kann auch durch Vertreter abgeschlossen werden. Die gesetzlichen Regelungen zur **Stellvertretung** nach §§ 164 ff. BGB finden hier Anwendung, so dass insbesondere gewährleistet sein muss, dass der jeweilige Vertreter im Namen und mit Vertretungsmacht bzw. Vollmacht des Vertretenen handelt. Üblich ist es, dass auf Seiten der Filmhersteller bei Verträgen mit Regisseuren, Hauptdarstellern etc. der gesetzliche Vertreter des Produktionsunternehmens, bei sonstigen Verträgen der Herstellungs-, Produktions- oder Aufnahmeleiter tätig wird. Die öffentlich-rechtlichen Rundfunk- und Fernsehanstalten werden durch ihre Intendanten gesetzlich vertreten. Auf Seiten der Filmschaffenden werden Verträge oftmals durch Manager oder Agenten geschlossen. In diesem Fall ist nach Ziff. 2.2 MTV-FF der Filmhersteller unbeschadet der Gültigkeit des Vertrags berechtigt zu verlangen, dass der Vertrag auch von dem Filmschaffenden selbst gezeichnet oder eine Vollmacht nachgereicht wird. 358

Wesentliche Inhalte eines Arbeitsvertrags für Filmschaffende sind Regelungen der Mitwirkung bei der Produktion eines genannten Films in einer konkreten Funktion, ferner die Dauer der Mitwirkung und die dafür zu zahlende Vergütung. Ergänzende Vereinbarungen zwischen den Parteien des Arbeitsverhältnisses sind ohne weiteres zulässig. Sie können – wie bereits ausgeführt – auch durch schlichte Einbeziehung der Regelungen des maßgeblichen Tarifvertrags getroffen werden. Der Inhalt des Vertrags darf indessen nicht gegen zwingendes höherrangiges Recht, insbesondere gesetzliche Vorschriften, verstoßen. 359

3.3. Vereinbarungen über die Dauer des Arbeitsvertrags

Zum wesentlichen Inhalt eines Arbeitsvertrags gehört eine Vereinbarung über die beabsichtigte Dauer des Beschäftigungsverhältnisses. Da die Produktion eines Films auf einen festen Zeitraum begrenzt ist, ist es erforderlich, die Vertragsdauer ebenfalls zeitlich beschränken zu können. Denn regelmäßig sollen Mitarbeiter nur für die Vorbereitungszeit, die Dauer der 360

Produktion und gegebenenfalls für nachträgliche Promotion-Veranstaltungen beschäftigt werden. Der Abschluss unbefristeter Arbeitsverträge ist dementsprechend selten geboten, vielmehr werden typischerweise Arbeitsverträge auf Zeit bzw. für die Dauer der Produktion begründet. Hierzu bieten sich zwei Möglichkeiten an: Zum einen kann ein Arbeitsvertrag mit einer **Befristung** versehen werden, durch die die Vertragsdauer kalendermäßig bestimmt wird oder sich aus Art, Zweck oder Beschaffenheit der Arbeitsleistung ergibt (vgl. § 3 Abs. 1 Satz 2 TzBfG). Zum anderen kann ein Arbeitsvertrag unter einer **auflösenden Bedingung** geschlossen werden, durch die das Vertragsende von dem – bei Vertragsschluss noch ungewissen – Ende der Produktion abhängig gemacht wird (vgl. *Schaub*, Arbeitsrechts-Handbuch, 10. Aufl. 2002, § 39 m.w.N. Beide Ausgestaltungen von Arbeitsverträgen sind in der Filmproduktion rechtlich zulässig, da sie im Einklang mit den Vorschriften des Teilzeit- und Befristungsgesetzes stehen. Denn sowohl die Befristung eines Arbeitsvertrags als auch dessen Abschluss unter einer auflösenden Bedingung sind, wie gemäß § 14 Abs. 1 Nr. 1 TzBfG (bei auflösend bedingten Verträgen i.V.m. § 21 TzBfG) erforderlich, durch einen sachlichen Grund gerechtfertigt, nämlich durch den nur vorübergehenden betrieblichen Bedarf an der Arbeitsleistung.

361 Regelungen zur **Vertragsdauer** sind auch in Ziff. 10 MTV-FF enthalten. Danach soll in der Regel der Beginn der Vertragszeit kalendermäßig festgelegt werden (Ziff. 10.1). Der Filmhersteller kann den Beginn durch schriftliche Mitteilung auch ohne Zustimmung des Filmschaffenden bis zu sieben Tagen aufschieben (Ziff. 10.3). Bei Filmschaffenden, die gegen Tages-, Wochen- oder Monatsgage verpflichtet sind, muss auch der früheste Zeitpunkt der Beendigung der Tätigkeit nach dem Datum festgelegt werden (Ziff. 10.2). Der Filmhersteller ist berechtigt, die Vertragsdauer aus produktionsbetrieblichen Gründen zu verlängern, sofern dadurch nicht anderweitige ihm schriftlich bekannt gegebene Verpflichtungen des Filmschaffenden beeinträchtigt werden. Ferner ist der Filmschaffende verpflichtet, zur Behebung von Ausfall- und Negativschäden über den Ablauf der Vertragszeit hinaus noch mindestens drei Tage dem Filmhersteller zur Verfügung zu stehen (Ziff. 10.4). Kommt es aber zu einer überschneidenden Anschlussverpflichtung des Filmschaffenden, über die er den Filmhersteller nicht in Kenntnis gesetzt hat, macht sich der Filmschaffende schadensersatzpflichtig.

3.4. Arbeitsvertragliche Pflichten des Filmschaffenden

362 Der Arbeitsvertrag bestimmt den wesentlichen Inhalt und Umfang der Tätigkeit des Filmschaffenden. So weit der Vertrag keine ausdrücklichen Regelungen enthält, werden arbeitsvertragliche Pflichten des Arbeitnehmers ergänzend durch das **Direktionsrecht** des Arbeitgebers bestimmt. Dieses berechtigt, die Arbeitspflicht des Arbeitnehmers nach Ort, Zeit und Art näher zu konkretisieren. So weit der Manteltarifvertrag auf ein

B. Herstellung des Films

Arbeitsverhältnis Anwendung findet, gelten ferner die in Ziff. 4 MTV-FF enthaltenen besonderen Regelungen der Tätigkeit des Filmschaffenden. Danach hat der Filmschaffende auf Verlangen des Filmherstellers die von ihm vertraglich übernommenen Leistungen in der Vertragszeit auch für einen anderen Film zu erbringen oder eine andere Tätigkeit, die seiner beruflichen Eignung entspricht, in demselben Film zu übernehmen. Im Falle einer Weigerung verliert er seinen Gagenanspruch (Ziff. 4.2). Zudem kann der Filmhersteller auch jederzeit auf die Dienste des Filmschaffenden verzichten (Ziff. 4.3). Dem Filmschaffenden obliegen ferner verschiedene Sorgfalts-, Unterrichtungs- und Mitwirkungspflichten. So ist er innerhalb der Vertragsdauer verpflichtet, auch bei der Herstellung eines Reklamevorspanns und einer Kurzfassung zu Werbezwecken mitzuwirken (Ziff. 4.5). Gleiches gilt für Vorbereitungsarbeiten wie Proben, Motivsuchen etc. (Ziff. 7 MTV-FF) – auch vor Beginn der Vertragszeit – und für Neu-, Nachaufnahmen oder Synchronisationsarbeiten nach Vertragsende (Ziff. 10.5 MTV-FF). Allgemein haben die gegen Pauschalgagen, Monats- oder Wochenbezüge verpflichteten Filmschaffenden dem Hersteller – mangels anderer Vereinbarung – für die gesamte Vertragszeit ausschließlich zur Verfügung zu stehen; demgegenüber sind gegen Tagesgage oder tageweise verpflichtete Filmschaffende auch zu einer anderweitigen Nebentätigkeit berechtigt (Ziff. 8 MTV-FF).

3.5. Anspruch auf Gagenzahlung

Die Höhe der an Beschäftigte in der Filmproduktion zu zahlenden Arbeitsvergütung ist, soweit der Manteltarifvertrag für Film- und Fernsehschaffende auf das Arbeitsverhältnis Anwendung findet, in dem Gagen-Tarifvertrag vom 6.4.2000 festgelegt und als **Mindestgage** verbindlich. Sie ist in einer Gagen-Tabelle (Ziff. 5 Gagen-TV) für Angehörige verschiedener Berufsgruppen in Gestalt einer Wochen- oder Tagesgage aufgeführt. Für Berufe, die darin nicht genannt sind, werden die Gagen auf der Basis des Manteltarifvertrags frei ausgehandelt (Ziff. 6 Gagen-TV). 363

Die Zahlung erfolgt bei **Tagesgagen** nach Drehschluss, spätestens am darauf folgenden Werktag, bei Wochen- oder Monatsgagen jeweils am letzten Tag des Abrechnungszeitraums. Bei Pauschalgagen ist mangels abweichender Regelung im Arbeitsvertrag jeweils 1/3 bei Vertragsbeginn, in der Vertragsmitte und bei Vertragsende zu zahlen (Ziff. 11.2 MTV-FF). Besondere Regelungen für Dienstreisen enthält Ziff. 12 MTV-FF. Der Gagenanspruch der Kleindarsteller ergibt sich aus dem Tarifvertrag für Kleindarsteller vom 6.4.2000, der Tagesgagen, Zuschläge für besondere Aufwendungen und Sondervergütungen vorsieht. 364

Maßgebliche Umstände, die zum Wegfall des Gagenanspruchs führen können, sind in Ziff. 9 MTV-FF erfasst. Danach entfällt nämlich der Gagenanspruch für den betreffenden Tag, wenn Innenaufnahmen bis 20.00 Uhr des vorausgehenden Tages oder Außenaufnahmen wetterbedingt bis 365 zu drei Stunden vor dem disponierten Eintreffen des Filmschaffenden abgesagt werden (Ziff. 9.1, 9.2). Hält sich der Beschäftigte demgegenüber bis zu fünf Stunden auf Abruf bereit ohne beschäftigt zu werden, so hat er für eine Wartezeit bis 13.00 Uhr Anspruch auf die Hälfte der Tagesgage, danach auf die volle Tagesgage (Ziff. 9.3).

3.6. Krankheit oder andere Verhinderung des Filmschaffenden

366   Die Folgen einer **Verhinderung des Arbeitnehmers** an der Ausübung seiner Tätigkeit sind durch allgemeine gesetzliche Vorschriften, insbesondere durch § 616 BGB und das Gesetz über die Zahlung des Arbeitsentgelts an Feiertagen und im Krankheitsfall (Entgeltfortzahlungsgesetz – EFZG – vom 26.5.1994, BGBl. I S. 1014) geregelt. Diese Vorschriften werden für Filmschaffende durch Ziff. 13 des Manteltarifvertrags näher ausgestaltet. Entsprechend den allgemeinen Grundsätzen ist danach der Filmschaffende verpflichtet, seine Verhinderung unter Angabe der Gründe und der voraussichtlichen Dauer dem Filmhersteller unverzüglich mitzuteilen (Ziff. 13.1). Im Falle der – unverschuldeten – Krankheit oder des Unfalls steht dem Filmschaffenden ein Anspruch auf Entgeltfortzahlung für die Dauer von sechs Wochen, längstens bis zum Vertragsende, zu (Ziff. 13.3). Im Falle der – unverschuldeten – Verhinderung aus anderen, in seiner Person liegenden Gründen besteht ein Anspruch auf Fortzahlung der Vergütung nach Maßgabe des § 616 BGB; Voraussetzung ist somit, dass es sich um eine verhältnismäßig unerhebliche Zeit handelt, die bei Verpflichtungen bis zu sieben Kalendertagen zwei Tage und bei längeren Verpflichtungen vier Tage umfassen kann (Ziff. 13.4).

3.7. Zulässige Arbeitszeit

367   In jedem Arbeitsverhältnis in der Filmproduktion sind die Vorschriften des Arbeitszeitgesetzes (ArbZG – vom 6.6.1994, BGBl. I S. 1170) zu beachten, die die Sicherheit und den Gesundheitsschutz der Arbeitnehmer gewährleisten, aber auch Rahmenbedingungen für flexible **Arbeitszeiten** schaffen sollen (vgl. § 1 ArbZG). Zu diesem Zweck hat der Gesetzgeber den Tarifvertragsparteien in nicht unwesentlichem Umfang ermöglicht, von einzelnen Vorgaben des Gesetzes abweichende Bestimmungen zu treffen (vgl. §§ 7, 12 ArbZG). Die vertragschließenden Parteien des Manteltarifvertrags haben in diesem Sinne in Ziff. 5 MTV-FF eingehende Regelungen zur Arbeitszeit getroffen, die die besonderen Bedingungen der Film- und Fernsehproduktion berücksichtigen und sicherstellen, dass sich die Arbeitszeiten grundsätzlich an den künstlerischen und technischen Erfordernissen des jeweiligen Herstellungsprozesses orientieren. Dabei durften sie zugrunde legen, dass Filmschaffende mit auf Produktionsdauer befristeten Arbeitsverträgen in der Regel nicht durchgehend 52 Wochen eines Kalenderjahres beschäftigt sind (vgl. Präambel in Ziff. 5.1 MTV-FF).

Nach Ziff. 5.2 MTV-FF beträgt die wöchentliche regelmäßige Arbeitszeit 40 Stunden, verteilt auf die Wochentage Montag bis Freitag. Beginn der Arbeitszeit ist – unabhängig vom Zeitpunkt des Einsatzes – der Zeitpunkt, zu dem der Filmschaffende bestellt ist. Die Arbeitszeit umfasst neben der Proben- und Drehzeit auch die Zeit für Vorbereitungs-, Bearbeitungs- und Abwicklungstätigkeiten, wobei für Darsteller das Herrichten zur Aufnahme bis zu einer Stunde nicht zur regelmäßigen Arbeitszeit rechnet. Regelungen zur Mehrarbeit enthält Ziff. 5.4 MTV-FF. Danach ist **Mehrarbeit** im Rahmen der gesetzlichen Bestimmungen auf Anordnung des Produzenten oder dessen Beauftragten zulässig, im Falle der Überschreitung der 12. Arbeitsstunde bedarf sie der Zustimmung des Filmschaffenden. Im Übrigen sieht der Manteltarifvertrag für Mehrarbeit die Zahlung im Einzelnen geregelter Zuschläge vor (Ziff. 5.4, 5.7). Gleiches gilt für Nachtarbeit sowie für Arbeit an Sonn- und Feiertagen (Ziff. 5.5, 5.6); dabei ist indessen zu beachten, dass das Arbeitszeitgesetz weiterhin von einem grundsätzlichen Verbot der Sonn- und Feiertagsarbeit ausgeht und für die Beschäftigung in einer Filmproduktion keine Ausnahmeregelung enthält (vgl. §§ 9 Abs. 1, 10 ArbZG), so dass lediglich in außergewöhnlichen Fällen die Arbeitsleistung an Sonn- und Feiertagen gefordert werden kann (vgl. § 14 Abs. 1 ArbZG). Im Manteltarifvertrag ist ferner die Gewährung von Ruhepausen vorgesehen, bei einer Arbeitszeit bis zu acht Stunden von mindestens halbstündiger Dauer in der Regel zwischen der vierten und fünften Arbeitsstunde sowie nach der neunten Arbeitsstunde (Ziff. 5.8 MTV-FF). Schließlich ist nach Beendigung der täglichen Arbeitszeit eine ununterbrochene Ruhezeit von mindestens elf Stunden gesetzlich vorgeschrieben, und den länger als 21 Tage beschäftigten Filmschaffenden müssen mindestens zwei zusammenhängende Ruhetage im Monat gewährt werden (Ziff. 5.9 MTV-FF). 368

3.8. Urlaubsanspruch des Filmschaffenden

Der Anspruch des Filmschaffenden auf bezahlten Erholungsurlaub unterliegt den Vorschriften des Mindesturlaubsgesetzes für Arbeitnehmer (Bundesurlaubsgesetz – BUrlG – vom 8.1.1963, BGBl. I S. 2). Abweichende einzelvertragliche Vereinbarungen sind nach § 13 Abs. 1 BUrlG nur zulässig, soweit sie für den Arbeitnehmer günstiger sind. Auch die tarifvertraglichen Regelungen des Manteltarifvertrags orientieren sich im Wesentlichen an den gesetzlichen Vorgaben. So steht Filmschaffenden für sieben zusammenhängende Tage der Vertragszeit jeweils ein halber Urlaubstag zu; Bruchteile von Urlaubstagen, die mindestens einen halben Tag ergeben, sind auf volle Urlaubstage aufzurunden (Ziff. 14.2 MTV-FF). Entgegen einer verbreiteten Praxis ist der **Urlaub** grundsätzlich innerhalb der Vertragszeit zusammenhängend zu gewähren und zu genehmigen (Ziff. 14.1). Eine Abgeltung des Urlaubs durch Zahlung anstelle bezahlter Freizeit ist ausnahmsweise nur statthaft, wenn die Tätigkeit endet, ohne 369 dass der Urlaub gewährt werden konnte (Ziff. 14.4). Der Filmhersteller kann sich somit nicht ohne weiteres auf eine gedrängte Produktionsplanung berufen, die eine Urlaubsgewährung unmöglich macht; vielmehr hat er die Urlaubsansprüche der Beschäftigten von vornherein in die Planung einzubeziehen und kann hiervon lediglich aus dringenden betrieblichen Gründen (vgl. § 7 BUrlG) durch finanzielle Abgeltung des Urlaubs abweichen. Für die in der Filmproduktion Beschäftigten ist diese gesetzliche Vorgabe vor allem deshalb von Bedeutung, weil ihnen Beitrags- und Anwartschaftszeiten der Renten- und Arbeitslosenversicherung erhalten bleiben.

3.9. Besonderheiten bei der Beschäftigung von Kindern und Jugendlichen

370   Bei der Beschäftigung von Kindern und Jugendlichen in der Filmproduktion sind darüber hinaus die Vorschriften des Gesetzes zum Schutze der arbeitenden Jugend (Jugendarbeitsschutzgesetz – JArbSchG – vom 12.4.1976, BGBl. I S. 965) zu beachten. Danach ist die **Beschäftigung von Kindern** grundsätzlich verboten, kann aber von der zuständigen Aufsichtsbehörde bewilligt werden. Kinder im Sinne dieses Gesetzes sind Personen, die noch nicht 15 Jahre alt sind. Demgegenüber sind **Jugendliche** Personen, die 15, aber noch nicht 18 Jahre alt sind; soweit sie aber noch der Vollzeitschulpflicht unterliegen, finden die für Kinder geltenden Vorschriften Anwendung. Jugendliche dürfen nur unter den im Gesetz eingehend beschriebenen Voraussetzungen beschäftigt werden.

3.10. Beendigung des Arbeitsverhältnisses

371   Da es sich – wie unter Rdnr. 360 dargestellt – bei Arbeitsverhältnissen in der Filmproduktion regelmäßig um befristete oder auflösend bedingte Beschäftigungsverhältnisse handelt, bedarf es zu ihrer Beendigung nicht des Ausspruchs einer Kündigung. Vielmehr endet nach § 15 Abs. 1 TzBfG ein kalendermäßig befristeter Arbeitsvertrag ohne weiteres Zutun mit Ablauf der vereinbarten Vertragszeit. Ein zweckbefristeter Arbeitsvertrag endet grundsätzlich mit dem Ende der vorgesehenen Arbeitstätigkeit bzw. der Produktion. Hier ist jedoch nach der Neuregelung des § 15 Abs. 2 TzBfG erforderlich, dass der Filmschaffende rechtzeitig zuvor durch den Filmhersteller schriftlich von dem bevorstehenden Vertragsende unterrichtet wird, denn das Vertragsverhältnis endet frühestens zwei Wochen nach Zugang der schriftlichen Unterrichtung. Entsprechendes gilt auch für die unter der auflösenden Bedingung des Produktionsendes geschlossenen Arbeitsverträge (vgl. § 21 TzBfG). Danach dürfte die Befristung eines Arbeitsvertrags auf ein festes oder errechenbares Datum für den Arbeitgeber regelmäßig zu bevorzugen sein, zumal eine Vertragsverlängerung aus produktionsbetrieblichen Gründen möglich ist, sofern dadurch nicht anderweitige, dem Filmhersteller schriftlich bekannt gegebene Ver-

pflichtungen des Filmschaffenden beeinträchtigt werden (vgl. Ziff. 10.4 MTV-FF). Wird das Arbeitsverhältnis im Übrigen nach Ende seiner Befristung mit Wissen des Arbeitgebers fortgesetzt, so gilt es nach § 15 Abs. 5 TzBfG als auf unbestimmte Zeit verlängert, sofern der Arbeitgeber dem nicht unverzüglich widerspricht.

Vor Ablauf der vereinbarten Vertragsdauer ist der Filmhersteller zur **außerordentlichen Kündigung** des Vertrags ohne Einhaltung einer Kündigungsfrist nur unter den Voraussetzungen des § 626 BGB berechtigt. Dafür muss ihm unter Berücksichtigung aller Umstände und unter Abwägung der beiderseitigen Interessen die Fortsetzung des Arbeitsverhältnisses unzumutbar geworden sein. Die Kündigung kann zudem nur innerhalb von zwei Wochen nach dem Zeitpunkt der Kenntniserlangung von den maßgeblichen Umständen des Vertragsverstoßes erklärt werden. Die Rechtsprechung stellt an einen solchen „wichtigen Grund", der zur außerordentlichen Kündigung berechtigt, hohe Anforderungen. Soweit der Manteltarifvertrag Anwendung findet, ist nach Ziff. 10.6 MTV-FF der Filmhersteller insbesondere dann berechtigt, sich ohne Einhaltung einer Kündigungsfrist von dem Vertrag zu lösen, wenn der Filmschaffende bei Abschluss des Vertrags wesentliche Umstände auf ausdrückliches Befragen verschwiegen hat, welche die Erfüllung der von ihm übernommenen vertraglichen Verpflichtungen gefährden oder unmöglich machen. Hierzu zählen vor allem vertragliche Anschlussverpflichtungen. In einem solchen Fall ist der Filmschaffende gemäß § 628 Abs. 2 BGB auch zum Schadensersatz verpflichtet. 372

Eine weitere Möglichkeit der Beendigung des Arbeitsverhältnisses ist schließlich der Abschluss eines **Auflösungsvertrags**, der indessen eine Einigung des Filmherstellers mit dem Filmschaffenden über die Modalitäten der Vertragsbeendigung voraussetzt. Regelmäßig wird deshalb in einem Auflösungsvertrag die Zahlung einer Abfindung an den Beschäftigten vereinbart. 373

3.11. Optionsvereinbarungen für weitere Filmproduktionen

Gelegentlich, etwa bei Serienproduktionen, entsteht ein Interesse des Filmherstellers daran, den Filmschaffenden für einen oder weitere Filme engagieren zu können, ohne dass Zeitpunkt oder Umfang der Produktionen bereits konkret festgelegt sind. Für diesen Fall besteht die Möglichkeit, im Arbeitsvertrag bzw. in einer späteren ergänzenden vertraglichen Vereinbarung eine **Optionsabrede** dergestalt zu treffen, dass der Filmhersteller das einseitige Recht erwirbt, den betreffenden Filmschaffenden in weiteren Produktionen zu beschäftigen. Für ihre Wirksamkeit setzt eine solche Vereinbarung aber voraus, dass sie eine ausdrückliche oder zumindest nach Sinn und Zweck eindeutige zeitliche Bestimmung, etwa bezogen auf die Produktion eines bestimmten Films, enthält. Ferner muss sie die wesentlichen Vertragsbestandteile wiedergeben; dies kann auch durch 374

Hinweis auf einen vorangegangenen Vertrag der Vertragspartner oder auf allgemeine Vertragsbedingungen geschehen (vgl. *von Hartlieb*, Handbuch des Film-, Fernseh- und Videorechts, 3. Aufl. 1991, Kap. 101, Rdnr. 31).

4. Werkvertrag in einer Filmproduktion

4.1. Bedeutung des Werkvertrags

375 Der allgemeine Trend, Kosten insbesondere im Personalbereich durch **Outsourcing** zu reduzieren, ist verstärkt auch im Bereich der Filmproduktion zu beobachten. Sowohl öffentlich-rechtliche als auch private Fernsehsender beauftragen kleine und mittlere wirtschaftlich selbständige Filmproduktionsfirmen damit, fertige Filmprodukte von der Vorabendserie bis zum Spielfilm herzustellen.

376 Hierbei wird von jeher zwischen der echten Auftragsproduktion und der unechten Auftragsproduktion (Koproduktion) unterschieden. Überschneidungen zum Arbeitsrecht ergeben sich dann, wenn der beauftragte Filmhersteller wiederum Unteraufträge (**Subunternehmerverträge**) an einzelne Filmschaffende wie Toningenieure, Cutter etc. vergibt. Geschuldet wird in diesem Zusammenhang zumeist ein konkreter Arbeitserfolg, so dass diese Verträge als Werkverträge i.S.d. § 631 BGB bzw. Werklieferungsverträge i.S.d. § 651 BGB anzusehen sind.

4.2. Versprochenes Werk

377 Das versprochene Werk, d.h. der vertraglich geschuldete Erfolg wird maßgebend durch die vertragliche Vereinbarung bestimmt. Da an das Erreichen des Erfolgs auch die Vergütung geknüpft ist, ist im Rahmen der Vertragsverhandlung auf die Formulierung des geschuldeten Erfolgs besonderes Augenmerk zu legen. Der Erfolg kann auch in einer bestimmten künstlerischen Wertschöpfung wie z.B. einer Theater- oder Konzertaufführung liegen (vgl. *OLG Karlsruhe*, Versicherungsrecht 1991, 193).

4.3. Abnahme als Voraussetzung des Vergütungsanspruchs

378 Die vereinbarte Vergütung ist im Werkvertrag nur dann geschuldet, wenn der Erfolg eingetreten ist und das Werk als vertragsgerecht vom Auftraggeber anerkannt und abgenommen wird (§ 641 Abs. 1 BGB). Unter der **Abnahme** eines Werks wird die körperliche Entgegennahme des vom Unternehmer hergestellten Werks und die damit verbundene Erklärung des Bestellers, dass er das Werk als in der Hauptsache vertragsgerecht erbracht anerkenne, gesehen.

379 Da der Auftraggeber die Abnahme verweigern kann, wenn das Werk nicht vertragsgerecht hergestellt, d.h. der vertraglich vereinbarte Erfolg nicht herbeigeführt wurde, schließt sich der Kreis. Um Streitigkeiten vorzubeugen, ist generell zu empfehlen, den vertraglich geschuldeten Erfolg im Vertrag möglichst genau zu beschreiben.

B. Herstellung des Films

Fernseh- und Rundfunkanstalten halten zudem für von ihnen beauftragte Produktionen konkrete **technische Richtlinien** sowie allgemeine Bedingungen zur Fernsehproduktion bzw. Rundfunkproduktion vor. Soweit diese zum Vertragsbestandteil erklärt werden, ist das Werk nur dann abnahmefähig, wenn auch diese Bedingungen erfüllt und die Richtlinien eingehalten wurden.

4.4. Mangelfreiheit des Werks

In diesem Zusammenhang wird ein weiterer wesentlicher Unterschied zum Dienstverhältnis sichtbar. Im Gegensatz zum Dienstverhältnis trägt der wirtschaftlich selbständige Auftragnehmer das volle Unternehmerrisiko für das Gelingen, d.h. von ihm kann unter Umständen **Nachbesserung** bzw. Mängelbeseitigung verlangt werden, bevor der Besteller das Werk abnimmt.

4.5. Vertragsgestaltung

Bei der Abfassung eines Werkvertrags ist besonderes Augenmerk auf die Beschreibung des Werks sowie die Benennung und Begrenzung der zu übertragenden Nutzungsrechte zu legen.

Die **Verwertungsrechte**, die den Urhebern zustehen, sind in §§ 15 ff. UrhG umfassend umschrieben und im 2. Kapitel (Rdnr. 877 ff.) ausführlich dargestellt. Beispielhaft seien hier nur genannt:

- Vervielfältigungsrecht § 16 UrhG,
- Verbreitungsrecht § 17 UrhG,
- Ausstellungsrecht § 18 UrhG,
- Vortrags-, Aufführungs- und Vorführungsrecht § 19 UrhG,
- Senderecht § 20 UrhG,
- Recht der Wiedergabe durch Bild- oder Tonträger § 21 UrhG,
- Funksendung § 22 UrhG.

Es ist in die Verhandlung der Vertragsparteien gestellt, welche Verwertungsrechte in welchem Umfang übertragen werden. Darüber hinaus ist darauf hinzuweisen, dass die vorgenannten Rechte nur beispielhaft sind und auch andere Verwertungsarten (neue Medien) vereinbart werden können.

II. Filmautorenvertrag

Fred Breinersdorfer

1. Neues Urhebervertragsrecht

Nach einem sehr kontrovers diskutierten Gesetzgebungsverfahren hat der Deutsche Bundestag am 25.1.2002 das „Gesetz zur Stärkung der vertraglichen Stellung von Urhebern und ausübenden Künstlern" mit einer breiten Mehrheit verabschiedet. Es trat am 1.7.2002 in Kraft und fügt neue Vorschriften in das bisher geltende Urheberrecht ein.

386 Damit hat das Urhebervertragsrecht zumindest im Bereich der Vergütung der Autoren eine stabile und neue Grundlage erhalten. Die **Autorenverträge** der Zukunft werden durch die Novelle eine neue Prägung erhalten, denn die vertragliche Stellung von Urhebern und ausübenden Künstlern ist in der Tat erheblich verbessert worden. Bisher galt uneingeschränkt die Vertragsfreiheit. Die Süddeutsche Zeitung bezeichnete sie als die „Freiheit eines Fuchses in einem freien Hühnerstall". Es gab keinerlei verbindliche gesetzliche Regelungen für Verträge zwischen Urhebern und Verwertern, wenn man von einigen Nebenbestimmungen absieht, Tarifverträge waren die Ausnahme. Insbesondere die Frage der Honorierung, aber auch andere Nutzungsbedingungen für Urheberrechte, unterlagen dem so genannten freien Spiel der wirtschaftlichen Kräfte.

387 Demgegenüber garantiert das neue Gesetz:

– in § 32 UrhG einen Anspruch jedes Urhebers und ausübenden Künstlers auf angemessene Vergütung. Ist in einem Vertrag eine unangemessene Vergütung vereinbart, hat der Urheber einen gerichtlich durchsetzbaren Anspruch auf Anpassung seines Vertrages bis auf die Höhe der **angemessenen Vergütung**. Praktisch gesprochen: Akzeptiert ein Autor in einem Filmvertrag eine unangemessene Honorierung, so kann er auf Vertragsanpassung klagen, obwohl er den Vertrag (u.U. sogar in Kenntnis von dessen Mängel) unterschrieben hat. Diese Regelung findet sogar rückwirkend auf Verträge Anwendung, die seit dem 1.6.2001 geschlossen worden sind, allerdings nur soweit von dem in dem Vertrag eingeräumten Recht oder der Erlaubnis nach dem 28.3.2003 Gebrauch gemacht wird (§ 132 Abs. 3 UrhG).
– Welche Vergütung angemessen ist, legt nicht nur das Gericht im einzelnen Streitfall fest, das neue Gesetz gibt in § 36 UrhG den Verbänden von Urhebern das Recht, mit Verwerterverbänden oder einzelnen Verwertungsunternehmen „**gemeinsame Vergütungsregelungen**" auszuhandeln. Diese gemeinsamen Vergütungsregeln binden die Vertragspartner und darüber hinaus auch die Gerichte. Überall dort, wo gemeinsame Vergütungsregeln aufgestellt sein werden, muss das Gericht diese auch im individuellen Streitfall für die Vertragsanpassung zugrunde legen. Wenn in Zukunft die zuständigen Verbände (der Schriftstellerverband „VS" und der „Verband Deutscher Drehbuchautoren") mit der Filmwirtschaft Vergütungsregeln vereinbart haben, gehen diese in der Praxis individuellen Vereinbarungen vor und regeln damit verbindlich die Höhe der angemessenen Vergütung i.S.d. § 32 UrhG.
– Können sich die Verbände nicht auf gemeinsame Vergütungsregeln einigen, kann jede Seite ein Schlichtungsverfahren einleiten. Die andere

B. Herstellung des Films

Seite kann sich dem **Schlichtungsverfahren** nicht entziehen. Die Parteien sind verpflichtet, jeweils eine Vertrauensperson für ein Schiedsgericht zu benennen. Die beiden Mitglieder des Schiedsgerichts bestimmen einen neutralen Vorsitzenden. Am Ende des Schiedsverfahrens erlässt das Schiedsgericht gemeinsame Vergütungsregelungen. Diesen kann allerdings mit einer Frist von drei Monaten jede der beteiligten Parteien widersprechen. Allerdings kann – so die Begründung des Gesetzes – auch im Fall des Widerspruchs die Entscheidung des Schiedsgerichts „indizielle Wirkungen" für den Richter im individuellen Streitfall und für die angemessene Vergütung entfalten.
- Der bisherige so genannte Bestsellerparagraph wurde in einem neuen § 32a UrhG enger gefasst. Er gilt in der Praxis wohl überwiegend für so genannte Buyout-Verträge, bei denen der Urheber am Vermarktungserfolg seines Werkes nicht beteiligt ist, sondern mit einer einmaligen Pauschalvergütung abgegolten wird. Wenn bei der Vermarktung eines Werkes ein großer Erfolg erzielt wird und das Ergebnis in „auffälligem Missverhältnis" zu der vereinbarten Vergütung steht, kann der Urheber eine **Nachforderung** stellen. Dies gilt auch für so genannte Altverträge, also ohne zeitliches Limit für jene, die vor dem in Kraft treten des Gesetzes abgeschlossen wurden, allerdings nur so weit, als der Bestsellerfall nach dem 28.3.2002 eingetreten ist. Falls die guten Verkaufserlöse früher entstanden sind, gilt der alte, ungünstigere Bestsellerparagraph. Knifflige Abgrenzungsstreitigkeiten könnten die Folge dieser Neuregelung sein.

Darüber hinaus wurden noch eine Reihe von Details in den bisherigen urheberrechtlichen Regelungen verbessert.

Die Neuregelung war heftig umstritten und führte zu einer massiven **388** Kampagne, insbesondere der Verleger von Büchern und Zeitungen, gegen die Regierung und das gesamte Vorhaben. Es gab mehrere Änderungen an den ursprünglich noch weitergehenden Rechten für Urheber. In Anbetracht der gehässigen Kampagne und des vorliegenden Ergebnisses kann der Kompromiss aus Sicht der Urheber als vertretbar bezeichnet werden. 60 bis 70 % der Forderungen sind erfüllt. Es liegt nun an den Verbänden der Urheber, das Gesetz in der Praxis in verbindlichen gemeinsamen Vergütungsregelungen umzusetzen. Mit den ersten konkreten Verhandlungen wurde Anfang 2003 begonnen. Weil viel zu regeln ist und noch zahlreiche Meinungsverschiedenheiten bestehen, dürfte es viele Monate dauern, bis die Verhandlungen über gemeinsame Vergütungsregelungen für Filmautoren so weit gediehen sind, dass deren Ergebnisse Verbindlichkeit erlangen. Hoffentlich werden dann Standards für die Zukunft der Autoren in der deutschen Filmindustrie gesetzt sein.

Filmprojekte dulden keinen Aufschub, Ungeduld gehört zum Alltag **389** der Branche, keiner wartet gerne – schon gar nicht auf Verbandsverhandlungen. Täglich werden Verträge abgeschlossen, die für die Verwerter und Produzenten erhebliche Risiken im Falle einer Vertragsanpassung nach § 32 UrhG bergen. Denn den Autoren steht aus allen Verträgen, die seit dem 1.6.2001, spätestens aber nach dem Inkrafttreten der neuen Vorschriften am 1.7.2002 abgeschlossen wurden, schon jetzt ein einklagbarer Anspruch auf Anpassung der Vergütung auf das angemessene Mass zu, gleichgültig wie weit die Verhandlungen der Verbände gediehen sind. Der Richter muss sich, so lange keine Vergütungsregeln abgeschlossen sind, an den redlichen Branchenstandards orientieren. Das wird bei Autorenverträgen mutmaßlich die Regelsammlung für dramatische Werke sein können, ein schon seit Jahren vorliegendes und fortgeschriebenes kollektives Vertragswerk, das die Bühnenverlage und Medienagenturen mit den öffentlich-rechtlichen Rundfunkanstalten über die die Honorar- und Vertragsbedingungen für die von ihnen vertretenen Autoren abgeschlossen haben.

390 Außerdem werden wahrscheinlich in den Vergütungsrichtlinien nur **Mindesthonorare** geregelt, möglicherweise auch andere Bedingungen und Aspekte der Verwertung der Arbeit des Autors, etwa die Credits, die Laufzeit von Rechteübertragungen und vieles andere mehr. Falls die Verhandlungen scheitern, grüßt der Fuchs wieder aus dem Hühnerstall!

2. Übersicht über die Vertragsarten

391 Der klassische Autorenvertrag wird zwischen dem Verfasser eines Drehbuchs und dem Verwerter abgeschlossen. Aber schon hier differieren die Vertragstypen in der Praxis danach, ob ein Sender, ein Auftragsproduzent oder ein selbständiger Produzent Vertragspartner werden; denn ob Kino- oder Fernsehfilm, ob Serie oder Show, die vom Autor erbrachte Leistung sowie die Vertragsbedingungen sind inhaltlich verschieden.

392 Ziel der Autorenverträge ist stets ein abnahmereifes, erfolgreiches Werk vorzubereiten und dessen optimale Verwirklichung zu sichern. Die Praxis hat gezeigt, dass es sinnvoll sein kann, Vorstadien, die urheberrechtlich ebenfalls als abgeschlossenes Werk angesehen werden, als Vertragsziel ins Auge zu fassen. Denn meistens wollen die Verwerter nicht oder nur ungern das gesamte Stoffentwicklungsrisiko bis zum drehreifen Skript alleine tragen. Sie streben in der Praxis deswegen in unsicheren Projekten oder mit noch nicht so erfahrenen Autoren unterschiedliche Typen von Autorenverträgen für Exposé, Treatment, Buch oder Bearbeitung an. Diese Strategie hat aus Verwertersicht den Vorteil, rechtlich sehr überschaubar zu sein und zusätzlich jede Freiheit in den verschiedenen Stadien der Stoffentwicklung wie auch in Bezug auf den Autor zu gewähren. Produzent oder Sender können nach dem Exposé, dann noch einmal nach dem Treatment und möglicherweise noch nach einzelnen Fassungen des Dreh-

buchs die Pferde wechseln – ob das letzten Endes dem Projekt hilft, wer weiß?

Aus Sicht der Autoren ist es dagegen sinnvoll, möglichst einen Drehbuchvertrag aus einem Guss abzuschließen, der alle Werkstadien einschließt; der Autor bleibt damit im Geschäft bis zum Schluss. Das Stoffentwicklungsrisiko wird bei dieser Lösung dadurch angemessen aufgeteilt, indem üblicherweise drei Raten auf das Gesamthonorar vereinbart werden, je nach Fortgang des Projekts. 393

Autoren, die auf die Originalität ihres Drehbuchs wert legen und möglichst bis zum Dreh ihren Einfluss auf das Buch sichern wollen, gehen einen dritten Weg. Um den Preis der Übernahme des gesamten Risikos der Stoffentwicklung übertragen sie ihre Rechte an ihrem Drehbuch erst ganz am Schluss, wenn sie sicher sein können, dass Regie, Besetzung, Kamera und viele andere Faktoren auch ihre Billigung finden. Das lässt sich nur durchsetzen, wenn die Gage für das Buch erst nach Übertragung der Rechte fällig wird. Es bedarf keiner Erwähnung, dass dies eher die Strategie für arrivierte Autoren, denn für Anfänger ist. 394

Schließlich sind noch **Optionsverträge** zu untersuchen, mit denen Stoffe oder vorbestehende Werke (wie beispielsweise ein Roman oder ein Theaterstück), die wichtigste Handelsware in der Glitzerbranche nach dem ausgeschiebenen Buch, marktfähig gemacht werden. 395

Ein Kapitel über Autorenverträge wäre unvollkommen, würde man sich auf das eben umschriebene engere Feld konzentrieren. Denn in der Praxis schließen die Drehbuchschreiber oft genug auch **Agenturverträge** mit Theater- oder Medienverlagen oder Agenten ab. Zahlreiche Autoren schreiben im Team, so dass auch noch das Thema Gesellschaftervertrag für Autoren unausweichlich ist. 396

Indes, es gibt bei allen zahlreiche Gemeinsamkeiten, denn es geht im Kern um die Herstellung und Vermarktung von Nutzungsrechten und die Honorierung. Daraus resultieren ähnliche Problemstellungen, deren vertragliche Lösungen und vergleichbare Strukturen im Aufbau der Verträge. Dies ist Gegenstand der Abhandlung. Die unüberschaubaren und zahlreichen Details der individuellen Verträge können hier nicht einzeln behandelt werden. Aus diesen Gründen wurde auch auf formularförmig ausformulierte „Musterverträge" verzichtet; Autorenverträge sind immer in ihrer Feinzeichnung Verhandlungssache. Im Zweifelsfall muss für ihre Beurteilung ein spezialisierter Anwalt zugezogen werden. 397

3. Vertragspartner

3.1. Produzenten

In der Praxis macht es schon einen erheblichen Unterschied, ob ein Autor mit einem Sender ins Geschäft kommt oder mit einem Produzenten. Die Interessenpositionen sind nämlich nicht ohne weiteres Deckungs- 398 gleich. Beim Kinofilm entscheidet der Produzent weitgehend autonom, ob und wie er ein Projekt angeht. Entsprechend weiter sind die vertraglichen Spielräume. Wenn ein Spielfilm als Auftragsproduktion für das Fernsehen produziert wird, wird der Produzent stets beteuern, er mache nichts anderes als die Vertragsbedingungen, die ihm der Sender diktiere, einfach durchzureichen – doch auch hier gibt es Spielräume. Dennoch, der Autor verhandelt faktisch im Fernsehbereich nie, ohne einen Sender direkt oder indirekt am Tisch zu haben.

399 Auf Produzentenseite hat man es heute mit grösster Wahrscheinlichkeit nicht mit einem so genannten **freien Produzenten** zu tun. Nach eigenen Angaben der Verbände sind 90 % der Firmen heute Konzern- oder Sendergebunden, will heißen, sie gehören entweder zu einem der Medienkonglomerate (UfA/Bertelsmann, CLT, Springer usw.), die sich alle rechtzeitig im Produzentenmarkt durch Zukäufe und Gründungen positioniert haben – oder die Fernsehsender haben in der Firma das Sagen. Auch die öffentlich-rechtlichen Anstalten haben sich durch die Gründung eigener Produktionsgesellschaften schon früh an dem lukrativen Markt beteiligt. Paradebeispiel ist die WDR-SWR-Tochter Bavaria, die – wiederum mit Beteiligung anderer Sender – erfolgreiche Töchter ausgegründet hat, beispielsweise die Saxonia Media in Leipzig (zusammen mit dem MDR) oder die Kölner Colonia Media, so dass sie deswegen von den mittelständischen und kleineren Produzenten politisch angegriffen werden.

400 Die Rechtsabteilungen der meisten Unternehmen, versuchen mit **Allgemeinen Vertragsbedingungen** weitestgehend die Vertragsinhalte vorzugeben. Auch Töchter und Enkelinnen der Produktionsfirmen reichen Vertragsentwürfe von Autoren oder deren Agenten bzw. Vertretern routinemäßig an die Konzern- oder Senderjuristen weiter, die zäh im Verhandeln sind, andererseits auch mit sich handeln und verhandeln lassen, wenn das Projekt redaktionell gewollt wird.

401 Der Rest der freien Produzenten lässt sich inzwischen auch anwaltlich beraten und vertreten und verfügt meist auch über AGB. Verhandlungen sind deswegen bei den „Freien" auch kein Zuckerschlecken. **Tarifverträge** gibt es mit den Produzenten nicht. Zukünftig werden aber die Mitglieder der Autorenverbände, aber auch die nicht organisierten Autoren, sicher von den Gemeinsamen Vergütungsregeln profitieren.

3.2. Sender

402 Seit der Einführung des dualen Systems haben sich in Deutschland sowohl im Bereich der **privaten Sendeunternehmen** als auch bei den öffentlich-rechtlichen ganze Senderfamilien entwickelt. Die Auftragsvergabe für Eigenproduktionen verlief in den 90er Jahren mit großer Dynamik. Sie hat inzwischen nicht nur einen Sättigungsgrad erreicht, sie ist sogar rückläufig – und zwar nicht nur wegen der zahlreichen Rateshows. Bei den Privaten dürften nach der Übernahme von SAT1 und Pro7 durch die

B. Herstellung des Films

Bauer-Gruppe, die Produktion fiktionaler Programme ganz erheblich reduziert werden, so dass von den ehemaligen „großen Drei" faktisch nur noch RTL als potenzieller Ansprech- und Vertragspartner für Produzenten und Autoren zur Verfügung steht. Diese Unternehmen schließen aber nur im Ausnahmefall direkt mit dem Autor ab. Teilweise werden auch die Produktionsverträge mit dem Produzenten sogar über Untergesellschaften abgewickelt.

Die **öffentlich-rechtlichen Sender** tendieren zunehmend dazu, ebenfalls nur über Produzenten zu kontrahieren. Direkt mit den Autoren werden Verträge üblicherweise dann abgeschlossen, wenn die Stoffinitiative vom Autor ausgeht oder der Sender unmittelbar einen Autor anspricht, bevor ein Produzent beauftragt wird. 403

Im ZDF entscheiden mehrere Redaktionen unter der Gesamtleitung von *Hans Janke* über die Produktion von Serien und Filmen. Das Produktionsvolumen der ARD ist auf die einzelnen Sender nach einer festgelegten Quote aufgeteilt. Ansprech- und Vertragspartner sind deswegen die Redaktionen in den einzelnen Sendern. 404

ARTE, der deutsch-französische Kulturkanal, der über ein großes Prestige verfügt, produziert nicht selbst, federführend ist entweder ein französischer Sender oder auf deutscher Seite ARD oder ZDF. Deswegen fällt ARTE als unmittelbarer Vertragspartner aus. Die öffentlich-rechtlichen Anstalten lassen sich aber routinemäßig vertraglich zur Co-Produktion bzw. zur Abgabe der Produktion an ARTE (wie im Übrigen auch zur Abgabe der Produktion an 3SAT) ermächtigen. 405

3.3. Theaterverlage, Medienagenturen, Agenten

In den Vereinigten Staaten ist es praktisch undenkbar, dass sich ein Autor selbst gegenüber Studios, Produzenten oder Broadcastern bei Vertragsverhandlungen vertritt. Jeder Drehbuchschreiber hat seine Agentin oder seinen Agenten. Auch in Deutschland sind die Agenturen auf dem Vormarsch. Ihre Leistungsmerkmale sind unterschiedlich, ihr Ruf auch. Einige Agentinnen und Agenten für Schauspieler haben sich inzwischen auch mit Erfolg Regisseuren und Autoren angenommen. 406

Mit den öffentlich-rechtlichen Sendeanstalten hat der Verband der Deutschen Bühnen- und Medienverlage seit Jahrzehnten Standards in einer so genannten „Regelsammlung" ausgehandelt, einer Art Kollektivvertrag, der die dort vertretenen Autoren regelmäßig besser stellt als die Kollegen ohne Agenten oder Verlage. 407

Seit Jahrzehnten existieren bei uns renommierte **Theaterverlage**, Fischer, Rowohlt, Diogenes, Kiepenheuer, Hartmann & Stauffacher, um nur einige zu nennen, und nicht zuletzt der Verlag der Autoren in Frankfurt. Erfahrene Juristen und Dramaturgen kümmern sich dort um ein umfangreiches Repertoire an Rechten und die erlesene Autorenklientel. Hier wird erstklassige Arbeit geleistet. Die Verlage begutachten Stoffe und Vorhaben 408 kritisch, vermarkten sie gezielt, begleiten die Buchentwicklung als Partner ihrer Autoren und schließen für sie die Verträge ab, übernehmen Inkasso und Anmeldungen bei der VG Wort. Eine breite Leistungspalette, die eine Provision von 15 bis 25 % rechtfertigt. Falls der Autor selbst ein Projekt inhaltlich bis zur Vertragsreife entwickelt hat und nur noch die Vertretung beim Vertragsabschluss und das Inkasso vom Verlag durchführen lassen will, liegt die Provision des Verlags eher am unteren Rand der genannten Marge oder noch darunter. Das Problem ist nur, dass die Verlage die Zahl ihrer Autoren beschränken und sich auf die Crème konzentrieren.

409 Allerdings wurden in der letzten Zeit junge Verlage und Agenturen gegründet, die zum Teil auch ein anderes Leistungsspektrum als die eingesessenen Häuser bieten und sich oft mit großem Ehrgeiz und Erfolg um ihr Autorenklientel kümmern. Aber nicht alle neuen würden von der Stiftung Warentest ein gutes Prädikat bekommen. Es lohnt sich sehr genau zu prüfen, ob neben gutem Willen auch juristische und (wo sie angeboten wird) dramaturgische Kompetenz vorhanden ist, denn nur fachkundige Agenten und Verleger können sich bei Vertragsverhandlungen auch durchsetzen.

410 Vielleicht in diesem Zusammenhang noch ein Hinweis auf das Gesetz gegen missbräuchliche Rechtsberatung (das nicht ganz ohne Grund Nichtjuristen von der schwierigen Materie der Rechtsberatung ausschließt) und die Tatsache, dass auch spezialisierte Anwälte die notwendige Branchenkenntnis haben, um Autoren effizient beim Vertragsabschluss zu beraten und zu vertreten. Die Anwaltsgebühren sind durchaus konkurrenzfähig.

411 In der Mehrzahl der Fälle dürfte sich die Einschaltung eines Mittlers für den Autor lohnen. Üblicherweise verfügt der Drehbuchschreiber nicht selbst über die erforderlichen Nerven, Spezialkenntnisse und das besondere Verhandlungsgeschick. **Agenten** oder **Verlage** erzielen regelmäßig bessere Ergebnisse bei den Vertragsbedingungen und Honoraren, so dass sich die Provision für den Autor lohnt, zumal ihm die lästigen Vertragsverhandlungen abgenommen werden. Auch bei der VG-Wort erhalten Bühnenverlage – beispielsweise für die lukrativen Kalbelweiterleitungen – höhere Ausschüttungen, so dass auch hier die Verlagsautoren unter dem Strich genauso gut stehen, wie die Kollegen, die selbst ihre Werke bei der Verwertungsgesellschaft anmelden.

412 Auch mit Verlagen und Agenturen muss der Autor einen Vertrag abschließen. Manche binden sich exklusiv, andere wiederum nur für einzelne Projekte.

4. Autorenverbände

413 Für Filmautoren gibt es in Deutschland zwei Alternativen, sich verbandsmäßig zu engagieren: den **Verband Deutscher Schriftsteller** (VS/Ver.di) und den **Verband Deutscher Drehbuchautoren** (VDD).

B. Herstellung des Films

Dem VS gehören ca. 4000 Mitglieder an, darunter auch eine große Zahl 414
Drehbuch- und Medienautoren. Der Verband wurde 1969 in Köln von *Böll, Grass, Lattmann* und vielen anderen als Autorengewerkschaft gegründet und ist heute Teilorganisation des Gewerkschaftsriesen Ver.di. Der VS hat es aber immer verstanden, Eigenständigkeit mit den Vorteilen einer gewerkschaftlichen Anbindung zu vereinen.

Der VDD existiert seit 1986, verfügt über ca. 460 Mitglieder, alle sind 415
Drehbuchautoren. Er ist durch ein Kooperationsabkommen mit Ver.di lose verbunden.

Beiden Berufsverbänden können nur ausgewiesene Autoren beitreten, 416
die bereits ein Werk veröffentlicht haben oder (im Falle des VS) eine gleichwertige literarische Leistung vorzuweisen haben. Die Beiträge belaufen sich beim VDD auf 35 € pro Monat (in Härtefällen reduzierbar), beim VS auf 1,2 % vom monatlichen Nettoeinkommen aus der Autorentätigkeit, mindestens aber 12,50 €.

Der VDD liefert mit einem neu gestalteten „Nachrichtenbrief" solide 417
Informationen für Brancheninsider und gewährt ein interessantes Diskussionsforum. „Kunst & Kultur" vom VS ist eine Zeitschrift, die sich nicht nur an die ganze Breite der literarisch Schaffenden, eingeschlossen die Übersetzer, wendet, sondern auch an Musiker und Bildende Künstler. Information über Beruf, Recht und Kulturpolitik und eine Art Hintergrundfeuilleton sind die redaktionellen Grundlinien dieses Blattes.

Der VDD bietet einen kostenlosen anwaltlichen Beratungsservice für 418
seine Mitglieder und verfügt über ein Netzwerk fachkundiger Rechtsanwälte. Bei gerichtlichen Streitigkeiten wird eine Prozesskostenbeihilfe bis ca. 2500 € pro Instanz gewährt, wenn die zu klärenden Fragen eine allgemeine Relevanz für den Berufsstand haben.

Der VS bietet neben kostenloser Rechtsberatung durch rechtskundige 419
Gewerkschaftssekretäre von Ver.di und diverse spezialisierte Anwälte seinen Mitgliedern vollen Rechtsschutz durch alle Gerichtsinstanzen in beruflichen Streitigkeiten unabhängig von deren Relevanz für die Berufsgruppe, im Regelfall begrenzt auf einen Verfahrenskostenbetrag von 25.000 €.

Beide Verbände arbeiten berufspolitisch eng und vertrauensvoll zusam- 420
men und werden die anstehenden Verhandlungen über gemeinsame Vergütungsregeln gemeinsam bestreiten. Wegen der unterschiedlichen Leistungsangeboten, besonders beim Rechtsschutz, gibt es zahlreiche Fälle von Doppelmitgliedschaften, die ohne weiteres zulässig sind.

5. Verhandlungsspielräume/Verhandlungsstrategien

Vom Grundsatz her gilt das Prinzip „take it or leave it". Die Verwerter- 421
seite hat nicht nur wirtschaftlich den längeren Atem, sonder entscheidet über Format, Inhalt, Ästhetik und Realisierung des Projekts. Demgegen-

über herrscht auf Seiten der Autoren eine Mischung aus Stolz und Unsicherheit vor. Jeder möchte gerne sein Skript nach seinen Vorstellungen verfilmt sehen, er ist sich aber nicht sicher, wie weit er mit seinen Forderung in Vertragsverhandlungen gehen kann. Auf der anderen Seite stehen die Verwerter in einem heftigen Konkurrenzkampf. Sie sind gezwungen, attraktive Programme zu entwickeln und zu produzieren. Das geht nur mit hervorragenden Filmideen. Je attraktiver der Stoff, desto größer sind folglich die Verhandlungsspielräume. Kein Sender oder Produzent verzichtet wegen ein paar hundert Mark oder einer korrekten Urhebernennung auf einen außergewöhnlichen Film.

422 Doch nicht immer liegen die Verhältnisse so klar, sind die Einschätzungen so positiv. Was ein Erfolg wird, entscheidet letztlich der Zuschauer an der Kinokasse oder mit der Fernbedienung. Die Beispiele sind Legion, in denen später exorbitant erfolgreiche Drehbücher angeboten wurden wie Sauerbier, bevor sich einer ihrer annahm. Aber gerade in den schwierigen Fällen verschlechtert sich die Verhandlungsposition der Autoren; lieber gibt man in Details beim Vertrag nach, um das Projekt zu retten. Geübte Verhandlungspartner merken Unsicherheiten oft instinktiv und reagieren damit, dass sie die Schraube anziehen.

423 Allen Parteien ist zu raten, sich für die Vertragsverhandlungen Zeit zu nehmen, sich erforderlichenfalls beraten oder vertreten zu lassen. Die Folgen von Autorenverträgen sind weitreichend, der Verwerter investiert eine Menge Geld und der Autor viel Kreativität. Mit dem Vertrag verkauft er seine Rechte teilweise oder ganz an seinem Werk, im Regelfall für die gesamte Dauer des Urheberrechts.

424 Die Erfahrung lehrt, dass es zunächst einmal Sinn macht, unproblematische Positionen zu definieren, um in einem ersten Schritt die Gemeinsamkeiten herauszustellen. Man will ja den Vertrag abschließen, also sind gemeinsame Standpunkte der Verhandlung förderlich.

425 Im zweiten Schritt empfiehlt es sich, jene Position zu definieren, die streitig sind und bei denen eine Partei keinen Verhandlungsspielraum sieht. Dann kann der andere Partner entscheiden, ob er überhaupt das Gespräch weiterführen will. Sitzen beispielsweise zwei Leute an einem Tisch, von denen der Produzent nur einen Buyout-Vertrag abschließen kann, weil das Sendeunternehmen andere Vertragstypen nicht akzeptiert und der Autor grundsätzlich keinen Buyoutvertrag unterschreibt, weil er ihn prinzipiell für falsch hält, dann führt kein Weg zueinander. Weitere Gespräche vergeuden nur Zeit, Produzent und Sender müssen auf den Stoff verzichten und der Autor ihn an anderer Stelle anbieten.

426 In einem dritten Schritt muss die eigentliche Verhandlungsmasse definiert werden. Da findet sich dann oft ein Sammelsurium an Details und Grundsatzfragen. Kluge Verhandlungsführer fügen der Verhandlungsmasse noch ein oder zwei Punkte hinzu, auf die sie leicht verzichten können, von denen sie aber annehmen, dass sie für den Verzicht dem Verhand-

lungspartner Zugeständnisse erbringen können. Man kann dieses Spiel in beliebigen Variationen treiben, beispielsweise einen höheren Honoraranspruch gegen einen größeren Umfang der übertragenen Rechte einhandeln. Wichtig ist aber, dass sich jeder der Vertragsparteien frühzeitig darüber 427 klar wird, wo seine Grenzen wirklich liegen. Nichts ist nerviger als ständig nachkleckernde neue Forderungen. Es mag zwar gelegentlich eine gute Taktik sein, die Nerven des Vertragspartners zu strapazieren, um Maximalforderungen durchzusetzen, ob damit aber eine solide Basis für vertrauensvolle Zusammenarbeit erzeugt wird, ist fraglich. Ist der Konsens gefunden, muss der Vertrag zügig ausgefertigt und unterschrieben werden.

6. Vertragsform

6.1. Schriftform

Ein Autorenvertrag kann auch mündlich abgeschlossen werden kann. 428 Keine gesetzliche Regelung verbietet das. Erforderlich ist lediglich eine Einigung in den wesentlichen Eckpunkten. Nur zu leicht entsteht allerdings bei mündlichen Verträgen eine erhebliche Rechtsunsicherheit, deswegen werden Autorenverträge üblicherweise schriftlich geschlossen. Jede Partei erhält mindestens ein unterschriebenes Exemplar. Besonders Verlage und Agenturen lieben es, die Dokumente seitenweise zu paraphieren. Das ist nicht schädlich, aber auch nicht unbedingt notwendig.

6.2. Bestätigungsschreiben

Die salvatorischen Klauseln (siehe unten Rdnr. 589 ff.) sehen in prak- 429 tisch allen schriftlichen Verträgen für Änderungen und Ergänzungen der Vereinbarung die Schriftform vor. In der Praxis wird aber oft auf Zuruf am Telefon umdisponiert, keineswegs nur die Ablieferungsfristen oder inhaltliche Dinge, kaum je wird darüber eine **schriftliche Zusatzvereinbarung** getroffen. Viele Verträge sehen außerdem vor, dass Abnahmen auch von Vor- und Zwischenstadien des Buches – etwa von Exposé oder erster Fassung – ausdrücklich schriftlich zu bestätigen sind. Aber nur in seltenen Fällen kommt tatsächlich ein Fax oder ein Brief. Beide Vertragsparteien können deswegen Nachteile erleiden; denn je nach Interessenlage beruft sich derjenige später gerne auf die fehlende Schriftform, dem es nützt.

Es gibt scheinbar nur zwei Wege aus dem Dilemma: den Verzicht auf 430 das Schriftformerfordernis, was erhebliche Rechtsunsicherheit nach sich ziehen kann, oder die konsequente Beachtung der Klausel.

Eine Lösung kann ein **Bestätigungsschreiben** sein, mit dem eine Partei 431 den Inhalt der mündlichen Abmachung oder Zusatzvereinbarung schriftlich der anderen Partei bestätigt. Rechtliche Bindungswirkung erzeugt dieses aber nur zwischen Vollkaufleuten, wozu die Autoren nicht gehören. Deswegen ist es unerlässlich, den Partner eine Kopie der Bestätigung gegenzeichnen zu lassen. Die Handhabung ist dennoch einfach, besonders dann, wenn das Schreiben zeitnah zur Einigung eintrifft. Regelmäßig eingesetzt erspart die Methode Rechtsunsicherheit und vermeidet Rechtsnachteile.

432   Ein zweites **Beispiel** für Bestätigungsschreiben: Oft gehen die Partner ein Projekt an und treten parallel dazu in Vertragsverhandlungen, nach dem Motto, wir werden uns schon einigen. In dieser Situation entsteht oft erhebliche Rechtsunsicherheit, die in massiven Streit münden kann, wenn sich das Projekt vor Vertragsunterzeichnung zerschlägt oder wenn keine Einigung über den Vertrag zustande kommt, das Projekt aber nicht mehr gestoppt werden kann.

433   Wird ein Projekt gestartet, gibt es immer Gemeinsamkeiten, die ein Bestätigungsschreibens sinnvoll machen. Dazu gehören etwa die inhaltliche Skizze des Projekts, eine erste Definition der Ziele der Partner (z.b. Erstellung eines Stoffexposés, die Erarbeitung einer Serienpräsentation oder eines Konzepts für eine Buchbearbeitung), die Fixierung, wer die Projektidee einbrachte, ein erster zeitlicher Rahmen und Eckpunkte für das Honorar, meist in Form einer ersten Vorauszahlung.

434   Beispielsweise kann man ein (später auf die Drehbuchgage anrechenbares) **Zeithonorar** vereinbaren, um das Projekt überhaupt einmal in Gang zu bringen und dem Autor eine gewisse Sicherheit zu geben, dass er nicht nur für Gottes Lohn arbeitet. Dann muss auch besprochen und bestätigt werden, wem die Rechte an den während dieser Zeit entstandenen Arbeitsergebnissen zustehen. Denkbar ist auch, dass ein Autor, gerade wenn er eine eigene Idee einbringt, seine Rechte an den ersten Formulierungen nicht gegen ein paar Mark vollständig veräußern will. Darüber muss geredet und eine Entscheidung auch in der ersten Entwicklungsphase herbeigeführt werden.

435   Für alle diese Punkte eignet sich ein Bestätigungsschreiben, nur sollte es prompt kommen, vollständig sein und vor allen Dingen gegengezeichnet werden.

7. Grundfrage: Buyout oder Nutzungshonorar

436   Kein Problem hat in der Debatte um Autorenverträge in den letzten Jahren eine ähnliche Dominanz bekommen wie der Buyout. Darunter versteht man die Übertragung möglichst aller Rechte am Werk zur zeitlich und räumlich unbegrenzten Nutzung gegen einmalige Zahlung eines Pauschalhonorars. Diese Vertragsform nähert sich dem angloamerikanischen Copyrightgedanken und dem „work made for hire".

437   Beim **Nutzungshonorar** dagegen, das aus der kontinentaleuropäischen Rechtstradition des Droit auteur stammt, wird der Autor für (fast) jede Nutzung seines Werkes jeweils gesondert bezahlt.

438   Die meisten Buyout-Verträge sind in Deutschland unter wirtschaftlichem Zwang „take it or leave it" zustande gekommen. Die privaten Sende-

B. Herstellung des Films

unternehmen habe von Anfang an die Buyout-Strategie verfolgt und sie mit erheblicher Härte in ihren Verträgen durchgesetzt. Der öffentlich-rechtliche Bereich ist dem zum Glück nur zögernd gefolgt, sieht man vom Mitteldeutschen Rundfunk ab.

Auch nach der Novelle des Urhebervertragsrechts wird es noch **439** Buyout-Verträge geben, die allerdings die gesetzlichen Angemessenheitsanforderungen erfüllen müssen. Hier wird die gerichtliche Hauptkampflinie um die Höhe einer angemessenen Vergütung i.S.d. § 32 UrhG und eine im Bestsellerfall zu erstreitende „weitere angemessene Beteiligung" gemäß § 32a UrhG des Autors verlaufen. Die Autorenverbände werden alles daran setzen, in gemeinsamen Vergütungsregeln die Buyout-Verträge so weit wie möglich ins Abseits zu drängen. Deswegen ist die Frage dennoch nicht vom Tisch, ob der Autor einen Buyout akzeptieren soll oder nicht.

Gerade das **Problem der Angemessenheit** hat in der Vergangenheit **440** zum Streit um diese Vertragsform geführt. Ein Autor in mittleren Jahren überträgt nämlich im Normalfall für über 100 Jahre alle Rechte und verzichtet dadurch für sich und seine Erben auf eine weitere Beteiligung am Verwertungserlös. Vielleicht haben die Filme, die wir heute produzieren, nur eine kurze Halbwertslicht, ein nahes Verfallsdatum, weil sie schon kurz nach der Premiere eine Welle neuer Produktionen von den Leinwänden und Bildschirmen spült – vielleicht aber auch nicht. Dass bei sinkender Produktion fiktionaler Stoffe und gleichzeitig steigendem Programmbedarf im Fernsehen die Nutzungsfrequenz der Filme steigt, scheint logisch – und nicht nur Nostalgie hat so manchen vergessenen Film zum Klassiker und Kassenschlager gemacht; Buyout ist unter der Prämisse seines Umfangs und seiner Dauer stets ein Problem. Produzenten und Verwerter drängen die Autoren dennoch immer hartnäckiger in diese Vertragsform, obwohl sie höhere Anfangsinvestitionen haben. Die Hoffnung auf zukünftige Filmgeschäfte scheint besonders groß zu sein.

Wenn der Preis stimmt, könnte man als Autor trotz aller Bedenken **441** einem Buyout zustimmen. Aber den angemessenen Preis zu ermitteln ist äußerst schwer. Wer weiß, wie das Geschäft in ferner Zukunft läuft?

Für die nächsten fünf oder zehn Jahre lassen sich bei den meisten Kino- **442** oder Fernsehfilmen sowie den Serien die Nutzungen mit einer gewissen Wahrscheinlichkeit abschätzen. Basis der Kalkulation müssen angemessene Gagen bei Nutzungshonorierung sein.

Beispiel: ein Tatort-Drehbuch. Üblicherweise werden mindestens 23.000 € für die **443** Erstsendung vergütet. Österreich zahlt noch einmal ca. 5.000 € für die Übernahme der Erstsendung. Innerhalb von zwei Jahren wird der Film mit an Sicherheit grenzender Wahrscheinlichkeit im Gemeinschaftsprogramm der ARD und im Dritten Programm des auftraggebenden Senders wiederholt. Das macht ca. 30.000 € Wiederholungshonorare. Eine zweite Wiederholung ist im Laufe der folgenden Jahre wahrscheinlich, ebenso wie eine Wiederholung in einem der anderen Dritten Programme. Das macht noch einmal mindestens 30.000 €. Dazu kommen Auslandsverkäufe, die nicht so viel einbringen, aber eine stete Quelle für Einkommen bei guten Produktionen sind. Nun liegen wir schon deutlich über 80.000 € Gesamtertrag. Noch nicht eingerechnet sind weitere Nutzungen bis die zehn Jahre abgelaufen sind, für die wir diese Beispielkalkulation erstellen. Eingerechnet sind auch nicht andere Nutzungsarten, beispielsweise im digitalen Fernsehen oder im Pay-per-view der Zukunft.

444 Zinst man nun den Betrag fairerweise ab, weil der Autor das Geld ja beim Buyout schon nach Abnahme des Buches erhält, und berücksichtigt man, dass nicht alle Produktionen zweimal in allen Kanälen wiederholt (d.h. drei Mal gezeigt) werden, dann darf dennoch der angemessene Preis für einen Buyout nicht unter 80.000 € liegen. Geringere Honorare sind nicht angemessen. Sie würden den Auswertungsgewinn der Verwerter unangemessen steigern. Die vertragliche Balance wäre dahin.

445 Ein weiteres Hauptargument der Verwerter für den Buyout ist organisatorischer Natur. Man spare die Einzelabrechnung der Nutzung. Im Zeitalter des PCs ist dies aber eher ein dünnes Vorbringen, denn die Lizenzen, die die Verwerter für die Nutzung (selbstverständlich entgeltlich) Dritten erteilen, stoßen nicht auf Organisationsschwierigkeiten bei der Abrechnung.

446 Dennoch ist nicht immer der Buyout für Autoren die schlechtere Alternative. Nicht nur wenn der Preis stimmt. Dies gilt besonders für risikoreiche Filme, weniger im ökonomischen, als im inhaltlichen Bereich. Beispiel: Ein Drehbuch behandelt ein aktuelles Problem oder Thema, kaum ist der Film gesendet, dreht sich das öffentliche Interesse. Der Streifen liegt wie Blei im Keller, ist nicht mehr einsetzbar. Oder ein Film über eine wahre Begebenheit. Dabei können Persönlichkeitsrechte verletzt werden. Der Film kann nicht gezeigt werden, weil ein Gericht ihn deswegen verbietet. Der Anspruch auf ein **Wiederholungshonorar** ist dann nicht das Papier wert, auf dem er steht. In diesen Fällen macht es Sinn, wenn sogar der Autor einen Buyout fordert, allerdings ist es richtig, wenn dem Risiko beim Honorar Rechnung getragen wird.

447 Generell ist aber ein Vertrag mit Nutzungsvergütung dem Buyout vorzuziehen. Er ist fairer, weil er den Autor am Erfolg seiner Arbeit beteiligt – genauso wie am Misserfolg. Er ist einfach zu handhaben. Er erspart späteren Streit um Nachforderungen, wenn der Verwertungserfolg außergewöhnlich ist.

448 Der Hinweis der Buyout-Verfechter auf amerikanische Verhältnisse ist auch aus ihrer Sicht wenig hilfreich. Dort kommt es nämlich – anders als den bisher in Deutschland praktizierten Verhältnissen – nicht zum Totalverlust von Rechten und Beteiligungen, anders als dies immer wieder behauptet wird, denn die Basic Agreements der Guilds sichern, dass die Autoren bei der Weiterverwertung ihrer Werke angemessen beteiligt werden. Das kann bei uns nun durch die gemeinsamen Vergütungsregeln nach § 36 UrhG ähnlich werden.

B. Herstellung des Films

Außerdem muss der Buyout ja keineswegs total sein. Wer heute einen Buyout-Vertrag vorgelegt bekommt, kann versuchen, ihn in verschiedener Weise zu modifizieren.

Angesichts der grossen Zukunftsunsicherheit empfiehlt sich eine **zeitliche Begrenzung**. Eine Frist von zehn bis 15 Jahren ist vernünftig. Danach kann man entweder neu über einen weiteren Buyout verhandeln oder auf eine Nutzungsvergütung übergehen. Die Rechte bleiben im Stock des Verwerters, seine Anfangsinvestition war nicht so hoch und der Autor hat eine weitere Perspektive, finanziell an dem Erfolg seines Werks beteiligt zu sein.

Praktiziert wird auch eine räumliche Beschränkung des Buyout, beispielsweise auf den deutschsprachigen Raum. Auslandsverkäufe müssen dann gesondert je nach Nutzung abgerechnet werden. Oder man beschränkt die Verwertung auf den Konzern des Verwerters, so dass alle Verkäufe nach „draußen" (z.B. bei Fernsehproduktionen von RTL an den ORF) zusätzlich honoriert werden müssen.

8. Tarifvertragliche Vorgaben

Derzeit werden, nicht zuletzt wegen der Änderungen des Urhebervertragsrechts die Tarifverträge mit dem ZDF und einigen ARD-Anstalten neu verhandelt. Über die (bei Redaktionsschluss kurz bevorstehenden) Abschlüsse informieren VS, Ver.di und VDD ihre Mitglieder und möglicherweise auf Anfrage auch Nichtmitglieder. Die Sender werden ohne weitere Aufforderungen oder Abstriche die neuen Tarifabschlüsse ihren Vertragsangeboten zugrunde legen. Aber, um es noch einmal zu wiederholen, bei größeren Produktionen ist der Direktvertrag Sender/Autor eher die Ausnahme.

9. Was im Autorenvertrag zu regeln ist

9.1. Definition des Projekts

Beide Vertragsparteien müssen ein grosses Interesse daran haben, das Vertragsziel, also die genaue Beschaffenheit des bestellten Werks möglichst präzise zu beschreiben, denn damit wird festgelegt, wie das fertige Produkt aussehen soll, das dann abgenommen werden muss.

Dazu gehören zunächst einmal belanglosere Faktoren wie eine umfangmäßige Festlegung des Werks. Gerade bei Vorformen kann aber durchaus streitig werden, ob beispielsweise ein Exposé von einer halben Seite geeignet ist, einen Sender zu überzeugen oder ob es zwischen sieben und zehn Seiten sein sollen, die der Redakteur braucht, um sich einen Film vorstellen zu können. Natürlich wird auch bei Drehbüchern die Länge des geplanten Films festgeschrieben.

Präsentationen für Serien und Reihen bestehen normalerweise aus einer umfangreichen – teilweise weit ins Biographische reichenden Beschreibung der Haupt- und Nebenfiguren sowie ihrer Beziehungen zueinander, sie bestehen aus dramaturgischen Erwägungen zu typischen Erzählstrukturen und nicht zuletzt aus Stoffskizzen oder gar ausgeschriebenen Exposés. Im Extremfall wird sogar ein ausformuliertes Pilotbuch gefordert.

456 Selbstverständlich hat der Produzent einer Serie einen juristisch haltbaren Anspruch darauf, dass seine Serienhelden im Drehbuch die Hauptrolle spielen und nicht zu Nebenfiguren verkümmern. Andererseits pocht der Autor auf seine künstlerische Gestaltungsfreiheit. Manchmal wünscht der Produzent oder der Sender eine Fortentwicklung der Charaktere einer Serie, in anderen Fällen beharrt man peinlich auf der Fortführung eines einmal erfolgreichen Serienmodells. Schon diese Aspekte gehören in den Vertrag. Wichtig ist auch für die **Zweckbestimmung des Werks**, ob ein Buch für Kino, Fernsehen oder Serie und für welchen Sendeplatz bestellt wird.

457 Auch wenn allenfalls diffuse Rechtsfolgen daran zu knüpfen sind, wer Schöpfer der Grundidee für einen Film oder eine Serie war – der Autor, der Produzent oder der Redakteur – empfiehlt es sich, auch diesen Aspekt in einer Vorbemerkung des Vertrags festzuhalten. Damit entsteht wenigstens eine moralische Pflicht, so etwas wie einen Ideenschutz zu respektieren.

458 Die inhaltliche Beschreibung, was entstehen soll, ist naturgemäß schwierig, zumal sie nach der Rechtsprechung so konkret wie möglich sein soll. Dazu empfiehlt sich die ausdrückliche Einbeziehung vorliegender Vorarbeiten. Das kann eine Ideenskizze für ein Exposé, ein Exposé für ein Treatment oder ein Buch sein. Je konkreter die Figuren ausgestaltet sind und je besser der Handlungsablauf ersichtlich ist, umso präziser ist die Zweckdefinition. Wer zu den Autoren gehört, die schon aufgrund eines „Pitchs" einen Vertrag erhalten, sollte eine Ideenskizze fertigen und sie zum Vertragsbestandteil machen. Entstehen im Stadium der Vertragsverhandlungen Diskussionen darüber, so ist dies eher nützlich als schädlich, denn die Debatten zeigen, dass es noch konzeptionelle, technische oder inhaltliche Unstimmigkeiten gibt. Werden sie nicht ausgeräumt, können sie vielleicht bei der Abnahme des Werks zu Schwierigkeiten führen.

9.2. Übertragung der Rechte

459 Im Normalfall verlangt der Besteller, dass der Autor ihm im Vertrag antizipiert alle erst an dem fertigen Werk entstehenden Rechte überträgt. Gleichgültig ob Rechte optioniert oder übertragen werden, ihre genaue Aufzählung ist urheberrechtlich notwendig. Denn üblicherweise wünscht der Besteller des Werks eine möglichst umfangreiche Übertragung, die weit über die gesetzlichen Verfilmungsrechte (§ 88 URG) hinausgeht.

460 Am liebsten würden die Verwerter sogar alle bis dato unbekannten oder technisch noch nicht ausgereiften Verwertungsformen mit einschließen. Entstehen neue attraktive Verwertungsformen, wie beispiels-

weise in den 80er und 90er Jahren des letzten Jahrhunderts, so möchten sie möglichst schnell und effizient am Markt handeln können und – insbesondere in den notwendigen Experimentierphasen – möglichst wenig für die Rechte zahlen. Umgekehrt haben die Autoren ein Interesse daran, in diesem Fall neu zu verhandeln und vernünftige Konditionen zu erzielen. Aus Gründen des Autorenschutzes ist de lege lata die **Einräumung von Nutzungsrechten** an noch nicht bekannten Nutzungsarten nicht möglich. Eine entsprechende Vereinbarung ist unwirksam (§ 31 Abs. 4 UrhG).

Beiden Vertragsparteien ist eines gemeinsam: Sie wünschen sich eine möglichst intensive Nutzung des Films und seine optimale Verbreitung und Auswertung. Deswegen spricht auch aus Sicht der Autoren grundsätzlich nichts gegen eine umfangreiche Rechteübertragung – allerdings unter zwei Voraussetzungen: 461

Die erste ist, dass der Verwerter, der sich die Rechte übertragen lässt, auch wirklich in der Lage ist, diese effizient zu nutzen. 462

Die zweite Voraussetzung: Mit Recht verlangt der Autor eine angemessene Beteiligung an den Erlösen. Dem letztgenannten Aspekt trägt nach neuem Vertragsrecht § 32 UrhG verbindlich Rechnung. Dennoch sollte aus Autorensicht eine Klausel im Zusammenhang mit der Rechtsübertragung in den Vertrag aufgenommen werden, die inhaltlich der Regelung des § 32 des Entwurfs entspricht: Für jede Nutzung eine angemessene Vergütung. Man kann es nicht oft genug wiederholen! 463

Zurück zum ersten Aspekt: Jeder Verwerter, der umfangreich Rechte einkauft, muss sich selbstverständlich die Frage gefallen lassen, ob er in der Lage ist, die ihm übertragenen Rechte zu vermarkten. Dies gilt insbesondere für jene Rechte, die mit dem eigentlichen Filmmarketing nicht nur am Rande zu tun haben, etwa das Merchandising oder das Recht, aus dem Drehbuch einen Roman zum Film zu entwickeln. Nur der soll Rechte übertragen bekommen, der dem Autor ein schlüssiges Konzept für deren Nutzung vorlegt. Es macht beispielsweise kaum Sinn, Merchandising-Rechte im Zusammenhang mit einem „kleinen Fernsehspiel" zu veräußern. Dennoch findet man die Klausel inzwischen in fast allen Formularverträgen. 464

Es ist grundsätzlich besser, sinnlose Klauseln zu streichen, als sie mitzuschleppen. Die Vertragsparteien sollten nicht einfach einen wuchernden Rechtekanon – oft als allgemeine Geschäftsbedingungen dem Vertragswerk beigefügt – ungelesen abhaken. 465

Der Verwerter sollte sich außerdem selbstkritisch die Frage stellen, was er eigentlich mit den ihm übertragenen Rechten konkret anzufangen gedenkt. Andererseits muss der Autor wissen, ob er überhaupt eine eigene Vermarktungschance hat, wenn er bestimmte Rechte, z.B. das Recht ein Buch zum Film zu verfassen, zurückbehält. **Abstriche im Rechtekanon** machen Sinn, wenn der Autor später eine Chance sieht noch einmal neu verhandeln zu können oder selbst mit dem Recht etwas anfangen kann, et- 466 wa ein Buch zum Film bei einem Verlag herauszubringen, ohne dass der Verwerter daran finanziell beteiligt wird, was auch fair ist, denn er hat mit dem Verfassen des Buchmanuskripts nicht zu tun.

9.3. Einfache oder ausschließliche Nutzungsrechte

467 Das Gesetz unterscheidet in § 31 URG zwischen einfachen und ausschließlichen Nutzungsrechten. Beim einfachen Nutzungsrecht kann der Autor weitere Nutzungsrechte an Dritte erteilen, beispielsweise den Stoff neben einem Einzelfilm auch noch in einer Serienepisode verwerten. Hat er dagegen einem Produzenten ein ausschließliches Recht eingeräumt, ist nur der Produzent zur Nutzung berechtigt und niemand anderer.

468 Es kann jedoch sinnvoll sein, im Einzelfall nur ein einfaches Nutzungsrecht zu übertragen, wenn durch die parallele Nutzung dem gemeinsamen Projekt kein Schaden entsteht, beispielsweise, wenn der Stoff im fremdsprachlichen Ausland in einer Serienepisode verwendet wird.

9.4. Verträge ohne antizipierte Rechteübertragung

469 Es gibt nicht wenige Autoren, die sich erst im Laufe der Arbeit an dem Werk entfalten können. Der Verfasser dieses Beitrags sagt oft warnend, er sei kein Exposéautor, sondern Drehbuchautor. Seine Drehbücher haben mit den ursprünglichen Exposés oft wenig zu tun. Alle vertraglichen Festlegungen und Konkretisierungen muss ein solcher Autor als unliebsame Fessel empfinden, als eine Behinderung seiner kreativen Arbeit. Diesem Konflikt bei der Vertragsformulierung Rechnung zu tragen ist schwierig, denn weder Produzent noch Sender werden dem Autor eine Carte blanche geben und kein Autor wird sich vollständig dem Qualitätsurteil seiner Partner ausliefern wollen. Natürlich ist vieles Vertrauenssache! Sicherlich ist eine angemessene erste Rate bei Vertragsschluss ein faires Entgegenkommen, falls der Autor andererseits die Rechte an seinem Werk antizipiert überträgt und einer Bearbeitung zustimmt. Einige Autoren wählen einen anderen, radikaleren Weg, wenn sie sich der Qualität ihres Werks sicher sind: Sie übernehmen das gesamte Stoffentwicklungsrisiko und behalten die Rechte bis zur Abnahme in der Hand. Dann entscheiden sie selbst am Schluss der Arbeit, welche Zugeständnisse sie inhaltlich und konzeptionell machen wollen und wo ihre Grenzen sind.

470 Der Vertrag muss in diesem Falle eine klare Formulierung enthalten, dass die Rechte erst nach Abnahme des Drehbuchs und Zahlung des vollen vereinbarten Honorars auf den Besteller übergehen. Meist ist bei einer solchen Konfiguration, die übrigens auch viele Theaterverlage vereinbaren, allenfalls eine geringe Rate auf das Drehbuchhonorar vor der Schlussabnahme durchzusetzen. Im Gegenzug zum finanziellen Risiko besitzt der Autor allerdings auch die Lufthoheit bei der Stoffentwicklung und letztlich alle Rechte. Wenn ein Buch wirklich gut ist, findet es auch einen anderen Interessenten.

B. Herstellung des Films

Der Bestellerseite muss in einem solchen Fall daran liegen, den Autor 471
vertraglich zu binden, damit er nicht während der Stoffentwicklung die
Pferde wechselt. Am besten legt man dazu fest, dass die Entwicklung (des
für das Projekt hinreichend konkret bestimmten Stoffes) ausschließlich
zwischen den Vertragsparteien erfolgt und vor der Entscheidung über die
Abnahme das Drehbuch keinem Dritten ohne Zustimmung des Bestellers
angeboten oder an ihn veräußert werden darf. Verbinden kann man diese
Klausel mit einer Option auf die entstehenden Rechte am Drehbuch. Beides sind aus Autorensicht wiederum gute Argumente dafür, ein gewisses
finanzielles Engagement der Bestellerseite zu verlangen, obwohl ihr noch
nicht von Anfang an alle Rechte übertragen werden.

9.5. Zeitliche Begrenzung der Rechteübertragung

Hierzu ist den Autoren dringend zu raten. Wirklich gute Stoffe sind 472
selten. **Wiederverfilmungen** sind nicht unüblich. Man bedenke darüber
hinaus, dass Kino- wie Fernsehfilme aktueller Produktion oft eine relativ
kurze Halbwertszeit haben. Sehen wir von dem in Deutschland leider seltenen Fall ab, dass ein Kinofilm wirklich an der Kasse reüssiert, so wird er
vielleicht noch einmal im Hauptabendprogramm eines Fernsehsenders gespielt, ein weiteres Mal in der Nacht oder in einem der Dritten Programme. Einige wenige Auslandsverkäufe folgen in der Regel. Dann ist der
Film zumindest aus dem öffentlichen Bewusstsein verschwunden. Wenn
weitere Verwertungen möglich sind, so allenfalls noch als Kaufvideo oder
in Randbereichen. Aus Sicht des Autors ist der Stoff damit „durch" – aber
er ist noch nicht „tot", wenn die Stoffidee auch einen zweiten Anlauf trägt.

Im Zweifel räumt ihm das Gesetz ein Recht zur Wiederverfilmung nach 473
zehn Jahren ein (§ 88 Abs. 2 URG). Dem Produzenten oder Sender als
Rechteinhaber bleibt dann immer noch das einfache Nutzungsrecht an
dem bereits gedrehten Film. Aber das Gesetz ist vertraglich disponibel.
Autoren mit einer starken Verhandlungsposition wie auch Bühnenverleger und Agenten vereinbaren Laufzeiten zwischen sieben und fünfzehn
Jahren für das exklusive Recht. Auch Tarifverträge sehen Befristungen vor.
Fair ist es, wenn die Parteien für den Fall der möglichen Wiederverfilmung
eine Option auf eine Zusammenarbeit vereinbaren.

9.6. Räumliche Begrenzung der Rechteübertragung

Deutschland wird zunehmend auch im Fernsehen zum Exporteur, des- 474
halb ist es immer sinnvoller, wenn sich die Verwerter die Auslandsrechte
sichern wollen.

In traditionellen Fernsehverträgen erwarben die Sender nur die Rechte 475
für den deutschsprachigen Raum, einschließlich Arte. In den letzten Jahren haben die Sender zunehmend versucht, einen Teil der Produktionskosten den Produzenten auch bei Auftragsproduktionen zuzuschieben
und ihnen im Gegenzug dazu gewisse Rechte, darunter einen Teil des Aus-

landsvertriebs zu übertragen. Die Produzenten stehen in diesen Fällen unter dem wirtschaftlichen Zwang, diese Rechte auch auszunutzen. Dies ist eigentlich eine gute Konstellation aus Sicht der Autoren, um einer Ausweitung der räumlichen Rechteübertragung zuzustimmen. Allerdings muss man generell bei **Auslandsverkäufen** strikt auf einer sauberen Abrechnung und Honorierung bestehen, sonst geht man leer aus. Es gibt eine Menge Tricks (siehe Rdnr. 514 ff.), wie die verteilungsfähigen Gewinne heruntergefrisiert werden.

9.7. Honorarhöhe

476 Üblicherweise wird bei den Vertragsverhandlungen über die Gagenhöhe am intensivsten gesprochen. Sie ist für Sender und Produzenten eine wichtige Kalkulationsgrundlage und für den Autor Kern seiner wirtschaftlichen Existenz sowie auch Ausdruck der Wertschätzung für seine künstlerische Arbeit.

477 Spielräume gibt es überall. Sogar dort, wo Tarifverträge bei öffentlich-rechtlichen Sendern bestehen oder wo sich Produzenten auf eigene „Honorarrichtlinien" berufen. Auch wenn gemeinsame Vergütungsregeln nach § 36 UrhG vorliegen, werden die Kollektivvereinbarungen nur Durchschnitts- oder Mindestsätze vorsehen, wie dies auch in den USA erfolgreich praktiziert wird. Bei diesem System können die Beteiligten erkennen, wo die Schmerzgrenze nach unten liegt. Momentan ist die Orientierung sehr viel schwieriger. Denn nichts wird in Deutschland so geheim gehalten wie das Einkommen.

478 Deswegen ist es umso verdienstvoller, dass der VDD (Verband Deutscher Drehbuchautoren) in regelmäßigen Abständen eine anonyme Honorarumfrage durchführt. Die Ergebnisse geben einerseits eine gewisse Richtschnur, sie zeigen andererseits auch eindrucksvoll, wie groß die **Bandbreite der Honorierung** der Drehbuchautoren ist. Man kann sogar davon ausgehen, dass es sowohl nach oben als auch nach unten noch eine gewisse Grauzone gibt, weil einerseits Autoren, die zu Sklavenlöhnen arbeiten, ungern – noch nicht Mal anonym – diesen entwürdigenden Umstand an die große Glocke hängen, genauso wie es einige Stars im Geschäft gibt, die sich nicht in die gut dotieren Verträge schauen lassen, zumal in diesen Fällen oft von der Seite der Besteller vertraglich strikte Verschwiegenheit vereinbart wird.

479 Große Namen unter den Autoren geben sich nicht mit den üblichen Senderhonoraren im Fernsehen zufrieden. Üblich ist in diesen Fällen die Vereinbarung eines Bonus, der einmalig gezahlt wird, also nicht wiederholungsfähig ist, meist fällig am ersten Drehtag. Das Problem liegt oft darin, dass sich der Sender weigert, diese Sonderzahlung zu akzeptieren. Meist beißen die Produzenten dann in den sauren Apfel und bezahlen den Bonus dem Erfolgsautor aus der eigenen Tasche, um den Film produzieren zu können.

Weil die Produzenten den Drehbuchvertrag dem Sender vorlegen müssen, wird das **Zusatzhonorar** oft nicht in den Vertrag aufgenommen, sondern in einem Sideletter zusätzlich vereinbart. Der Autor sollte unbedingt darauf bestehen und sich nicht auf einen Handschlag verlassen. 480

Es gibt Versuche, Boni für Erfolgsautoren als Recherchehonorar zu deklarieren, um sie auf diesem Weg doch noch in die Produktion bringen zu können. Davon ist im Interesse der Vertragsklarheit und Vertragswahrheit abzuraten. 481

9.8. Mehrwertsteuer

Das Problem: öffentlich-rechtliche Rundfunkanstalten sind nicht mehrwertsteuerpflichtig. Viele öffentlich-rechtliche Sender weigern sich deshalb die Mehrwertsteuer in die Kalkulation mit einzubeziehen. Sie vereinbaren Bruttohonorare mit dem Ergebnis, dass der Autor die von ihm ans Finanzamt abzuführende **Mehrwertsteuer** alleine tragen muss. Bei dem derzeitigen Satz von 7 % vermindert sich das vereinbarte Honorar entsprechend. Wer mit Sendern direkt abschließt, muss diesen Punkt im Auge haben. Es gibt allerdings Sender, die auf das vereinbarte Honorar die Mehrwertsteuer vergüten, ohne sie selbst bei der Steuer gelten machen zu können. 482

Bei Filmförderungsinstitutionen sind die Darlehen Bruttobeträge. Es wird aber die Meinung vertreten, diese Darlehen seien überhaupt nicht mehrwertsteuerpflichtig, so dass der Autor auch keine 7 % an den Fiskus abführen muss. Wer das Geld sparen will, muss sich mit seinem Finanzamt einigen. 483

Alle privaten Sender sowie die Produktionsfirmen, gleichgültig in welcher Rechtsform, sind mehrwertsteuerpflichtig. Hier vereinbart man üblicherweise immer nur Nettohonorare, zu denen die Mehrwertsteuer hinzugerechnet wird. Dies ist in der Privatwirtschaft auch kein Thema, weil die Mehrwertsteuer als durchlaufender Posten gebucht wird. Bei der Vertragsformulierung sollte man dennoch klarlegen, dass zu dem vereinbarten Honorar die Mehrwertsteuer in der jeweils geltenden gesetzlichen Höhe hinzugerechnet wird. 484

9.9. Reisekosten

Auch wenn es üblich ist, dass Sender und Produzenten die Reisekosten des Autors tragen, sollte man diesen Punkt in den Vertrag aufnehmen, um die Sache klarzustellen. Zu den Reisekosten gehören auch die Auslagen für Taxi und Übernachtung. 485

Hier muss auch die Komfortfrage gestellt werden. Die amerikanischen Drehbuchautoren haben in ihren Minimumstandards die Benutzung der ersten Klasse festgelegt, auch in Flugzeugen. Auch bei Bahnreisen unter 250 km sollten die Autoren auf der ersten Klasse bestehen. 486

Ein weites Feld sind die Hotels. Vernünftig ist, wenigstens die Kategorie eines Hotels festzulegen oder – das wird praktiziert – einen Pauschal- 487 betrag zu vereinbaren, wenn der Autor auf einem teuren Hotel besteht, der Produzent aber nur zwei Drittel des Zimmerpreises bezahlten will.

9.10. Recherchekosten

488 Es muss ja nicht gleich ein Einsatz „undercover" sein, wenn ein Autor auf Recherche geht. Oft ist es nützlich, zur Vorbereitung eines Krimis einmal bei der Kripo zu hospitieren, andere Filmstoffe erfordern erhebliches Quellenstudium, den Besuch von Archiven oder Gerichtsverhandlungen, Gespräche mit Zeugen usw.

489 Die Frage ist, wer dafür die **Kosten** trägt. Nur selten stellen sich Produzenten und Sender auf den doch etwas abwegigen Standpunkt, das sei alleine Sache des Autors. Denn das Drehbuchhonorar – das muss immer wieder ins Gedächtnis gerufen werden – wird nicht für Recherchen oder für die Arbeit des Autors an seinem Buch bezahlt, sondern ausschließlich für die Übertragung der Rechte daran und deren Nutzung.

490 Gehen wir im Weiteren davon aus, dass der Produzent oder der Sender die Kosten der Recherche übernimmt. Klar sind dann die Reisekosten, die wie die Reisen zu Drehbuchbesprechungen abgerechnet werden. Diskutiert werden aber üblicherweise zwei Punkte:

491 Der Produzent hat ein Interesse an einer möglichst effizienten Recherche. Sie muss auch gründlich sein. Recherchefehler können teuer zu stehen kommen. Deswegen müssen Zweck und Umfang der Recherche im Vertrag möglichst konkret beschrieben und festgelegt werden.

492 Das zweite Problem ist die Honorierung des Zeitaufwandes des Autors für die Recherche. Es gibt Autoren, die für ihren Aufwand einen Tagessatz 750 € bis 1.000 € berechnen. Dies ist keineswegs überzogen, denn wenn der Produzent eine andere Person mit der Recherche beauftragt, muss er dessen Zeitaufwand auch finanzieren, die Größenordnung ist also realistisch. Bei der Autorenrecherche haben beide Seiten den Vorteil, dass der Autor selbst vor Ort ist. Die dort gesammelten Eindrücke sind intensiver und fruchtbarer für das Projekt als die Lektüre eines Berichts.

9.11. Quotelung und Fälligkeit der Honorarzahlung

493 Für die Risikoverteilung bei der Stoffentwicklung kann die Fälligkeit der Honorare von entscheidender Bedeutung sein. Je später der Fälligkeitszeitpunkt festgelegt wird, umso besser für den Produzenten; von früherer Fälligkeit profitiert der Autor. Denn wenn ein Projekt ins Stocken gerät oder einem anderen Autor die Fortsetzung der Arbeit übertragen wird, behält der Produzent regelmäßig die noch nicht fälligen Zahlungen ein. Juristisch ist praktisch kaum etwas dagegen zu machen. Andererseits ist es nicht gebräuchlich, dass gezahlte Honorare vom Autor zurückerstattet werden. Die Vereinbarung dieses Punktes stößt selten auf Schwierigkeiten.

494 Üblich ist es, dass das **Honorar** (auch beim Buyout-Vertrag) **in Raten** bezahlt wird. Wer nach einer fairen Regelung sucht, orientiert sich an den

B. Herstellung des Films

Realisierungsabschnitten des Projekts. Weil der Autor meistens erhebliche Vorleistungen für das Zustandekommen des Projekts erbracht hat, kann er mit Recht auf Zahlung einer ersten Rate bei Vertragsschluss bestehen. Das gilt auch für Exposéverträge, denn ohne einen ersten Aufriss einer Idee – und sei es nur gepicht – kommt kein Exposévertrag zustande. Seriöse Produzenten honorieren mit dieser ersten Abschlagszahlung ihren Autor und motivieren ihn damit gleichzeitig.

Bei Verträgen über **Vorformen des Drehbuchs** (Exposé/Treatment) hat sich eine **zweimalige Fälligkeit** eingebürgert. Die erste Rate ist bei Vertragsschluss fällig. Wann die zweite Rate fällig wird, ist Verhandlungssache und von nicht unentscheidender Bedeutung. Vereinbart man nämlich Fälligkeit bei Ablieferung eines Exposés, so muss die Zahlung erfolgen, auch wenn das Exposé nicht den Wünschen des Auftraggebers entspricht. Ist dagegen die Abnahme des Exposés der Fälligkeitszeitpunkt, so können die hinlänglich bekannten Probleme bei Verzögerung des Projekts, bei dessen inhaltlicher Veränderung u.Ä. auftauchen. Kommt es in diesem Punkt bei den Vertragsverhandlungen zu Meinungsverschiedenheiten, so kann man die zweite Rate noch einmal teilen; die erste ist dann fällig bei Ablieferung, die zweite bei Abnahme. 495

In **Drehbuchverträgen** ist eine **Dreiteilung des Honorars** üblich. Eine darüber hinausgehende mehrfache Teilung ist in letzter Zeit aber immer häufiger anzutreffen. Sie sollte aber nur in wenigen Ausnahmefällen akzeptiert werden, weil sie fast immer zu Lasten des Autors geht. Untersuchen wir zunächst die Dreiteilung: 496

Aus denselben Gründen wie beim Vorformenvertrag ist die erste Rate bei Vertragsabschluss üblich. 497

Für die Zahlung der zweiten Rate sind die verschiedensten Zeitpunkte denkbar, der früheste ist die Ablieferung des Rohdrehbuchs, der in der Praxis späteste ist die Abnahme des Drehbuchs. Die Spannweite für die dritte Rate liegt zwischen der Abnahme des drehfertigen Buches und dem ersten Drehtag, im Extremfall bis hin zur Uraufführung oder Erstsendung. 498

Da die meisten Produzenten – auch die Auftragsproduzenten im TV-Sektor – die Produktionskosten vorfinanzieren müssen und meist eine erste große Abschlagszahlung am ersten Drehtag erhalten, ist die Neigung nur zu verständlich, auch bei einwandfreiem Ablauf der Projektentwicklung die Fälligkeit so spät wie möglich zu vereinbaren. 499

Der Standpunkt des Autors ist ebenso nachvollziehbar: Er will sein Geld, wenn die Arbeit geleistet ist. Juristisch ist üblicherweise ja auch nach Abnahme einer Leistung die Gegenleistung (Zahlung) fällig, so dass sehr viel dafür spricht, spätestens bei der Abnahme des drehfertigen Buches die letzte Fälligkeit zu positionieren. 500

Ähnliches gilt für die zweite Rate. Bei verständiger Würdigung der Interessen beider Seiten sollte der Zeitpunkt so gewählt sein, dass die Be- 501 teiligten weitgehend sicher sein können, dass sie auf dem richtigen gemeinsamen Weg sind – und das ist üblicherweise bei der Abnahme der ersten Fassung der Fall. Erfahrene Verwerter erkennen zu diesem Zeitpunkt, ob das Buch Zukunft hat oder nicht. Die Zukunftsfähigkeit sollte dann aber auch honoriert werden.

502 Die weitere **Quotelung der Raten** ist, wie schon erwähnt, fast immer ungünstig für die Autoren. Gelegentlich wird aber beispielsweise das Ansinnen gestellt, die ersten beiden Raten je zu einem Viertel des vereinbarten Honorarsatzes und erst am Schluss die fehlende Hälfte auszuzahlen. Hier ist unschwer erkennbar, dass sich das Risiko der Stoffentwicklung erheblich Richtung Autor verschiebt, zumal dann, wenn die Fälligkeit der letzten Rate für einen sehr späten Zeitpunkt vereinbart ist.

503 Betrachtet man den Gang der Herstellung eines Drehbuchs, so müsste man eher zu einer umgekehrten Zahlungsweise kommen, denn bei normalem Ablauf der Stoffentwicklung steht das Werk mit seinen Figuren, der Handlung und der Gesamtkonzeption bereits mit der ersten Fassung. Zwar greifen die Veränderungen in den folgenden Fassungen gelegentlich in die Struktur des Buches ein, sie werfen aber nicht alles über den Haufen, so dass ein neues Buch geschrieben werden müsste.

504 Es mag sein, dass sich jüngere Autoren mit einem noch nicht ausgewiesenen Oeuvre eher entgegenhalten lassen müssen, Produzent oder Sender müssten vorsichtig sein. Dennoch ist es den Nachwuchsautoren gegenüber nicht fair, ihnen das Risiko der Projektentwicklung anzulasten. Bei einschlägigen Podiumsdiskussionen betonen Sender – auch die privaten Sendeunternehmen und die Produzenten – wie wichtig der Nachwuchs ist und stellen oft heraus, wie viel Geld und Arbeitskraft sie in die Entwicklung neuer Begabungen investieren. Das muss sich auch in den konkreten Drehbuchverträgen abbilden.

9.12. Quotelung und Fälligkeit beim Buyout

505 Bei Buyout-Verträgen ist die Fälligkeitsfrage noch differenzierter. Obwohl alle Rechte in Bausch und Bogen abgekauft werden, unterscheidet man oft zwischen einem (fiktiven) Erstsendehonorar und einer Abfindung für die übertragenen Rechte. Von dieser Aufteilung haben nach altem Steuerrecht die Autoren profitiert, weil für Abfindungen nur der halbe Steuersatz zu entrichten war. Dieser Aspekt ist de lege lata entfallen, und es ist zweifelhaft, ob er in Zukunft wieder eine Rolle spielen wird.

506 Gleichwohl könnte eine solche Aufteilung zwischen Sendehonorar und Abfindung für Rechte mit Blick auf den neuen Bestsellerparagrafen (§ 32a UrhG) Sinn machen. Unterstellt der Autor eines mehrfach im Fernsehen wiederholten Films macht Nachforderungen geltend, dann braucht der Richter im Streitfall auch einen Bezugsrahmen, um einerseits zu ermitteln, ob ein „auffälliges Missverhältnis" zwischen Buyout-Summe und „den Erträgen aus der Nutzung des Werkes" besteht und andererseits hilft die

B. Herstellung des Films

Vereinbarung eines (fiktiven) Erstsendehonorars, um im Erfolgsfall einer Klage die Höhe der fälligen Nachzahlung zu bestimmen. Eine unrealistisch zu niedrige oder zu hohe Fixierung dieses Betrags dürfte angesichts der Angemessenheitsklausel in § 32 UrhG unwirksam sein.

Da es beim Buyout um große Summen geht, ist die Frage umso drängender, wer in welcher Phase das **finanzielle Risiko** der Stoffentwicklung trägt. Die Vorstellungen liegen oft meilenweit auseinander. Angeboten wurde schon, das fiktive „Sendehonorar" zu dritteln und ein Drittel nach Vertragsschluss, ein Drittel nach Abnahme der ersten Fassung und ein Drittel bei Abnahme des Buches zu bezahlen oder sogar noch weiter zu quoteln. Der restliche Anteil des Buyouts wurde dann noch in drei weitere Teile zerlegt, das erste Drittel fällig am ersten Drehtag, das zweite Drittel bei Sendung/Uraufführung und schließlich das letzte Drittel zwei Jahre nach Vertragsschluss. 507

Eine solche Konstruktion ist unfair und abzulehnen. Unterstellt, es kommt zu einer Trennung nach der ersten Fassung, auch wenn diese schon weit gediehen ist, so erhält der Sender alle Rechte für Kleingeld und kann danach für ein weiteres Kleingeld das Buch durch einen Dritten bearbeiten lassen. 508

Um zu einer fairen Regelung zu kommen, muss man auf die Natur des Buyout-Vertrags zurückgreifen: Für eine **einmalige Zahlung** wird ein enormes Rechtepaket übertragen. Das ist ähnlich wie beim Kauf. Dem Nutzungshonorar entspricht dagegen die Miete. 509

Vielleicht hilft ein Beispiel zum Verständnis weiter: Wer ein Auto mietet, bezahlt den Preis je nach Umfang der Nutzung. Das ist ganz ähnlich wie beim Nutzungshonorar im Urheberrecht. Braucht man einen Wagen nur für ein Wochenende, dann zahlt man auch nur dieses Wochenende. Kauft man dagegen das schöne Cabriolet, dann ist der volle Preis fällig. Dem Hersteller ist es beim Kauf egal, ob das Auto in der Garage steht oder täglich 500 km fährt, der Umfang der Nutzung ist alleine Sache des Käufers. Der Gesamtpreis wird folglich nach Lieferung fällig und nicht irgendwann. 510

Damit wird klar, dass es keinen anderen letzten Fälligkeitszeitpunkt bei Buyout-Verträgen über Rechte geben kann, als den der Abnahme des Buches. Der Autor hat seine Leistung erbracht, die Rechte sind übertragen, es gibt keinen Grund, Zahlungen zurückzuhalten. 511

Die **Auftraggeber** vereinbaren gerne Buyout-Verträge, weil sie sich davon nicht unerhebliche **Vorteile** versprechen. Deswegen müssen sie auch bei der Fälligkeit und der Stoffentwicklung ins Risiko gehen. Spätestens nach der Abnahme der ersten Fassung muss deswegen ein Drittel des Honorars bezahlt werden. Denn im Streitfall verliert der Autor jeglichen Anspruch auf einen (u.U. einmalig guten) Stoff. Wer ein solides Vertrauensverhältnis begründen will, sollte sogar die Hälfte der ersten Rate bereits beim Vertragsschluss anbieten. 512

513 Die **Fälligkeit** der zweiten Rate muss sich nach dem Fortgang der Arbeiten richten. Es mach Sinn, sie spätestens dann fällig zu stellen, wenn weitere drei Fassungen geliefert sind. Schafft der Autor es nicht in drei Fassungen seine Arbeit so weit zu bringen, dass die Abnahme absehbar ist, so ist das Buch dennoch schon so weit gediehen, dass die Bezahlung der zweiten Rate angemessen ist, auch wenn sich dann die Wege trennen, denn für eine bloße Schlussbearbeitung eines schon weit gediehenen Buches durch einen Dritten ist ein Buyout-Honorar von 33,3 % mehr als angemessen. In dieser Konfiguration riskiert der Auftraggeber auch nichts, denn die von ihm aufgewendete Summe bleibt im Ergebnis dieselbe.

9.13. Beteiligung an Umsatz oder Gewinn des Verwerters

514 Gelegentlich werden – insbesondere beim Auslandsvertrieb – Beteiligungen am Verwertungsergebnis angeboten. Das ist im Grunde zu begrüßen. Indes muss auf die Details des Beteiligungsmodells geachtet werden.

515 Von einer **Nettoerlösbeteiligung** spricht man, wenn der Verwerter seine Kosten vorher abziehen darf, bevor der Autor eine Beteiligung erhält. Die Erfahrung in zahlreichen Fällen zeigt, dass mit dieser Klausel gerne Schindluder getrieben wird. „Forrest Gump" ist ein ungemein erfolgreicher Film. 1998 hatte er weltweit schon über 650 Mio. $ eingespielt. Trotzdem warten die Kreativen, die eine Erlösbeteiligung auf Netto-Basis vereinbart haben, heute noch auf ihr Geld. Die Produktionsfirma rechnet astronomische Kosten, nicht zuletzt für den erfolgreichen Vertrieb, dagegen und behauptete noch 1998 mit über 50 Mio. $ bei diesem Projekt trotz der hohen Umsätze in den Miesen zu stecken. Wirtschaftsprüfer könnten das zwar anders sehen, aber Prozesse sind bekanntlich lang, risikoreich und teuer.

516 Deshalb die dringende Empfehlung, eine Beteiligung am Umsatz **ohne Abzug von Kosten** zu vereinbaren und dafür lieber eine geringere Beteiligungsquote zu akzeptieren. Eine solche Klausel muss mit einer Abrechnungs- und Offenlegungspflicht des Verwerters gekoppelt werden. Ein anderer Weg: Die Vereinbarung einer Kostenpauschale (25 % sind angemessen) und nach deren Abzug eine prozentuale Beteiligung an den Erlösen.

9.14. Ablieferung des Werks

517 Hier werden gerne Fristen vereinbart, die in der Praxis dann eine Rolle spielen, weil entweder der Drehtermin (meist nach vorne) verlegt wird oder der Autor ohnehin zu langsam arbeitet. Vernünftig ist eine Art Rahmenvereinbarung mit der Möglichkeit, durch Bestätigungsschreiben konkrete Ablieferungsfristen festzulegen. Wenn es darauf ankommt, den Autor zur Pünktlichkeit anzuhalten, ist ein Bestätigungsschreiben mit einem **konkreten Termin**, der vorher vereinbart wurde, wirksamer als die Klausel in einem Vertrag, der schon längst abgeheftet ist.

9.15. Verzug und Verzugsfolgen

Nichts ist ärgerlicher als ein Autor, der nicht pünktlich liefert, oder ein 518
Auftraggeber, der nicht pünktlich zahlt. Deswegen müssen die Fälligkeiten der Leistungen so präzise wie möglich bestimmt werden, sie sollten auch nicht nach mehreren Terminänderungen in der Luft hängen. Deswegen empfiehlt es sich, mit **Bestätigungsschreiben** zu arbeiten.

Rechtstechnisch ist bei einer datumsmäßig fixierten Leistung die Über- 519
schreitung der Frist sofort verzugsauslösend. Das Gesetz gibt der Gegenseite einen ganzen Kanon von Reaktionsmöglichkeiten; leider passen die nicht immer auf das doch sehr persönliche und kreative Verhältnis zwischen Autor und Auftraggeber.

Es ist deswegen üblich, dem säumigen Autor eine angemessene **Nach-** 520
frist einzuräumen. Auch hierüber sollte man bei den Vertragsverhandlungen in allem Ernst diskutieren. Dass man realistische Zeiträume vereinbart sollte, ist klar.

Beim **Zahlungsverzug** ist die Sachlage anders. Die schärfste Sanktion 521
ist die Vereinbarung von Strafzinsen bei Verzug. Ansonsten sind in dieser Fallkonstellation die Folterwerkzeuge des BGB ausreichend, ohne dass es zusätzlicher vertraglicher Bestimmungen bedürfte.

9.16. Abnahme

Der Autor hat seine Arbeit beendet. Das Exposé, das Treatment oder 522
die letzte Drehbuchfassung liegt vor. Nun geht es um die **Abnahme**. Juristisch ist sie definiert als die Annahme der vereinbarten Leistung als „im Wesentlichen fehlerfrei". Produzent oder Sender erklären damit, dass das Werk ihren Vorstellungen und Wünschen entspricht. Der Autor atmet durch und schickt die Rechnung.

Darüber, wann ein künstlerisches Werk abgenommen werden muss, 523
entsteht oft Streit. Anders als beim normalen Werkvertrag, wird dem Künstler ein eigener gestalterischer Spielraum zuerkannt, so dass der Besteller das Werk möglicherweise auch dann abnehmen muss, wenn ihm das Ergebnis nicht gefällt. Er hat die urheberrechtliche Gestaltungsfreiheit des Autors in gewissen Grenzen zu respektieren und kann die Abnahme des Werks nicht einfach mit der Begründung ablehnen, dass ihm das Drehbuch nicht gefällt, und die Zahlung des Honorars verweigern. Es mag Fälle geben, in denen die Verweigerung mutwillig geschieht, um sich um die Honorierungspflicht zu drücken – doch das ist eher die Ausnahme. Wenn es Schwierigkeiten gibt, dann meistens, weil das Ergebnis inhaltlich den Vorstellungen der Besteller nicht entspricht. Indes, der Autor ist nicht bedingungslos in der Hand seiner Partner, was das Qualitätsurteil anbelangt. Er hat einen gesetzlichen Anspruch auf Abnahme. Dieser darf wegen „unwesentlicher Mängel" nicht verweigert werden.

524 Überhaupt ist der Begriff der „**Mangelhaftigkeit**" eines künstlerischen Werks nicht unproblematisch. Wie oft kommt es vor, dass ein Autor zutiefst von der Stimmigkeit seiner Dialoge überzeugt ist und der Redakteur sie einfach nur platt findet. Schon früh hat der Bundesgerichtshof in einer Entscheidung dem Besteller eines Werks das Risiko der künstlerischen Freiheit aufgebürdet. Es ging um ein Kirchenfenster, das dem Gemeindevorstand nach Lieferung nicht gefiel. Indes, so das Gericht, die künstlerischen Abweichungen von den Vorstellungen des Bestellers gehören wesensmäßig zur Kunst. Das gilt auch beim Film.

525 Eine weitere Schwierigkeit ergibt sich daraus, dass man sehr wohl streiten kann, was unter einem „**unwesentlichen Mangel**" eines Drehbuchs (§ 640 Abs. 1 BGB) zu verstehen ist. Oft kam die Rechtsprechung (bei inzwischen veränderter Rechtslage) nicht zu eindeutigen Ergebnissen, indem sie – im Grunde systemwidrig – gewisse Reduktionen bei der Honorierung im Streitfall anerkannte, ganz leer ging der Autor selten aus. Dies wäre nur dann der Fall, wenn er mit seiner Arbeit das Vertragsziel überhaupt verfehlt, beispielsweise wenn statt einem Krimi eine Liebesgeschichte geliefert wird. Tippfehler werden unwesentlich sein, doch darum geht es üblicherweise nicht.

526 Wer ein Drehbuch ablehnen will, der sammelt Munition. Und die Fantasie manchen Auftraggebers ist durchaus beachtlich. Fest steht, dass es umso einfacher ist, die Abnahme zu verweigern, je freier der Besteller in der Definition dessen ist, was er sich eigentlich vorgestellt hat. Diese Spielräume ergeben sich nahezu zwangsläufig, wenn man die Vertragsziele nicht präzise definiert (siehe „Definition des Projekts").

527 Die Rechtsprechung legt zunehmend schärfere Maßstäbe bei der Darlegung der Mängel im Streitfall an. Allgemeine Formulierungen wie „trotzdem müssen wir die erheblichen Mängel noch einmal feststellen" oder „die Figurenzeichnungen der Serienhelden und Episodenfiguren, der Erzählfluss und Rhythmus der Dialoge" seien mangelhaft, genügen nicht. Da verlangt das Gericht schon die Rüge **konkreter Mängel** und die Darlegung der Abweichung von Soll und Ist-Beschaffenheit bei der Arbeit des Autors. Eine konkrete Gegenüberstellung von Vorgabe bei Auftragserteilung und Mängel im Buch ist notwendig, die einfache Missbilligung des Werks reicht nicht aus.

528 Dieser etwas eingehendere Blick auf die Rechtslage erscheint notwendig, um plausibel zu machen, weshalb man bei der Formulierung des Autorenvertrags unbedingt Wert auf eine möglichst genaue Definition des Vertragsziels legen muss.

9.17. Nachbesserung und Bearbeitung

529 Es ist sinnvoll, diese beiden Fälle terminologisch wie auch in der Sache scharf zu trennen: Die Nachbesserung eines Werks wird vom Autor selbst vorgenommen. Die Bearbeitung erfolgt durch einen Dritten.

B. Herstellung des Films

Damit berühren wir einen der neuralgischsten Punkte bei der Zusam- 530
menarbeit zwischen Autor und Auftraggeber: Das Skript ist abgeliefert
und es gibt inhaltliche Probleme. Zwei Auswege führen es aus dem Dilemma: Entweder der Autor liefert eine nachgebesserte weitere Fassung
oder er wird ausgetauscht, und jemand anderes übernimmt die Bearbeitung. Gerade der letztgenannte Fall führt oft zu emotionalen und erbit-
terten Auseinandersetzungen. Der Autor fühlt sich von seinem Werk ent-
eignet, im schlimmsten Fall betrogen. Die Auftraggeber sind enttäuscht
vom Ergebnis der Arbeit des Autors, verunsichert und trauen ihm den erforderlichen Quantensprung bei der Stoffentwicklung nicht mehr zu.
Andererseits ist der Autor dazu bereit, aber nicht um jeden inhaltlichen
Preis.

Hier sind klare vertragliche Abmachungen hilfreich und emotionsmin- 531
dernd. Fair ist es, dem Autor, dem man zu Beginn der Zusammenarbeit ein
großes Vertrauen entgegenbringt, eine echte Chance einzuräumen. Deswegen gehört es zum Grundbestand der Autorenverträge, dass dieser berechtigt und verpflichtet ist, eine gewisse Anzahl (mindestens drei) Fassungen des Drehbuchs zu erarbeiten.

Die Praxis zeigt, dass danach allerdings eine klare Entscheidung herbei- 532
geführt werden muss, ob sich die Wege trennen, falls das Ergebnis nicht
akzeptiert wird. Die siebte Fassung ist selten besser als die erste.

Die Entscheidung über die **Beendigung der Zusammenarbeit** muss 533
der Auftraggeber treffen. Er hat sie, ähnlich wie bei der Verweigerung der
Abnahme (die Fälle lassen sich ohnehin nicht sauber trennen), genau zu
begründen. Auch an dieser Stelle ist auf die Wichtigkeit einer präzisen Definition des Projekts hinzuweisen.

Ist das Vertrauen bei den Vertragsverhandlungen noch nicht so stabil, 534
weil die Partner noch nicht zusammengearbeitet haben, so kann man auch
festlegen, dass nach der Besprechung der einzelnen Fassungen des Buches
die Änderungswünsche ebenfalls schriftlich niederzulegen sind. Manchmal hilft an dieser Stelle auch ein **Bestätigungsschreiben**. Das Ganze ist
nicht so bürokratisch, wie es auf den ersten Blick scheint. Der Zwang, Bedenken und Einwände schriftlich zu formulieren führt oft zu einer Syste-
matisierung und weiteren Klärung der Einwände und ist damit auch für
die Stoffentwicklung selbst sehr effizient.

Trennen sich die Wege, dann ist das Skript für die Bearbeitung frei. Für 535
die Bearbeitung (wie übrigens auch für die Nachbesserungsverlangen) gibt
es eine Grenze, nämlich die der Verletzung des Urheberpersönlichkeitsrechts, das ja bekanntlich vom Urheber nicht veräußert oder eingeschränkt werden kann. Deshalb ist ein ausdrücklicher vertraglicher Vorbe-
halt nicht notwendig, aber auch nicht schädlich. Ein neuer § 93 UrhG
schützt nun auch den Drehbuchautor vor „gröblicher Entstellung" seines
Werks und „gröblicher Beeinträchtigung" seiner Leistung. Dass dies in
der Praxis eher als Aufforderung zum Eingriff in das Werk denn als Mah-

nung zur Rücksicht verstanden werden wird, ist im Gesetzgebungsverfahren schon eingewendet worden – ohne Erfolg.

536 Wo liegt die Grenze **unzulässiger Eingriffe** und Veränderungen? Im Streitfall kann dies nur ein Richter nach gründlicher Prüfung aller Fassungen eines Drehbuchs und einem genauen Vergleich mit dem Resultat der Überarbeitung entscheiden. Vor Gericht gibt es jede Menge Argumente, die sich konkret mit Text und Inhalten des Buches, seinen Intensionen, der Handlung und den Figuren auseinandersetzen – schön wäre dennoch, diese Argumente schon in der Drehbuchentwicklung auszutauschen.

537 Für den Fall der **Bearbeitung durch einen Dritten** sind noch zwei andere wichtige Punkte vertraglich zu regeln: die Honorierung und die Urhebernennung.

538 In den Vereinigten Staaten haben die Guilds für diese Frage Ausschüsse mit Kollegen eingerichtet, die unter Ausschluss des Rechtswegs entscheiden. Das gibt es bei uns nicht, es ist aber gut zu wissen, wie man dort vorgeht: Man prüft sehr genau alle Werkstadien (einschließlich Exposé) und vergleicht die vorgenommenen Änderungen miteinander. Setzt man das drehfertige Buch gleich 100 %, so kann man ermitteln, wie hoch der Anteil des Bearbeiters an der gesamten Arbeit an dem Skript war. Dies ist notwendigerweise ein quantitativer Ansatz. Aber Geld hat auch einiges mit Quantitäten zu tun. Qualitative Aspekte werden ebenfalls berücksichtigt, etwa von wem die Grundidee stammt, wer die Hauptcharaktere geschaffen hat und wer das Projekt auf den Weg gebracht hat. Auf diese Weise wird vom Ausschuss ein Prozentsatz ermittelt, mit dem der oder die Autoren des Buches am Honorar beteiligt sind.

539 Bei dieser Form von erzwungenen Autorengemeinschaften sollte in Deutschland zudem festgelegt werden, dass die Anteile an den Ausschüttungen der Verwertungsgesellschaften der Quotelung der Honorare entspricht. Man vermeidet Streit bei der Anmeldung der Ansprüche bei der VG Wort.

540 Bei den **Credits** gehen die Guilds so vor, dass der Autor mit den größten inhaltlichen Anteilen den (in großer Typografie erscheinenden) Hauptcredit erhält. Danach folgen die Kollegen entsprechend ihren quantitativen Anteilen, gelegentlich auch in der Reihenfolge ihrer Arbeit am Buch.

541 Das System taugt grundsätzlich auch für die deutschen Verhältnisse und wäre rechtlich als ein Schiedsgutachten zu bewerten.

9.18. Gewährleistung

542 Mit der Abnahme des Drehbuches erklärt der Auftraggeber zwar das Werk als im Wesentlichen mängelfrei, in der Vertragspraxis werden dem Autoren jedoch einige darüber hinaus gehende Garantien abverlangt.

B. Herstellung des Films

Es ist selbstverständlich, dass der Autor unbeschadet der Abnahme 543
durch den Auftraggeber für die Originalität seines Werkes ebenso haften
muss wie dafür, dass es nicht anderweitig mit Rechten belastet oder gepfändet ist. Heftig umstritten ist aber, wie weit die Gewährleistung für
Persönlichkeitsrechtsverletzungen geht. Besonders relevant ist diese
Frage bei Stoffen, die nach realen Ereignissen entwickelt werden.

Die Crux: Das Drehbuch wird normalerweise nicht veröffentlicht, es 544
erzeugt also nicht aus sich selbst heraus Rechtsverletzungen. Der Film
kann aber sehr wohl in Persönlichkeitsrechte eingreifen mit der Folge,
dass entweder umgeschnitten oder dass nachgedreht werden muss oder –
schlimmstenfalls – der Film nie gezeigt werden kann und im Archiv verschwindet. Auch fahrlässige Verletzungen von Persönlichkeitsrechten
lösen neben diesen Unterlassungsansprüchen auch Schadensersatzansprüche aus.

Der Autor trägt die entstehenden Kosten ganz oder teilweise, wenn er 545
sich auf eine vertragliche Gewährleistung für die Nichtverletzung von
Persönlichkeitsrechten gegenüber dem Auftraggeber eingelassen hat. In
der Vergangenheit haben insbesondere die Fernsehsender versucht, dieses
Risiko nicht nur vollständig dem Autor aufzubürden, sondern neben der
Freistellung von allen Ansprüchen noch obendrein die Übernahme aller
Prozesskosten blanko und im Voraus von ihm zu verlangen.

Dies ist aber im höchsten Maße unbillig. Der Autor darf und kann 546
dieses Risiko nicht eingehen. Denn in den üblichen Drehbuchverträgen
ermächtigt er seine Vertragspartner zu Bearbeitung des Skripts in den
Grenzen des Urheberpersönlichkeitsrechts. Indes, auch innerhalb dieser
Grenzen können erhebliche Rechtsverletzungen vorkommen. Der Autor
hat keinerlei Einfluss auf Inszenierung und Schnitt, er nimmt den Film
auch nicht ab, weshalb er für das Endergebnis rechtlich auch nicht gerade
stehen kann. Umgekehrt argumentieren die Sender, sie könnten anhand
des Skripts nicht die Entscheidung treffen, ob Rechtsverletzungen überhaupt möglich sind, denn normalerweise recherchiere alleine der Autor
selbst den Ausgangsfall. Dem ist entgegenzuhalten, dass es nicht auf die
Recherche und deren Ergebnisse, sondern auf die konkrete Ausführung
des Films ankommt.

Eine **Kompromisslinie** lässt sich dort finden, wo gemeinsame Interes- 547
sen liegen. Meistens ist es ja der Sender, der die oft hochbrisanten und zuschauerträchtigen Reality-Stoffe zeigen will. Niemand, auch nicht der Autor, intendiert Rechtsverletzungen. Bei der Garantieklausel kann es also
nur darum gehen, Rechtsverletzungen zu minimieren und die Verantwortlichkeiten klar zu definieren.

Zu diesem Zweck ist es unabdingbar, dass im Vertrag der reale Hinter- 548
grund des Stoffs exakt beschrieben wird. Zweitens wird der Autor sich zur
Offenlegung seiner Recherche und zum uneingeschränkten Zugang des
Produzenten oder des Senders zu deren Ergebnissen, den Materialien und

auch zu den Quellen (mit Ausnahme des journalistischen Quellenschutzes) verpflichten müssen. Man kann ihm auch auferlegen, eine zusammenfassende Darstellung der Recherche aus seiner Sicht zu fertigen.

549 Sender und Produzent übernehmen dann die Verpflichtung, die Recherche und deren Materialien sowie die sich daraus ergebenden Biografien der am realen Ausgangsfall beteiligten Personen mit dem Buch und später mit dem Film zu vergleichen. Denn nur aus einem solchen Vergleich kann überhaupt die Möglichkeit bzw. das Risiko einer Persönlichkeitsrechtsverletzung destilliert werden. Dies ist aber letzten Endes eine Rechtsfrage, bei der es keine hundertprozentig richtigen Ergebnisse geben kann. Auch ein Anwalt wird nicht dafür haften, dass, trotz eines vergleichenden Rechtsgutachtens, das zu keinen Beanstandungen führt, nicht doch einer der Betroffenen gegen den Film klagt.

550 Schließlich muss man auch an eine **Verpflichtung des Autors** denken, auch unabhängig von seinem Urheberpersönlichkeitsrecht oder anderen Rechten auf Verlangen seiner Vertragspartner Änderungen am Skript vorzunehmen, falls das Risiko einer Persönlichkeitsrechtsverletzung besteht.

551 Mehr kann aber der Auftraggeber nicht verlangen. Der Sender kann aus nahezu denselben Gründen sich auch nicht am Produzenten schadlos halten. Das Hauptrisiko muss am Ende der Verwerter des Films tragen.

552 Diese verschachtelt erscheinende Konstruktion trägt den Belangen aller Seiten Rechnung und vermindert Rechtsverletzungen, die ja von niemandem beabsichtigt sind. In diesem Zusammenhang noch ein praktischer Hinweis: Inzwischen ist das Risiko von Persönlichkeitsrechtsverletzungen auch versicherbar. Voraussetzung ist ein **anwaltliches Gutachten**. Vielleicht kann auch eine solche Versicherung Gegenstand einer Garantievereinbarung im Autorenvertrag sein.

9.19. Mitspracherechte des Autors

553 Hier geht es um den Titel der Produktion, den Regisseur, die Besetzung und vielleicht sogar um andere Aspekte wie Kamera oder Ausstattung und Werbemaßnahmen für einen Film. Letzteres ist im Kino besonders wichtig.

554 Es gibt gute Gründe dafür, den Autor an einigen grundsätzlichen Entscheidungen zu beteiligen – wie z.B. bei der Festlegung des **Filmtitels**: Nicht immer sind die Titel, die den Marktstrategen einfallen, auch wirklich gut. Manche führen eher zu unerwünschten Lacherfolgen beim Publikum, oder wie soll man sonst eine (realisierte) Titelidee wie „Schlage weiter kleines Kinderherz" einschätzen, fast noch getoppt durch „Ein Frauenherz läuft Amok". Autoren sind kreative Leute. Vielleicht fällt dem Drehbuchschreiber etwas Besseres ein? Umgekehrt verbindet der Autor seinen guten Namen mit der Produktion und sollte sich nicht für deren Titel schämen müssen.

B. Herstellung des Films

Autoren, die sich während der Drehbuchentwicklung der Kritik des Regisseurs und der Diskussion praktisch jeder Zeile ihres Skripts stellen, ja z.T. sogar ausliefern, haben ein nachvollziehbares Interesse daran, auch zumindest ein Vetorecht hinsichtlich des Regisseurs zu vereinbaren. Kluge Verwerter zwingen einen Autor auch nicht in eine Zusammenarbeit mit einem Regisseur, mit dem er schlechte Erfahrungen gemacht hat. 555

Wer sich von Verwerterseite gegen Mitspracherechte der Autoren wendet, verkennt die Chance, die darin liegt. Es kann schon von Interesse sein, zu erfahren, welchen Schauspieler sich der Autor beim Schreiben seiner Figuren vorgestellt hat. Und mancher erfahrene Autor bringt sogar eigene wertvolle Kontakte zu Regisseuren oder Schauspielern mit, die es ermöglichen, gesuchte Namen mit ins Boot zu holen. 556

Dennoch ist es keineswegs üblich, dass der Autor zu den eingangs aufgezählten Punkten auch nur gefragt wird. Wer Mitentscheidung will, muss das in den Vertrag aufnehmen. 557

Ausgangspunkt ist die Vereinbarung einer Informationspflicht des Vertragspartners. Ohne eine rechtzeitige Benachrichtigung über bevorstehende Entscheidungen ist eine Mitsprache kaum möglich. Je nach Stärke der Position des Autors kann er ein Mitspracherecht als **verbindliche Mitentscheidungsbefugnis**, als Vetorecht oder als eine für den Auftraggeber unverbindliche Anhörungspflicht vertraglich ausgestalten. 558

9.20. Anwesenheitsrechte des Autors

Der Autor sollte vertraglich gewährleisten, dass er zu drei wichtigen Ereignissen eingeladen wird: der Abnahme von Rohschnitt und fertigem Film sowie zur Pressevorführung. 559

Die **Schnittabnahmen** sind ein heikles Terrain. Regisseure entwickeln eine merkwürdige Scheu davor, insbesondere bei der Abnahme des Rohschnitts den Autor zu sehen. Denn in diesem Stadium steht die Arbeit des Regisseurs auf dem Prüfstand des Auftraggebers. Es gibt immer Anregungen und Kritik, manchmal sogar regelrechte Verrisse. Regisseure, die gerne und ausführlich das Drehbuch kritisch analysieren und sich darauf (zu Recht) etwas zu Gute halten, fühlen sich oft durch die Anwesenheit des Autors bloßgestellt. Auch die Autoren liefern sich in gewisser Weise aus, wenn sie ihr Skript zur Diskussion stellen – und sie profitieren oft genug davon. Umgekehrt ist es genauso. Der offene und kritische Diskurs in allen Phasen ist ein Garantiefaktor für einen guten Film. Autoren sollten ihrerseits aber die Rohschnittabnahme nicht dazu benutzen, soweit wie möglich „ihr" Werk, das sie beim Schreiben im Kopf hatten, wiederherzustellen. 560

Kluge Sender, Produzenten und Regisseure müssten geradezu darauf bestehen, den Autor bei der **Rohschnittabnahme** geduldig und sorgfältig anzuhören; denn von allen Beteiligten ist er normalerweise der einzige, der keine oder nur wenige Muster gesehen hat, und der nur selten am Drehort 561 war. Er hat deswegen einen unbeeinflussten Blick auf den Film. Er kennt das Skript sehr genau und bringt zudem eine hohe kreative Kompetenz mit. Kann man sich einen besseren Berater wünschen?

562 Wer gegen die Anwesenheit des Autors ist, sollte bedenken, dass dieser üblicherweise kein Vetorecht hat, es sei denn, der Film verletzte sein Urheberpersönlichkeitsrecht. Doch in dem letztgenannten Fall ist den Verursachern des Problems nicht damit geholfen, wenn der Einwand später kommt und vielleicht überhaupt nichts mehr zu reparieren ist.

563 Autoren, die nicht die Einladung zur Schnittabnahme durchsetzen können oder wollen, sollten aber unbedingt darauf bestehen, kurzfristig danach eine VHS-Kassette vom Rohschnitt zu bekommen, um sich mündlich oder schriftlich dazu zu äußern.

564 Für die **Abnahme der sendefertigen Fassung** gilt sinngemäß dasselbe, wenngleich die Konfliktpotenziale hier meist erheblich geringer sind.

565 Bei Kinofilmen ist es obligatorisch, bei Fernsehfilmen für die Primetime nicht unüblich, dass die Presse zu einer Vorführung gebeten wird. Diese Termine beginnen mit einem Fotoshooting der Darsteller, dann gehen die Fotojournalisten und die Programmjournalisten kommen. Verbunden mit einem kleinen Imbiss wird der Film gezeigt, die Zeit danach nutzt man zu Interviews und Hintergrundgesprächen. Aus Sicht der Verwerter stehen die Stars im Mittelpunkt dieser Veranstaltung. Von ihnen erwartet man eine große Attraktion auf das Publikum: faces make money.

566 Selbstbewusste Autoren nutzen den Auftritt der gesamten Mannschaft, eigene **Pressekontakte** zu knüpfen und sich als wesentlichen, an dem Film beteiligten Künstler, ins Gespräch zu bringen oder im Gespräch zu halten. Wer darauf nicht verzichten will, vereinbart ein entsprechendes Anwesenheitsrecht. Bei prominenteren Autoren legen die Verwerter übrigens auch selbst Wert darauf, sie der Presse präsentieren zu können.

9.21. Urhebernennung

567 Der Gesetzgeber trägt keineswegs nur Eitelkeiten Rechnung, wenn er den Urhebern das Recht gibt, ihr Werk mit ihrem Namen zu bezeichnen. Jeder, sei es Sender oder Produzent, der den Urhebern dieses Recht beschneiden will, sollte sich prüfen, wie er selbst reagiert, wenn er im Film nur unzureichend genannt wird. Die **Credits** haben die eingangs erwähnte emotionale Funktion, darüber hinaus sind sie eine Art geschäftliche Visitenkarte und eine solide Informationsquelle für das Publikum. So gehört der Kampf um die Credits im Film zum alltäglichen Ärger.

568 Bei den Haupturhebern des Films und dem Autor kann nicht streitig sein, dass sie genannt werden. Allerdings das „Wie" ist die Frage. Vertragliche Regelungen müssen hier Klarheit schaffen. Denn die Interessenlagen sind wieder einmal relativ kompliziert.

569 Im Kino hat sich in der Tradition des Autorenfilms eingebürgert, dass der Regisseur die alleinige Haupturheberschaft an dem von ihm belichte-

ten Streifen reklamiert und deswegen auf der Formulierung „ein Film von" besteht. Aus den Staaten importiert ist schließlich die Formulierung „ein Klaus-Müller-Film". Die Konfliktlinie verläuft zwischen dem Regisseur und den anderen Urhebern, wobei die Produzenten fast immer auf Seiten ihrer Regisseure stehen. Sie liebäugeln generell mit dem amerikanischen Copyright, das ihnen die zentrale Stellung bei der Entstehung und Vermarktung des Films einräumt. Inzwischen stehen die **Produzenten-Credits** in US-Filmen an noch prominenterer Stelle als die der Autoren. Von der Sache her trifft es aber einfach nicht zu, dass der Regisseur der hervorgehobene Haupturheber des Films ist, so dass er auch das ganze Werk für sich reklamieren und signieren darf. Die Rechtslage in Deutschland trägt dem auch Rechnung.

Ein realistisches Verhandlungsziel für die Autoren in deutschen Produktionen kann durchaus darin bestehen, die zu Recht als diskriminierend empfundene Formulierung „ein Film von" oder gar „ein Klaus-Müller-Film" vertraglich zu untersagen. Unerlässlich ist dann allerdings eine Klausel, die dem Vertragspartner die Verpflichtung auferlegt, auch den Regisseur an diese Form der Credits rechtlich zu binden. Die Praxis zeigt nämlich, dass sich gelegentlich Produzenten dazu verpflichten, diskriminierende Credits zu unterlassen, sie aber dann doch verwenden mit der entwaffneten Bemerkung, ihr Verbot sei beim Regisseur nicht durchsetzbar gewesen. Denn wenn erst einmal das begehrte Drehbuch oder der begehrte Stoff rechtlich in der Tasche ist, ändern sich die Perspektiven gerne – das ist nur zu menschlich. 570

Im TV liegt die Sache etwas anders: Zu Zeiten des klassischen Fernsehspiels galt der Drehbuchautor als Haupturheber des Films. Die Formulierung „ein Film von" galt dem Autor. Doch dieses (ebenso sachlich unrichtige) Privileg ist längst dahin. Zumindest dann, wenn der Regisseur das Drehbuch geschrieben hat, ist inzwischen die Formulierung „ein Film von ..." auch im Fernsehbereich anzutreffen. Standard sind aber getrennte Credits: „Buch ..." und separat davon „Regie ...". Eine solche Trennung wird im TV-Bereich relativ leicht durchsetzbar sein. 571

Während im Kino schier endlos Platz für Namen und Funktionen im Abspann ist, versuchen die Sender im Fernsehen die Schlusstitel so stark wie möglich zu komprimieren. Credits gehören nicht zum unterhaltsamen Teil; der Griff der Zuschauer zur Fernbedienung und damit Quoteneinbußen drohen. Deswegen hat man zunehmend die Credits an den **Anfang der Filme** verlegt, ursprünglich in der Intension die künstlerischen Mitarbeiter im Vorspann zu nennen, die Technik im Abspann. Schauspieler, Regisseure, aber auch prominente Autoren haben relativ schnell durchgesetzt, zusätzlich im Abspann genannt zu werden. Damit kommen sie zweimal vor. Das ist auch vernünftig, denn wer zu spät einschaltet, erfährt bei der Trennung zwischen Kreativen (Vorspann) und Technikern (im Abspann) weder die Darsteller, noch Regisseur oder Autor. Diese Infor- 572 mationen sind beileibe nicht nur für das Fachpublikum relevant und interessant.

573 Man sollte sich keinesfalls auf die Formulierung „Nennung in senderüblicher Weise" einlassen, denn was „senderüblich" ist, entscheidet nicht der Autor. Der qualifizierte Autor wird vielmehr darauf pochen, im Vor- und Abspann genannt zu werden. Ein wichtiges Argument ist die Gleichbehandlung. Denn die Doppelnennung ist für Regisseure heute praktisch Standard. Das sollte ebenso für die Autoren gelten.

574 Lässt sich der Produzent – weil der Sender sich beispielsweise nicht festlegt – allerdings die Option offen, wie die Urhebernennung im Einzelnen erfolgen soll, so empfiehlt sich zu vereinbaren, dass der Autor gleichberechtigt mit dem Regisseur zu nennen ist, und dass eine Formulierung wie „ein Film von …" oder Ähnliches nur statthaft ist, wenn auch hier Autor und Regisseur gleich behandelt werden.

575 Ganz besonders misstrauische Autoren legen noch fest, dass sie mit ausgeschriebenem Vornamen zu nennen sind und in gleicher Schriftgröße und Schriftart wie die Regisseure. In der **Reihenfolge der Nennung** hat es sich eingebürgert, dass der Autor vor dem Regisseur genannt wird. Dagegen ist nichts einzuwenden. Die demgegenüber unangemessene Herausstellung des Produzenten in Schrift und Farbe, teilweise mit Firmenlogo, ist abzulehnen. Sie entspricht nicht europäischem Standard und ist einer der vielen kleinen falschen Schritte in Richtung Copyright-Welt.

9.22. Mitsprache von Schauspielern

576 *Robert de Niro* ist ein genialer Schauspieler; nur waren die Filme Flops, bei denen er sich Mitsprache am Buch erkämpft hatte. Diese kleine Episode kennzeichnet das Problem: Zunehmend wollen **prominente Darsteller** auch schon bei der Buchentwicklung (und nicht erst rechtswidrigerweise am Set) ein Mitspracherecht, aber das führt zu verzwickten Problemen.

577 Das ebenso unzutreffende wie verbreitete Gejammere, es gäbe keine guten Drehbücher, ist ein schneller Vorwand für die Begehrlichkeit, auf das Buch einwirken zu dürfen. Zu Recht kämpfen die Autoren (und Regisseure) dagegen. Dabei geht es schon ein wenig darum, sich gegen kränkende Unterstellungen zu wehren und auch darum, dass Drehbücher nicht automatisch besser werden, je mehr Leute hineinreden; das Ganze hat einen zusätzlichen Haken: Jeder Schauspieler hat die eigene Rolle besonders im Auge; der von ihm verkörperte Charakter wird sehr intensiv wahrgenommen, oft findet sogar eine persönliche Identifikation mit der Rolle statt. Wie oft hört man Darsteller von der Rolle reden, als seien sie es persönlich. („Nachdem ich mich in die Frau verliebt habe, bringe ich sie um!") Dass dabei die Ideen oft nur so sprudeln, ist ein gutes Zeichen für Engagement; aber gehören sie unbedingt auch ins Drehbuch? Neue Figuren zu erfinden ist meistens viel einfacher, als die vorhandene Rolle genau zu interpretieren; und mancher Autor und manche Regisseurin bezeich-

B. Herstellung des Films

nen es nicht ganz zu Unrecht als Flucht vor der Rolle, wenn Schauspieler anfangen, an ihrer Filmfigur herumzubasteln.

Mit der zentralen Wahrnehmung der eigenen Rolle korrespondiert bei Schauspielern meist die Unfähigkeit, auf die Orchestrierung der Charaktere im Skript achten zu können. Konkret: Wo Autor und Regisseur den Film als Ganzes im Blick haben, konzentriert sich der Schauspieler auf seine Rolle. Sie ist aber nur Bestandteil des Ganzen. Der Schauspieler ist die interpretierende Instanz, nicht die schöpfende. 578

Es ist kein Vorwurf, nur eine Feststellung, dass Eitelkeiten zusätzlich belastend wirken können. Beispielsweise hat ein nicht unbekannter, körperlich sehr gewichtiger deutscher Schauspieler mit dem Hinweis, dass er „dabei schlecht aussehe" es abgelehnt, auch nur seinen Oberkörper zu entblößen, geschweige denn nackt unter die Dusche zu treten, wenn die Kamera läuft. Eine gute Sequenz flog aus dem Drehbuch. 579

Die Einmischung von Schauspielern wird außerdem weitgehend tabuisiert. Welcher Produzent oder welcher TV-Sender gibt schon zu, dass er sich im Zweifel lieber Pressionen von Schauspielern oder ihren Agenten beugt und das Buch ändert, bevor er einen Star verliert? Mir wurde einmal in einem solchen Fall gesagt: „Im Zweifel siegt das Gesicht vor der Kamera." „Siegt auch der Kopf?" war die Gegenfrage. 580

Umso wichtiger ist es, die **Ausschlussklausel** nicht nur in den Autorenvertrag aufzunehmen, sondern dem Vertragspartner die Verpflichtung damit aufzuerlegen, den Ausschluss auch in Verträgen mit den Darstellern zu vereinbaren und dies – falls Zweifel angebracht sind – dem Autor nachzuweisen. 581

Es ist nicht auszuschließen, dass eine solche vertragliche Regelung als Zumutung empfunden wird, weil Produzent oder Sender behaupten, sie seien durchaus Herr im eigenen Hause. Leider gehört es aber zu der Erfahrung besonders in erfolgreichen Serien, dass die Schauspieler sich immer unter Wert verkauft fühlen, selbst wenn die Quote stimmt und die Presse jubelt, weil sie ihre Rolle und sich immer noch nicht ausreichend ausgebaut finden. Sie verlangen immer mehr und immer dominierendere Rollen, bis nichts mehr außer dem Hauptdarsteller zu sehen ist und die Figuren drumherum zu Staffage und Knallchargen verkommen. Es ist wirklich kein böswilliges Gerücht, dass manche Serienhelden serienweise Regisseure und Autoren hinausgemobbt haben und dass so manche erfolgreiche Serie an der Monomanie ihrer Hauptdarsteller zum Schluss gescheitert ist. 582

Angesichts der Macht der Gesichter vor der Kamera mag man zweifeln, ob dem mit Vertragsklauseln begegnet werden kann. Mit Radio Eriwan könnte man antworten: Im Prinzip nein, aber für manchen klugen Produzenten, der Hausherr bleiben möchte, kann ein Autorenvertrag mit einer entsprechenden Klausel zum schlagenden Argument gegen unerwünschte Einflussnahme werden. 583

9.23. Werknutzung durch den Auftraggeber

584   Es gehört zu den Standardkonditionen, dass der Auftraggeber bei der Frage des „Ob" frei ist, wenn es um die Realisierung eines Filmprojekts geht, denn er trägt auch das wirtschaftliche Risiko. Das ist ohne weiteres zu akzeptieren.

9.24. Belegexemplare

585   Eigentlich gehört es sich, dass der Autor eine VHS-Kassette der abgemischten und sendefertigen Fassung des Films erhält. Doch das ist leider nicht die Regel. Nur wer noch nie den Marathonlauf hinter sich gebracht hat, nach der Ausstrahlung seines Films von Sender oder Produzent eine technisch einwandfreie **VHS-Kassette** als Belegexemplar zu erhalten, wird die Notwendigkeit einer entsprechenden Vertragsklausel bestreiten. Dasselbe gilt im Kinobereich, wo VHS-Kassetten freizügig an Journalisten verteilt werden und sich der Autor gelegentlich der Unterstellung ausgesetzt sieht, ausgerechnet sein Exemplar könne für illegale Kopien genutzt werden, womit man begründen will, warum er keinen Beleg bekommt.

9.25. Vereinbarung über die Besitzstandswahrung

586   In jeden Vertrag gehört eine Klausel, durch die sich der Auftraggeber verpflichtet, keine dem vorliegenden Vertrag widersprechenden Vereinbarungen mit Dritten, namentlich mit Sendern oder Bearbeitern zu treffen, mit denen der Autor schlechter gestellt werden würde. Eine solche Klausel entspricht der Fairness, denn jeder muss sich auch im Verhältnis zu Dritten an dem festhalten lassen, was er unterschreibt.

9.26. Insolvenz des Vertragspartners

587   Nach dem Grundsatz der Relativität der Schuldverhältnisse kann es zu Problemen kommen, wenn der Autor ausschließlich mit dem Produzenten vertragliche Beziehungen eingegangen ist und dieser in Konkurs gerät. Honoraransprüche, auch die auf Wiederholungshonorar, können u.U. in die Masse fallen. Es empfiehlt sich deshalb dringend, im Autorenvertrag mit dem Produzenten eine **antizipierte Abtretung aller Ansprüche** des Produzenten auf Zahlung des Drehbuchhonorars gegen den Sender an den Autor zu vereinbaren.

9.27. Rechtsschutzklauseln

588   Gelegentlich wird verlangt, der Autor solle einseitig auf die Durchsetzung seiner Rechte im einstweiligen Rechtsschutz gegen den Auftraggeber verzichten. Das kommt nicht in Frage. Ein solch einseitiger Verzicht auf Rechtsmittel dürfte unwirksam sein.

9.28. Salvatorische Klauseln

Darunter versteht man abschließende Regelungen, die für das Vertragsverhältnis als solche gelten. 589

Wenn zwei deutsche Partner untereinander einen Vertrag für eine deutsche Produktion abschließen, die hierzulande ausgewertet wird, gilt automatisch deutsches Recht. Dennoch sollte man die Geltung deutschen Rechts ausdrücklich vereinbaren, auch wenn der neue § 32b UrhG im Wesentlichen verhindert, dass der normale Autorenvertrag sozusagen unter „panamesischer Flagge" segelt. 590

Heikel ist die **Vereinbarung der Schriftform**, wie eingangs schon erwähnt. Sie nutzt der Vertragsklarheit, sie wird aber häufig missachtet, weil beide Seiten den Kopf mehr beim kreativen Prozess als bei den vertraglichen Kautelen haben. Wer das Bestätigungsschreiben als Mittel für die Vertragsmodifizierung einsetzt, dürfte grundsätzlich von dem Schriftformerfordernis profitieren. 591

Es ist beliebt, den Gerichtsstand an den Geschäftssitz des Produzenten zu legen, wo er seine Vertrauensanwälte hat. Die Regelung ist – obwohl nach § 38 ZPO unzulässig – gleichwohl relativ unproblematisch, denn die weitaus größere Mehrzahl um die Prozesse um Drehbücher werden von den Autoren gegen die Produzenten oder Sender geführt; dann ist deren Sitz ohnehin der gesetzliche Gerichtsstand. Falls ein Autor von seinem Vertragspartner verklagt wird, hilft die zitierte Vorschrift der ZPO. 592

Üblich und sinnvoll, wenngleich in der Praxis eher unwichtig, ist schließlich die Vereinbarung, dass im Falle der Unwirksamkeit einer Klausel nicht das gesamte Vertragswerk hinfällig ist, sondern dass sich die Parteien auf eine wirksame Klausel verständigen, die wirtschaftlich dem Vertragszweck am nächsten kommt. 593

10. Sonderfälle der Autorenverträge

10.1. Verträge mit Verlagen und Agenturen

Agenten und Theaterverlagen haben selbstverständlich eigene, ebenfalls meist formularmässige Verträge, die sie ihren Autoren vorlegen. Hier geht es weniger um das Prinzip „take it or leave it"; die Verhandlungsspielräume sind größer, namentlich dann, wenn der Vertragspartner Interesse an dem Autor hat. 594

Die Knackpunkte der **Agenturverträge** liegen im vereinbarten Leistungsumfang und der Höhe der Provision für die Agentur. Ideal ist es, wenn die Leistung ihr Geld wert ist. Das kann man nur im Einzelfall beurteilen. Deswegen sollte der Autor auch auf eine differenzierte Darstellung des Leistungsprofils der Agentur bestehen. 595

Die Provision beträgt im Regelfall zwischen 15 und 25 %, wobei ein Autor, der sich 20 % und mehr abziehen lässt, auf eine wirklich optimale Leistung der Agentur oder des Theaterverlags bestehen kann. 596

597 Wer als Autor mit einer Agentur oder einen **Theaterverlag** zusammenarbeitet, wünscht sich im Regelfall nicht nur die Übernahme von Vertragsverhandlungen, Abschluss und Inkasso, er sucht vielmehr einen verlässlichen Partner für das Marketing seiner Stoffideen. Kommt es bei der Entwicklung des Drehbuchs zu Auseinandersetzungen, so kann der Agent als Berater, Vermittler und Schlichter eine wesentliche Rolle an der Seite des Autors spielen. Gerade aber in diesem Bereich sind die Klagen der Autoren in letzter Zeit am häufigsten. Viele fühlen sich von ihren Agenturen in prekären Situationen bei der Stoffentwicklung alleine gelassen, Kritik wird auch wegen mangelndem Engagement beim Angebot und der Vermarktung von Stoffen geäußert. Umso notwendiger ist es, diese Punkte beim Abschluss des Agenturvertrags anzusprechen, auszudiskutieren und die geschuldete Leistung des Agenten möglichst präzise zu beschreiben. Versucht eine Agentur sich in diesen Punkten nicht festzulegen oder sich frei zu zeichnen, ist Skepsis geboten.

598 Autoren, die selbst ihr Marketing im Griff haben und froh sind, wenn nicht noch jemand bei der Stoffentwicklung mitredet, entscheiden sich gerne auch für Agenturen, die sie beim Vertragsabschluss vertreten und die Abwicklung der Verträge betreuen. Von diesen Agenturen muss man genauso eine engagierte Vertretung der Interessen des Autors und eingehende Rechtsberatung erwarten. Daneben gehört es zum Handwerk, ständig über die neuesten Entwicklungen in der Branche und der Vertragspraxis unterrichtet zu sein. Die **Provisionssätze** müssen niedriger liegen als bei den Verlagen oder Agenturen, die auch dramaturgische Betreuung und Marketing leisten.

599 Alle Agenturen gehen eine Art Dauerschuldverhältnis ein, das typischerweise auch das Inkasso umfasst. Die Agentur verpflichtet sich zur Fakturierung und Überwachung des Zahlungseingangs von Sendern oder Produzenten. Da die Zahlungsmoral einerseits und die buchhalterischen Abläufe andererseits in der Praxis immer häufiger zu Zahlungsverzögerungen führen, haben die Agenten insoweit eine besondere Sorgfaltspflicht gegenüber ihren Klienten. Auch dies sollte im Agenturvertrag festgehalten werden. Zum Inkasso gehört weiterhin die Anmeldung der Sendungen bei der zuständigen Verwertungsgesellschaft (**VG Wort**). Diese werden zwar in absehbarer Zukunft dort wenigstens für Deutschland elektronisch erfasst, das ersetzt aber nicht die korrekte Anmeldung der Erstsendung. Die Überwachung der Auslandsverkäufe ist ein kompliziertes und zeitraubendes Geschäft. Auch das gehört zur Pflicht der Agenturen.

600 Unentbehrlich scheint darüber hinaus noch eine möglichst genaue **Festlegung der Verhandlungsziele** beim Vertragsschluss mit Sendern oder Produzenten, wobei allerdings der Autor fairerweise einräumen muss, dass in der Vertragspraxis Abstriche von Forderungen bei Vertragsverhandlungen üblich sind. Deswegen ist es vernünftiger, im Einzelfall in

den Agenturvertrag Limits einzubauen, die der Agent nicht unterschreiten darf, als relativ hochgesteckte Ziele in eine Vertragspräambel zu schreiben.

Diskussionsfähig ist darüber hinaus die Frage, ob nicht gestufte Sätze 601 für die Vergütung des Agenten vereinbart werden können, beispielsweise eine höhere Provision für das Erstsendehonorar, um den relativ hohen Aufwand zu honorieren, den der Start eines Projekts erfordert. Beim Inkasso von Wiederholungs- oder Auslandshonoraren fällt lediglich Buchhaltungsarbeit an. Es ist daher denkbar, dass man in diesem Falle vielleicht im Gegenzug zu einer höheren Vergütung bei der Erstsendung sogar unter die Grenze von 15 % geht. Ähnliches gilt für die Anmeldung bei der VG Wort, wo ja die Verlage einen eigenen Anteil ausbezahlt erhalten.

Genauso wie beim Produzentenvertrag sollte der Autor schließlich 602 darauf achten, dass für den Insolvenzfall vorgesorgt wird. Am besten vereinbart man ausdrücklich, dass die Agentur keinerlei Rechte am Werk des Autors oder seinen Vorstufen erwirbt und alle bestehenden und künftigen Ansprüche gegen Dritte aus der Nutzung der Werke des Autors ohne Zwischenerwerb bei der Agentur an den Autor abtritt, damit im Falle eines Konkurses Honorare nicht Beute des Konkursverwalters werden.

Ein zusätzlicher Hinweis gilt dem Gesetz gegen **missbräuchliche** 603 **Rechtsberatung**, denn die wenigsten Verleger oder Agenten sind Rechtsanwälte oder beschäftigen Anwälte.

10.2. Verträge des Autorenteams

10.2.1. Gesellschafterverträge zwischen Autoren

Im Team zu schreiben ist eine herrliche Sache. Die Einsamkeit des 604 Schriftstellers wird vom dialogischen Prozess abgelöst. So etwas kann ein kreatives Feuerwerk entfachen – es kann aber auch zu ehescheidungsähnlichen Auseinandersetzungen führen.

Genau für diesen Fall ist es notwendig, gewisse vertragliche Eckpunkte 605 zu fixieren, so lange man sich verträgt. Laien sollten wissen, dass kraft Gesetzes und ohne weitere Formalitäten wie beispielsweise einen schriftlichen Vertrag zwei Autoren automatisch eine BGB-Gesellschaft bilden, denn sie haben sich zum Erreichen eines gemeinsamen Zieles zusammengeschlossen. Unser mittlerweile über 100-jähriges BGB sieht in den Paragrafen 705 ff. ein gewisses Grundgerüst von Normen für diese Form von Zusammenarbeit vor. Vieles passt allerdings heute nicht mehr in unsere Zeit und manches ist vom Gesetzgeber eher für wirtschaftliche Unternehmungen als für kreative Teams konzipiert. Deswegen ist es sinnvoll, einen schriftlichen **Gesellschaftervertrag** über eine **BGB-Gesellschaft** abzuschließen. Dabei kommt man fast nicht weiter, ohne anwaltliche Hilfe in Anspruch zu nehmen; ein Notar muss nach den gesetzlichen Vorschriften nicht zugezogen werden.

606 Die Autoren müssen sich beim Abschluss eines Gesellschaftervertrags untereinander über die konkreten Ziele ihrer Vorhaben und deren Konsequenzen klar sein. Dass beide Seiten die Realisierung eines oder mehrerer Filmprojekte anstreben, liegt auf der Hand. Sie sollten möglichst präzise beschrieben werden. Die Diskussion dieser Punkte ist oft hilfreich und klärt die Basis der künftigen Kooperation.

607 Grund für Streitigkeiten ist oft die Frage, wem eine Idee „gehört". Die Antwort darauf ist umso komplizierter, als die Idee als solche urheberrechtlich nicht geschützt ist. Es empfiehlt sich, die Ideen des Teams konsequent als **„Gemeinschaftseigentum"** zu begreifen, denn der Streit, wer letzten Endes diesen oder jenen Einfall hatte, ist oft zeitraubender als die Fertigstellung eines Drehbuchs für einen 90-Minuten-Film. Die Konzeption einer Art von Gemeinschaftseigentum an den einzelnen Beiträgen ist auch dann sinnvoll, wenn eine weitgehende Arbeitsteilung im Team vorgesehen ist, beispielsweise dass der erste Partner für die Handlung zuständig zeichnet, der zweite für die Dialoge, der Dritte für Gags usw. Der Beitrag jedes Einzelnen zum gesamten Drehbuch wird kaum je zuverlässig quantifizierbar sein. Wer eine Zusammenarbeit beschließt, muss mit der mangelnden Trennschärfe in diesen Bereichen leben. Betrachtet man die Kreativität der einzelnen Mitglieder im Team (die oft genug durch die Zusammenarbeit gestärkt wird) als das wahre Kapital der Gesellschaft, so tut man gut daran, gleichmäßig zu teilen, es sei denn es ist von vorneherein klar, dass die Gewichte der Beiträge sich enorm unterscheiden. In diesem Fall muss eine vom gleichen Anteil abweichende Quantifizierung erfolgen, das ist ein Gebot der Fairness. Konsequenterweise müssen dem auch die Stimmrechte innerhalb der Gesellschaft sowie die Verteilung der Erträge folgen.

608 Falls das Team unter einem eigenen Namen firmiert, sollte man ihn fixieren. Man kann sogar an eine **Eintragung als Dienstleistungsmarke** denken.

609 Unerlässlich ist die Festlegung der **Verteilung der Einkünfte**. Im Normalfall wird das, wie gesagt, in gleichen Anteilen geschehen, jede andere Form ist aber genauso denkbar und möglich. Für die Vertragspartner des Autorenteams ist es wichtig, an wen sie Zahlungen leisten. Wird beispielsweise ein gemeinsames Konto geführt, so ist mit der Überweisung darauf die Schuld getilgt, gleichgültig, was später mit dem Geld geschieht. Entscheiden sich die Partner gegen ein gemeinsames Konto, dann erfolgt schuldbefreiende Zahlung nur nach Geldeingang auf dem eigenen Konto des jeweiligen Partners. Bei der Führung eines gemeinsamen Kontos ist das übliche Verfahren, dass die vorhandenen Überschüsse verteilt und ausgezahlt werden. Auch das gehört in den Vertrag, genauso wie die Frage, wer darüber entscheidet, welche Ausgaben Geschäftsunkosten sind und welche privat. Wenn kein Gesellschaftskonto geführt wird, muss man auch alles, was kostenmäßig anfällt, splitten. Allerdings ist die Aufteilerei

von kleinen und kleinsten Beträgen auf der Kostenseite oft zeitraubender als eine ordentliche Buchhaltung des Gesellschaftskontos.

Doch das gemeinsame Konto erzeugt ein anderes Problem: Unabhängig von der Gesellschaftsform haftet ein Unternehmen – also auch eine BGB-Gesellschaft – für die Beiträge zur Sozialversicherung in der Künstlersozialkasse. Sie betragen derzeit ca. 4 % von den an selbständige Künstler (hierzu zählen auch Drehbuchautoren) ausbezahlten Geldern und erbrachten Leistungen (neben Honoraren auch beispielsweise die Erstattung von Reisekosten). Selbstvermarkter, also Drehbuchautoren, die sich selbst gegenüber Sendern und Produzenten vertreten, zahlen diese Abgabe nicht. Wer die 4 % Sozialversicherungsbeiträge sparen will, muss deswegen besondere Sorgfalt auf die Regelung der Zahlungswege legen und Zwischenstationen bei der Gesellschaft vermeiden. Ein **Gesellschaftskonto** kann sich unter diesem Gesichtspunkt als problematisch erweisen. 610

Wird ein Gesellschaftskonto geführt, muss geregelt werden, wer darüber verfügen kann und in welcher Höhe. Die Partner können eine Grenze für Ausgaben vertraglich festlegen, die ein Bevollmächtigter ohne Rücksprache tätigen kann, sagen wir 1.000 €. Dann muss für Ausgaben jenseits dieser Grenze grundsätzlich die vorherige Einwilligung aller Partner eingeholt werden. Auch für geringfügigere Ausgaben sollten gewisse Richtlinien vorgegeben werden, die sich am Geschäftszweck orientieren, um Privates vom Geschäftlichen sauber zu trennen. Man kann auch vereinbaren, dass grundsätzlich Flugreisen und Sachinvestitionen (beispielsweise Computer und Zubehör) unabhängig vom Preis der Einwilligung aller bedürfen. 611

Damit ist das Thema „**Geschäftsführung**" angesprochen. Wer die Geschäftsführung innehat, ist hauptsächlich für die Finanzen zuständig. Man kann entweder einen Kollegen ausgucken, der dies übernimmt und ihm möglicherweise dafür eine gewisse Vergütung bezahlen. Manche Autorenteams wechseln sich einfach jährlich bei Finanzfragen ab. Auch das sollte besprochen und festgeschrieben werden. 612

Weiter muss festgelegt werden, welche **Sachentscheidungen** gemeinschaftlich getroffen werden müssen und welche von wem einzeln verantwortet werden. Es ist sinnvoll, die grundlegenden Entscheidungen einstimmig zu treffen, beispielsweise welchem Sender oder Produzenten das Projekt angetragen werden soll, wie die Verhandlungen geführt werden, wann ein Vertrag abschlussreif ist, wie die Arbeitsverteilung bei der Bearbeitung des Projekts aussieht und wann ein Projekt soweit gediehen ist, dass es abgeliefert werden kann. 613

Die **Vertretungsbefugnis** nach außen, darunter versteht man die Vertragsverhandlungen und -abschlüsse mit Dritten, hauptsächlich Produzenten und Sendern, sollte bei Autorenteams in der Regel gemeinsam wahrgenommen werden, auch wenn u.U. einer oder eine aus dem Team Chefunterhändler/in ist. 614

615 Ein heikles Thema ist das **Stimmrecht bei Gesellschafterbeschlüssen**. Einstimmigkeit beeinträchtigt oft die Entscheidungsfreude. Eine Pattsituation kann noch mehr lähmen. Es empfiehlt sich, nur für Fragen von grundsätzlicher Bedeutung Einstimmigkeit zu vereinbaren, in allen anderen Fällen aber möglichst Pattsituationen zu vermeiden, beispielsweise, indem man verteilte Zuständigkeiten auch bei Einzelentscheidungen definiert und respektiert.

616 Auch wenn es für kleine kreative Teams wie eine unnötige Förmelei klingen mag, eine ordentliche Gesellschafterversammlung pro Jahr sollte man schon abhalten. Als Ladungsformalitäten kann man eine Frist von 14 Tagen und eine schriftliche Mitteilung festlegen. Das erleichtert die Zusammenkunft im Streitfall. Im Übrigen ist aber eine **Gesellschafterversammlung** gerade bei Kreativen oft sehr sinnvoll, weil jenseits der Stoffentwicklung und hektischen Bucharbeit bei dieser Gelegenheit einmal die Gedanken auf Strategie, Organisation und Finanzen gerichtet werden müssen. Es ist vielleicht auch kein schlechter Tipp, über die Beschlüsse ein Protokoll aufzusetzen. Das heftet man dann zum Gesellschaftervertrag, um es hoffentlich nie wieder anzusehen. Es hat ähnliche Funktionen wie der Vertrag, es schafft Vertrauen und sichert die Regeln für eine erfolgreiche Zusammenarbeit.

617 Alle Partner eines Autorenteams müssen sich darüber im Klaren sein, dass sie im Außenverhältnis gegenüber den Vertragspartnern in einem Projekt grundsätzlich **gemeinsam haften** – unabhängig von dem, was im Innenverhältnis vereinbart wurde. Dies bedeutet einerseits ein gemeinsames Einstehen für den Vertragserfolg, andererseits auch die Erfüllung von Nebenpflichten, also die Übernahme von Gewährleistung oder die Beteiligung an Drehbuchgesprächen. Es kommt nämlich nicht selten vor, dass ein Partner an liebsten alles hinwerfen würde, während der andere noch bereit ist, an einem Projekt weiter zu arbeiten. Interne Solidarität und rechtliche Verantwortlichkeit nach außen müssen sauber getrennt werden, wenn es Gefahrenpotenziale in dieser Hinsicht gibt.

618 Üblicherweise werden Gesellschafterverträge auf unbestimmte Dauer geschlossen, allerdings mit der Möglichkeit einer **fristgemäßen Kündigung**, die weitgehend frei gestaltet werden kann. Bei kreativen Teams sollte man die Frist nicht zu lange wählen, weil eine schnelle Trennung sinnvoll ist, wenn ein solches Verhältnis erst einmal zerrüttet ist. Möglich ist auch eine projektbezogene Regelung. Die Zusammenarbeit kann mit Abnahme und Abschluss eines Projekts für beendet erklärt werden. Die Kündigung sollte in einer gewissen Form (schriftlich) erfolgen.

619 Klug ist, wer schon bei Vertragsschluss für den Fall der Kündigung gewisse **Abwicklungsregeln** festlegt und vereinbart. Das vermeidet zusätzlichen Streit, falls es zum Bruch kommt.

620 Besonders wichtig ist die Frage, wie das Inkasso nach Wirksamwerden der Kündigung organisiert wird, falls Zahlungen beispielsweise bei Wie-

derholungsausstrahlungen anfallen. Zu regeln ist auch, wer gegenüber den Vertragspartnern verbindliche Erklärungen für die liquidierte Gesellschaft abgeben kann; denn schon beim Abschluss des Gesellschaftervertrags sollte man im Auge haben, dass gerade kreative Zweckgemeinschaften, wenn sie auseinanderbrechen oder oft sehr starke emotionale Reaktionen provozieren, so dass das Prinzip der Einstimmigkeit in Grundsatzfragen, so sinnvoll es während des Bestandes der Gesellschaft ist, zu einer vollständigen Lähmung der Handlungsfähigkeit führen kann. Als Anhaltspunkt und grobe Richtlinie: Soweit wie irgend möglich sollten die Partner nach Beendigung des Gesellschafterverhältnisses die Ansprüche untereinander aufteilen, so dass jeder in dem vorher festgelegten Verhältnis seine Forderungen selbständig geltend machen kann. Üblicherweise sind die Vertragspartner willens und in der Lage, anfallende Honorare aufzuteilen und getrennt auszuzahlen, wenn dies gewünscht wird. Dies sollte schon im ursprünglichen Gesellschaftervertrag geregelt werden, mit der Befugnis jedes Einzelnen, eine geteilte Abrechnung und Zahlung von Dritten zu verlangen.

Die beste Lösung für die **Liquidation einer Gesellschaft** besteht jedoch 621 darin, eine sachkompetente dritte Person – beispielsweise einen Anwalt oder Agenten – mit der Abwicklung zu beauftragen.

10.2.2. Autorenteam und Auftraggeber

Auch wenn eine künstlerische Tätigkeit nur höchstpersönlich zu erbringen ist, darf der Auftraggeber erwarten, dass ein Team von Autoren 622 gesamtschuldnerisch für den Erfolg des gemeinsamen Schaffens haftet. Zu klären ist, was geschehen soll, wenn einer der Autoren ausfällt oder (aus zutreffenden Gründen) vom Auftraggeber abgelehnt wird. Bei Vertragsschluss sollte schon darüber entschieden werden, ob der Auftraggeber in diesem Falle ein Kündigungsrecht des Buchvertrags eingeräumt bekommt, oder ob der verbleibende Autor (oder die verbleibenden Autoren) das Recht und die Pflicht hat, die Arbeit an dem Projekt fortzusetzen.

Die **gesamtschuldnerische Haftung** des Autorenteams erstreckt sich 623 nicht nur auf die Hauptleistung, sondern auch auf die Nebenleistungen wie die Gewährleistungspflichten oder Mitwirkungspflichten, beispielsweise bei der Präsentation eines Projekts oder bei der Besprechung von Zwischenstufen des Drehbuchs.

10.3. Verträge mit Förderungseinrichtungen

Kein Kinofilm entsteht in Deutschland ohne staatliche Filmförderung. 624 Die Liste der öffentlichen Finanziers ist lang. Auch hier erfolgen selbstverständlich vertragliche Bindungen des Autors.

Zwei Grundkonstellationen gibt es: einmal die **Drehbuchförderung**, 625 die der Autor selbst beantragt (nicht alle Förderungseinrichtungen haben das im Programm) und zum zweiten die **Förderung einer Projektvorbereitung**, die üblicherweise vom Produzenten eingereicht wird.

626 Im ersten Falls schließt der Autor mit der Förderungsinstitution einen umfangreichen Darlehensvertrag ab, der ihm ein Honorar in Höhe des Förderungsbetrags (im Normalfall zwischen 15.000 € und 25.000 € für einen 90 Minuten Spielfilm) als bedingt rückzahlbares Darlehen gewährt. Der Autor behält meist für eine gewisse Zeit alle Rechte und wird das Buch auf dem Markt anbieten. Wird der Film gedreht, ist das Darlehen zurückzuerstatten, meist durch den Produzenten, der seinerseits im Vertrag mit dem Autor diese Vorleistungspflicht in Abzug bringt. Ist das Drehbuch nach einer vertraglich bestimmten Frist noch nicht verfilmt, fallen die Rechte an die Förderungsinstitution, die sich aber nicht um die Vermarktung des Drehbuchs kümmert, was der Autor weiter betreiben kann. Falls er einen Interessenten findet, sitzt dann bei den Vertragsverhandlungen die Förderungsinstitution mit im Boot.

627 Für die Verträge der Förderungseinrichtungen gilt praktisch uneingeschränkt das Prinzip „take it or leave it". Allerdings sind die Konditionen für die Autoren regelmäßig sehr günstig, so dass wir uns an dieser Stelle ersparen, auf Details einzugehen.

III. Koproduktionsverträge

Irene Schlünder

1. Einleitung

628 Die Koproduktion – auch Gemeinschaftsproduktion genannt – ist ein sehr weiter und nicht immer einheitlich verwendeter Begriff. Er umfasst nicht nur die internationale Zusammenarbeit, sondern jegliche Form des Zusammenwirkens von zwei selbständigen Produzenten bzw. Produktionsgesellschaften (auch Fernsehsendern) zur Herstellung eines Films, bei dem beide Filmhersteller sind. Mitunter wird aber auch von „finanzieller" Koproduktion gesprochen, bei der einer der Partner nur reiner Geldgeber ist. Im Folgenden wird jedoch von der „echten" Koproduktion ausgegangen, bei der alle Partner zwar unterschiedliche Rollen bei der Produktion übernehmen, aber im Grunde ihrem Anteil entsprechend gleichberechtigt sind.

629 In aller Regel einigen sich die Koproduzenten auf einen ihrer Partner, der als ausführender Produzent hauptsächlich die Abwicklung der Produktion übernimmt. Damit werden organisatorische Ungereimtheiten vermieden. Die übrige Rollenverteilung bzw. Beitragsleistungen sind sehr unterschiedlich und hängen von der konkreten Vertragsgestaltung ab. Ein Koproduktionsvertrag folgt daher wenig Regeln und kann sehr kompliziert ausfallen. Als wesentliche Bestandteile, die auf jeden Fall geregelt sein sollten, sind folgende zu nennen:

2. Vertragsgegenstand

Das Wichtigste für zwei oder mehrere Koproduzenten ist natürlich, 630
dass sie sich einig sind, was für ein Film entstehen soll. Ist das Drehbuch
schon fertig, dann wird dieses Grundlage des Vertrags sein. Falls nicht,
dann sollte doch der Stoff und die Machart so genau wie möglich beschrieben werden. Zumindest der **Drehbuchautor** wird in aller Regel schon
feststehen, vielleicht auch eine erste **Drehbuchfassung**, die noch fortentwickelt werden soll, oder zumindest ein Exposé oder Treatment. Je konkreter die Festlegung ist, desto weniger Missverständnisse gibt es später.
Sofern einer der Vertragspartner Wert auf einen bestimmten Regisseur,
Kameramann oder die Schauspielerbesetzung legt, sollte er auch hier auf
Aufnahme in den Vertrag bestehen. In jedem Fall sollte über folgende
Punkte Einigkeit erzielt werden: die Laufzeit des Films, das Filmmaterial
und die Sprachfassung.

Ein abendfüllender Spielfilm ist etwa 90 Minuten lang. Kurzfilme dage- 631
gen sind von ganz unterschiedlicher Länge. Der klassische Kinokurzfilm,
der hin und wieder als Vorfilm im Kino zu sehen ist, dauert etwa sechs bis
zehn Minuten, daneben gibt es einen eigenen Kurzfilmmarkt, auf dem
auch längere oder kürzere Filme zu haben sind. Natürlich bestimmt die
Länge des Films sowohl das Budget als auch die Auswertungsmöglichkeiten. Sie gehört daher zu den wesentlichen Vertragsbestandteilen.

Ebenfalls wesentliches Merkmal eines Films ist die **Sprachfassung**, d.h. 632
die Sprache, in der die Schauspieler beim Drehen wirklich sprechen.
Selbstverständlich kann später synchronisiert werden, aber der Kenner
wird den Unterschied sofort erkennen. Es ist inzwischen üblich geworden, große Spielfilme, die international vermarktbar sein sollen, in englisch
zu drehen. Hin und wieder werden auch von vornherein zwei Sprachfassungen hergestellt.

Das **Filmmaterial** spielt eine entscheidende Rolle bei der späteren Aus- 633
wertung. Ist ein reiner Fernsehfilm geplant, dann braucht nicht auf teurem
35mm Film gedreht zu werden, sondern es genügt etwa eine DV-Fassung.
Diese lässt sich jedoch später nur unter großem Aufwand auf Film belichten, ohne dass die Qualität der entspricht, die erreicht werden kann, wenn
man von vornherein auf Filmmaterial dreht. Die Vertragspartner sollten
daher unbedingt eine gemeinsame Vorstellung davon haben, welche Auswertung geplant ist. Schließlich kann es Sinn machen, den voraussichtlichen Drehbeginn und Fertigstellungstermin zumindest einzugrenzen.

3. Budget und finanzielle Anteile

Auch wenn das endgültige Budget erst nach einer detaillierten Kalkula- 634
tion auf Grund der letzten Drehbuchfassung oder gar erst nach Fertigstellung des Films und Ermittlung des so genannten Endkostenstands fest-

2. Kapitel – Rechtsfragen des Filmrechts

steht, ist es unerlässlich, sich darüber zu einigen, welche Größenordnung der finanzielle Rahmen des gemeinsamen Projekts haben soll. In der Praxis ist es häufig so, dass einer der Partner Inhaber der Drehbuchrechte ist und eine Kalkulation erstellt, um sich anhand derer Partner zu suchen. Es besteht dann bereits ein konkretes Budget, das die Koproduzenten auf Plausibilität zu prüfen haben. Anhand dieses Budgets kann man sich über die jeweiligen Anteile der Partner einigen. Zwar können die Anteile auch in Sachleistungen bestehen, aber diese müssen doch einer gemeinsamen finanziellen Bewertung entsprechen, weil sich nur so am Ende die Koproduktionsanteile der Partner ermitteln lassen. Diese werden dann in der Regel in Prozentanteilen im Vertrag festgehalten, weil sich daran auch die Erlösanteile bemessen.

635 Man tut gut daran, darauf zu achten, dass die Finanzierung – den eigenen Anteil eingerechnet – geschlossen ist. Jeder muss zwar für seinen Anteil gerade stehen. Aber es ist dennoch üblich, die Finanzierungsquellen (Eigenmittel, Verleihgarantien, Förderungen etc.) gegenseitig offen zu legen, wenngleich sie nicht notwendiger Vertragsbestandteil sind. Nur so sind alle Koproduzenten in der Lage, das Risiko des Projekts einzuschätzen. Denn plötzlich auftretende **Finanzierungslücken** oder gar der Konkurs eines Koproduktionspartners können das gesamte Projekt und damit u.U. die Existenz der übrigen Partner gefährden. Wer sicher gehen will, dass die Partner ihren Anteil auch erbringen können, sollte darauf bestehen, dass er entweder im Voraus hinterlegt oder durch eine Bankbürgschaft abgesichert ist. Ferner muss auch die Fälligkeit der einzelnen Beiträge festgelegt sein, damit es keine Liquiditätsengpässe gibt, die den Ablauf verzögern. Bei größeren Projekten eignet sich hierfür ein Cash-Flow-Plan, der dem Vertrag beigefügt wird.

636 Sehr wichtig ist es, im Koproduktionsvertrag eine Regelung darüber zu treffen, wie mit **Budgetüber- und -unterschreitungen** umzugehen ist. Für Überschreitungen wird sinnvoller Weise derjenige einzustehen haben, der sie zu verantworten hat, in der Regel also der ausführende Produzent. Dies ist aber nur dann angemessen, wenn die Überschreitung vermeidbar war. Andernfalls, also etwa bei unvorhergesehener Krankheit des Hauptdarstellers, wäre wohl eher eine Aufteilung gemäß den Koproduktionsanteilen sinnvoll, sofern nicht für solche Fälle eine Versicherung abgeschlossen wurde oder die Überschreitungsreserve für die Deckung ausreicht. Bei Unterschreitungen wird in der Regel das Geld unter den Koproduzenten gemäß ihren Anteilen verteilt, wobei aber dem ausführenden Produzenten häufig ein Bonus zugesprochen wird. Zu beachten ist dabei, dass eventuelle staatliche Förderungen entsprechend der Unterschreitung gekürzt werden.

637 Schließlich ist es üblich, mindestens dem ausführenden Produzenten ein **Produzentenhonorar** zuzugestehen, das unabhängig von den Erlösen des Films gezahlt wird und daher bereits im Budget kalkuliert und von der Finanzierung des Films gedeckt sein muss.

4. Einbringung von Vorarbeiten

Häufig hat derjenige Vertragspartner, der die Stoffrechte hält, bereits einiges in die **Entwicklung des Projekts** investiert, z.B. in Recherche-Reisen, Honorarvorauszahlungen, dramaturgische Beratungen, Location-Besichtigungen etc. Diese sollten im Koproduktionsvertrag benannt und finanziell bewertet werden, damit sie von vornherein in die Koproduktionsanteile einfließen können. Sie können natürlich auch gegen Barzahlung von den Partnern anteilig abgelöst werden. Auch sollte geregelt werden, in welchem Umfang die Koproduktionsgemeinschaft die Rechte an dem Drehbuch erwirbt. **638**

5. Durchführung der Produktion und Entscheidungsbefugnisse

Sehr wichtig ist es festzulegen, wem welche Aufgaben bei der Durchführung des Projekts zukommen. Es müssen Verträge mit dem Stab geschlossen, Locations gebucht, Technik angemietet, Material besorgt werden und vieles mehr. Es ist üblich, dem ausführenden Produzenten zu überlassen, wobei sich diese Vereinbarung jeweils auf bestimmte Abschnitte beziehen kann. Bei grenzüberschreitenden Projekten etwa bietet es sich an, dass der jeweils in dem Land ansässige Koproduzent für den Drehabschnitt in diesem Land verantwortlich ist, weil er die hierfür erforderlichen Sprach- und Rechtskenntnisse mitbringt. **639**

Auch über die **künstlerische Gesamtverantwortung** sollte Einvernehmen erzielt werden. In der Regel hat der ausführende Produzent einen gewissen Spielraum, muss aber seine/n Koproduzenten bei wichtigen Entscheidungen, etwa der Abnahme des drehfertigen Buches, der Besetzung der Hauptrollen, der Abnahme der letzten Schnittfassung etc., hinzuziehen. **640**

6. Ort der Postproduktion

Der Ort der Postproduktion kann von entscheidender Bedeutung bei Filmen sein, die mit öffentlichen Fördergeldern hergestellt werden. Insbesondere die Förderinstitutionen der einzelnen Bundesländer verlangen einen so genannten Regionaleffekt ihrer Fördermittel, d.h. die Förderbedingungen legen fest, dass z.B. pro 100.000 € Förderung 150.000 € in dem entsprechenden Bundesland ausgegeben werden müssen. Dies bedeutet praktisch: wird ein Film mit Mitteln des Filmboard Berlin-Brandenburg in Köln gedreht, so kann der Regionaleffekt in der Regel nur über die Postproduktion erzielt werden. Derjenige Koproduktionspartner, der eine Förderung erhalten hat, muss daher auf den Ort der Postproduktion bestehen. **641**

7. Versicherungen

642 Versicherungen lassen sich viele abschließen, einige sind wichtiger, andere weniger. Häufig lassen sich auch günstig ganze **Versicherungspakete** erwerben, die die „Grundausstattung" an Versicherungsschutz enthalten. In der Regel schließt der ausführende Produzent die Versicherungen ab. Manchmal ist es aber auch sinnvoll, dass derjenige Partner, der über die günstigsten Bedingungen verfügt – das ist meist der wirtschaftlich Stärkste – das Versicherungspaket beistellt. In jedem Fall sollte im Koproduktionsvertrag eine Einigung darüber erzielt werden, welche Versicherungen geschlossen werden sollen.

8. Zuordnung der Auswertungsrechte

643 Durch die Zuordnung der Auswertungsrechte wird festgelegt, wer den Film wo anbietet und Lizenzen zur Auswertung erteilt. Die Aufteilung der Rechte korrespondiert nicht notwendig mit der **Aufteilung der Erlöse** (s.u. Rdnr. 647 ff.), d.h. es müssen nicht demjenigen, dem bestimmte Auswertungsrechte zustehen, auch die daraus erzielten Erlöse verbleiben, sondern er kann verpflichtet werden, diese an die Partner auszukehren.

644 Am einfachsten ist es, einem der Partner alle Rechte zu übertragen, damit die Auswertung des Films in einer Hand liegt und es nicht zu Überschneidungen kommt. Dieser Partner muss nicht der ausführende Produzent sein. Es ist z.B. eine inzwischen häufiger anzutreffende Konstellation, dass sich ein wirtschaftlich starker Verleiherproduzent mit einem unabhängigen Koproduzenten zusammentut, wobei Letzterer für die Stoffentwicklung und die Herstellung des Films und Ersterer für die Auswertung verantwortlich ist.

645 Bei internationalen Koproduktionen wird häufig vereinbart, dass ein jeder für sein Territorium Lizenzen verkauft und für den Rest der Welt ein **Weltvertrieb** eingeschaltet wird. Hierbei ist allerdings darauf zu achten, dass sich gewisse Rechte, die über das Internet verwertet werden, nicht auf bestimmte Territorien beschränken lassen. Diese sollten daher von der gesplitteten territorialen Verwertung ausgenommen oder statt durch Territorien durch Sprachfassungen definiert werden.

646 Denkbar ist es schließlich auch, die **Rechte nach Inhalt** aufzuteilen. Ein koproduzierender Fernsehsender wird zuallererst die Fernsehrechte für sich beanspruchen, während dem Koproduzenten in der Regel die Kinorechte verbleiben. Der Rest ist Verhandlungssache.

9. Aufteilung der Erlöse

647 Die einfachste Variante ist es, alle Erlöse zusammenzufassen, also sie gleichsam in einen Topf fließen zu lassen, und sie dann entsprechend den Koproduktionsanteilen aufzuteilen.

B. Herstellung des Films

Wurden die Auswertungsrechte nach Territorien aufgeteilt, dann kann 648
man auch vereinbaren, dass ein jeder die in seinen Territorien erlösten Beträge behält und nur die Erlöse aufgeteilt werden, die in den übrigen Teilen der Welt erzielt werden.

Im Einzelfall kann es auch sinnvoll sein, zwischen Recoupment und 649
Gewinnverteilung zu unterscheiden. **Recoupment** nennt man die Erlöse, die zur Deckung der eingesetzten Mittel dienen. Derjenige Partner, der einen größeren Finanzierungsanteil erbracht, aber wegen der Art des Films im Heimatland schlechtere Auswertungschancen hat, wird ein Interesse daran haben, zumindest solange an allen Erlösen angemessen beteiligt zu werden, bis seine Investitionen gedeckt sind.

10. Eigentum am Filmmaterial

Auch wenn das Eigentum am Negativ meist einem der Partner zuge- 650
ordnet wird, ist es sinnvoll, das Negativ bei einem Kopierwerk zu hinterlegen. Die Absicherung der Partner erfolgt durch die Hinterlegungsvereinbarung, dass alle Koproduzenten unwiderruflich ermächtigt werden, Kopien ziehen zu lassen.

11. Nennung/Credits

Die Credits werden am Anfang eines Projekts häufig unterschätzt. So- 651
wie ein Film fertig gestellt und vielleicht auch erfolgreich ist, werden sie für alle Beteiligten oftmals zum Zankapfel. Eine genaue Festlegung der **Credits** schon im Koproduktionsvertrag ist daher ratsam. Dabei sollte nicht nur bestimmt werden, wer im Vor- oder Abspann genannt wird, sondern auch wie die Nennung erfolgt. Am besten einigt man sich auf den genauen Wortlaut.

12. Haftung und Gesellschaftsform

Gegenüber Dritten haftet grundsätzlich derjenige, der als Vertragspart- 652
ner bzw. Auftraggeber auftritt. Soll die Haftung auf den ausführenden Produzenten beschränkt werden, so empfiehlt es sich, die Koproduktionsgemeinschaft als reine Innengesellschaft entstehen zu lassen und den ausführenden Produzenten insoweit in seiner Vollmacht zu beschränken, d.h. ihn zu verpflichten, ausschließlich in eigenem Namen aufzutreten. Die häufig anzutreffende Vertragsklausel „Dieser Vertrag begründet keine Gesellschaft bürgerlichen Rechts" erscheint demgegenüber wenig hilfreich, weil sich die rechtliche Einordnung eines Vertrags allein nach seinem tatsächlichen – durch Auslegung zu ermittelnden – Inhalt und nicht nach der Vorstellung der Parteien richtet. Nach deutschem Recht lässt sich die **Gründung einer Gesellschaft** nach §§ 705 ff. BGB bei einer Koproduktion kaum vermeiden, da es genügt, dass sich zwei oder mehr Personen zur

Erreichung eines gemeinsamen Zwecks – hier der Herstellung eines Films – zusammenschließen. Es erscheint daher ratsam, Regelungen über die Ausgestaltung der Gesellschaft in den Vertrag aufzunehmen, z.b. über Beginn und Ende, Haftung, Vollmachten etc.

13. Steuerfragen

653   Steuerliche Auswirkungen lassen sich im Vertrag nicht festlegen, denn jeder Staat hat seine eigenen Steuervorschriften, die sich nicht nach den Verträgen der Koproduzenten richten. Jeder Partner sollte aber seine eigenen Steuerverpflichtungen sehr wohl bei der Gestaltung des Vertrags im Auge haben. Hierbei kann etwa die Form der Zusammenarbeit, die Art der Rechte- bzw. Erlösaufteilung sowie die Finanzierung eine Rolle spielen. In Deutschland herrscht im Augenblick große Rechtsunsicherheit, was die steuerliche Behandlung von **internationalen Koproduktionen** betrifft. Das Bundesfinanzministerium und die Finanzministerien der Länder sowie die ihnen nachgeordneten Finanzämter haben trotz umfangreicher Bemühungen und der Erarbeitung eines Medienerlasses noch keine einheitliche Linie gefunden. Es ist daher dringend anzuraten, einen im Filmbereich versierten Steuerberater zu Rate zu ziehen, der sich mit der jeweiligen regionalen Praxis der Finanzämter auskennt.

14. Geltendes Rechtssystem und Gerichtsstand

654   Bei grenzüberschreitenden Verträgen ist es häufig schwierig zu bestimmen, ob im Streitfall das Recht des einen oder des anderen Staates Anwendung findet. Eine klare Regelung hierfür ist daher ratsam und auch möglich, d.h. die Parteien können das anwendbare Rechtsregime bereits im Vertrag festlegen; dasselbe gilt für den Gerichtsstand, also dem Ort, an dem man das dort zuständige Gericht anrufen muss.

IV. Filmversicherung – Completion Bond, E & O Versicherung, Shortfall
Philipp Kreuzer

1. Einleitung

655   Im Zuge der Internationalisierung des Filmgeschäfts haben in den letzten Jahren neuere Formen filmspezifischer Versicherungen Eingang in die europäische Produktionslandschaft gefunden. Neben den aufgeführten üblichen Produktionsversicherungen sollen im nachfolgenden Beitrag **drei besondere Versicherungstypen** näher beleuchtet werden: die Fertigstellungsgarantie (Rdnr. 657), die Errors & Omissions-Versicherung (Rdnr. 727) und die Shortfall-Guarantee Rdnr. 774). In der Regel werden

B. Herstellung des Films

Versicherungs- und Vertragsbedingungen auf den Webseiten der Versicherungsunternehmen angeboten. Nachfolgend werden die wesentlichen Vertragsinhalte zusammenfassend dargestellt.

> **Übersicht: Typische Produktionsversicherungen:** 656
> – Ausfall-Versicherung (Personen),
> – Ausfall- bzw. Mehrkosten Versicherung durch Sachschaden (Gegenstände, Tiere),
> – Bild-, Ton und Datenträger-Versicherung (auch Negativ-Versicherung),
> – Geräte-Versicherung,
> – Requisiten-Versicherung,
> – Produktions-Haftpflicht-Versicherung,
> – Feuer-Haftungs-Versicherung,
> – Bargeld-Versicherung,
> – Unfall-Versicherung,
> – i.Ü. Sonderdeckungen:
>   – besondere Unfalldeckungen für bestimmtes Talent,
>   – Wetter-Versicherung,
>   – Spezialdeckungen für Dreharbeiten im Ausland (z.B. Sozial- und Haftpflicht-Versicherungen: Worker's Compensation, Foreign Worker's Compensation, Commercial General Liability, Travel Insurance, Foreign General & Automobile Liability).

2. Fertigstellungsgarantie/Completion Bond

2.1. Grundlagen und Interessenlage

Die Fertigstellungsgarantie ist vor allem in der US-amerikanischen 657 Filmindustrie seit längerem üblicher Bestandteil einer Finanzierungsstruktur, vor allem bei aufwendigen Spielfilm- und Fernsehproduktionen mit hohen Produktionsbudgets. Infolge der **Zunahme privatfinanzierter Film- und Fernsehproduktionen** haben Fertigstellungsgarantien mittlerweile auch in Europa für Investoren und Finanzierungspartner (Filmfonds, Investoren, Banken, Koproduzenten, Förderungsinstitutionen, Verwertungs- und Vertriebspartner) zum Schutz ihrer Investition (Risikokapital, Produktionsdarlehen zur Zwischenfinanzierung, Förderung) an Bedeutung gewonnen. Für bestimmte Finanzierungen wird teilweise der Abschluss einer Fertigstellungsgarantie verlangt (z.B. Gap-Financing, Zwischenfinanzierung einer UK Sale and Leaseback-Transaktion und (bis Ende 2002) Förderung durch das österreichische Filminstitut). Investoren und Finanzierungspartner haben wesentliches Interesse an der Fertigstellung der Produktion und die in einer Art und Weise, die eine erfolgreiche

Auswertung verspricht, denn in der Regel sind deren einzige Sicherheit die mit der Ablieferung des Films an Vertriebspartner fälligen (vorfinanzierten) Zahlungen sowie das in der Auswertung des Films liegende Erlöspotenzial. Ein unfertiger Film ist hingegen als Sicherheit weitestgehend wertlos, da unverwertbar.

658 Das in der Produktionsplanung und während der Herstellung liegende Risiko, vor allem das einer unerwarteten Kostenexplosion während der Produktion, ist für Banken und Investoren schwer kalkulierbar. Zudem erhöhen steigende Produktionskosten im Kinobereich, knappe Budgets bei Fernsehproduktionen der unter Kostendruck stehenden TV-Sender das Risiko, dass die Produktion vor allem wegen fehlender Mittel nicht fertig gestellt wird, da die meist eigenkapitalschwachen Produktionsfirmen nicht in der Lage sind, unerwartet steigende Produktionskosten selbst zu finanzieren. Finanzierungspartner einer Filmproduktion müssten daher weitere Leistungen erbringen, um ihre Investition nicht zu verlieren. Auf dieses Sicherungsbedürfnis von Investoren und Finanzierungspartnern im Hinblick auf die Fertigstellung des Films entsprechend der ursprünglichen Produktionsplanung zielt die Fertigstellungsgarantie, wodurch die Möglichkeiten einer Privatkapital- und Bankfinanzierung im Filmbereich erhöht wird.

659 Aus Sicht des Produzenten stellt sich andererseits stets die Frage, ob die Kosten (3–6% des Produktionsbudgets) gerade bei Produktionen mit niedrigen Produktionsbudgets den Abschluss einer Fertigstellungsgarantie rechtfertigen. Das Aushandeln einer Vertragsstruktur, die eine Fertigstellungsgarantie ermöglicht, ist relativ aufwendig und kann daher zu zusätzlichen, über die reine Versicherungsgebühr hinausgehenden Kosten führen. Schon deshalb ist in der Praxis eine Fertigstellung bei kleineren Produktionen relativ selten. Anwaltliche Beratung des Produzenten ist jedenfalls unabdingbar, vor allem um Haftungsausschlüsse durch den Versicherer auf das angemessene Maß zu reduzieren. Für Finanzierungs- und Versicherungskosten eines Completion Bonds besteht zur Zeit die Möglichkeit der Förderung durch das Media Plus-Programm der Europäischen Union (siehe www.mediadesk.de).

2.2. Schutz der Investition vor nicht gedeckten Produktionsrisiken

660 Obwohl die üblichen Produktionsversicherungen bestimmte einzelne Produktionsrisiken abdecken (z.B. Mehrkosten bei Ausfall von Personen, Geräten und Material, Beschädigung des Negativs, Haftpflicht, Feuer, Unfall, Diebstahl, ggf. auch Wetter etc.), verbleiben weiterhin Restrisiken im Hinblick auf die Fertigstellung des Filmwerks (siehe Rdnr. 656).

2.2.1. Überschreitungsgründe

661 Ursache für die Gefährdung der Fertigstellung des Filmwerks kann sein, dass die Produktionskosten zu niedrig kalkuliert wurden oder un-

B. Herstellung des Films

vorhergesehene, nicht durch die typischen Produktionsversicherungen gedeckte Umstände während der Produktion eintreten und unerwartete Mehrkosten entstehen (sog. **Überschreitungsrisiko**). Unvorhergesehene Budgetüberschreitungen können zu einer, die Fertigstellung der Produktion gefährdenden Finanzierungslücke und/oder zu einem Problem mit dem Mittelfluss („Cashflow") führen, was bei Fehlen weiterer Geldquellen den vollständigen Abbruch der Produktion bedeuten kann. Um nicht das bereits eingesetzte Kapital vollständig zu verlieren, wären die an der Finanzierung der Produktion beteiligten Investoren und Geldgeber gezwungen, weitere Mittel zur Verfügung zu stellen. Bei Produktionen mit hohen Budgets kann dies für Investoren und Banken zu einem Fass ohne Boden werden, ohne dass diese Kalkulation, Kosten und Mittelverwendung kontrollieren können.

Beispiel: Ausstattungs- und Stuntaufnahmen wurden zu gering kalkuliert. Dadurch entstehen während der Produktion Mehrkosten. Während der Dreharbeiten einer Produktion im Ausland kommt es zur Abwertung der lokalen Währung. Das Währungsrisiko wurde in der Kalkulation nicht berücksichtigt. Die Herstellung der Filmbauten verzögert sich und durch die Verschiebung des Drehplans entstehen zusätzliche Kosten (der Versicherer meist auf Berücksichtigung des Währungsrisikos oder einen entsprechenden Haftungsausschluss verlangen). 662

2.2.2. Fertigstellungsrisiko

Darüber hinaus besteht stets das Risiko, dass die Produktion nicht rechtzeitig oder nicht ordnungsgemäß fertig gestellt wird (sog. **Fertigstellungsrisiko**). Zahlungen von Lizenznehmern des Produzenten (Lizenzzahlungen von TV-Sender oder Minimumgarantiezahlungen eines Filmverleihs oder eines Weltvertriebs) werden in der Regel ganz oder teilweise erst bei ordnungs- und zeitgemäßer Ablieferung des Filmwerks unter Erfüllung aller vereinbarten (Ab-)Lieferungsbedingungen (sog. „delivery requirements") fällig. Dies erfordert je nach Vereinbarung u.a. die Einhaltung von **Lieferfristen** (sog. „delivery dates"), **technischen Anforderungen an Qualität, Format** und Umfang des abzuliefernden Bild- und Tonmaterials, **Vorgaben zur Länge**, sowie u.U. bestimmte inhaltliche Mindestanforderungen (z.B. wesentliche Übereinstimmung mit dem genehmigten Drehbuch, **Beteiligung bestimmter kreativer Elemente** wie Schauspieler und Regisseur, sog. „essential elements"). Technische Materiallieferungsvoraussetzungen werden oftmals in einer einheitlichen Vertragsanlage aufgeführt (sog. „delivery schedule"). 663

Die bei vertragsgemäßer Lieferung fälligen Zahlungen von Lizenznehmern sind meist essentieller Bestandteil der Produktionsfinanzierung und werden dafür oftmals vom Produzenten mit Hilfe einer Bank zwischenfinanziert. Entsprechend hat diese hat ein Interesse an einer Gewähr dafür, dass der Produzent das Filmwerk rechtzeitig fertig stellt, die vertraglich vereinbarten Lieferbedingungen erfüllt und damit die zwischenfinanzierte und das Produktionsdarlehen tilgende Zahlung auslöst. Neben den zwi- 664 schenfinanzierenden Produktionsbanken haben auch andere Finanzierungspartner wie Investoren und Lizenznehmer ein Interesse an der vertragsgemäßen Fertigstellung des Films, da ihre Investitionsentscheidung auf den festgelegten Produktionsparametern und vor allem auf gestützten Auswertungsprognosen beruhen (z.b. Gap-Financing gegen Erlösprognosen eines Weltvertriebs). Gleiches gilt auch für Filmförderer, die ein Interesse an der zweckbestimmten Verwendung der Fördermittel und Fertigstellung des geförderten Filmprojekts besitzen.

665 **Beispiel:** Der Hauptdarsteller einer Produktion wird wegen Drogenmissbrauchs festgenommen und die Dreharbeiten deshalb unterbrochen. Mitwirkende einer Produktion im Ausland verweigern die Arbeit, weil der Produzent diese mangels rechtzeitigen Transfers von Geldmitteln nicht bezahlen kann.

2.3. Gegenstand der Fertigstellungsgarantie

2.3.1. Übernahme des Fertigstellungs- und Überschreitungsrisikos

666 Der Fertigstellungsgarant (in der Regel ein Versicherungsunternehmen) sichert den Begünstigten (Investoren, Auftraggeber, Banken, Koproduzenten, Vertriebs- und Verwertungspartner und Lizenznehmer) gegen das Risiko ab, dass deren eingesetztes Kapital nicht durch Abbruch der Produktion infolge Ausuferns der Produktionskosten oder bestimmter Fertigstellungshindernisse verloren geht. Grundsätzlich garantiert der Fertigstellungsgarant den jeweiligen Begünstigten die zeitgemäße Fertigstellung und ordnungsgemäße Ablieferung des Filmwerks, indem er bei Überschreitung der ursprünglich kalkulierten Herstellungskosten dem Produzenten alle zur vertragsgemäßen Fertigstellung des Filmwerks erforderlichen Produktionsmittel, die nicht von der ursprünglichen Kalkulation erfasst wurden, zur Verfügung gestellt (sog. „Garantiebeträge"). Er hat auch das Recht, die Produktion selbst zu übernehmen, um sie selbst oder durch einen anderen Produzenten fertig stellen zu lassen (sog. „take-over"). Alternativ kann der Fertigstellungsgarant aber auch die Produktion vollständig abbrechen (sog. „abandonment") und den Begünstigten ihr eingesetztes Kapital, sonstige bereit gestellte Finanzierungsmittel sowie Finanzierungskosten (d.h. inklusive Zinsen) ausbezahlen. Die Fertigstellungsgarantie schützt daher die Begünstigten vor Budgetüberschreitungen, falscher Verwendung der Produktionsmittel und bestimmten anderen Problemen, die während der Produktion (Dreh und Postproduktion) entstehen können und damit die ordnungs- und zeitgemäße Ablieferung gefährden.

2.3.2. Keine Übernahme des Finanzierungsrisikos

667 Mit Abnahme dieser Risiken verbleibt für Begünstigte der Fertigstellungsgarantie das Bonitätsrisiko der anderen Finanzierungspartner des Produzenten sowie des Fertigstellungsgaranten selbst. Die Fertigstellungsgarantie ist keine Kreditversicherung gegen das Risiko, dass einer der

Finanzierungspartner seinen geschuldeten Beitrag nicht leistet und damit die Finanzierung des Films nicht gewährleistet ist. Sie setzt vielmehr voraus, dass die Finanzierung entsprechend des vom Fertigstellungsgaranten genehmigten Finanzierungs- und Mittelflussplans sowie der Kalkulation vollständig gesichert ist (sog. „strike price", siehe Rdnr. 679).Für die Absicherung des Bonitätsrisikos sind vielmehr andere Sicherungsmöglichkeiten heranzuziehen (z.b. Bankbürgschaft, Bardepots, Bankgarantien etc.).

2.3.3. Arten der versicherten Produktionen

Eine Fertigstellungsgarantie ist für alle Arten der Film- und Fernsehproduktionen erhältlich (Kino-Spielfilm, TV-Movie, TV-Serie, Zeichentrickfilm o.Ä.). 668

2.3.4. Produktionscontrolling durch den Fertigstellungsgaranten

Durch weit reichende Kontroll- und Weisungsrechte des Fertigstellungsgaranten gegenüber dem Produzenten und durch dessen ständiges Kosten- und Produktionscontrolling sichert die Fertigstellungsgarantie die Begünstigten vor Produktionsrisiken ab. Dies kann auch für den Produzenten von Vorteil sein, denn der Fertigstellungsgarant liefert eine realistische Einschätzung der Produktionsrisiken und kann damit die Produktionsplanung sowie Überzeugung von Finanzierungspartnern wesentlich erleichtern. Er bietet vor allem die Gewähr, dass bei Eintritt eines unvorhergesehenen Ereignisses während der Produktion Investoren und Verwerter ihre Finanzierungszusagen nicht zurückziehen. 669

2.3.5. Rückversicherung und Auswahl des Fertigstellungsgaranten

Grundsätzlich sollte darauf geachtet werden, dass die Verpflichtungen des Fertigstellungsgaranten aus der Fertigstellungsgarantie durch einen Rückversicherer gedeckt werden. Das **Bonitätsrisiko von Fertigstellungsgaranten** ist aufgrund bereits in den USA eingetretener Zahlungsunfähigkeit eines solchen Unternehmens nach Eintritt des Versicherungsfalls nicht zu unterschätzen. Der Fertigstellungsgarant lässt den Rückversicherer ein Zertifikat ausstellen, das die gesamten Herstellungskosten plus Zinsen sowie andere Finanzierungskosten der Finanziers abdeckt und es den Begünstigten erlaubt, Rückzahlungsansprüche direkt gegenüber dem Rückversicherer geltend zu machen (sog. „cut-through certificate"). Damit wird den Begünstigten das Bonitätsrisiko des Fertigstellungsgaranten in Höhe der geleisteten Investition weitgehend abgenommen, denn die Zahlungspflicht des Rückversicherers ist in der Regel nur durch eine Höchstsumme, bestimmte Abzüge und Schadenseintritt infolge höherer Gewalt beschränkt. 670

Die **Auswahl** eines vertrauenswürdigen und finanziell stabilen **Fertigstellungsgaranten** ist dennoch wichtig, denn die Rückversicherung deckt nicht die zusätzlichen, nicht kalkulierten Produktionsmittel („Garantiebe- 671 träge"), die zur Fertigstellung der Produktion erforderlich sind, sondern nur die zur Ausbezahlung der Finanzierungspartner des Produzenten im Hinblick auf die geleistete Investition erforderlichen Mittel bei Produktionsabbruch. Aufgrund der umfassenden Weisungs- und Kontrollrechte des Fertigstellungsgaranten sollte ein Versicherungspartner gefunden werden, mit dem die Zusammenarbeit harmonisch verläuft und der von den Finanzierungspartnern akzeptiert wird. Laufendes Produktionscontrolling und gegebenenfalls in der Krise Übernahme des Produktionsmanagements erfordern Produktions-Know-how des Fertigstellungsgaranten. Zudem sollte wegen der möglichen Anwendbarkeit versicherungsrechtlicher Rechtsvorschriften (VVG, VAG) eine Fertigstellungsgarantie direkt mit einem anerkannten Versicherungsunternehmen abgeschlossen werden. Oftmals werden aber auch ausländische Anbieter hinzugezogen.

2.4. Einzelne Vertragsverhältnisse

672 Die Struktur einer Fertigstellungsgarantie erfordert in der Regel eine Reihe von Verträgen zwischen verschiedenen an der Produktion, Finanzierung und Auswertung beteiligten Parteien.

673 | **Übersicht der wesentlichen Vertragswerke**
– Fertigstellungsgarantie zwischen Fertigstellungsgarant und Begünstigten (s.u. Rdnr. 677 ff.)
– Produzentenvereinbarung zwischen Fertigstellungsgarant und Produzent (s.u. Rdnr. 697 ff.)
– Vollmacht für Produktionskonto und Produktionsübernahmeerklärung
– Kopierwerkserklärung (s.u. Rdnr. 718 ff.)
– Kreditsicherungsvertrag (s.u. Rdnr. 674)
– Abtretungsanzeige und Bestätigung des Lizenznehmers (Filmvertrieb) (s.u. Rdnr. 719 ff.)
– Mehrparteienvereinbarung (sog. „Interparty-Agreement") (s.u. Rdnr. 721 ff.)
– u.U. Collection Agreement (s.u. Rdnr. 675)

674 Die Vertragsstruktur einer Filmproduktion bei einer Bankenfinanzierung von Vorabverkäufen („pre-sales") oder Fördermitteln oder bei einer Investorenfinanzierung lässt sich vereinfacht so darstellen, dass vier Arten von Parteien an einem Tisch sitzen: Bank, Produzent, Fertigstellungsgarant sowie Finanzierungspartner (Verwertungs- und Vertriebspartner, die durch Zahlung einer Minimumgarantie oder einmaligen Lizenzgebühr bei Ablieferung in die Produktion investieren oder Filmförderer, die ihre Förderung in an bestimmte Bedingungen gebundenen Raten auszahlen). Grundlage des Versicherungsschutzes ist der Fertigstellungsgarantiever-

B. Herstellung des Films

trag zwischen dem Fertigstellungsgaranten und den Begünstigten. Der Produzent bzw. die Produktionsfirma ist nie Begünstigter der Fertigstellungsgarantie, vielmehr schließt dieser mit dem Fertigstellungsgaranten eine sog. Produzentenvereinbarung („producer agreement" oder „completion agreement") ab, in der er sich dessen Bedingungen vollständig unterwirft. Dabei wird dem Fertigstellungsgaranten Kontrolle über das Produktionskonto (gegenüber der Bank durch sog. „Produktionsübernahmeerklärung"/„production account takeover letter"), über die beim Kopierwerk eingelagerten, Filmmaterialien („Kopierwerkserklärung"/ „laboratory letter") verschafft. Die begünstigte Bank stellt dem Produzenten zur Zwischenfinanzierung von Minimumgarantien und Förderdarlehen ein Produktionsdarlehen zur Verfügung (sog. „loan agreement") und lässt sich von diesem dafür neben der Begründung sonstiger Sicherungsrechte z.B. am Filmnegativ die vorfinanzierten vertraglichen Zahlungsansprüche gegen Vertriebspartner und Filmförderer unwiderruflich im Rahmen eines Kreditsicherungsvertrags abtreten (letztere akzeptieren einer derartige Abtretung in der Regel nicht, leisten ihre Zahlungen aber auf das bei der Produktionsbank geführtes Produktionskonto).

Diese Abtretung wird den Verwertungs- und Vertriebspartnern und sonstigen Finanzierungspartnern, deren Leistung zwischenfinanziert wurde (z.B. Förderanstalten), angezeigt (sog. „notice of irrevocable assignment") und von diesen gegenüber der Bank unter Verzicht auf bestimmte Einreden unwiderruflich bestätigt (sog. „acceptance of assignment"). Dabei akzeptieren diese die entsprechend der Haftung des Fertigstellungsgaranten einheitlich festgelegten Lieferbedingungen (als Vertragsanlage, sog. „delivery schedule") und Liefertermine („delivery date"), deren Erfüllung deren vertragliche Zahlungspflicht uneingeschränkt auslösen und damit den Fertigstellungsgaranten aus der Haftung gegenüber den Begünstigten entlässt. Insbesondere US-Banken sichern sich zudem gegen das Bonitätsrisiko der Verwertungs- und Vertriebspartner im Hinblick auf die abgetretenen Zahlungsansprüche zusätzlich durch ein Bankenakkreditiv (sog. „letter of credit") ab. Schließlich werden Rang- und Tilgungsfolge konkurrierender Sicherungsrechte der Beteiligten vor allem bei internationalen Produktionen mit komplexen Finanzierungsstrukturen in einer Mehrparteienvereinbarung geregelt (sog. **„interparty-agreement"**). Ist das Produktionsdarlehen oder das investierte Kapital nicht vollständig durch die abgetretenen Zahlungen abgedeckt, spricht man von Lückenfinanzierung (sog. **„gap-financing"**). Das entsprechende Rückflussrisiko wird in der Regel durch Erlösprognosen eines Weltvertriebs oder durch eine Shortfall Versicherung abgesichert (s.u. Rdnr. 774). Teilweise wird ein sog. „Collecting Agent" eingeschaltet, der sämtliche Erlöse vor allem beim Weltvertrieb der Produktion zentral gegen eine Gebühr (1–1,5 %) einzieht und entsprechend dem mit allen erlösbeteiligten Parteien im „Collection Agreement" vereinbarten Rückflussplans an diese verteilt.

2. Kapitel – Rechtsfragen des Filmrechts

Die wesentlichen Vertragswerke (vereinfacht)

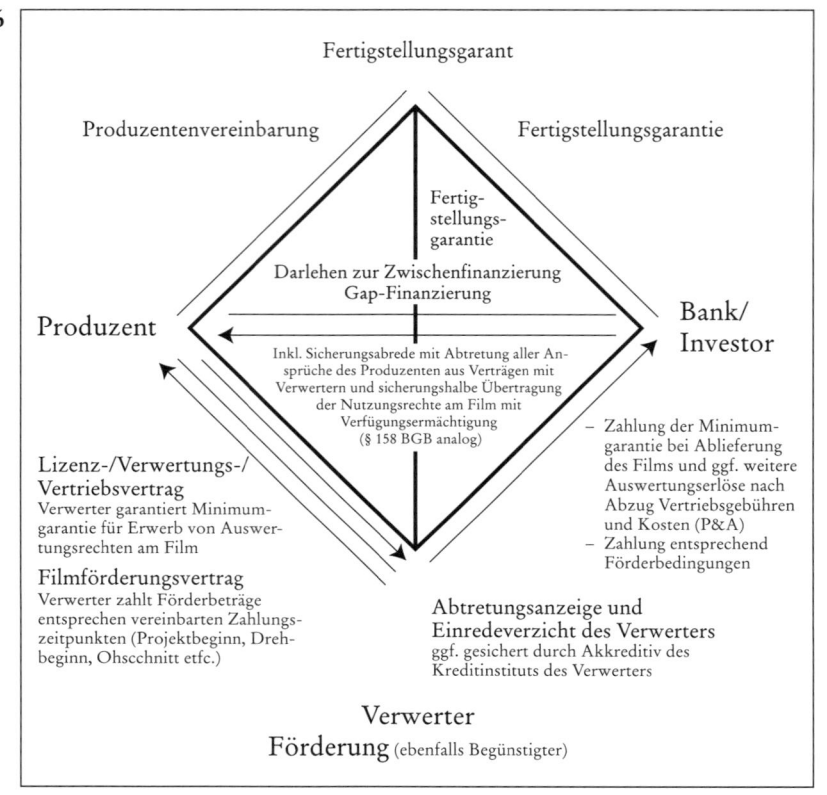

676

Fertigstellungsgarant

Produzentenvereinbarung

Fertigstellungsgarantie

Fertigstellungsgarantie

Darlehen zur Zwischenfinanzierung
Gap-Finanzierung

Produzent

Inkl. Sicherungsabrede mit Abtretung aller Ansprüche des Produzenten aus Verträgen mit Verwertern und sicherungshalbe Übertragung der Nutzungsrechte am Film mit Verfügungsermächtigung (§ 158 BGB analog)

Bank/ Investor

– Zahlung der Minimumgarantie bei Ablieferung des Films und ggf. weitere Auswertungserlöse nach Abzug Vertriebsgebühren und Kosten (P&A)
– Zahlung entsprechend Förderbedingungen

Lizenz-/Verwertungs-/ Vertriebsvertrag
Verwerter garantiert Minimumgarantie für Erwerb von Auswertungsrechten am Film

Filmförderungsvertrag
Verwerter zahlt Förderbeträge entsprechen vereinbarten Zahlungszeitpunkten (Projektbeginn, Drehbeginn, Ohscchnitt etfc.)

Abtretungsanzeige und Einredeverzicht des Verwerters
ggf. gesichert durch Akkreditiv des Kreditinstituts des Verwerters

Verwerter
Förderung (ebenfalls Begünstigter)

2.5. Fertigstellungsgarantie – wesentliche Vertragsbedingungen

2.5.1. Wesen und Rechtsnatur

677   Die Fertigstellungsgarantie ist ein Garantievertrag eigener Art, der zwischen dem Fertigstellungsgaranten (i.d.R. ein Versicherungsunternehmen) und den jeweiligen Begünstigten geschlossen wird. Sie ist zwar eine atypische, aber doch einer Versicherung sehr ähnliche Vereinbarung.

2.5.2. Bedingungen für den Eintritt des Versicherungsschutzes

678   Folgende Bedingungen sind Voraussetzung für die Verpflichtung des Fertigstellungsgaranten aus der Fertigstellungsgarantie:

679   **Gesicherte Finanzierung entsprechend Mittelflussplan („Cash flow Plan").** Das vom Fertigstellungsgaranten genehmigte Budget (sog. „approved budget") muss in der vereinbarten Höhe (sog. „strike price") zu

B. Herstellung des Films

100 % finanziert sein. In der Fertigstellungsgarantie wird dieses gesondert aufgeführt und setzt sich zusammen aus:

- den direkten Herstellungskosten („direct production cost"),
- der Budgetüberschreitungsreserve („contingency"),
- der Gebühr des Fertigstellungsgaranten („bond fee").

Das gesamte Budget inklusive der Budgetüberschreitungsreserve (i.d.R. **680** 10 % der direkten Herstellungskosten) und der Gebühr des Fertigstellungsgaranten müssen finanziert sein, um Versicherungsschutz zu erlangen. Insbesondere müssen alle Finanzierungspartner entsprechend dem Finanzierungsplan ihren Kapitaleinsatz geleistet bzw. sich zur Leistung verpflichtet haben, das Produktionsdarlehen vollständig verfügbar sein und die Zahlungstermine mit dem vom Fertigstellungsgaranten genehmigten Mittelflussplan der Produktion übereinstimmen. Dies ist in den jeweiligen Verträgen mit der Bank, den Investoren, Koproduktions- und Vertriebspartnern sicherzustellen. Für den Fall, dass die Budgetüberschreitungsreserve nicht vollständig aufgebraucht wird, ist eine Regelung zu treffen, wem diese Einsparungen zustehen (in der Regel Investoren, Förderern oder pro rata den Koproduzenten u.U. auch zur Deckung von Rückstellungen).

Vollständige Zahlung der Gebühr. Die vom Fertigstellungsgaranten **681** verlangte Gebühr beträgt bei Spielfilmproduktionen ca. **3 bis 6 %** (in den USA teilweise auch geringer), bei TV-Produktionen ca. 2 bis 3 % **der direkten Herstellungskosten.** Für einen Spielfilm mit einem Budget von 2.5 Mio. Euro wären bei einer Gebühr von 5 % z.B. 125 000 € zu zahlen. Gebührenschuldner ist allein der Produzent, der sich zur Zahlung in der Produzentenvereinbarung mit dem Fertigstellungsgaranten verpflichtet und in der Regel die finanzierende Bank anweist, die Gebühr als Teil des Abrufs der ersten Produktionsmittel direkt an den Fertigstellungsgaranten zu leisten.

Genehmigung der Produktionsplanung. Kalkulation, Finanzierungs- **682** plan, Mittelflussplan und Drehplan (insbesondere der Drehbeginn) werden bei der Antragstellung eingereicht, vom Fertigstellungsgaranten eingehend geprüft und sind vor Produktionsbeginn vom Fertigstellungsgaranten von diesem ebenso wie die Schlüsselfiguren der Produktion (z.B. Produzent, Regisseur, Herstellungsleiter) durch Gegenzeichnung zu genehmigen. Der Fertigstellungsgarant wird dabei vor Vertragsschluss die Produktionsplanung durchleuchten, indem die gesamte, vom Produzenten vorzulegende Produktionsdokumentation (Kalkulation, Drehbuch, Drehplan, Mittelflussplan, Plan der Postproduktion) sowie das Vertragswerk im Hinblick auf die Machbarkeit und Erfüllbarkeit der Lieferbedingungen und des Liefertermins eingehend geprüft wird. Dabei wird der Fertigstellungsstellungsgarant nicht selten Änderungen der Kalkulation oder den Ausschluss bestimmter Mehrkosten verlangen (s.u. Rdnr. 689).

Kreuzer

683 Nachweis des Versicherungsschutzes zugunsten der Fertigstellungsgaranten. Der Fertigstellungsgarant verpflichtet den Produzenten, den Versicherungsschutz aller (im Einzelnen bestimmten) Produktionsversicherungen auch auf ihn zu erstrecken und dies durch entsprechende Versicherungszertifikate nachzuweisen. Ohne diesen Nachweis tritt die Verpflichtung des Fertigstellungsgaranten gegenüber den Begünstigten nicht ein.

2.5.3. Typische Haftungsausschlüsse

684 Sämtliche Mehrkosten, Produktionshindernisse und Lieferverzögerungen, die infolge der nachstehend aufgeführten Gründe und Ereignisse entstehen, werden von der Fertigstellungsgarantie in der Regel nicht gedeckt:

685 Mängel der Rechtekette, Immaterialgüter- und Persönlichkeitsrechtsverletzungen. Produktionshindernisse (z.b. durch eine einstweilige Verfügung eines Urhebers), die aus Lücken der Rechtekette (d.h. Verträge mit Urhebern, Verlagen, Verwertungsgesellschaften und sonstigen Lizenzgebern, die dem Produzenten die zur Herstellung und Auswertung des Films erforderlichen urheber- und markenrechtlichen Nutzungsrechte verschaffen) entstehen, deckt die Fertigstellungsgarantie nicht. Entsprechendes gilt für sonstige immaterialgüterrechtliche (Titel, Marken etc.) und persönlichkeitsrechtliche (Diffamierung, Namensrecht etc.) Ansprüche Dritter, die zu Produktionshindernissen führen. Hier ist der Produktionsanwalt gefragt (s.u. Checkliste bei Rdnr. 768). Zur Abwehr solcher Ansprüche dient vielmehr die **Errors und Omissions Versicherung**, die allerdings nur die Rechtsschutzkosten und Haftpflicht, nicht allerdings die damit verbundenen Mehrkosten der Produktion deckt (s.u. Rdnr. 727 ff. zur E&O-Versicherung). Der Fertigstellungsgarant wird die zugrunde liegende Rechtekette dennoch eingehend überprüfen, vor allem weil er selbst die Nutzungsrechte am Filmwerk als zusätzliche Sicherheit für potenzielle Rückzahlungsansprüche bei Inanspruchnahme aus der Fertigstellungsgarantie beansprucht. Der Fertigstellungsgarant verlangt neben einer Errors- und Omissions Versicherung auch die dafür eingeholten Copyright-, Besicherungs- und Titel-Recherchen (s.u. Rdnr. 765).

686 Künstlerische Qualität des Films und Altersfreigaben. Der Fertigstellungsgarant haftet nur für die ordnungsgemäße Ablieferung des Films in technischer Hinsicht. Eine Haftung für die künstlerische Qualität, insbesondere für inhaltliche Mängel, wird regelmäßig nicht übernommen (z.B. Erfüllung bestimmter Einstufungen des Films von Jugendschutz- und Zensurbehörden (in Deutschland: FSK)), auch wenn diese in den Vertriebs- und Lizenzverträgen des Produzenten als zwingende Ablieferungsvoraussetzung („delivery requirement") festgelegt sind. In seiner Vereinbarung mit den Vertriebspartnern stellt der Fertigstellungsgarant vielmehr sicher, dass die Einhaltung solcher künstlerischer Vorgaben oder

Altersfreigaben bei Ablieferung des Filmwerks zumindest nicht die Zahlungspflicht ausschließt.

Bonität oder Vertragsbruch der Finanzierungs- und Vertriebspartner. So weit eine der in dem Finanzierungsplan vorgesehene Finanzierungsquelle versprochene Produktionsmittel nicht oder nicht rechtzeitig zur Verfügung stellt und deshalb die Produktion nicht fortgeführt werden kann, trifft den Fertigstellungsgaranten keine Pflicht, die fehlenden Mittel nachzuschießen (s.o. Rdnr. 667). Gleiches gilt auch für sonstige Vertragsverletzungen der Finanzierungs- und Vertriebspartner, die zu Produktionshindernissen werden. 687

Kriegerische und sonstige Einwirkungen, beschränkt auf höhere Gewalt. Produktionshindernisse und die Verzögerung der Ablieferung infolge Krieg, atomarer Einwirkungen oder Bürgerkrieg sind vom Versicherungsschutz nicht mitumfasst. Soweit die Verzögerung allerdings auf höherer Gewalt (z.B. Naturkatastrophen, Epidemien) beruht, wird in der Regel auf die dafür in Vertriebs- und Lizenzverträgen vorgesehenen Bestimmungen verwiesen bzw. sollte eine eigenständige Regelung getroffen. Ist mit den Lizenznehmern ein fester Ablieferungstermin vereinbart (sog. „delivery date"), sollte eine Verschiebung für den Zeitraum der Einwirkung der höheren Gewalt vorgesehen werden. So weit allerdings eine Beschränkung der Verschiebung (z.T. 45 Tage, oder auch drei Monate) vorgesehen ist (sog. „extension date"), tritt bei darüber hinausgehenden Verzögerungen die Verpflichtung des Fertigstellungsgaranten wieder in Kraft. 688

2.5.4. Ausschluss bestimmter Mehrkosten

Nach Durchsicht der Produktionsunterlagen besteht der Fertigstellungsgarant in der Regel auf dem Ausschluss der Haftung für bestimmte Mehrkosten, selbst wenn diese im genehmigten Budget aufgeführt sind. 689

Typische Ausschlüsse: 690

– Kosten für den Erwerb von Musikrechten;
– Kosten der Rechts- und Steuerberatung;
– Kosten für Werbung, Promotion und Publicity;
– Kosten aufgrund schuldhaften oder vertragswidrigen Verhaltens der Begünstigten;
– Kosten für Szenen, die nicht im genehmigten Drehbuch enthalten sind;
– Zinsen und sonstige Geldbeschaffungskosten des Produzenten;
– Wiederholungshonorare oder sonstige tarifvertragliche Rückstellungen;
– Zusätzliche Wechselkursänderungen;
– Vertriebs- und Herausbringungskosten: Ausnahme: bestimmte Kosten (sog. „in-costs"), die dem durch die Fertigstellungsgarantie be-

> günstigten Vertrieb durch den Abbruch der Produktion durch den Fertigstellungsgaranten entstanden sind (z.b. Anwaltskosten und Kosten für ein Akkreditiv (sog. „letter of credit");
> – Kosten für Materialien, die nicht in den Lieferbedingungen aufgeführt sind;
> – Kosten infolge Gesetzes- oder Vertragsverstoßes des Produzenten;
> – Kosten für steuerrechtliche Verpflichtungen des Produzenten;
> – Nach Ablieferung entstehende Kosten;
> – Im Einzelfall vereinbarte Ausschlüsse (z.b. Ursprungszeugnis).

691 Kosten für die Herstellung von Video- und Fernseh- oder verschiedener Sprachfassungen, für Neu- oder Umschnitt, für Nachdreharbeiten oder sonstige Veränderungen, für Materialien sowie alle der an sich ausgeschlossenen Mehrkosten werden nur gedeckt, so weit diese bei der Erfüllung der einheitlichen Lieferbedingungen entstehen. Dies ist bei Festlegung der Lieferbedingungen z.b. beim Abschluss einer Mehrparteienvereinbarung zu beachten.

2.5.5. Einheitliche Festlegung von Lieferbestimmungen und Liefertermin

692 **Bestimmungen der Lizenz- und Finanzierungsverträge des Produzenten.** Vertriebs- und Lizenzverträge des Produzenten mit dessen Vertriebs- und Verwertungspartnern enthalten umfassende Spezifikationen und Materiallieferbedingungen („delivery requirements") sowie Bestimmungen über den Liefertermin („delivery date"). Die Erfüllung dieser Festlegungen löst die in den Vertriebs- und Lizenzverträgen geschuldeten Zahlungsverpflichtungen aus. Gleiches gilt auch für Zahlungsbestimmungen von Förderern oder z.b. in Verträgen mit einer Produktionsbank, die einen UK Sale and Leaseback zwischenfinanzierte, getroffene Regelung, die die Erteilung des zu dieser Finanzierung erforderlichen Ursprungszeugnisses des DCMS (Department of Culture, Media and Sports).

693 **Abweichungen und „Essential Elements".** Da der Fertigstellungsgarant grundsätzlich für die Erfüllung dieser Lieferbestimmungen und Liefertermine haftet, überprüft er die in den Vertriebs- und Lizenzverträgen des Produzenten festgelegten Lieferbestimmungen auf ihre Erfüllbarkeit. Neben der Einhaltbarkeit des Liefertermins wird der Fertigstellungsgarant sicherstellen, dass der Vertriebs- und Lizenzpartner die Abnahme nicht aufgrund künstlerischer oder inhaltlicher Qualität ablehnen kann (dies ist auch im Interesse des Produzenten). In der Regel wird auch auf dem Verzicht auf subjektive Zustimmungsrechte bestanden. Bestimmte Bestandteile, die die abzuliefernde Produktion enthalten muss, werden fest vereinbart (u.a. im Hinblick auf Besetzung, Buch und Regie, sog. „essential elements"). Die Möglichkeit eines Austausches solcher Elemente sollte durch ein eigenes Verfahren geregelt werden (inklusive einer Liste

bestimmter Ersatzelemente). Im Ergebnis gelingt es dem Fertigstellungsgaranten in der Regel, zumindest die Lieferbedingungen in der Vereinbarung mit den Vertriebs- und Lizenzpartnern entsprechend „auszudünnen" und damit zugleich sein Risiko (und damit auch des Produzenten) zu verringern. Der Produzent sollte daher darauf bestehen, dass dieser Ausschluss auch zu seinen Gunsten gilt, um nicht selbst gegenüber dem Lizenzpartner zu haften. Durch die vertragliche Festlegung bestimmter „essential elements" beschränkt der Fertigstellungsgarant in der Regel seine Haftung, indem er z.B. für Verzögerungen der Ablieferung, die ihren Grund im Ausfall eines dieser Elemente haben, nur haftet, wenn die Verzögerung eine bestimmte Anzahl von Tagen erreicht (sog. „essential element force majeure"), wobei die insgesamt mögliche Verschiebung des Ablieferungstermins üblicherweise beschränkt wird (z.B. 75 Tage). Bestimmte Liefer- und Zahlungsbedingungen werden ausgeschlossen (z.B. DCMS Ursprungszeugnis), es sei denn diese stehen nicht zur Disposition der Vertragsparteien (z.B.Förderrichtlinien).

Einheitliche Lieferbedingungen zum Zwecke der Haftung des Fertigstellungsgaranten. Die Aufstellung der Lieferbedingungen (Materialien, Termin, Ort, Adressat) erfolgt einheitlich entweder in den Anlagen zur Fertigstellungsgarantie, der Produzentenvereinbarung, den Vereinbarungen des Fertigstellungsgaranten mit den Vertriebspartnern sowie (sicherheitshalber) auch in der (im Konfliktfall vorrangigen) Mehrparteienvereinbarung („interparty-agreement", s.u. Rdnr. 721).   694

2.5.6. Pflichten des Begünstigten

Der Begünstigte (Verwerter, Förderer, Investor) verpflichtet sich in der Fertigstellungsgarantie, die von ihm geschuldeten Finanzierungsmittel entsprechend der vertraglichen Vereinbarung und den Förderbedingungen bereitzustellen. In der Regel besteht die Verpflichtung, dem Fertigstellungsgaranten jede für die Haftung des Fertigstellungsgaranten relevante, wesentliche Änderung der Produktion (Kosten, Besetzung, Drehplan, Finanzlage des Produzenten etc.) zumindest bei Kenntnis unverzüglich mitzuteilen und bei Übernahme der Produktion durch den Fertigstellungsgaranten diesen dabei zu unterstützen, ohne allerdings zur Leistung weiterer Finanz- oder sonstiger Produktionsmittel als ursprünglich geschuldet verpflichtet zu sein. Problem bei Übernahme der Produktion durch den Fertigungsgaranten kann dabei aber sein, dass Förderrichtlinien oftmals nur Zahlung an den geförderten Produzenten erlauben. Insoweit kann ein sog. „soft takeover" eine alternative Lösung sein, wobei der Fertigstellungsgarant die Produktion zwar übernimmt, aber dennoch durch den Produzenten fertig stellen lässt.   695

2.5.7. Rang der Sicherungsvereinbarungen

696 Die Rechte des Produzenten an dem Film, den Materialien sowie die vertraglichen Ansprüche gegenüber den Vertriebs- und Lizenzpartnern werden u.a. sowohl in der Produzentenvereinbarung dem Fertigstellungsgaranten als auch im Rahmen der Bankfinanzierung dem Kreditinstitut jeweils zur Sicherung der Rückführung im Krisenfall zu erbringenden Leistungen bzw. Finanzierungsmittel (sog. „Garantiebeträge") übertragen bzw. an diese abgetreten. In der Fertigstellungsgarantie wird der Rang der Sicherheit im Verhältnis des Begünstigen zum Fertigstellungsgaranten geregelt. Üblicherweise steht die Bank an erster Stelle, der Fertigstellungsgarant pro rata mit sonstigen Sicherungsnehmern an zweiter Stelle. Zur endgültigen, einheitlichen Regelung aller Sicherungsrechte und der Bestimmung des Rangs dient die Mehrparteienvereinbarung (s.u. Rdnr. 721).

2.6. Produzentenvereinbarung – wesentliche Vertragsbedingungen

2.6.1. Grundlagen

697 Die Produzentenvereinbarung (sog. „producer agreement" oder „completion agreement") regelt das Verhältnis zwischen dem Produzenten bzw. den Koproduzenten und dem Fertigstellungsgaranten, wobei auf bereits abgeschlossene Finanzierungsverträge, den Finanzierungsplan sowie die zu genehmigenden Produktionsunterlagen (Kalkulation, Drehbuch, Drehplan, Mittelflussplan, Rückflussplan, Plan der Postproduktion, jeweils als Anlage) Bezug genommen wird. Im Ergebnis erlaubt die Produzentenvereinbarung dem Fertigstellungsgaranten, vor allem im Krisenfall als Produktionsleiter zu handeln und durch Einwirkung auf die Produktion sicherzustellen, dass die versicherte Produktion entsprechend der Lieferbestimmungen und unter Einhaltung der vereinbarte Lieferbedingungen abgeliefert wird. Der Produzent verpflichtet sich deshalb, die Produktion entsprechend den vom Fertigstellungsgaranten genehmigten und vertraglich festgelegten Produktionsplanung herzustellen (sog. „Vertragsproduktion"). Entsprechend verfolgt der Fertigstellungsgarant laufend den Fortschritt der Produktion.

2.6.2. Pflicht zur Zahlung der Garantiegebühr

698 Zunächst wird die Pflicht des Produzenten zur Bezahlung der Garantiegebühr festgelegt (s.o. Rdnr. 681). Diese ist Bestandteil des zu genehmigenden Budgets und muss voll finanziert sein.

2.6.3. Festlegung der Vertragsproduktion

699 Alle für die vollständige Erfüllung der Lieferbestimmungen erforderlichen kreativen und produktionstechnischen Elemente werden für den Produzenten entsprechend der mit dem Fertigstellungsgaranten einver-

nehmlich abgestimmten Produktionsplanung und Besetzung verbindlich festgelegt. Änderungen bedürfen der Zustimmung des Fertigstellungsgaranten. Der Produzent verpflichtet sich zudem zur Einhaltung der in den Verträgen mit dem Kreditinstitut und den Vertriebs- und Lizenzpartnern aufgestellten Qualitäts- und Lieferbedingungen bzw. der Förderrichtlinien der beteiligten Filmförderer. Der Abschluss weiterer Vertriebs-, Finanzierungs- oder Koproduktionsverträge durch den Produzenten bedarf ebenfalls der Zustimmung des Fertigstellungsgaranten. Sie wird aber meist erteilt, wenn die darin vereinbarten Bedingungen nicht von den Festlegungen der Produzentenvereinbarung sowie den Lieferbedingungen der Fertigstellungsgarantie abweichen. Festgelegte Bestandteile der versicherten Produktion (sog. „Vertragsproduktion") sind in der Regel:

Besetzung und Mitwirkende („approved cast and crew"). Die festge- 700 legte Besetzung (Schauspieler) und damit verbundene Mitwirkende (Regisseur, Produzent, Kamera, Filmgeschäftsführung, Schlüsselpersonen im Produktionsteam etc.) ist verbindlich und eine Auswechselung nur mit Zustimmung des Fertigstellungsgaranten zulässig („essential elements", s.o. Rdnr. 693). Besetzungen und Positionen bestimmter Mitwirkender, die noch offen sind, bedürfen der Zustimmung des Fertigstellungsgaranten.

Drehbuch, Drehplan, Budget („approved script, shooting schedule 701 **and budget").** Ebenso verbindlich festgelegt und vorab genehmigt wird die gesamte Produktionsplanung (Drehplan, Drehbuch und Budget inkl. HUs, Finanzierungskosten, Garantiegebühr und Budgetüberschreitungsreserve). Dabei sind das genehmigte Budget vom ausführenden Produzenten und vom Produktionsleiter, genehmigtes Budget und Drehplan zusätzlich noch vom Regisseur durch Gegenzeichnung zu bestätigen. Der Produzent wird verpflichtet, den Film entsprechend den Vorgaben der genehmigten Drehbuchversion herzustellen und eine entsprechende Verpflichtung vom Regisseur, dem ausführenden Produzenten, Kameramann und Produktionsleiter einzuholen. Der Produzent ist bei der Produktionsausführung zur üblichen Sorgfalt verpflichtet.

2.6.4. Weitere Pflichten des Produzenten

Sicherung des Produktionsfinanzierung, Verwendung der Produk- 702 **tionsmittel und Produktionskonto.** Der Produzent sichert die vereinbarte Finanzierung entsprechend dem abgestimmten Finanzierungs- und Mittelflussplan durch Darlehen der durch die Fertigstellungsgarantie begünstigten Bank und durch Kapitaleinlagen sonstiger Finanzierungspartner. Sämtliche Produktionsmittel sind ausschließlich auf ein bei der begünstigen Bank geführtes Produktionskonto einzuzahlen und nur entsprechend dem genehmigten Mittelflussplan zu verwenden. Aufstellungen über alle Kontobewegungen sind dem Fertigstellungsgaranten laufend zuzuleiten. Darüber hinaus besitzt der Fertigstellungsgarant ein uneingeschränktes Einsichtsrecht in die Unterlagen des Produktionskontos. Teilweise bedarf die Auszahlung der Handlungsunkosten und der Producer's Fee der Zustimmung des Fertigstellungsgaranten, insbesondere wenn diese im Finanzierungsplan rückgestellt sind. Der Fertigstellungsgarant kann jederzeit (in der Regel aber erst im Krisenfall) ein Mitzeichnungsrecht für das Produktionskonto verlangen und damit das Produktionskonto kontrollieren, da sämtliche Auszahlungen seine Unterschrift erfordern.

703 **Rechteerwerb von Urheber- und Leistungsschutzrechten (Rechtekette).** Der Produzent muss alle zur Herstellung des versicherten Films erforderlichen Nutzungsrechte von den beteiligten Urhebern und Leistungsschutzberechtigten erworben und entsprechende Nutzungsrechtsverträge schriftlich abgeschlossen haben. Dabei haben die Verträge alle Nutzungsrechte abzudecken, die der Produzent in den Vertriebs- und Lizenzverträgen seinen Vertragspartnern einzuräumen hat.

704 **Ausschluss von „stop-dates" in Talent, Team oder Motivverträgen.** Bei Abschluss der Verträge mit den Schauspielern und Mitwirkenden, sowie den Studios und in sonstigen Motivverträgen hat der Produzent sicherzustellen, dass diese keine „stop-dates" enthalten (d.h. Klauseln die die Verfügbarkeit von Talent, Mitwirkenden, Studio oder Motiv ab einem bestimmten Zeitpunkt ausschließen). Insbesondere US-Agenten bestehen oftmals auf solchen Ausschlussklauseln, um für ihre Mandanten eine verbindliche Verpflichtung für die nächste Produktion zu ermöglichen. Kommt es zu unerwarteten Produktionsverzögerungen, besteht dadurch die Gefahr, dass eine Fertigstellung der versicherten Produktion aufgrund mangelnder Verfügbarkeit eines Schauspielers oder eines Motivs nicht abgeschlossen werden kann. Zudem sollten alle Verträge mit Talent (zumindest) für den Fall der Übernahme der Produktion durch den Fertigstellungsgaranten die Möglichkeit vorsehen, dass der Produzent alle Rechte aus dem Vertrag auf diesen übertragen kann.

705 **Abschluss üblicher Produktionsversicherungen.** Der Produzent wird verpflichtet, bestimmte, in der Anlage zur Produktionsvereinbarung aufgeführte Versicherungen abzuschließen und den Versicherungsschutz auch auf den Fertigstellungsgaranten erstrecken. Dabei sind bestimmte Mindestvorgaben einzuhalten. Der Versicherungsschutz ist dem Fertigstellungsgaranten durch auf ihn ausgestellte Versicherungszertifikate vor Produktionsbeginn nachzuweisen. Der Versicherer verlangt dabei, dass die Versicherungsbedingungen auch auf den Fertigstellungsgaranten Anwendung finden (insbesondere übernimmt dieser auch Anzeigepflichten!). Festgesetzt werden u.a.:

- Festlegung von Mindestdeckungssummen und Mindestkonditionen des Versicherungsschutzes (i.d.R. in der Vertragsanlage);
- Verpflichtung des Produzenten zur Aufrechterhaltung des Versicherungsschutzes bis zum endgültigen Wegfall der versicherten Risiken

(d.h. mindestens bis Ende des ersten Auswertungszyklusses), insbesondere durch:
- Zahlung der Erst- und laufenden Prämien in voller Höhe bei Fälligkeit;
- Recht des Begünstigten die Zahlung bei Verzug für den Produzenten zu leisten;
- Aufnahme von Beendigungsklauseln in den Versicherungsvertrag, wonach der Versicherungsschutz wegen Nichtzahlung der Prämien durch den Produzenten nur entfällt, wenn der Versicherungsgeber dies dem Produzenten und dem zusätzlichen Begünstigten mindestens zehn Werktage vor Ablauf schriftlich anzeigt;
- Verpflichtung des Produzenten, den zusätzlichen Begünstigten bei Verletzung dieser Verpflichtungen unbeschadet weitergehender Schadensersatzansprüche so zu stellen, als hätte zum Zeitpunkt des Schadensfalls wirksamer Versicherungsschutz bestanden;
- Recht des Begünstigten, jederzeit Erweiterungen des Versicherungsschutzes zu verlangen;
- Verpflichtung des Produzenten, den zusätzlichen Begünstigten über Art und Umfang potenzieller Versicherungsfälle umgehend zu informieren;
- die Beilegung des Versicherungsfalls durch einen Vergleich bedarf der vorherigen Einwilligung des zusätzlichen Begünstigten.

Leistungen aus diesen Versicherungen während der Produktion sind 706 auf das Produktionskonto einzuzahlen und zweckgebunden zur Deckung der Kosten des Versicherungsfalls zu verwenden. Zur Vereinfachung dieser Prozedur wird ein Versicherer oder Versicherungsmakler häufig ein **Gesamtversicherungspaket** anbieten.

2.6.5. Informations-, Einsichts- und Weisungsrechte

Der Produzent ist verpflichtet, den Fertigstellungsgaranten während 707 der Produktion über alle risikorelevanten Umstände umfassend, ungefragt und unverzüglich zu informieren (finanzieller Zustand der Produktion und des Produzenten selbst, alle die Produktionsplanung und -durchführung sowie die vertragsgerechte Ablieferung des Films betreffenden Punkte und Umstände, z.B. Verlauf der Vorbereitungen, des Drehs und der Postproduktion, Änderungen, Widrigkeiten, Stand der Erstellung der zu liefernden Materialien usw.). Diese Informationspflicht ist von besonderer Bedeutung, weil deren fahrlässige Verletzung zum Verlust des Versicherungsschutzes führen kann. Dem Fertigstellungsgaranten werden daher alle wesentlichen Produktionsunterlagen zur Verfügung gestellt. In der Regel verlangt werden:

- Tagesdispositionen („daily call sheets"),
- Tagesberichte („daily production reports"),
- Kostenstände („weekly cost reports"),

– regelmäßige Informationen über Änderungen in Drehplan und Drehbuch, Cast, Team,
– i.d.R. aber keine Tageskopien („rushes").

708 Der Fertigstellungsgarant kann die gesamte Produktionsdokumentation und -buchhaltung einsehen und besitzt ein uneingeschränktes Anwesenheitsrecht während aller Produktionsstadien (insbesondere bei Produktionsbesprechungen). Der Produzent muss dabei Anregungen und Vorschläge des Fertigstellungsgaranten zur Einhaltung der genehmigten Produktionsplanung berücksichtigen. In Ausnahmefällen kann der Fertigstellungsgarant dem Produzenten auch verbindliche Weisungen erteilen, insbesondere kann er Mitwirkende (auch Schauspieler!) austauschen oder freistellen. Dabei sind aber Liefer- und Förderbedingungen vor allem hinsichtlich einer bestimmten kreativen Besetzung zu beachten, weshalb der Austausch entweder nur mit deren Zustimmung oder entsprechend der als Ersatz für „essential elements" genannten Stabmitglieder erfolgt. Dem Austausch des Regisseurs kann allerdings nach deutschem Urheberrecht dessen Urheberpersönlichkeitsrecht entgegenstehen. Eine dahingehende Stellungnahme der Rechtsprechung (zur Kündigung des Regisseurs während der Dreharbeiten) steht noch aus. Insoweit dürfte dies wohl nur bei extremen Pflichtverletzungen des Regisseurs zulässig sein.

2.6.6. Übernahme- oder Abbruchrecht des Fertigstellungsgaranten

709 Unbeschadet der Kontroll- und Weisungsbefugnisse hat der Fertigstellungsgarant auch das Recht, im Krisenfall die Produktion vom Produzenten (durch schriftliche Erklärung gegenüber dem Produzenten) unter bestimmten Voraussetzungen zu übernehmen (sog. „takeover"). Alternativ kann er aber auch die Produktion vollständig abbrechen („abandonnement") und den Begünstigten ihre Kapitalzuschüsse zum Produktionsbudget rückerstatten. Der Produzent verliert bei letzterer Alternative allerdings die HUs und seine Produzentenvergütung.

710 **Festlegung bestimmter Übernahmevoraussetzungen.** Dafür müssen dem Fertigstellungsgaranten zunächst Gründe vorliegen, die den Eintritt des Sicherungsfalls befürchten lassen. Die übrigen Voraussetzungen variieren je nach Abrede. Teilweise werden für eine solche Übernahme rein objektiv ermittelbare (z.B. bestimmte prozentuale Überschreitung des Budgets und/oder Überschreiung des Drehplans um x-Tage), auslegungsfähige („schwere" Verletzungen der Produktionsvereinbarung oder Nichtbefolgung von Weisungen) oder eher subjektive Kriterien (z.B. nach freier Einschätzung) festgelegt. Der Produzent sollte versuchen, subjektive Kriterien so weit wie möglich auszuschließen und auf dem Recht bestehen, bei Budgetüberschreitungen eine Übernahme abzuwenden, indem er weitere Produktions- und Finanzmittel besorgt und damit eine Inanspruchnahme der Fertigstellungsgarantie ausschließt.

B. Herstellung des Films

Durchführung der Übernahme. Nach Übernahme der Produktion ist 711 der Fertigstellungsgarant berechtigt, die Produktion im eigenen Namen und für Rechnung des Produzenten unter Ausübung aller vertraglichen Rechte des Produzenten im Hinblick auf die Produktion (insbesondere zur weiteren Auszahlung der Produktionsmittel aus dem Produktionsdarlehen) entweder selbst oder durch Beauftragung eines Dritten entsprechend den Vorgaben der Lieferbedingungen der Vertrags- und Lizenzpartner fertig zu stellen. Bei Fortsetzung der Produktion handelt der Fertigstellungsgarant in Vertretung des Produzenten aufgrund einer für den Fall der Übernahme erteilten, umfassenden Handlungsvollmacht. Rechte und Pflichten werden gegenüber Dritten nur mit dem Produzenten begründet, und nach Fertigstellung bleibt der Produzent Inhaber der Produktion. Rechtstechnisch ist dies keine Rechtsnachfolge, sondern vielmehr nur ein zeitweiliger, bis zu Fertigstellung andauernder Übergang der tatsächlichen Kontroll- und Weisungsrechte und Vertretungsmacht. Vertragspartner des Produzenten (insbesondere Schauspieler und Regisseur) haben ihre Verträge daher weiterhin zu erfüllen.

Der Fertigstellungsgarant verpflichtet sich entsprechend, die vertragli- 712 chen Verpflichtungen des Produzenten gegenüber Dritten zu beachten, so weit diese mitgeteilt wurden und nicht im Widerspruch zu den Festlegungen des Vertragsfilms, dem genehmigen Produktionsverlauf und den Lieferbedingungen stehen. Der Produzent hat den Fertigstellungsgaranten auch nach der Übernahme weiterhin zu unterstützen, insbesondere auf Verlangen weiterhin im Außenverhältnis als Produzent aufzutreten. Mit Übernahme ist der Fertigstellungsgarant allein verfügungs- und zeichnungsberechtigt für das Produktionskonto. Die Bank hat dies vorab in einer sog. „Produktionsübernahmeerklärung" zuzusichern. Uneingeschränkter und ausschließlicher Zugang zum Filmnegativ und den Filmmaterialien wird durch eine „Kopierwerkserklärung" (s.u. Rdnr. 718) ermöglicht, die den Fall der Übernahme vorsieht. Nach Fertigstellung und Ablieferung des Films werden die vom Fertigstellungsgaranten verauslagten Mittel entsprechend des in der Mehrparteienvereinbarung Rückflussplans aus den Zahlungen und Auswertungserlösen der Produktion rückgeführt (s.u. Rdnr. 721).

Praxis und „soft takeovers". Die vollständige Übernahme der Pro- 713 duktion durch den Fertigstellungsgaranten ist in der Praxis sehr selten, denn sie widerspricht meist dem Interesse aller Beteiligten. Abgesehen von den negativen Auswirkungen in der öffentlichen Meinung und dem damit reduzierten Auswertungspotenzial, ist für den Produzenten eine Übernahme nicht von Vorteil, denn der Fertigstellungsgarant wird bei Fertigstellung vor allem Wert auf Kostenminimierung und die Erfüllung der Lieferbedingungen legen, als auf z.B. künstlerische Aspekte. Insoweit sollte in der Kostenkrise stets versucht werden, eine Einigung mit dem Fertigstellungsgaranten über die Art und Weise der Fortsetzung zu finden. Von

Kreuzer

dem Recht, bestimmte Schauspieler oder den Regisseur freizustellen oder zu kündigen, wird der Fertigstellungsgarant ebenfalls nur selten Gebrauch machen, denn zum einen sind diese gegenüber den Vertriebs- und Lizenzpartnern vertraglich als „essential elements" garantiert und zum anderen wird es gerade beim Regisseur schwer sein, adäquaten Ersatz zu finden, der den (halbfertigen) Film fertig stellt. Zudem sind bestimmte kreative Elemente oder z.b. eine bestimmte Produktionsplanung (Ländereffekt bei Regionalförderern) oft Grundlage von Förderentscheidungen. Schließlich ist die tatsächliche und juristische Abwicklung nach Fertigstellung der Produktion schwierig. Auch der Abbruch liegt weder im Interesse des Produzenten noch des Fertigstellungsgaranten, denn mangels Fertigstellung des Films besteht bei Abbruch keine Chance auf Rückführung der Garantiebeträge, die der Fertigstellungsgarant den Begünstigen auszuzahlen hat, denn die Vertriebs- und Lizenzpartner sind mangels Ablieferung nicht zur Zahlung verpflichtet.

714 Regelmäßig werden die beteiligten Parteien daher kooperieren, wobei der Fertigstellungsgarant die vorhandenen Kontroll- und Weisungsrechte zwar vollumfänglich ausübt und damit die Produktion im Wesentlichen steuern kann, ohne dabei aber Produzent, Schauspieler, Regisseur und Team auszutauschen (sog. **„soft-takeover"**). Das bestehende Risiko, dass der Produzent durch den Abschluss einer Fertigstellungsgarantie im Krisenfall die Kontrolle über die Produktion verliert ist, in der Praxis daher eher gering. Insoweit sind Vorbereitung der Produktion und Auswahl des Fertigstellungsgaranten von besonderer Bedeutung.

2.6.7. Rückführung erbrachter Garantiebeträge (sog. „recoupment")

715 **Anspruch des Fertigstellungsgaranten.** Der Produzent ist verpflichtet, die Zahlungen, Leistungen und sonstigen geldwerten Mittel, die der Fertigstellungsgarant aufgrund seiner Verpflichtungen gegenüber den Begünstigten aus der Fertigstellungsgarantie zur Fertigstellung und Ablieferung der Produktion zur Verfügung gestellt hat, aus den Verwertungserlösen der Produktion zurückzuführen (sog. „Garantiebeträge"). Die rückzuführende Summe wird in einer Gesamtabrechnung nach Fertigstellung der Produktion ermittelt, wobei diese zu verzinsen ist. Streitigkeiten über die Festlegung dieser Summe werden oft durch vertragliche Streitbeilegungsmechanismen vermieden (z.B. Bestimmung eines Schlichters).

716 **Sicherung des Rückführungsanspruchs.** Der Rückführungsanspruch wird durch eine übliche Sicherungsabrede gesichert, in der der Produzent u.a. alle Rechte am Filmwerk, an den Materialien (Negativ etc.), aus Versicherungs- und Vertriebs- bzw. Lizenzverträgen zur Sicherheit umfassend an den Fertigstellungsgaranten abtritt. Der Produzent kann aufgrund einer widerruflichen Verfügungsberechtigung weiterhin über die sicherheitshalber abgetretenen Rechte im Rahmen der ordnungsgemäßen Durchführung der Produktion verfügen. Der Produzent ist dabei vor al-

lem bei internationalen Produktionen (insbesondere bei Beteiligung eines US-amerikanischen Fertigstellungsgaranten) verpflichtet, die nach ausländischen Rechtsordnungen erforderlichen Voraussetzungen zur Bestellung der Sicherheiten zu erfüllen (z.b. in den USA durch eine Registrierung beim US Copyright Office und einer einzelbundesstaatlichen Anmeldung nach UCC Article 9, sog. Secured Transactions). Dafür sollte ein damit erfahrener Rechtsanwalt herangezogen werden. Hinsichtlich der Sicherungsrechte erkennt der Fertigstellungsgarant z.T. den Vorrang bestimmter, konkurrierender Sicherungsrechte an (i.d.R. begünstigte Bank, Filmförderungen, Sicherungsrechte der Kopierwerke, US-Gewerkschaften, sog. „Guilds").

Konkurrierende Rückführungsansprüche und Sicherheiten. Der 717 Fertigstellungsgarant konkurriert hinsichtlich der Rückführungsansprüche infolge geleisteter Garantiebeträge und Sicherheiten mit inhaltsgleichen Rechten Dritter, insbesondere der Produktionsbank sowie sonstiger Finanzierungspartner wie Filmförderer und Investoren. Deren Rangfolge untereinander sollte entweder in der Fertigstellungsgarantie selbst, im „collection agreement" (Rdnr. 675) oder in einer Mehrparteienvereinbarung einheitlich geregelt werden und variiert je nach Vereinbarung (s.u. Rdnr. 721). Hinsichtlich des Rückflusses stehen das Kreditinstitut und gegebenenfalls je nach den anwendbaren Förderrichtlinien Förderanstalten, an erster Stelle, während üblicherweise der Fertigstellungsgarant an zweiter Stelle prozentual bezogen auf die Anspruchshöhe neben den anderen Rückstellungsberechtigten einnimmt (sog. „pro-rata pari passu"-Regelung). Aus Sicht des Produzenten ist die Wahrung der Rückflussansprüche der beteiligten Förderer entsprechend der Förderrichtlinien und des Fördervertrags von besonderer Bedeutung, denn andernfalls besteht das Risiko, einen Förderer wegen eingegangener Verwertungserlöse zurückbezahlen zu müssen, ohne diese Erlöse selbst erhalten zu haben. Insoweit wird in der Regel eine einheitliche Regelung des Rückflusses mit allen Parteien in einer Mehrparteienvereinbarung und ggf. in einem „collection agreement" getroffen (sog. „recoupment schedule").

2.7. Sonstige vertragliche Vereinbarungen

2.7.1. Kopierwerkserklärung

In der Kopierwerkserklärung (sog. „lab access letter") verpflichtet sich 718 das Kopierwerk, dem Fertigstellungsgaranten im Falle der Übernahme ausschließlichen Zugriff auf das Negativ und die Filmmaterialien zu verschaffen. Darüber hinaus wird zwischen dem Fertigstellungsgaranten und Kopierwerk zur Begründung der Sicherheit ein sog. „laboratory pledgeholder agreement" geschlossen, worin das Kopierwerk auf die Geltendmachung von Pfand- und Zurückbehaltungsrechten gestützt auf Ansprüche gegen den Produzenten verzichtet.

2.7.2. Abtretungsanzeige

719 Auf Veranlassung der durch die Fertigstellungsgarantie begünstigten Produktionsbank, die dem Produzenten die Zwischenfinanzierung der vertraglichen Zahlungsansprüche der Vertriebs- und Lizenzpartner und gegebenenfalls der Förderer durch Darlehensgewährung ermöglicht, zeigt der Produzent diesen die **Abtretung der Ansprüche** in einer sog. „notice of assignment and irrevocable authority" an. Die Empfänger werden darin unwiderruflich angewiesen, sämtliche vertraglich geschuldeten Zahlungen ausschließlich auf ein bestimmtes Konto zu leisten. In der Regel müssen die Minimumgarantie oder Fördermittel auf das bei der begünstigten Bank geführte Produktionskonto, darüber hinausgehende Ausschüttungen auf ein gesondertes Erlöskonto überwiesen werden. Der Vertriebs- und Lizenzpartner bestätigt den Erhalt der Anzeige gegenüber der Bank in einer „acceptance of assignment", der eine gegengezeichnete Kopie der Abtretungsanzeige anzufügen ist. Der Vertriebs- und Lizenzpartner bestätigt darin, dass ihm bisher keine (vorrangigen) anderweitigen Abtretungen angezeigt wurden, der Vertriebs- und Lizenzvertrag in Kraft ist und nur mit Zustimmung der Bank gekündigt, geändert oder aufgelöst wird.

720 Darüber hinaus verzichtet der Vertriebs- und Lizenzpartner auf die Aufrechnung und Einreden, die sich auf Ansprüche gegen den Produzenten stützen und damit auch gegenüber der Bank (als Zessionar der künftig fälligen Zahlungsansprüche) geltend gemacht werden könnten (§ 407 BGB). Schließlich wird jedwede **Verpflichtung der Bank** gegenüber dem Vertriebs- und Lizenzpartner aus dieser oder anderen Vereinbarungen **ausgeschlossen**. Förderer weigern sich daher in der Regel, solche Abtretungserklärungen zu unterschreiben, da Ansprüche aus Förderungen in der Regel nicht abtretbar sind. Üblicherweise zahlen Förderer allerdings ausschließlich auf das Produktionskonto, das bei der finanzierenden Bank geführt werden sollte.

2.7.3. Mehrparteienvereinbarung

721 In einem abschließenden (ausdrücklich vorrangigen) Vertrag wird möglichen Widersprüchen in den einzelnen Verträgen durch Anerkennung der genehmigten Produktionsunterlagen (Budget, Dreh-, Mittelfluss- und Finanzierungsplan, Schlüsselbesetzung und Team), des Liefertermins und der Lieferbedingungen („delivery schedule") sowie durch einheitliche Festlegung des Rangs bezüglich Sicherheiten und Rückflussansprüche vorgebeugt. Dabei nimmt die Bank meist die erste Position ein („last in, first out"). Vorab abzugsfähig sind in der Regel nur die Gebühren des bei Koproduktionen und Beteiligung eines Weltvertriebs zur zentralen Einziehung der Erlöse vermehrt vorgeschalteten „collecting agents". Erforderlich ist eine solche abschließende Vereinbarung in der Regel, wenn mehr als zwei Geldgeber an der Finanzierung beteiligt sind. Vertragspartner einer

B. Herstellung des Films

solchen Mehrparteienvereinbarung (sog. „interparty agreement") bei einer europäischen Produktion sind der Produzent und dessen Bank, der Weltvertrieb und dessen Bank, Förderungsanstalt, der collecting agent, Vertriebs- und Lizenzpartner sowie der Fertigstellungsgarant. In den Verhandlungen problematisch ist oft der Verzicht eines US-Vertriebs auf bestimmte Zustimmungsrechte in seinem Vertriebsvertrag mit dem Produzenten. Teilweise wird daher in der Mehrparteienvereinbarung der Verzicht nur im Hinblick auf die Verbindlichkeit gegenüber der Bank, nicht aber im Verhältnis zum Produzenten erklärt.

2.7.4. Einheitliche Vertragsanlagen

Zu den einheitlichen Vertragsanlagen zählen: 722

- Budget („approved budget"),
- Finanzierungsplan („approved financing plan"),
- Mittelflussplan („approved cashflow plan),
- Besetzungs- und Stabliste („approved cast and crew"),
- Liste der Vertriebs- und Lizenzverträge,
- Lieferbestimmungen („approved delivery schedule"):
  - Materialien
  - Lieferdatum
  - Lieferadresse.

2.8. Notwendigkeit einer Fertigstellungsgarantie?

Eine Fertigstellungsgarantie ist immer dann erforderlich, wenn die finanzierende Bank diese verlangt. Gleiches gilt für sonstige Kapitalgeber, insbesondere Filmförderer, Risikokapitalanleger, Filmfonds und Privatanleger. Auch im Hinblick auf Fernsehproduktionen, die mit Vorschüssen von TV-Sendern finanziert werden (Auftrags- oder Koproduktion) kann die Fertigstellungsgarantie hilfreich sein. Denn dieser kann u.U. die sonst von den Sendern geforderte Bankbürgschaft ersetzen und damit dem Produzenten einen größeren finanziellen Spielraum für andere Projekte ermöglichen. Außerdem können die sog. Avalzinsen (i.d.R. 2–3 % der Bürgschaftssumme) anders als die Garantiegebühr nicht als direkte Herstellungskosten abgerechnet werden, sondern müssen in der Regel aus den Handlungskosten gedeckt werden. Ansonsten ist zu fragen, ob die Kosten der Fertigstellungsgarantie einen Abschluss rechtfertigen. Vor allem bei niedrigeren Produktionsbudgets kann sich die Einschaltung eines Fertigstellungsgaranten nicht lohnen. Bei echten Auftragsproduktionen im Fernsehbereich übernimmt der ausführende Produzent in der Regel das Fertigstellungsrisiko. Gleiches kann je nach Vereinbarung auch bei Kinokoproduktionen der Fall sein, so weit nicht eine pro-rata Aufteilung des Überschreitungsrisikos im Koproduktionsvertrag erfolgt. 723

Kreuzer

2.9. Abschlussverfahren

724   Vor Abschluss einer Fertigstellungsgarantie sollten die wesentlichen Punkte der bis auf die Zwischenfinanzierung weitgehend gesicherten Finanzierung mit der Bank geklärt sein. Ist dies der Fall, sollte das Projekt mit dem Versicherungsunternehmen besprochen werden. Dazu sind ein umfassender **Fragenkatalog** mit allgemeinen Abgaben zum Film: Genre (Kino, TV, Serie etc., Art der Produktion (Koproduktion, Auftragsproduktion), Länge, Titel etc.), zum Budget und der Finanzierung (Finanzierungsplan mit Aufteilung Eigen-/Fördermittel; Mittelfluss/Cashflow Plan), zur Herstellung (Drehplan, Drehtage, Locations, technische Details, Team, Postproduktion, Kopierwerk etc.), zum Inhalt zur Besetzung, zur Ablieferung sowie zur Produktionserfahrung der Schlüsselpersonen erforderlich. Dabei sind u.a. folgende Unterlagen einzureichen:

- Drehbuch,
- Drehplan,
- Kalkulation,
- Mittelfluss/Cashflow Plan,
- Listen von Team und Besetzung,
- Track-Rekord der Schlüsselpersonen der Produktion.

725   Sind die wesentlichen Details auch mit dem Fertigstellungsgaranten geklärt, wird dieser seine grundsätzliche Bereitschaft zur Übernahme der Haftung in einem „letter of intent" erklären. Dieser dient dann als Basis für den Abschluss des Finanzierungsvertrags mit dem Kreditinstitut.

2.10. Zusammenstellung von Unterlagen für den Completion Bond

726
- Antragsformular/Fragebogen,
- Titel des Films,
- Titel und Autor einer etwaigen Literaturvorlage,
- Beschreibung der Rechtekette bzgl. Buch- und Stoffrechten und Kopien der jeweiligen Verträge mit den Autoren,
- Kopien von:
  - allen Finanzierungs-, Vertriebs-, Lizenzverträgen und Produktionsaufträgen mit Filmverleihern, Weltvertrieben, Sendern, Banken, Investoren, Filmfonds, Co-Produzenten, Filmförderungen etc.,
  - letzte Version des Drehbuchs,
  - Kalkulation,
  - Mittelflussplan,
  - Drehplan und Plan der Postproduktion (2–3 Wochen vor Drehende),
  - Liste von Besetzung und Team/Stab,
- Informationen zur/zum:
  - Produktionsfirma (Name, Sitz, Adresse, Gründung, Handelsregister, Telefonnummer, Kontaktperson),

B. Herstellung des Films

- Produktionsbüro (Adresse, Telefonnummer, Kontaktperson),
- Kreditinstitut (Adresse, Telefon, Rechtsanwalt),
- Produktionsversicherungen:
  - Versicherungsunternehmen/-makler (Adresse, Telefon, Kontaktperson),
  - Liste aller Produktionsversicherungen,
  - Nachweis, dass diese Bedingungen des FG erfüllen und auf diesen erstrecken,
- Kopien der Verträge mit:
  - Regisseur,
  - Produzenten,
  - Kameramann,
  - Department-Leitern („heads of departments"),
- Deal Memos des Teams (wesentliche Vertragsbedingungen),
- wesentliche Motivverträge,
- Liste der Drehorte, Angaben zu Drehbeginn und Drehende,
- Liefertermin in Vertriebs- und Lizenzverträgen sowie Klauseln, die Verschiebung des Liefertermins wegen höherer Gewalt vorsehen,
- Informationen zu allen Produktionskonten (Haupt- und Nebenkonten, z.B. im Ausland),
- Informationen und Verträge mit Kopierwerk, Tonstudio und sonstigen Postproduktions-Facilities,
- Informationen und Verträge zur Filmmusik,
- schriftliche Erklärungen:
  - des Regisseurs, Produzenten und Produktionsleiter, dass über Besetzung, Drehbuch, Drehplan, Plan der Postproduktion und Kalkulation Einverständnis besteht,
  - aller Beteiligen über ausreichende Berücksichtigung in der Kalkulation für:
    - Kosten der Musik (z.B. Zahlung an GEMA etc.),
    - Kosten für Erfüllung der Lieferbedingungen,
    - Kosten für Produktions-PR und Set-Publicity,
    - Kosten für Steuer- und Rechtsberatung,
  - Informationen über vertragliche Regelungen zum Rückfluss.

3. Error und Omissions Versicherung

3.1. Einleitung

Internationale Vertriebs-, Finanzierungs- und Lizenzpartner eines Filmwerks, insbesondere US-amerikanische und britische Filmverleiher und TV-Sender sowie Fertigstellungsgaranten, Investoren und Banken verlangen vom Produzenten häufig den Abschluss einer sog. „Errors und Omissions Versicherung" (nachfolgend **E&O-Versicherung**). Im Zuge des Engagements privater Investoren und Banken in der Finanzierung europäischer Filmprojekte, wird eine E&O-Versicherung verstärkt auch für europäische Kino- und TV-Produktionen verlangt. Mittlerweile werden diese Versicherungen auch von deutschen Versicherungsunternehmen angeboten, während früher solche Policen hauptsächlich über britische und nordamerikanische Versicherungsunternehmen erhältlich waren.

728 Das **Risiko eines Rechtstreits** und einer **Unterbrechung der Produktion und/oder der Auswertung** durch eine einstweilige Verfügung eines Dritten, der Verletzung seiner Urheber-, Marken-, Persönlichkeits- oder Ehrrechte geltend macht, ist nicht zu unterschätzen. Bei einer rein fiktionalen Produktion ist die Gefahr eines solchen Rechtsstreits grundsätzlich geringer als bei Produktionen, die entweder rein dokumentarischen Charakter besitzen und eine noch lebende Person porträtieren oder auf einem tatsächlichen Ereignis beruhen. Dennoch können auch bei Verwendung real-exisistierender Elemente in fiktionalen Stoffen (z.B. „Doku-Drama") Probleme mit Rechten Dritter auftreten.

729 Zudem kann trotz Erwerb von Nutzungsrechten an einem in einer Produktion verwendeten Werk eine bestimmte Nutzung nicht erlaubt sein. Investoren, Banken und Fertigstellungsgaranten, deren Sicherheit das im fertigen Film liegende Verwertungspotenzial ist und daher ein Interesse an der ungestörten Auswertung der Produktion haben, sind an einer Absicherung gegen dieses Risiko interessiert. Aber auch für den Produzenten kann der Abschluss einer solchen Versicherung hilfreich sein, denn in den Verträgen mit Finanzierungs- und Verwertungspartnern und Auftraggebern muss dieser üblicherweise umfassend Bestand und Rechteinhaberschaft an allen Rechten am Filmwerk sowie dessen störungsfreie Auswertung (insbesondere durch Erwerb aller dafür erforderlichen Rechte Dritter) garantieren und sich umfassenden Freistellungsabreden für Schäden unterwerfen, die infolge Inanspruchnahme durch Dritte u.a. im Hinblick auf die genannten Rechtsverletzungen entstehen (sog. „indemnifications"). Die Versicherung wird auf den Verwerter erstreckt und schützt diesen vor den Risiken aus der Geltendmachung von Ansprüchen während der Auswertung und damit vor Verwertungshindernissen. Die Erleichterung der Abwehr von Ansprüchen Dritter reduziert dadurch die Gefahr einer Inanspruchnahme des Produzenten aus diesen vertraglichen Rechtegarantien gegenüber seinen Lizenznehmern.

3.2. Gegenstand des Versicherungsschutzes

3.2.1. Vermögensschadenversicherung des Produzenten

730 Die E&O-Versicherung ist eine Vermögensschadenversicherung des Produzenten, die für eine bestimmte Film- oder Fernsehproduktion abgeschlossen wird. Sach- und Personenschäden werden nicht ersetzt. Sie besitzt den Charakter einer **Haftpflicht- und Rechtsschutzversicherung** gegen die Inanspruchnahme wegen Verletzung von Persönlichkeits- und

B. Herstellung des Films

Immaterialgüterrechten. Der Versicherungsschutz gilt grundsätzlich weltweit, so weit nichts anderes vereinbart ist. Die Haftpflichtdeckung schützt vor Vermögensschäden, die durch:

- Abwehr von unberechtigten sowie
- Befriedigung berechtigter Ansprüche Dritter

infolge einer der nachfolgend aufgeführten Rechtsverletzungen durch die versicherte Produktion entstehen. Dabei werden Handlungen von Personen, für die der Produzent einzustehen hat, sowie von Organen und Angestellten der jeweils begünstigten juristischen Person zugerechnet. Die Versicherung schützt hingegen nicht vor Folgeschäden durch Erlösausfälle, die dem Produzenten oder einem begünstigten Verwerter dadurch entstehen, dass der Film z.B. infolge dieser Auseinandersetzung erst Monate nach dem Festivalerfolg in die Kinos kommt und dadurch weniger einspielt.

3.2.2. Verletzung eines allgemeinen Persönlichkeitsrechts

Unberechtigtes Eindringen in die Intim-, Privat-, und Individualsphäre. Als Beispiel sei hier die Verwendung von Tagebüchern, Briefen, Aufnahmen in einer Wohnung ohne Einwilligung des betroffenen Autors oder Wohnungsinhabers ohne dessen Einverständniserklärung angeführt. 731

Ehrverletzungen und Rufschädigungen d.h. Verunglimpfung, Verleumdung, Beleidigung, üble Nachrede etc. 732

Beispiel: Eine bekannte Person der Zeitgeschichte erkennt sich z.B. in einer der Figuren einer fiktionalen Handlung eines Films wieder und fühlt sich durch die Darstellung (z.B. Verwendung falscher Tatsachen) in ihrem Persönlichkeitsrecht verletzt. Z.B. Verfilmung der Geschichte der RAF-Terroristin *Inge Viett* in „Die Stille nach dem Schuss". 733

Beispiel: Jemand wird ohne Einverständnis namentlich in einer Sendung zu einem Thema genannt, mit dem sie/er in seinem persönlichen Umfeld nicht assoziiert werden will, oder wird in einer Satireshow namentlich lächerlich gemacht. 734

Namensrecht (§ 12 BGB) und Recht am eigenen Bild (§§ 22 ff. KUG). Dazu gehören die Verwendung eines Namens in einem Film in einer Art und Weise, in der die Gefahr der Identitäts- und Zuordnungsverwirrung oder Verwechslung besteht (Namensrecht) ohne die Einwilligung des Berechtigten sowie die Verbreitung eines Photos einer erkennbaren Person in einem Dokumentarfilm, ohne dass dies durch das öffentliche Informationsinteresse gedeckt ist oder eine Einwilligung besteht (Recht am eigenen Bild). 735

Unberechtigte Veröffentlichung oder Weitergabe persönlicher Daten. Ein Beispiel hierfür ist die Verwendung persönlicher Daten (Einkommen, Geburtstag etc.) einer real existierenden Person in einem Dokumentarfilm ohne Einwilligung. 736

3.2.3. Verletzung von Immaterialgüterrechten

737 **Patent-, Marken-, Geschmacksmuster-, Namens- und Titelrechte.** Unberechtigte Nutzung von geschützten Logos, Titeln, geschäftlichen Bezeichnungen, Namensrechten, Marken, Unternehmenskennzeichen, egal ob diese realen oder fiktiven Ursprungs sind.

738 Beispiel: Verwendung eines real existierenden Firmennamens in einem Spielfilm.

739 **Fehlende Urheber-, Urheberpersönlichkeits- und Leistungsschutzrechte.** Eine Produktion kann durch Unvollständigkeit der vertraglichen Rechtekette („chain of title") im Hinblick auf die in der Filmproduktion verwendeten, vorbestehenden filmunabhängigen (Roman, Musikwerk, Charaktere, Serienkonzept, Photographie, Format, Biographie, Theaterstück, Liedtext, Opern- und Operettenlibretto oder auch Filmwerke, z.B. bei Herstellung von Sequels, Prequels oder Spin-offs oder Verwendung von Filmclips und sonstigen Ausschnitten) und filmbestimmten, für die Filmproduktion eigens hergestellten (Drehbuch, Filmmusik/Scoremusic, Design) Werke Urheber- und Leistungsschutzrechte verletzen. Die Rechtekette muss die Berechtigung für jede erfolgende Nutzung des fremden Werks bis zum ursprünglichen Urheber sowie Leistungsschutzberechtigten (Schauspieler, Sendeunternehmen, Tonträgerhersteller) enthalten. Gleiches gilt für die Verwendung von sonstigem urheberrechtlich geschütztem Material Dritter, für dessen Nutzung im Film kein Nutzungsrecht erworben wurde (auch mangels Bezahlung). Das Risiko einer Haftung besteht gerade in den Fällen, in denen nicht eindeutig ist, ob überhaupt ein Schutzrecht an dem verwendeten Material besteht (z.B. Ablauf der Schutzdauer, Schranken des Urheberrechts etc.). Zu den Rechten am Film und zur Auswertung vgl. Kap. 2 Rdnr. 188 ff.

740 Beispiel: Verfilmung eines Drehbuchs, ohne vom Urheber wirksam Nutzungsrechte erworben zu haben; Verwendung fremder Filmclips in einer Produktion (z.B. Fernsehbild im Wohnzimmer) ohne entsprechende Nutzungsrechte.

741 Beispiel: Der Verlag der Autobiographie der RAF-Terroristin *Inge Viett* wirft dem Regisseur des Films „Die Stille nach dem Schuss" vor, dass Schlüsselszenen des Films übernommen wurden. Die Abwehr einer Klage wegen Verletzung der Urheberrechte würde von einer wirksam abgeschlossenen, die Rechtekette umfassenden E&O-Versicherung erfasst.

742 Ob Nebenrechtsverwertungen des Filmwerks (Merchandising, Soundtrackalbum, Computerspiel o.Ä.) ebenfalls vom Versicherungsschutz erfasst werden, hängt davon ab, ob der Produzent dafür eine eigenständige Versicherung abschließt.

743 **Überschreitung von eingeräumten Nutzungsrechten.** Häufiger sind Verletzungen vertraglicher oder konkludent-mündlicher Einräumung von Nutzungs- und Verwertungsrechten an geschützten Immaterialgütern. Soweit bestimmte Nutzungen (z.B. Auswertung eines Films im Internet)

B. Herstellung des Films

nicht von den Verträgen mit den Urhebern erfasst werden, können diese gegen eine dahingehende Verwertung vorgehen.

Beispiel: Verwertung einer Filmfigur durch Merchandising, ohne im Vertrag mit dem Urheber die dazu erforderlichen Nutzungsrechte erworben zu haben. 744

3.2.4. Folgen bei Verletzung

Rechtsfolgen: Ansprüche auf Schadensersatz, Unterlassung, Schmerzensgeld. Die Verletzung von Persönlichkeits- und Immaterialgüterrechten kann zu Schadensersatz-, Unterlassungs- und Schmerzensgeldansprüchen führen. Rechtfolgen der Verletzung von Persönlichkeitsrechten sind regelmäßig Unterlassungs- und Schadensersatz-, bei besonders schweren Verletzungen auch Schmerzensgeldansprüche. Anspruchsgrundlagen sind Spezialregelungen des allgemeinen Persönlichkeitsrechts (§ 12 BGB; §§ 37 ff. KUG), des allgemeinen Deliktsrechts (§ 823 BGB), des Urheberrechts (§§ 97 ff. UrhG), der Vorschriften des gewerblichen Rechtsschutzes (z.B. § 15 MarkenG; § 14a GeschmMG) und des allgemeinen Wettbewerbsrechts (§ 1 UWG Stichwort: Plagiatarie und Piraterie). Bei Verletzung von Immaterialgüterrechten hat der Geschädigte im Hinblick auf Schadensersatz die Wahl zwischen drei Schadensberechnungen: 745

– angemessene Lizenzgebühr und ggf. darüber hinaus gehenden Schaden,
– Ersatz des dem Verletzten entgangenen Gewinns,
– Herausgabe des dem Verletzter zugeflossenen Gewinns.

Außergerichtliche und prozessuale Geltendmachung. Verletzungen von Persönlichkeits- Immaterialgüterrechten werden häufig zunächst außerprozessual (z.B. durch eine Abmahnung mit bewehrter Unterlassungserklärung) geltend gemacht. Neben der klageweisen Geltendmachung der Ansprüche ist insbesondere bei Unterlassungsansprüchen einstweiliger Rechtsschutz im Wege der einstweiligen Verfügung üblich. Diese können innerhalb kürzester Zeit (24 Std.) erwirkt werden und sind vom Verletzter bei Meidung eines Ordnungsgeldes (§ 890 ZPO, max. 25 000 €) zu beachten. Sowohl die Produktion als auch die Auswertung eines Films können dadurch völlig zum Erliegen kommen. 746

3.2.5. Umfasste Tätigkeiten: Herstellung und Auswertung

Der Versicherungsschutz umfasst regelmäßig die Haftung für alle Tätigkeiten, die in Verbindung mit der Herstellung (Dreh und Postproduktion) und Auswertung (Vertrieb durch Vervielfältigung, Verbreitung, öffentliche Vorführung und Wiedergabe; filmische Bearbeitungen und Umgestaltungen des Filmwerks sowie auch der Verwendung von Ausschnitten des Filmwerks (z.B. Trailer, Clips, B-Rolls-Material etc.) erfolgen. 747

3.3. Eintritt des Versicherungsfalls

748 Als Versicherungsfall ist vertraglich in der Regel der eine Haftung des Produzenten oder Begünstigten auslösende Verstoß bestimmt. Dieser, sowie jede Erhebung eines Anspruchs ist dem Versicherungsunternehmen innerhalb einer Woche schriftlich mitzuteilen. Der Produzent wird in den Versicherungsbedingungen oftmals verpflichtet, die Produktion oder Auswertung unverzüglich und bis auf weiteres einzustellen, so weit nicht eine schriftliche Genehmigung des Versicherers vorliegt. Die Rechtsverteidigung ist mit dem Versicherer zu koordinieren. Verliert der Produzent des versicherten Filmes einen Rechtsstreit aufgrund einer der genannten Rechtsverletzungen, werden neben dem zu leistenden Schadensersatz alle mit dem Rechtsstreit in Verbindung stehenden und notwendigen Kosten (u.a. Gerichts- und Rechtsanwaltskosten) vom Versicherer übernommen. Gleiches gilt auch für die Kosten bei Abweisung einer Klage, selbst wenn diese offensichtlich grundlos, mutwillig oder unbegründet ist. Vertraglichen Regressansprüche der Lizenznehmer gegen der Produzenten, die während der Laufzeit der Versicherung gegen den Produzenten geltend gemacht werden, werden innerhalb der Höchstdeckungssumme ersetzt, so weit nicht für einen bestimmten Risikoumstand die Haftung ausdrücklich ausgeschlossen wurde.

3.4. Ausgeschlossene Risiken

3.4.1. Nicht geschützte Verwendungen im Filmwerk

749 Nicht geschützt ist oftmals die Verwendung von real existierenden Nummern, die der Identifikation von Personen dienen (Pass-, Personalausweis-, Sozialversicherungs-, Telefon-Kreditkarten etc., sowie Gebäuden, Plätzen, Geschäftslokalen und sonstiger Lokalitäten, die erkennbar sind und im Eigentum eines Dritten stehen.

3.4.2. Schadensersatzansprüche der Mitwirkenden bei der Herstellung

750 Schadensersatzansprüche von Personen, die an der Herstellung des Films beteiligt sind (z.B. Koproduzenten, Produktionsteam, Filmurheber, wie i.d.R. der Regisseur, Kameramann oder Cutter), die sich auf die versicherten Rechtsverletzungen stützen, werden nicht ersetzt. Insoweit ist es Risiko des Produzenten, die erforderlichen Einwilligungserklärungen, Freistellungen und Nutzungsrechte von allen bei der Herstellung des Films selbst Mitwirkenden einzuholen bzw. zu erwerben.

3.4.3. Folgeschäden durch Produktionsausfall oder Auswertungsstopp

751 Die E&O-Versicherung schützt nicht die Investition in die versicherte Produktion selbst, d.h. vor Folgeschäden, die der Versicherungsnehmer und zusätzliche Begünstigte erleiden. Folgeschäden durch einstweilige Verfügungen oder Verurteilung während der Produktion (z.B. höhere

B. Herstellung des Films

Produktionskosten infolge Erforderlichkeit von Nachdrehs) oder während der Auswertung (entgangener Gewinn, Vertriebs-, Werbekosten), zusätzlich zahlbare Lizenzgebühren und gesetzliche Vergütungsansprüche von Urhebern (z.b. gegenüber der GEMA) wegen einer der genannten Rechtsverletzungen werden nicht ersetzt. Gedeckt werden nur Vermögensschäden, die für Rechtsschutz und Befriedigung eines Verletzungsrechtsstreit entstehen.

Beispiel: Der Vertrieb des US-amerikanischen Remakes des Films „Das Doppelte Lottchen" wurde durch einstweilige Verfügung in Deutschland gestoppt. Die E&O-Versicherung übernimmt die Kosten des Rechtsstreits und der Verteidigung, nicht aber die infolge der einstweiligen Verfügung entstandenen Auswertungsausfälle in Deutschland oder nutzlos aufgewendeten Marketingkosten. Insoweit kann der Verleih den Produzenten auf Schadensersatz in Anspruch nehmen. 752

Beispiel: In einem Kriminalspielfilm kommt ein Restaurant „S" vor, in dem der Täter als Angestellter arbeitet. In der Wirklichkeit existieren Restaurants ebenfalls mit dem Namen „S", die mit der Handlung des Films assoziiert werden könnten. Schäden, die infolge eines zeitweisen Auswertungsstopps durch Erlass einer einstweiligen Verfügung entstanden sind, werden nicht ersetzt. 753

Beispiel: Infolge der Anlehnung der Handlung des Films „Schtonk" an die Affäre des Magazins „Der Stern" über die Hitler-Tagebücher muss der zunächst verwendete Originaltitel der Zeitschrift ausgetauscht werden. Während die E&O-Versicherung Schäden im Hinblick auf Abwehr und Befriedigung von dahingehenden Schadensersatzansprüchen des Magazins abdeckte, würden die Kosten des erforderlichen Nachdrehs nicht ersetzt. 754

3.4.4. Wiederverfilmungen

Versicherer schließen zudem Schäden aus, die aufgrund einer Wiederverfilmung („Remake") eines bereits verfilmten, vorbestehenden Werks (Roman, Erzählung etc.) entstehen, so weit der ursprüngliche Verfilmungsvertrag weniger als zehn Jahre zurückliegt. Regelmäßig wird dem Autor im ursprünglichen Verfilmungsvertrag nach Ablauf dieses Zeitraums die Wiederverfilmung gestattet. 755

3.4.5. Vertragliche Ansprüche und gerichtliche Verfügungen

Vertragliche Ansprüche, insbesondere infolge schuldhafter Pflichtverletzungen werden nicht gedeckt. Gleiches gilt für die Verletzungen gerichtlicher Verfügungen (z.B. Unterlassungsgebot mit Ordnungsgeld in einer einstweiligen Verfügung). Rechtsverletzungen, die wissentlich erfolgen, werden ebenfalls nicht erfasst. 756

3.4.6. Kein Ersatz für Entschädigungen mit Strafcharakter

Die in den USA nicht seltene Verurteilung zu teilweise sehr hohen Entschädigungssummen mit Strafcharakter (sog. „punitive" oder „exemplary damages") wird nicht ersetzt. 757

3.4.7. Ansprüche von Angehörigen

758 Nicht erfasst werden Ansprüche von Angehörigen (Ehegatten, Verwandte) und Mitbewohner des Versicherungsnehmers sowie von juristischen Personen, an denen dieser Anteile hält.

3.5. Übliche Vertragsbedingungen

3.5.1. Höchsthaftung und Selbstbehalt

759 Diese werden im Einzelfall festgesetzt. Üblich ist die Vereinbarung einer Höchstversicherungssumme für den gesamten Versicherungszeitraum für alle Schadensfälle pro Filmwerk (z.B. 3.000.000 €) sowie u.U. auch eine Begrenzung der Haftung für den jeweiligen Schadensfall (z.B. 1.000.000 €). Möglich ist z.B. auch eine höhere Höchsthaftung z.B. i.H.v. 5.000.000 € (insgesamt) bzw. 3.000.000 € (pro Schadensfall). Der Versicherungsnehmer kann nach Eintritt eines Schadensfalls die Höchstversicherungssumme meist wieder „aufstocken", indem er eine Mehrprämie leistet. Der Mindestselbstbehalt variiert je nach Versicherungshöchstsumme (z.B. 10.000 € bei 1.000.000 €). Darüber hinaus beträgt der Selbstbehalt des Versicherungsnehmers 20 % der Summe, die vom Versicherer aufgrund einer gerichtlichen Verurteilung oder eines vom Versicherer genehmigten Vergleichs zu zahlen sind, wobei auch hier die Höchsthaftungsgrenzen gelten.

3.5.2. Laufzeit, Verlängerung und Beendigung

760 In der Regel beträgt die Laufzeit der E&O-Versicherung drei Jahre (Minimum ein Jahr). Versicherungsschutz sollte für den gesamten Auswertungszyklus bestehen, was entsprechend von Finanzierungs- und Vertriebspartnern sowie vom Fertigstellungsgaranten verlangt wird. Grundsätzlich obliegt es dem Produzenten als Versicherungsnehmer, die Versicherung (durch Zahlung weiterer Prämien) zu verlängern. Filmlizenzverträge mit Verleihern und Feststellungsgaranten sehen oft ausdrücklich eine dahingehende Verpflichtung des Produzenten zur Erneuerung der Versicherung bei Ablauf vor. Kommt der Produzent seiner Verpflichtung nicht nach, ist der Filmverleih in der Regel berechtigt, die Versicherung selbst zu verlängern und die entsprechenden Kosten als Vertriebskosten vom Erlösrückfluss abzuziehen. Da Verwerter stets zusätzliche Begünstigte der Versicherung sind und gerade während der Auswertung ebenfalls von der Versicherung profitieren, sollte sich der Produzent auf den Standpunkt stellen, dass sich dieser daher teilweise an den Kosten der Versicherung beteiligen sollte.

761 Der Produzent muss bei Abschluss der E&O-Versicherung sicherstellen, dass die Wirksamkeit einer Kündigung und sonstigen Beendigung des Versicherungsschutzes (durch Zeitablauf, fehlende Leistung der Versicherungsprämien oder aus sonstigen Gründen) einer schriftlichen Anzeige an den Produzenten und an die zusätzlichen Begünstigten bedarf, die mit einer Frist von mindestens zehn Tagen vor Ablauf erfolgen muss. Regelmäßig verpflichten die zusätzlichen Begünstigten den Produzenten ebenfalls ausdrücklich zur Aufnahme solcher Schutzklauseln.

3.5.3. Kosten des Versicherungsschutzes

Die Kosten einer solchen Versicherung sind unterschiedlich je nach Inhalt des Films, Herstellungskosten und möglicher Ausschlüsse. Entsprechend dem jeweils im spezifischen Film liegenden Risiko werden die Kosten bemessen. So können die Kosten des Versicherungsschutzes für Produktionen, die tatsächliche Ereignisse oder reale Personen wiedergeben aufgrund des **gesteigerten Risikos** von Persönlichkeitsverletzungen höher sein, als bei Verfilmung rein fiktionaler Stoffe. Besondere Risiken führen entweder zu einer **Erhöhung der Prämie** oder zu einem darauf beschränkten Ausschluss des Versicherungsschutzes. Durch die Benennung zusätzlicher Begünstigter entstehen im Regelfall keine besonderen Kosten, so weit nicht zusätzliche Risiken im Hinblick auf das von diesen im Hinblick auf den Film verwendete, nicht von der Produktion zur Verfügung gestellte Material versichert werden. In den USA wird der Versicherungsschutz teilweise auch auf mögliche Verletzungen des Verleihs erweitert, z.B. durch Verwendung unautorisierter Nutzung fremden Materials in der Marketingkampagne eines Films. Besonders in diesem Fall sollte der Produzent darauf bestehen, dass der Verleih zumindest einen Teil der dadurch entstehenden, zusätzlichen Versicherungskosten (pro rata) trägt. 762

Zudem sollte in einem Vertriebsvertrag geregelt werden, dass der Verleih nicht berechtigt ist, die Kosten für die Abwehr eines in den Versicherungsschutz fallenden Rechtsstreits aus den Einspielrückflüssen zurückzuhalten, so weit diese Kosten eindeutig nicht die Höchsthaftung überschreiten. Bei vorzeitiger Kündigung des Versicherungsvertrags (z.B. vor der ersten Fernsehausstrahlung) wird nur ein Teil der im Voraus bezahlten Prämie zurückerstattet. Die mit der Erlangung des Versicherungsschutzes verbundenen Anwalts- und Recherchekosten, sollten Eingang in die Produktionskalkulation finden (zur Fertigstellungsgarantie siehe Rdnr. 658 ff.). 763

3.5.4. Zeitpunkt

Der Antrag auf Versicherungsschutz muss in der Regel vor Drehbeginn gestellt werden. Der Produzent sollte sich vorab mit dem Versicherer und dem Fertigstellungsgaranten über mögliche Konditionen vor Abschluss eines Verleihvertrags und einer Fertigstellungsgarantie abstimmen, um sicherzustellen, dass der erlangte Versicherungsschutz der gegenüber dem Filmverleih eingegangenen vertraglichen Verpflichtung entspricht. 764

3.6. Voraussetzungen für den Versicherungsschutz

3.6.1. Erforderliche Unterlagen

765 Als notwendige Vertragsvoraussetzungen verlangen die Versicherungsgeber u.a. folgende Unterlagen:

- **Antragsformular** des Versicherungsnehmers, das zusätzlich vom Produktionsanwalt unterzeichnet werden soll. Dieses enthält umfassende Fragen zur Produktionsgesellschaft (track-record etc.), der sog. „clearance procedures" (s.u. Rdnr. 768), zum Produktionsanwalt und zu etwaigen anhängigen Rechtsstreitigkeiten in Bezug auf das Filmwerk (sog. „previous claims").
- Ausführliche **Projektbeschreibung** (Genre, kurze Synopsis in deutsch und englisch und Drehbuch), Angaben über Personen im Film, bei denen Ähnlichkeiten zu real existierenden Personen bestehen, über fremde Video- und Filmclips und über Rechte an vorbestehenden Werken (Romanvorlage, Drehbuch, Musik) und ob und inwieweit der Film auf wahren Ereignissen beruht.
- Internationale Reports über Urheberrechte an vorbestehenden Werken (Drehbuch, Roman) sowie über Titel- und Markenrechte an der betreffenden Produktion durch einen vom Versicherer anerkannten Service. In den USA sind **urheberrechtliche Recherchen** („copyright search") über das U.S. Copyright Office in Washington D.C. (Internet: http://loc.gov/copyright/, Stand 8/2003) möglich. Im Übrigen ist auf kommerzielle Anbieter zurückzugreifen. Für einen sog. „Negativ-Check" des Drehbuchs bzw. einen „Script Clearance Report", insbesondere der darin benutzen Namen („character search") oder für eine sog. „title- and trademark search" (ggf. auch inklusive Copyright-Recherche, sog. „entertainment availability search") zur Klärung internationaler titel-, urheber- und markenrechtlicher Risikopotenziale kann der Recherchedienst *Thomson-Thomson* (Internet: http://www.thomson-thomson.com, Stand 8/2003) herangezogen werden, der Markenrechtsrecherchen auch online anbietet („SAEGIS") und über einen europäischen Ableger (Compu-Mark) verfügt (Internet: www.compu-mark.com). Kosten für diese Recherchen variieren je nach Bearbeitungsfrist und Umfang. In Deutschland gibt es kein, dem US-amerikanischen vergleichbares Urheberrechtsregister. Markenrechtliche Titelrecherchen werden allerdings in der Regel auch für Deutschland und Europa gefordert. Diese sind u.a. erhältlich bei Gracklauer (www.gracklauer.de), EuCor (Internet: www.eucor.com, Stand 8/2003) und dem Medienregister (Internet: http://www.titelschutz-recherche.de/, Stand 8/2003). Versicherer schließen eine Haftung für den Filmtitel grundsätzlich aus, so weit nicht ein entsprechender Titel-Report vorgelegt wird.

B. *Herstellung des Films*

- Ggf. „**legal opinions**" eines Anwalts über die Lückenlosigkeit der Rechtekette (sog. „chain of title"); die Vertragsdokumente der Rechtekette, die die Inhaberschaft der Nutzungsrechte an vorbestehenden Werken sowie sonstigen urheberrechtlich geschützten Beiträgen nachweisen, werden ebenso verlangt wie Arbeits- und Dienstverträge der ausübenden Künstler und Erklärungen und Einwilligungen Dritter (z.B. Darsteller, Interviewpartner, Veranstalter etc.).

3.6.2. Anzeige- und Sorgfaltspflichten des Produzenten und Produktionsanwalts

Alle für die versicherten Risiken relevanten Unterlagen sollten vollumfänglich vorgelegt werden. Versicherungsverträge statuieren umfassende Anzeige- und Informationspflichten, deren Verletzung einen Ausschluss der Leistungspflicht nach sich ziehen kann. Jede unterdrückte Information kann den Versicherer möglicherweise zum Rücktritt berechtigen und damit die Leistungspflicht der Versicherung ausschließen. Hierin besteht der **Schwach- und Kritikpunkt der E&O-Versicherung,** denn es ist vor allem bei Filmen mit realem Hintergrund sehr schwer, alle haftungsrelevanten Umstände vollumfänglich mitzuteilen. Das Risiko des Haftungsausschlusses sollte dadurch reduziert werden, indem das Antragsformular mit großer Sorgfalt, Genauigkeit und vollumfänglich ausgefüllt und so weit wie möglich alle risikoerheblichen Umstände genannt werden. Nach Abschluss des Versicherungsvertrags eintretende gefahrrelevante Änderungen, die sich z.B. während und nach der Produktion ergeben, sind der zuständigen Person der Versicherung (z.B. sog. „risk manager") umgehend mitzuteilen.

Der Versicherung sollten auch alle die Fälle angezeigt werden, in denen es dem Produzenten unmöglich war, für die Auswertung erforderliche Einwilligungserklärungen zu erhalten oder Nutzungsrechte zu erwerben. Ein dahingehender Haftungsausschluss ist dann mit der Versicherung zu verhandeln. Risiken sind bereits bei der Produktionsplanung zu minimieren, indem im Filmwerk sowie sonstigen auszuwertenden Materialien (Poster, Artwork usw.) Bezugnahmen auf lebende oder verstorbene Personen, Firmen, Produkte, durch Verwendung fremder Namen oder Logos und sonstige Assoziierungsmöglichkeiten und Ähnlichkeiten so weit wie möglich vermieden werden. Andernfalls ist von der jeweiligen Person eine Einwilligungserklärung („clearance" oder „release") einzuholen. Nach Einholung eines sog. Negativ Checks bzw. einer „Character Search" (s.o. Rdnr. 765) sind entsprechende Änderungen vorzunehmen, damit ein im Drehbuch verwendeter Name nicht mit einer real-existierenden (juristischen oder natürlichen) Person oder Firma assoziierbar ist. Die Hinzuziehung eines Rechtsanwalts ist in solchen Fällen grundsätzlich dringend anzuraten.

Kreuzer

3.6.3. Einhaltung der „clearance procedures" – Checkliste

768 Die Versicherungen versuchen ihr Haftungsrisiko in der Regel durch die Aufstellung der vorgenannten umfassender Mitteilungspflichten zu minimieren. Zudem wird der Produzent (und der Produktionsanwalt) verpflichtet, sog. „clearance procedures" sowohl vor/bei der Antragstellung, während der Produktion und vor der ersten Aufführung des Films einzuhalten. Die Verletzung dieser Richtlinien kann zum Ausschluss des Versicherungsschutzes führen. Dabei wird meist ein dahingehender Bericht des Produktionsanwalts u.a. über die nachfolgend aufgeführten, teilweise variierenden Punkte verlangt. Für Produzenten und Rechtsanwälte können diese auch als **Checkliste zur Vermeidung der Haftung für Persönlichkeits- und Immaterialgüterrechtsverletzungen** dienen.

- Einholung eines internationalen Copyright-Reports über alle vorbestehenden Werke, die dem Film zugrunde liegen sowie bei Versicherung des Verleihers auch über den Film selbst. Bei unveröffentlichten Werken ist der Ursprung zu klären, um sicherzustellen, dass der Versicherungsnehmer alle Rechte an diesem Werk erworben hat.
- **Vorliegen aller Verträge** des Versicherungsnehmers mit allen Urhebern, Autoren und sonstigen Beteiligten in Schriftform. Dies gilt auch für in der Produktion zitierte Werke. So weit die Produktion auf tatsächlichen Ereignissen basiert, ist sicherzustellen, dass das Ursprungsmaterial originär ist (z.B. Aufnahmen in einem Stadion; sog. „primary material") und nicht bereits auf einem urheberrechtlich geschützten Werk oder Leistung (z.B. Aufnahmen eines Dritten; sog. „secondary material") basiert. Verwendetes, fremdes Material ist aufzuführen.
- **Schriftliche Einwilligungserklärungen** in die unbeschränkte Nutzung und Auswertung der betreffenden Materialien im Filmwerk sind von allen Personen (ggf. deren Erben), die in der Produktion zu erkennen oder assoziierbar sind und möglicherweise Ähnlichkeiten mit einer Figur der Produktion geltend machen könnten, einzuholen. Hiervon ausgenommen sind in der Regel Aufnahmen von Personen in Menschenmengen oder im Hintergrund, so weit diese nicht länger als einige Sekunden in der Endversion der Produktion sichtbar sind oder besonders hervorgehoben werden. Gleiches gilt für bestimmte Produkte, Firmen oder persönliche Gegenstände, die im Film erkennbar sind. Die Freistellungserklärungen müssen es dem Produzenten ausdrücklich erlauben, das betreffende Material im Film zu verändern, zu schneiden oder vollständig herauszunehmen sowie das Porträt des Freistellenden zu fiktionalisieren.
- Die **Namen aller Figuren** eines fiktionalen Films sollten ebenfalls fiktional sein. So weit dies nicht der Fall ist, muss dies der Versicherung mitgeteilt werden.

B. Herstellung des Films

- Alle Verträge und Freistellungen müssen dem Produzenten das **unbeschränkte Recht zur Auswertung** in allen Nutzungsarten geben, so weit eine bestimmte Nutzungsart nicht ausdrücklich vom Versicherungsschutz ausgenommen wird.
- **Lizenzen** für die Benutzung und Synchronisation der im Film verwendeten Musik und Filmclips müssen eingeholt werden (von Verwertungsgesellschaften und/oder Urhebern/Leistungsschutzberechtigten/ ausübenden Künstlern, z.b. der GEMA, so weit der Komponist das Synchronisationsrecht nicht zurückgerufen hat). Gleiches gilt auch für Ausschnitte aus anderen Filmwerken und sonstigen Clips, die in der Produktion verwendet werden. Ein „music-cue sheet" sollte vorliegen und die entsprechende Rechtekette geprüft werden. Vom Lizenzgeber der im Film verwendeten Musik oder von Komponisten der Filmmusik sollten Freistellungserklärungen („indemnifications") und Garantien im Hinblick auf die Rechtegarantie erlangt werden. In der Regel erstreckt sich der Schutz durch die Errors- und Omissions Versicherung nur auf Rechtsstreitigkeiten in Bezug auf das Filmwerk, nicht allerdings bei Verletzungen durch das Soundtrack-Album.
- Eine **Recherche** über den Titel des Films muss eingeholt werden, um sicherzustellen, dass der Titel nicht bereits Schutz genießt.
- Es ist festzustellen, ob der Produzent (inkl. dessen Angestellte, Agenten usw.) bereits ein dem Filmwerk inhaltlich ähnliches Material (z.B. Treatment, Drehbuch, Konzept) vor der Produktion erhalten hat.
- Vor der Auswertung des Films ist der Film dem Versicherungsgeber zu zeigen, um etwaige Verletzungen der „clearance procedures" auszuschließen.

Diese Liste ist in der Regel ausdrücklich nicht abschließend, d.h. alle sonstigen haftungsrelevanten Tatsachen sind bei Antragsstellung und später nach Kenntnis umgehend mitzuteilen. Vor allem bei fiktionalen Stoffen mit realem Hintergrund wird eine vollständige Erlangung von Einverständniserklärungen aller möglicherweise beteiligten Personen nur schwer möglich sein. Insoweit sollten zumindest alle auf den Inhalt des Films bezogenen Tatsachen vor Abschluss der Versicherung mitgeteilt werden.

Auf den ersten Blick erscheint die Einhaltung dieser Richtlinien als weitaus überzogen. In der Praxis sollte eine entsprechend sorgfältige Handhabung der „clearances", Freistellungen und „releases" aber unabhängig von den Anforderungen einer „E&O"-Versicherung erfolgen, um Rechtsstreitigkeiten mit Dritten zu vermeiden. Denn auch die „E&O"-Versicherung deckt gerade keine Folgeschäden.

3.6.4. *Hinweise für Rechtsanwälte*

Die Anträge der Versicherungsunternehmen, die vom Versicherungsnehmer die genannten Angaben zur Produktion enthalten, fordern teilweise von dem die Produktion betreuenden Rechtsanwalt, Folgendes zu bestätigen:

- Überprüfung der Richtigkeit der Angaben des Produzenten nach bestem Wissen,
- Kenntnis der „clearance procedures",
- Verpflichtung, alles Erforderliche zu tun, um die Einhaltung der „clearance procedures" durch den Mandanten zu gewährleisten.

772 Von der Unterzeichnung einer solchen Bestätigung sollte auch bei ausdrücklicher Aufforderung aus Haftungsgründen abgesehen werden, denn schließlich ist es Aufgabe des Versicherungsgebers, die Richtigkeit der Angaben zu prüfen und ggf. etwaige Ausschlüsse zu verlangen. Auch sollte der Produktionsanwalt keine „legal opinons" bezüglich der Lückenlosigkeit der Rechtekette ausstellen.

3.7. Ausländische Versicherungen

773 Deutsche Versicherer und Versicherungsmakler greifen oft auf ausländische E&O-Versicherungen britischen oder US-amerikanischen Ursprungs zurück. Insoweit sollte sichergestellt werden, dass der Produktionsanwalt, der die Einhaltung der „clearance procedures" gewährleistet, auch mit dem ausländischen Rechtssystem vertraut ist. Gerade das Urheber-, Marken- und Titelrecht der **USA** und **Großbritanniens** ist dabei von besonderer Bedeutung, insbesondere die Voraussetzungen für den Urheberrechtsschutz, Schutzfristen, Übergangsfristen des US-Copyright-Act von 1976, Umfang der Schranken des Urheberrechts („fair use"), Urheberpersönlichkeitsrechte („moral rights") und das US-amerikanische „right of publicity".

4. Shortfall Guarantee

4.1. Ausgangssituation

774 In der im vorherigen Kapitel (Rdnr. 672 ff.) beschriebenen und bis vor einigen Jahren weitgehend üblichen Finanzierungsstruktur übernimmt die Bank mit Ausnahme der Bonität der Vertriebs- und Lizenzpartner kein weiteres Risiko, denn das Produktionsdarlehen des Produzenten dient nur zur Zwischenfinanzierung und ist durch vertragliche Zahlungsverpflichtungen, Förderungszusagen etc. zu 100 % gedeckt. Ohne die vollständige Abdeckung des Produktionsdarlehens oder andere Sicherheiten war eine Produktion bisher kaum durch eine Bank finanzierbar. Bankbürgschaften sind ebenfalls nur beschränkt erhältlich, insbesondere wenn mehrere Produktionen gleichzeitig produziert werden. Seitdem die Banken zunächst in den USA und vor allem während des Medienbooms Ende der neunziger Jahre auch in Deutschland dazu übergegangen sind, **Finanzierungslücken** (sog. „gap") zu finanzieren und diese Investition aus den Erlösen noch

nicht vorverkaufter Auswertungsrechte rückzuführen, wird auch die Bank insoweit selbst zum Risikoträger. In solchen Finanzierungsstrukturen (sog. „Lückenfinanzierung" oder „gap-financing") stellt die Bank dem Produzenten zwischen 10 und 30 % der Herstellungskosten zur Verfügung, ohne dass dieser Teil der Finanzierung durch andere Sicherheiten (z.B. Bürgschaften, Zahlungsansprüche und Forderungen etc.) gedeckt ist. Grundlage dieser Risikoentscheidung der Banken sind in der Regel Erlösprognosen (sog. „sales estimates") anerkannter Weltvertriebsunternehmen („sales agents") oder darauf spezialisierter Agenturen, die eine Rückführung der finanzierten Lücke ausweisen.

Vor der vor ca. zwei Jahren einsetzenden Medienkrise forderten Banken, dass die Erlösprognosen den rückzuführenden Betrag je nach Film um 25–40 % übersteigen. Als vage Faustregel galt daher, dass sich zur Absicherung einer Lückenfinanzierung ca. 60–75 % der Erlösprognosen noch freier Auswertungsrechte zur Produktionsfinanzierung einsetzen lassen. Infolge der negativen Erfahrungen von Banken in den letzten Jahren im Bereich der Lückenfinanzierung sind die Anforderungen hinsichtlich der Absicherung wesentlich gestiegen (z.B. 200 % Absicherung der Finanzierungslücke durch Erlösprognosen). Mehrere Banken haben sich mittlerweile vollständig aus diesem Geschäftsbereich zurückgezogen, da Erlösprognosen nicht verbindlich sind und daher keine hinreichende Sicherheit boten. Auf das Sicherungsbedürfnis der Banken sowie auch sonstiger ungesicherter Investoren im Hinblick auf unsichere Erlöspotenziale einer Filmproduktion zielt die sog. „shortfall guarantee" bzw. „shortfall bond". Aber auch hier ist festzustellen, dass sich Anbieter dieser Versicherung aus diesem Markt weitgehend zurückgezogen haben.

4.2. Gegenstand der Versicherung

4.2.1. Übernahme des Auswertungsrisikos

Das Versicherungsunternehmen garantiert dabei dem jeweiligen Begünstigten, regelmäßig den nicht gesicherten Banken und Investoren, dass eine Filmproduktion innerhalb eines bestimmten Zeitraums (meist 24 Monate) ein bestimmtes **Auswertungsergebnis** erzielt. Ist dies nicht der Fall, kommt das Versicherungsunternehmen für die Differenz zwischen garantierten und tatsächlichen Erlöseinnahmen auf und garantiert damit die Rückzahlung des Produktionsdarlehens der Bank oder sonstiger Investoren. Damit wird den Investoren das in der Einschätzung des Erlöspotenzials eines Films liegende Auswertungsrisiko abgenommen. Die Garantieleistung ist üblicherweise nur auf den ungesicherten Teil der Produktionskosten, d.h. auf die Finanzierungslücke beschränkt (Höchsthaftungssumme).

Beispiel: Ein internationaler Vertrieb prognostizierte Auswertungserlöse eines Films in Höhe von 1 Mio. Euro, konnte aber tatsächlich nur 800.000 € umsetzen. 1 Mio. Euro sind erforderlich, um das Produktionsdarlehen zu tilgen. Die Differenz von 200.000 € wird von der shortfall-guarantee ersetzt.

4.2.2. Keine Übernahme des Bonitätsrisikos

778 Wie die Fertigstellungsgarantie ist die shortfall-guarantee keine Kreditversicherung, die den Begünstigten das Risiko abnimmt, dass einer der Finanzierungs-, Verwertungs- oder Vertriebspartner nicht zahlt. Sie deckt daher nicht den Ausfall von Erlösen, der durch nicht geleistete Zahlungen von Vertriebs- und Lizenzpartnern entsteht (z.b. infolge Insolvenz, Kündigung etc.). Gegen den Erlösausfall versichert wird nur die ungedeckte und vorab festgelegte Finanzierungslücke.

4.2.3. Arten der versicherten Produktionen

779 Für Auftragsproduktionen, bei denen das Erlöspotenzial (feste, prozentual am Budget orientierte Vergütung) im Wesentlichen bereits feststeht, macht diese Versicherung keinen Sinn. Zudem ist eine solche Police nicht für jeden Film erhältlich, denn auch Versicherungsunternehmen haben in der Vergangenheit teilweise empfindliche Vermögenseinbußen aufgrund falscher Einschätzung der Erlöspotenziale hinnehmen müssen. Versicherungsunternehmen prüfen daher eingehend die Auswertungschancen der zugrunde liegenden Produktionen. Wegen des geringen internationalen Erlöspotenzials ist ein Versicherungsschutz ebenso wie eine Lückenfinanzierung durch eine Bank oder einen Filmfond für weniger kommerzielle, europäische Produktionen schwerer zu erlangen. Englischsprachige Produktionen mit bekannter Besetzung haben daher einen entsprechenden Vorteil. Teilweise werden solche Policen auch für Filmpakete abgeschlossen, wobei Erlösausfälle und Überschüsse bis zur Deckung miteinander verrechnet werden.

4.2.4. Gegenleistung des Produzenten

780 Als Gegenleistung hat der Produzent eine **hohe Garantiegebühr** zu leisten, die je nach Umfang des übernommenen Risikos variiert. Neben der Maklerprovision können die Kosten für eine solche Versicherung 10 bis 30 % der versicherten Finanzierungslücke (oder zwischenzeitlich sogar mehr) betragen. Zudem fordern die Versicherungsunternehmen eine Beteiligung am Gewinn der Auswertung der Produktion. Dabei lässt sich eine Obergrenze der Gewinnbeteiligung nur selten aushandeln.

4.2.5. Risiko durch Haftungsausschlussklauseln

781 Verträge mit den Versicherungsunternehmen enthalten oft umfassende und pauschal formulierte Informationspflichten des Produzenten im Hinblick auf alle Umstände, die einer erfolgreichen Auswertung der Produktion entgegenstehen könnten. Vage **Vertragsformulierungen**, die dahingehende Informationspflichten statuieren und die Zahlungspflicht bei (z.B. bereits leicht fahrlässiger) Verletzung ausschließen, sollten nicht ak-

B. Herstellung des Films

zeptiert werden. Darüber hinaus ist zu beachten, ob unbeschadet vertraglicher Regelungen die jeweils auf den Vertrag anwendbare Rechtsordnung haftungsbeschränkende Einwände des Versicherers zulässt.

4.3. Voraussetzungen für den Abschluss

Das Versicherungsunternehmen verlangt neben dem Abschluss einer Fertigstellungsgarantie und den üblichen Produktionsversicherungen (inkl. Erstreckung des Versicherungsschutzes auf sich), dass die Finanzierung (inkl. der Garantiegebühr) vollständig gesichert ist.   782

4.4. Macht eine solche Versicherung Sinn?

Grundsätzlich ist von einer solchen Versicherung abzuraten, so weit nicht ein Finanzierungspartner diese ausdrücklich verlangt. Ein erfahrener **Rechtsanwalt** sollte stets hinzugezogen werden. Die hohen Kosten für eine solche Versicherung übersteigen in den meisten Fällen die Vorteile, vor allem im Hinblick auf die weitgehenden und oftmals nicht hinreichend bestimmbaren Haftungsausschlüsse. Die bisher eingetretenen Versicherungsfälle endeten meist in einer gerichtlichen Auseinandersetzung mit dem Versicherer. Die Finanzierung selbst erleichtert eine solche Versicherung nur bedingt, denn insbesondere Banken und Filmfonds, die eher sicherheits- als ertragsorientiert arbeiten, lehnen diese Versicherung als ausreichende Sicherheit oftmals ab. Für eine Finanzierung müssen die Erlösprognosen vielmehr entsprechend hoch sein und werden nur mit einem geringeren Prozentsatz beliehen.   783

Anhang

Quellen: *Edwards*, Rights and Clearances for Film- and Television Productions London, 1997; *Huber*, Begleitende Unterlagen zum Vortrag über Filmversicherung am 5.2.1998 in München; *Hübner*, Versicherungen und Completion Bond, in: Bastian Clevé „Investoren im Visier", Gerlingen, 1998, S. 166, 178 ff.; *Moore*, The biz: the basic business, legal, and financial aspects of the film industry, Beverly Hills, 2000; *Palandt/Thomas*, Bürgerliches Gesetzbuch, § 823 Rdnr. 175 ff. zum APKR München, 2003; *Schwarz/von Hartlieb*, Handbuch des Film-, Fernseh- und Videorechts, Kap. 113, 4. Aufl., München (erscheint 2003); *Traut*, Vortrag am 19.2.1998 in Berlin, Gothaer Credit Versicherung AG; Versicherungsbedingungen der Gerling Industrie-Service AG; Versicherungsbedingungen von HISCOX Insurances, UK.

Vertragsformulare und Quellen im Internet

Gerling	www.filmxl.de (Stand: 8/2003)
	Zur Fertigstellungsgarantie:
	Fragebögen, Fertigstellungsgarantie, Produzentenvereinbarung
	Zur Errors und Omissions Versicherung:
	Fragebögen, Versicherungsbedingungen
Film Finances	www.ffi.com (Stand: 8/2003)
	Mit Beispielen einer Fertigstellungsgarantie und einer Produzentenvereinbarung
Fintage House	www.fintagehouse.com (Stand: 8/2003)
	für Informationen zu „collecting agents"

C. Rechte am Film

Thomas Dreier und *Birgit Kalscheuer*

I. Einleitung

784 Ist ein Film fertiggestellt, so soll dieser verwertet werden. Dabei will der Produzent nach Möglichkeit die Kosten wieder hereinspielen, die er für die Herstellung des Films aufgewandt hat. Das aber wäre gefährdet, wenn Dritte den Film ohne weiteres auswerten könnten, sei es im Wege der ungenehmigten Vorführung, sei es im Wege piratierter Videokopien oder der ungenehmigten Übermittlung im Internet. Der Produzent bedarf also zur Verwertung des Films des rechtlichen Schutzes. Einen solchen **Schutz gegen die unerlaubte Auswertung** seines Films durch Dritte gewährt vor allem das **Urheberrecht**. Ähnlich wie beim Eigentum, das dem Eigentümer die Rechtsmacht verleiht, mit einer körperlichen Sache nach Belieben zu verfahren und Dritte von der Einwirkung auf die Sache auszuschließen, gewährt das Urheberrecht dem Schöpfer von Werken das ausschließliche Recht, sein Werk zu nutzen und andere von der Nutzung auszuschließen, oder eben ihnen die Nutzung auf eine bestimmte, auf mehrere oder auf alle Arten – zumeist gegen Entgelt – zu gestatten (sog. Verwertungsrechte).

785 Der urheberrechtliche Schutz setzt jedoch voraus, dass es sich bei dem Film um ein „**Werk**" i.S.v. § 2 UrhG handelt. Das ist nur dann der Fall, wenn der Film ein hinreichendes Maß an Kreativität (sog. Originalität) aufweist, § 2 Abs. 2 UrhG. Geschützt sind aber auch solche Filme, bei denen es an der erforderlichen Kreativität fehlt, sog. **Laufbilder**, § 95 UrhG (dazu näher nachfolgend Rdnr. 796).

786 Nun werden Filme nicht allein vom Produzenten hergestellt, sondern es wirken eine **Vielzahl von Beteiligten** mit. Das führt zu der Frage, wer denn im Einzelnen als (Mit-)Urheber eines Films anzusehen ist und wem folglich die Rechte am Film zustehen; darüber hinaus bestehen am fertigen Film Rechte derjenigen, deren Beiträge im Film verwandt worden sind, oder die sonst zum Film beigetragen haben, ohne Filmurheber zu sein. Hinzu kommen auch solche Beteiligten, die nicht Urheber sind, die jedoch – sei es als ausübende Künstler, sei als Filmproduzent oder auf sonstige Weise – kreativ oder auf organisatorisch-kaufmännische Weise zur Entstehung des Filmwerks beigetragen haben (dazu näher nachfolgend Rdnr. 851). Im Mittelpunkt steht dann die Frage, welche **Rechte** den Filmurhebern sowie dem Filmproduzenten zukommen. Dies können neben den bereits genannten Verwertungsrechten auch Persönlichkeitsrechte sein (dazu näher nachfolgend Rdnr. 810).

II. Film als Werk/Laufbild

1. Wann ist ein Film ein urheberrechtlich geschütztes Werk?

1.1. Werkcharakter

Nach § 2 Abs. 1 Nr. 6 UrhG zählen zu den urheberrechtlich geschütz- 787
ten Werken „Filmwerke einschließlich der Werke, die ähnlich wie Filmwerke geschaffen werden". Ein **Film** ist zunächst jede auf einem Filmträger festgehaltene Bildfolge oder Bild- und Tonfolge, die den Eindruck eines bewegten Bildes entstehen lässt. Auf das Aufnahmeverfahren kommt es ebenso wenig an wie auf die Bestimmung des Films als Kino- oder als Fernsehfilm. Auch das Trägermaterial spielt keine Rolle. Ein Film kann also sowohl auf Zelluloid, mittels einer analogen Magnetbandaufzeichnung oder digital gespeichert sein. Da auch solche Filme geschützt werden, die **ähnlich wie Filmwerke** geschaffen werden, zählen auch mittels Computer erzeugte Bildfolgen und Videospiele zu den in § 2 Abs. 1 Nr. 6 UrhG genannten Werken. Ebenso besteht zwischen aufgezeichneten Filmwerken und Live-Sendungen kein Unterschied.

Der **Inhalt** des Films ist für die Werkqualität nicht entscheidend. Es 788
kann sich um Spielfilme, Kultur- und Dokumentarfilme, Naturfilme, wissenschaftliche Filme, Industriefilme, Werbefilme und Zeichentrickfilme mit oder ohne Ton handeln.

1.2. Originalität

Allerdings ist nicht schon jeder Film urheberrechtlich geschützt, der als 789
„Film" qualifiziert ist. Wenn man sich einmal genau betrachtet, was alles unter die Definition von „Film" fallen kann, erscheint eine Differenzierung auch angebracht. Ein mit großem künstlerischem Aufwand gedrehter Spielfilm ist sicherlich schützenswerter als eine Live-Übertragung von Sportereignissen oder das bloße Abfilmen vorgefundener Gegenstände. Aus diesem Grunde setzt das Urheberrechtsgesetz in § 2 Abs. 2 voraus, dass ein Gegenstand den Schutz durch das Urheberrecht nur dann genießt, wenn es eine „persönliche geistige Schöpfung darstellt. Das Gesetz spricht dann von **„Filmwerk"**. Fehlt es an einer solchen persönlichen geistigen Schöpfung, so ist der Film dennoch nicht gänzlich schutzlos, sondern er kommt als **„Laufbild"** nach § 95 UrhG in den Genuss eines sog. nachbarrechtlichen Schutzes.

1.2.1. Voraussetzung: persönliche geistige Schöpfung (§ 2 Abs. 2 UrhG)

Allerdings kommt es aus der Sicht des Urheberrechts zunächst nicht 790
darauf an, ob ein Film in besonderem Maße künstlerisch wertvoll ist oder nicht. Zwar dürfte der künstlerische Wert regelmäßig Indiz für eine hinreichende Schöpfungshöhe sein, doch kommt es dem Urheberrecht allein

auf das Ausmaß der Individualität und Kreativität an. Es muss das Werk **Ausdruck der schöpferischen Persönlichkeit** seines Schöpfers sein, die sich darin manifestiert, dass der vorhandene Gestaltungsspielraum für geistiges Schaffen auf individuelle Weise ausgenutzt wird. Das Ergebnis muss sich durch Auswahl, Anordnung und Sammlung des Stoffes sowie durch die Art der Zusammenstellung der einzelnen Bildfolgen im Hinblick auf Handlungsablauf, Regie, Kameraführung, Tongestaltung, Schnitt, Filmmusik, Szenenbild, Kostümgestaltung usw. als das Ergebnis individuellen geistigen Schaffens darstellen (BGHZ 9, 262, 268 – Lied der Wildbahn). Die schöpferische Leistung liegt beim Film also darin, dass die benutzen Werke (z.B. Drehbuch, Musik) durch ihre Umwandlung ins Bildliche bei der Verfilmung zu einer Einheit verschmelzen.

791 Darüber hinaus muss die eigene geistige Leistung eine bestimmte **Gestaltungshöhe** aufweisen, d.h. es darf der schöpferische Beitrag nicht allzu gering sein. Das ist nach der Rechtsprechung dann der Fall, wenn das Werk über das bloß Handwerkliche hinausgeht. Das Werk muss jedoch nicht etwa im patentrechtlichen Sinne absolut neu sein. Es reicht aus, dass es sich aus der Sicht des Schöpfers um etwas handelt, das sich in dieser Form hinreichend von bereits vorhandenen Filmen abhebt. Dies geschieht durch die Rahmengeschichte oder sonstige künstlerische Details, die den Film von anderen des gleichen Genres abhebt (*OLG Hamburg*, FuR 1984, 661). Rein theoretisch können sogar zwei Urheber unabhängig voneinander das gleiche Werk erschaffen, doch wird in derartigen Fällen zumeist eine sog. unbewusste Übernahme vorliegen.

1.2.2. Einzelfälle

792 Diese Voraussetzungen dürften bei Spielfilmen, aber auch bei heutigen Dokumentarfilmen regelmäßig erfüllt sein. An einer **geistigen Eigenschöpfung** fehlt es hingegen beim bloßen Abfilmen tatsächlicher Ereignisse wie etwa vor allem bei ungeschnittenen Nachrichtenbeiträgen oder der Übertragung von Sportereignissen, bei Aufnahmen von Theateraufführungen ohne anspruchsvolle Bilddramaturgie oder bei wissenschaftlichen Aufnahmen von naturwissenschaftlichen oder technischen Vorgängen. Auch anspruchslose sog. Amateurfilme zählen hierher (zu den Nachweisen aus der Rechtsprechung vgl. nur Schricker–*Loewenheim*, Urheberrecht, 2. Aufl. 1999, § 2 Rdnr. 187) sowie gängige Pornofilme (*OLG Hamburg*, GRUR 1984, 663 – Video Intim). Das schließt jedoch nicht aus, dass auch solche Filme eine hinreichende persönliche geistige Schöpfung darstellen und mithin als Filmwerke Urheberschutz genießen können, wenn nämlich der Filmende eigenschöpferische Elemente einbringt, sei es durch Einblendungen oder das Einschneiden weiterer Elemente und Szenen. Auch die nachträgliche Bearbeitung durch die Auswahl bestimmter Sequenzen, das Unterlegen mit Musik u.Ä. vermag die Urheberschutzfähigkeit zu begründen (vgl. für eine Dokumentation *BGH* GRUR 1984,

730 – Filmregisseur, und zur Aufzeichnungen von Theaterstücken etwa *OLG Koblenz*, UFITA 1974, 331 – Liebeshändel). Entscheidend bleibt jedoch immer die Bewertung des einzelnen Films. Denn nur so lässt sich beurteilen, ob ein konkreter Film genug eigene geistige Schöpfung aufweist oder nicht. Man kann also nicht sagen, dass alle Filme eines gewissen Genres Urheberrechtsschutz genießen oder nicht. Entscheidend ist, ob das eigene geistige Schaffen des „Urhebers" im konkreten Film seinen Ausdruck gefunden hat oder nicht.

1.2.3. Vorstufen, Filmausschnitte, einzelne Filmbilder

Da die Entstehung eines Films eine langwierige Sache ist, beginnt die 793
Schutzwürdigkeit nicht erst dann, wenn der Film endgültig fertig gestellt ist („**final cut**"). Urheberrechtlich geschützt ist mithin nicht allein der fertige Film, sondern auch bereits **Vorstufen** hierzu. Entscheidend ist, dass die betreffende Vorstufe bereits eine hinreichend persönliche geistige Schöpfung darstellt. Dies festzustellen bereitet insbesondere in der Abgrenzung zur ungeschützten bloßen Filmidee Schwierigkeiten. Insoweit kann eine Entscheidung immer nur anhand des konkreten Einzelfalls getroffen werden.

Weiterhin genießt nicht nur der Film als Ganzes den Schutz als Film- 794
werk, sondern auch einzelne **Filmausschnitte**. Voraussetzung dafür ist jedoch, dass der betreffende Ausschnitt schon für sich genommen die urheberrechtliche Schutzvoraussetzung erfüllt, dass er also i.S.v. § 2 Abs. 2 UrhG eine persönliche geistige Schöpfung von hinreichender Gestaltungshöhe darstellt (vgl. *BGH* GRUR 1997, 822 – Edgar-Wallace-Filme). Der Filmurheber kann sich mithin gegen deren unerlaubte Verwertung mit allen zur Verfügung stehenden Rechtsmitteln (vgl. dazu in diesem Kapitel) zur Wehr setzen.

Schließlich können neben dem Film als Ganzen und Filmausschnitten 795
auch die **einzelnen Lichtbilder**, aus denen er zusammen gesetzt ist, durchaus für eine Verwertung von Interesse sein. Diese einzelnen Bilder des Films (die nicht mit Fotografien zu verwechseln sind, die während der Dreharbeiten von einem am Set befindlichen Fotografen gemacht werden) werden als Lichtbildwerke bzw. als einfache Lichtbilder geschützt (dabei entspricht die Abgrenzung der Begriffe „Lichtbildwerk" und „Lichtbild" anhand der Schöpfungshöhe derjenigen von „Filmwerk" und „Laufbild"). Dabei gilt es zu beachten, dass der Kameramann als Urheber der einzelnen Filmbilder zwar die filmischen Verwertungsrechte der Bilder gemäß § 89 Abs. 4 UrhG auf den Hersteller überträgt, nicht aber die Verwertungsrechte als Lichtbild. Diese bleiben, so weit es keine anderweitige Regelung im Vertrag gibt, beim Kameramann und können ggf. auch auf einen Dritten übertragen werden (BGHZ 9, 262, 264 – Lied der Wildbahn; zur Übertragung von Nutzungsrechten s. auch noch in diesem Kapitel Rdnr. 877).

2. Schutz als Laufbild

796 Fehlt es einem Film an der persönlichen geistigen Schöpfung i.S.v. § 2 Abs. 2 UrhG, so ist der Hersteller des Films trotzdem nicht schutzlos. Die Investition des Filmherstellers wird nämlich auch dann geschützt, wenn von Anfang an kein schöpferischer Film geplant war, oder wenn sich erst nach Fertigstellung eines Films herausstellt, dass er keine schöpferische Werksqualität besitzt. § 95 UrhG verweist in wesentlichen Punkten auf die Regelungen zum Filmwerk; Normen, die sich eindeutig auf die „Urheberschaft" beziehen, werden dagegen nicht übernommen. Im Ergebnis besteht ein echter **Unterschied** wohl nur darin, dass § 92 UrhG nur für Filmwerke, nicht jedoch für Laufbilder gilt. Diese Vorschrift enthält die gesetzliche Vermutung, dass ein ausübender Künstler, der an einem Filmwerk mitwirkt, durch den Vertragsschluss dem Hersteller des Films automatisch auch die Verwertungsrechte übertragen hat, selbst wenn dies im Vertrag nicht ausdrücklich geregelt ist. Damit diese Rechte auch dann beim Hersteller liegen, wenn es sich bei dem fertigen Film nur um bloße Laufbilder handelt, ist es also notwendig, im Vertrag explizit zu regeln, dass die Rechtsübertragung erfolgen soll.

III. Urheberschaft der Beteiligten/Miturheber

1. Allgemeines

797 Zwar mag der allein ein Werk schaffende Urheber insbesondere im literarischen Bereich weit verbreitet sein, doch kommt es in der Praxis durchaus vor, dass nicht eine Person alleine ein Werk erschafft, sondern dass eine Mehrzahl von Personen am Schaffensprozess beteiligt ist oder dass in das endgültige Werk mehrere Werke oder durch verwandte Schutzrechte geschützte Leistungen eingehen.

798 Das Urheberrechtsgesetz unterscheidet hier zum einen die **Miturheberschaft** (§ 8 UrhG) von der **Werkverbindung** (§ 9 UrhG). Zum anderen kennt das Urheberrechtsgesetz sog. **Sammelwerke** (§ 4 UrhG) und **Bearbeitungen** (§ 23 UrhG).

799 **Miturheberschaft** setzt voraus, dass mehrere gemeinsam ein Werk geschaffen, ohne dass sich ihre Anteile daran gesondert verwerten lassen. Entscheidend ist der gemeinsame Wille im Sinne einer Verständigung auf die gemeinsame Aufgabe. Für die getrennte Verwertung kommt es nicht auf den wirtschaftlichen Erfolg, sondern allein auf die bloße Möglichkeit der getrennten Verwertung an. Lassen sich die einzelnen schöpferischen Beiträge gesondert verwerten, so liegt zumeist eine Werkverbindung nach § 9 UrhG vor. Die **Miturheber** sind gleichwertige Urheber des Gesamtwerks, unabhängig davon, wie groß ihr Anteil an diesem ist. Nach § 8

C. Rechte am Film

Abs. 2 UrhG steht das Recht zur Veröffentlichung und zur Verwertung des Werks den Miturhebern zur gesamten Hand zu; Änderungen des Werks sind nur mit Einwilligung der Miturheber zulässig. Ein Miturheber darf jedoch seine Einwilligung zur Veröffentlichung, Verwertung oder Änderung nicht wider Treu und Glauben verweigern. Jeder Miturheber ist berechtigt, Ansprüche aus Verletzungen des gemeinsamen Urheberrechts geltend zu machen; er kann jedoch nur Leistung an alle Miturheber verlangen. Nach **Abs.** 3 gebühren die Erträge aus der Nutzung des Werks den Miturhebern nach dem Umfang ihrer Mitwirkung an der Schöpfung des Werks, wenn nichts anderes zwischen den Miturhebern vereinbart ist. Nach **Abs.** 4 kann ein Miturheber auf seinen Anteil an den Verwertungsrechten (§ 15 UrhG) verzichten. Der Verzicht ist den anderen Miturhebern gegenüber zu erklären. Mit der Erklärung wächst der Anteil den anderen Miturhebern zu.

Bei einer **Werkverbindung** werden dagegen selbständige Werke durch die Urheber miteinander zur gemeinsamen Verwertung verbunden. Bei einer Werkverbindung entsteht anders als bei der Miturheberschaft kein Gesamtwerk; vielmehr bleiben die einzelnen Beteiligten Urheber der Einzelwerke. Nach § 9 UrhG kann jeder vom anderen die Einwilligung zur Veröffentlichung, Verwertung und Änderung der verbundenen Werke verlangen, wenn die Einwilligung dem anderen nach Treu und Glauben zuzumuten ist. 800

Ein **Sammelwerk** hingegen ist nach § 4 Abs. 1 UrhG eine Sammlung von Werken, Daten oder anderen unabhängigen Elementen, die aufgrund der Auswahl oder Anordnung der Elemente eine persönliche geistige Schöpfung ist. Urheber des Sammelwerks ist derjenige, der die Auswahl getroffen hat, nicht die Urheber der aufgenommenen Werke. 801

Bei einer **Bearbeitung** i.S.v. § 23 UrhG schließlich entsteht aus einem ursprünglichen Werk im Wege der Umgestaltung ein neues Werk, das selbst wiederum urheberrechtlich schutzfähig ist, wenn es eine hinreichende Originalität aufweist. Wird etwa ein Roman in ein Drehbuch umgearbeitet, so liegt darin eine Bearbeitung. Der Autor des Ursprungswerks hat zwar an der Bearbeitung keine Rechte, doch hat der Bearbeiter die Rechte am ursprünglichen Werk zu beachten; die Rechte an dem der Bearbeitung zugrunde liegenden Werk bleiben also erhalten. Dabei bedarf nach § 23 Satz 2 UrhG bereits die Verfilmung eines Werks der Zustimmung des Urhebers des verfilmten Werks (im Übrigen zumeist erst die Veröffentlichung einer Bearbeitung). An der Bearbeitung bestehen also zweierlei Rechte, solche in Bezug auf das bearbeitete Werk und solche in Bezug auf die Bearbeitungsleistung. 802

2. Urheberschaft beim Film

803 Filmwerke werden selten von einem einzelnen Schöpfer geschaffen. Für sie ist geradezu charakteristisch, dass die schöpferischen Beiträge mehrerer in einem **Gesamtkunstwerk** mehr oder minder verschmelzen. Zugleich lassen sich einige Beiträge (wie etwa die Filmmusik) aber auch gesondert verwerten und schließlich waren einige der Beiträge (etwa der verfilmte Roman, ein Drehbuch oder Musik, die nicht eigens für den Film komponiert worden ist) bereits vor Drehbeginn vorhanden, sog. vorbestehende Werke. Die Frage ist daher, wie das Zusammenbringen all dieser Werke im Filmwerk rechtlich zu beurteilen ist.

804 Ein Sammelwerk ist der Film schon deshalb nicht, weil er über die lose Zusammenfügung einzelner Werke hinausgeht, wie sie etwa für Anthologien oder Datenbanken charakteristisch ist. Eine **Bearbeitung** eines fremden geschützten Werkes ist ein Film insoweit, als er eine literarische Vorlage oder ein Drehbuch umsetzt. Auch die Synchronisation eines Films ist eine eigenständige Bearbeitung, so dass insoweit ein neues Werk entsteht. Verschmelzen dagegen die einzelnen Beiträge der am Filmwerk Mitwirkenden, so liegt **Miturheberschaft** vor. Lassen sich einzelne Filmbestandteile allerdings gesondert verwerten, wie etwa beim Soundtrack, so kommt **Werkverbindung** in Betracht.

805 Von Bedeutung ist diese **Unterscheidung** für die Frage, wer Rechte am Filmwerk selbst hat. Denn das können an sich nur die Miturheber sein. Wer hingegen sein Werk mit dem Film zur gemeinsamen Auswertung verbindet, bleibt Alleinurheber seines Werks, wird jedoch nicht zugleich (Mit-)Urheber des Filmwerks selbst. Wichtig ist diese Unterscheidung weiterhin für die gesetzlichen Regelungen der Rechtseinräumung an der Filmhersteller in den §§ 88 und 89 UrhG; diese ist für vorbestehende Werke weniger weit reichend als für die Rechte der einzelnen (Mit-)Urheber am Filmwerk selbst (vgl. dazu noch näher unten in diesem Kapitel Rdnr. 878 ff.).

806 Im Urheberrechtsgesetz ist allerdings **nicht definiert, wer** von den vielen, die zu einem Filmwerk beitragen, **Urheber des Filmwerks** ist. Auch die Vorschrift des § 65 Abs. 2 UrhG, der zufolge der Urheberschutz 70 Jahre nach dem Tod des Längstlebenden des Hauptregisseurs, des Urhebers des Drehbuchs, des Urhebers der Dialoge sowie des Komponisten der für das betreffende Filmwerk komponierten Musik erlischt, enthält allein eine Sondervorschrift über die Schutzdauer (vgl. dazu noch näher in diesem Kapitel Rdnr. 871). Nicht entnommen werden kann ihr jedoch, wer im Einzelnen als Urheber eines Filmwerks anzusehen ist. Fest steht, dass dies nur sein kann, wer i.S.v. § 2 Abs. 2 UrhG einen eigenen **schöpferischen Beitrag** (vgl. dazu bereits in diesem Kapitel Rdnr. 790) zum Filmwerk leistet. Dabei ist jeder Beitrag gesondert zu betrachten. Regelmäßig **nicht** schöpferisch tätig werden hingegen der Filmproduzent, der Pro-

C. Rechte am Film

duktions- und Aufnahmeleiter sowie technische und sonstige Assistenten und Hilfskräfte. Als Urheber in Betracht kommen im Weiteren **nur natürliche Personen**, keinesfalls also etwa der Produzent, sofern dieser eine juristische Person ist.

Im Übrigen ist die Filmurheberschaft nach **herrschender Meinung** strikt nach der Definition der Miturheberschaft gemäß § 8 UrhG zu beurteilen (vgl. im Einzelnen Schricker–*Katzenberger*, Urheberrecht, 2. Aufl., vor §§ 88 ff. Rdnr. 52 ff.; *Lütje*, Die Rechte der Mitwirkenden am Filmwerk, 1987). Miturheber des Filmwerks ist mithin nur derjenige, dessen schöpferischer Beitrag so im Filmwerk aufgeht, dass er nachträglich nicht gesondert verwertet werden kann. Das sind dann letztlich nur der **Filmregisseur** und je nach schöpferischer Eigenleistung der **Kameramann, Cutter, Beleuchter** und **Tonmeister**. Alle **anderen Mitwirkenden**, deren Beiträge sich gesondert verwerten lassen, sind nach h.M. dagegen nicht Miturheber des Filmwerks, sondern lediglich **Alleinurheber ihres jeweiligen schöpferischen Beitrags**. Das sind zum einen die Urheber echter vorbestehender Werke wie etwa der Urheber des verfilmten Romans, nicht eigens für den Film komponierter Musik, filmisch abgebildeter Werke der Baukunst u.Ä. – sowie zum anderen aber auch die Urheber speziell für den Film geschaffener Werke, die selbständig verwertbar bleiben, also insbesondere die **Urheber von Drehbuch, Treatment und Exposé** und der eigens für den Film komponierten **Musik**. Nicht einheitlich wird in der Literatur schließlich die Stellung der **Filmarchitekten, Filmausstatter, Kostümbildner, Maskenbildner** und **Filmchoreographen** beurteilt. Letztlich wird man eine Entscheidung ohnehin nur in jedem Einzelfall treffen können, zumal ja auch nicht jeder der hier genannten Beteiligten tatsächlich in jedem Einzelfall eine eigenpersönliche schöpferische Leistung erbracht haben muss.

An diesem Ergebnis der h.M. wird mitunter **kritisiert**, dass danach ein Großteil derjenigen, die entscheidend zum „Gesamtkunstwerk Film" beitragen, nicht als Urheber angesehen werden und mithin von sämtlichen Ansprüchen in Bezug auf das Filmwerk ausgeschlossen bleiben. Nach dieser **abweichenden Ansicht** sollen Miturheber des Filmwerks all diejenigen sein, die einen schöpferischen Beitrag zum Film geleistet haben und die nicht Urheber vorbestehender Werke sind. Lassen sich deren Anteile darüber hinaus gesondert neben dem Film verwerten, so sollen die Betreffenden in Bezug auf diese ihre Anteile zugleich ein Alleinurheberrecht genießen (sog. **Doppelnatur** der Beiträge, die sowohl das Filmwerk mitgestalten, als auch selbständig verwertet werden können; so vor allem Schricker–*Katzenberger*, Urheberrecht, vor §§ 88 ff. Rdnr. 65 ff., 69).

In der **Praxis** freilich dürfte diese **Unsicherheit über die Urheberschaft am Filmwerk** weniger gravierend sein, als dies zunächst den Anschein haben mag. Dafür spricht auch, dass es insoweit nur selten zu Rechtsstreitigkeiten kommt. Das liegt daran, dass trotz der für Urheber

807

808

809

vorbestehender Werke und für Filmurheber in den §§ 88, 89 UrhG unterschiedlich geregelten Vermutung der **Übertragung von Nutzungsrechten auf den Filmproduzenten** (vgl. dazu näher nachfolgend in diesem Kapitel Rdnr. 877) die meisten Verträge den Umfang der Rechteübertragung ausführlich regeln. Damit wird dann auch der Fall erfasst, dass sich erst nach Ende der Dreharbeiten oder gar erst nach Fertigstellung des Filmwerks feststellen lässt, wer im Einzelnen tatsächlich einen schöpferischen Beitrag geleistet hat und wer nicht. Letztlich kann in vielen Fällen also dahinstehen, wie der schöpferische Beitrag der einzelnen am Filmwerk Beteiligten genau einzuordnen ist.

IV. Rechte der Filmurheber

810   Das Urheberrecht schützt den Urheber gemäß § 11 UrhG in seinen geistigen und persönlichen Beziehungen zum Werk und in der Nutzung des Werks. Dem Urheber kommen also nicht nur **Verwertungsrechte** (§§ 15 ff. UrhG), sondern damit zugleich untrennbar verbunden auch persönlichkeitsrechtliche Befugnisse, das sog. **Urheberpersönlichkeitsrecht** (§§ 12 ff. UrhG) zu.

1. Urheberpersönlichkeitsrecht

1.1. Allgemeines

811   Die **Hauptbefugnisse** des Urheberpersönlichkeitsrechts sind in den §§ 12–14 UrhG normiert. Danach hat der Urheber das Recht, über die Veröffentlichung seines Werkes zu entscheiden (§ 12 UrhG), das Recht auf Anerkennung der Urheberschaft (§ 13 UrhG), sowie das Recht, unter bestimmten Umständen Entstellungen oder andere Beeinträchtigungen seines Werkes zu verbieten (§ 14 UrhG). Neben diesem Urheberpersönlichkeitsrecht im engeren Sinne finden sich im Urheberrechtsgesetz noch eine Reihe **weiterer Regelungen**, die den geistigen und persönlichen Interessen des Urhebers Rechnung tragen, sog. Urheberpersönlichkeitsrechte im weiteren Sinn. Dazu zählen etwa das Rückrufsrecht wegen gewandelter Überzeugungen (§ 42 UrhG), das Verbot der Werkänderung jenseits der Grenzen von Treu und Glauben im Rahmen von Werknutzungsverträgen (§ 39 UrhG) und im Zusammenhang mit zulässigen Werknutzungen innerhalb der Schrankenbestimmungen (§ 62 UrhG) oder das Gebot der Quellenangabe (§ 63 UrhG).

812   In der Praxis ist zu **unterscheiden** zwischen

– den Persönlichkeitsrechten derjenigen, deren vorbestehende Werke und Darbietungen für den Film verwandt worden sind, und die nicht Urheber des Filmwerks sind,

– und den Persönlichkeitsrechten der Filmurheber.

C. Rechte am Film

Die Urheberpersönlichkeitsrechte der ersten Personengruppe sind bei der Filmherstellung von den Filmurhebern und vom Filmproduzenten gleichermaßen zu wahren. Die Urheberpersönlichkeitsrechte der **Filmurheber** dagegen gilt es zum einen gegenüber dem Filmurheber durchzusetzen und zum anderen gegenüber Dritten, typischerweise also Werkverwertern, welche die Filme vorführen, senden oder sonst öffentlich wahrnehmbar machen oder mitteilen. Dem Produzenten selbst schließlich kommt – sofern er nicht ausnahmsweise Filmurheber ist (vgl. dazu oben in diesem Kapitel Rdnr. 786) – an sich kein besonderes Persönlichkeitsrecht an seinem Film zu, da er mit den §§ 94, 95 UrhG insoweit nur ein investitionsschützendes verwandtes Schutzrecht innehat. Dennoch gewährt ihm § 94 Satz 2 UrhG das Recht, jede Entstellung oder Kürzung des Films zu verbieten, die geeignet ist, seine berechtigten Interessen zu gefährden. Die Persönlichkeitsrechte derjenigen, die ihm zur Verwertung des Films Nutzungsrechte eingeräumt oder übertragen haben, kann der Produzent Dritten gegenüber dagegen nicht selbst geltend machen, da einzelne persönlichkeitsrechtliche Befugnisse als integrale Bestandteile der Persönlichkeit nicht übertragbar sind. 813

Dabei stellt sich häufig die Frage, in welchem Umfang die Ausübung von Persönlichkeitsrechten gegenüber dem Produzenten oder gegenüber Dritten **vertraglich bindend** geregelt werden kann. Angesichts des höchstpersönlichen Charakters dieser Rechte kommt eine vollständige Übertragung ebenso wenig in Betracht wie ein bindender Verzicht seitens des Urhebers. Die Rechtsprechung lässt jedoch immerhin zu, dass die Urheber einem Dritten die Art und Weise der Ausübung urheberpersönlichkeitsrechtlicher Befugnisse überlassen, sofern dadurch das Persönlichkeitsrecht nicht in seinem Kern in Frage gestellt ist (*BGH GRUR 1995, 671, 673*- Namensnennungsrecht des Architekten). Im Einzelnen herrscht jedoch große Unsicherheit. Der Regierungsentwurf eines Gesetzes zur Stärkung der vertraglichen Stellung von Urhebern und ausübenden Künstlern will hier für mehr Rechtssicherheit sorgen, indem er in einer Neufassung des § 39 UrhG derartige vertragliche Beschränkungen des Urheberpersönlichkeitsrechts zulässt, sofern diese nur im Vorhinein genau genug bezeichnet sind. 814

1.2. Einzelne urheberpersönlichkeitsrechtliche Befugnisse

1.2.1. Veröffentlichungsrecht (§ 12 UrhG)

Nach § 12 UrhG ist es Sache des Urhebers darüber zu entscheiden, ob und wie sein Werk zum ersten Mal veröffentlicht wird. Da das Veröffentlichungsrecht insoweit spätestens durch den Abschluss von Nutzungsverträgen ausgeübt wird, ist es im Filmbereich jedoch weitgehend ohne größere praktische Bedeutung. 815

1.2.2. Namensnennungsrecht (§ 13 UrhG)

816 Im Weiteren steht Urhebern nach **§ 13 UrhG** das **Recht auf Namensnennung** zu. Das schließt das Recht auf die Verwendung eines Pseudonyms ebenso ein wie ein Recht auf Anonymität (vgl. § 13 Abs. 2 UrhG). Der Urheber kann also entscheiden, ob sein Name im Zusammenhang mit dem Werk zu nennen ist und wie diese Nennung zu erfolgen hat. Sofern sich der Urheber nicht für die Anonymität entscheidet, soll ein Dritter aufgrund der Namensnennung erkennen können, welcher schöpferische Beitrag von einem bestimmten Urheber stammt.

817 In der **Praxis** bringt das Namensnennungsrecht im Filmbereich weniger Probleme mit sich als bei sonstigen Verwertungsarten (zu Sonderfällen vgl. die Auflistung bei Schricker–*Dietz*, Urheberrecht, § 13 Rdnr. 20), da sich seit langem die Sitte eingebürgert hat, sämtliche am der Entstehung eines Films Beteiligten – auch solche, die keine urheberrechtlich oder durch verwandte Schutzrechte geschützten Beiträge geleistet haben – im Abspann des Films namentlich aufzuführen. Eine Ausnahme bilden hier regelmäßig vor allem Doubles, die so weit sie Action-Szenen doubeln, jedoch meist keine „Darbietung" i.s.v. § 73 UrhG erbringen (vgl. hierzu in diesem Kapitel Rdnr. 851) und mithin keine ausübenden Künstler sind und sich folglich auch nicht auf ein Namensnennungsrecht berufen können. Anders ist es hingegen z.B. dann, wenn das Double Tanzszenen eines Darstellers doubelt und dabei selbst eine künstlerische Darbietung erbringt.

1.2.3. Recht auf Werkintegrität (§ 14 UrhG)

818 Nach **§ 14 UrhG** haben Urheber das Recht, Entstellungen oder andere **Beeinträchtigungen** ihrer Werke zu **verbieten**, die geeignet sind, ihre berechtigten geistigen oder persönlichen Interessen am Werk zu gefährden. Dieses Änderungsrecht ist freilich nicht absolut, sondern es besteht nur dann, wenn eine umfassende Abwägung der Interessen des Urhebers mit denjenigen des Werknutzers dazu führt, dass der Urheber eine objektiv gegebene „Beeinträchtigung" seines Werks – die dieses in den Augen des Durchschnittsbetrachters verschlechtert, abwertet oder herabsetzt – nicht hinzunehmen braucht (zu Einzelheiten vgl. Schricker–*Dietz*, a.a.O., § 14 Rdnr. 18 ff.). Das gilt nicht nur Dritten gegenüber, sondern auch im Rahmen eines **Nutzungsvertrags**. Denn nach § 39 Abs. 1 UrhG darf der Inhaber eines Nutzungsrechts das Werk, dessen Titel oder Urheberbezeichnung (§ 10 Abs. 1 UrhG) nicht ändern, wenn nichts anderes vereinbart ist. Nach § 39 Abs. 2 UrhG kann der Urheber seine Einwilligung zur Änderungen des Werkes und seines Titels in den Grenzen von Treu und Glauben jedoch nicht versagen. Im Rahmen des Nutzungsvertrages sind dem Recht auf Werkintegrität also engere Grenzen gesetzt, als wenn der Urheber gegen einen Rechtsverletzer vorgeht. So sind insbesondere solche

C. Rechte am Film

Änderungen **zulässig**, die sich bei der Verfilmung im Rahmen der Bearbeitung vorbestehender Werke zwangsläufig ergeben, oder die urheberrechtlich geschützte Beiträge zum Filmwerk im Rahmen des Üblichen an die Bedürfnisse des Films anpassen.

Allerdings unterliegt dieser Entstellungsschutz sowohl für Urheber 819
(und zwar für Urheber vorbestehender Werke und für Filmurheber) als auch für ausübende Künstler der Beschränkung durch § 93 UrhG. Danach können die Berechtigten hinsichtlich der Herstellung und Verwertung des Filmwerks nur **gröblichen** Entstellungen und Beeinträchtigungen ihrer Werke und Leistungen begegnen. Eine gröbliche Entstellung berührt die Substanz des Werks bzw. der Leistung des Betroffenen und stellt dabei ein Mehr zu den Entstellungen dar, die ohnehin schon die berechtigten Interessen des Herstellers verletzen. Es muss die Veränderung des Ursprungswerks also in besonders starker Weise die in §§ 14 und 83 UrhG genannten Interessen (also die persönliche Verbindung zum Werk, sowie die „Künstlerehre") des Urhebers oder des Leistungsschutzberechtigten verletzen oder eine völlige Verkehrung des ursprünglichen Sinngehalts des dem Filmwerk zugrunde liegenden Werks vorliegen. Darüber hinaus haben die an der Filmherstellung Beteiligten bei der Geltendmachung dieser Rechte sowohl aufeinander als auch auf den Filmhersteller angemessene **Rücksicht** zu nehmen. Der Gesetzgeber hat mit dieser Regelung also den Filmhersteller eindeutig begünstigt.

Da das Recht, selbst einer vorhandenen gröblichen Beeinträchtigung 820
entgegenzutreten, ohnehin bereits eine umfassende Interessenabwägung erfordert, bleibt für den Entstellungsschutz in der Praxis, von seltenen Ausnahmefällen einmal abgesehen, auch so gut wie kein Raum (vgl. nur etwa *OLG München*, GRUR 1986, 460 – Die unendliche Geschichte; *OLG Hamburg*, GRUR 1977, 822 – Edgar-Wallace-Filme). Im Fall der Verfilmung des Romans „Die unendliche Geschichte" hatte das Gericht sogar eine gröbliche Entstellung bejaht, im Endeffekt aber im Rahmen einer **umfassenden Interessenabwägung** den Anspruch des Autors aus § 93 UrhG verneint, u.a. deshalb, weil dieser einer anderen als dann im gerichtlichen Verfahren bemängelten Entstellung zugestimmt hatte und damit sozusagen die „Entstellung an sich" gebilligt hatte. Ohne dieses Einverständnis wäre es denkbar, dass hier eine Entscheidung pro Autor gefällt worden wäre, jedoch sind auch noch andere Faktoren in die Entscheidung mit eingeflossen. Die einzige vorhandene, eine gröbliche Entstellung bejahende Gerichtsentscheidung begründete dies mit dem Einflechten von Oscar-Wilde-Zitaten in ein geschütztes Drehbuch, durch die der Drehbuchinhalt **sinnentfremdet** wurde, da die Atmosphäre des Buches am Anfang des Spiels verfremdet wurde. Außerdem war eine bestimmte Absicht einer Hauptfigur, die im ursprünglichen Drehbuch eine zentrale Rolle gespielt hatte, in der gesendeten Fassung nicht mehr erkennbar gewesen (*KG* UFITA 1971, 279 – Verletzung des „droit moral"). In der Literatur ist die

Zurückhaltung der Gerichte oft kritisiert worden (vgl. nur *Schricker* (Hrsg.), Urheberrecht auf dem Weg zur Informationsgesellschaft, 1997, S. 94).

2. Verwertungsrechte

821 Die **Verwertungsrechte**, die den Urhebern – und damit auch den Filmurhebern – zukommen, sind in den **§§ 15 ff. UrhG** umfassend umschrieben. Da der Urheber tunlichst am Erlös jeder Verwertung seiner Werke zu beteiligen ist, ist dem Urheber so gut wie jede Verwertung seiner Werke vorbehalten. Das Urheberrechtsgesetz unterscheidet hier die Verwertung in **körperlicher Form** (§ 15 Abs. 1 UrhG) von derjenigen in **unkörperlicher Form** (§ 15 Abs. 2 UrhG). Für die Ausschließlichkeit ist diese Unterscheidung ohne Belang; Bedeutung entfaltet sie erst im Rahmen der Schrankenbestimmungen (dazu sogleich nachfolgend Rdnr. 836), da einige der Schrankenbestimmungen speziell auf die Verwertung in körperlicher und andere speziell auf die Verwertung in unkörperlicher Form zugeschnitten sind, oder sogar noch enger nur einzelne der Verwertungsrechte einer der beiden genannten Kategorien betreffen.

822 Zu den Rechten der **Verwertung in körperlicher Form** zählt nach § 15 Abs. 1 UrhG das Vervielfältigungsrecht (§ 16 UrhG), das Verbreitungsrecht (§ 17 UrhG) sowie das Ausstellungsrecht (§ 18). Zu den Rechten der Verwertung in unkörperlicher Form zählen neben jeder öffentlichen Wiedergabe das Vortrags-, Aufführungs- und Vorführungsrecht (§ 19 UrhG), das Recht der öffentlichen Zugänglichmachung (§ 19a UrhG), das Senderecht (§ 20 UrhG) und das Recht der Wiedergabe durch Bild oder Tonträger (§ 21 UrhG) bzw. durch Funksendungen (§ 22 UrhG).

823 Dazu ist Folgendes anzumerken: zunächst sind alle soeben aufgeführten Rechte in § 15 Abs. 1 und 2 UrhG nur beispielhaft genannt; der **Katalog** ist also nicht abschließend, sondern für neu entstehende Verwertungsarten **offen**.

2.1. Werkverwertung in körperlicher Form (§ 15 Abs. 1 UrhG)

824 Hinsichtlich der einzelnen Verwertungsarten gilt sodann Folgendes, und zwar zunächst hinsichtlich der Werkverwertung in **körperlicher Form**:

825 Das **Vervielfältigungsrecht** (§ 16 UrhG) umfasst jede Fixierung des Werks von einiger Dauer; § 16 Abs. 2 UrhG nennt insbesondere die Übertragung auf einen Bild- und/oder Tonträger. Auch digitale Vervielfältigungen, wie die Speicherung auf CD, in einer Datenbank oder auf einem Server sind vom Vervielfältigungsrecht erfasst und bedürfen daher grundsätzlich der Zustimmung des Urhebers, sofern nicht ausnahmsweise eine Schrankenbestimmung (s. dazu sogleich nachfolgend Rdnr. 836) eingreift. Selbst vorübergehende und sog. Ephemere Aufnahmen unterfallen dem Vervielfältigungsrecht.

C. Rechte am Film

Das **Verbreitungsrecht (§ 17 UrhG)** ist das Recht, das Original oder Vervielfältigungsstücke eines Werks der Öffentlichkeit anzubieten. Dem unterfällt bereits das Anbieten, und zwar selbst an eine einzelne Person (*BGH GRUR* 1991, 316, 317 – Einzelangebot); nach Ansicht der Literatur braucht zu diesem Zeitpunkt nicht einmal ein konkretes Werkstück vorzuliegen (Schricker–*Loewenheim*, Urheberrecht, § 17 Rdnr. 14). Das Verbreitungsrecht kann in Bezug auf ein einzelnes Werkexemplar allerdings nur einmal ausgeübt werden. Ist ein konkretes Werkexemplar einmal vom Berechtigten selbst oder mit dessen Zustimmung innerhalb der Europäischen Union in Verkehr gebracht worden, so ist das Verbreitungsrecht insoweit **erschöpft**, d.h. der Urheber kann die weitere Verbreitung – z.B. einen Weiterverkauf des konkreten Werkexemplars – nicht mehr auf der Grundlage seines Verbreitungsrechts kontrollieren (bei Inverkehrbringen außerhalb der EU hingegen tritt keine Erschöpfung ein). Trotz Erschöpfungswirkung bleibt dem Urheber jedoch die Weitervermietung eines einmal verkauften Werkexemplars vorbehalten, es steht ihm insoweit ein **Vermietrecht** zu (§ 17 Abs. 2 und 3 UrhG). Selbst nach Einräumung des Vermietrechts an einen Dritten behält der Urheber noch einen Anspruch auf Zahlung einer **Vergütung** für das Vermieten und Verleihen geschützter Werkexemplare, etwa in Videotheken oder in öffentlichen Bibliotheken. Dieser Anspruch ist unverzichtbar und kann nur von Verwertungsgesellschaften wahrgenommen werden (§ 27 UrhG). Zu beachten ist ferner, dass die Erschöpfung nur bei der Verbreitung **körperlicher Werkexemplare** eintritt, nicht jedoch dann, wenn ein Werk auf unkörperlichem Weg – also etwa durch Sendung oder sonstige öffentlich Wiedergabe – der Öffentlichkeit mitgeteilt worden ist. 826

Das **Ausstellungsrecht (§ 18 UrhG)** betrifft nur die erstmalige Ausstellung zuvor unveröffentlichter Werke und ist daher in der Praxis ohne größere Bedeutung. 827

In § 15 Abs. 1 UrhG nicht genannt, jedoch gleichwohl den Verwertungsrechten in körperlicher Form nahe stehend ist schließlich das **Bearbeitungsrecht (§ 23 UrhG)**. Anders als bei der Vervielfältigung außerhalb des persönlichen und sonstigen eigenen Gebrauchs (§§ 53 ff. UrhG, vgl. nachfolgend Rdnr. 842) ist nicht schon die Anfertigung erlaubnispflichtig, sondern erst die Veröffentlichung der Bearbeitung. Eine Ausnahme gilt allerdings für die Verfilmung geschützter Werke; sie sind grundsätzlich schon als solche nur mit Einwilligung des Urhebers zulässig. Daran ändert auch nichts, dass der Bearbeiter möglicherweise selbst ein eigenes sog. Bearbeiterurheberrecht erwirbt, wenn nämlich seine Bearbeitungsleistung eine hinreichende schöpferische Tätigkeit erkennen lässt (vgl. dazu bereits in diesem Kapitel Rdnr. 790). Erst wenn der Bearbeiter vom ursprünglichen Werk einen solchen Abstand einhält, dass dieses in der Bearbeitung als solches kaum mehr erkennbar ist, sondern hinter der Neuschöpfung gänzlich in den Hintergrund tritt, liegt eine sog. **freie Benutzung** vor, die 828 nach § 24 UrhG keiner Erlaubnis des Urhebers des ursprünglichen Werks bedarf. So fallen etwa Persiflagen unter diese Kategorie (*OLG Hamburg*, GRUR 1997, 822 – Edgar-Wallace-Filme).

2.2. Werkverwertung in unkörperlicher Form (§ 15 Abs. 2 UrhG)

Zur **unkörperlichen Werkverwertung** ist Folgendes festzuhalten:

829 Die klassischen Fälle sind der öffentliche **Vortrag**, die öffentliche **Aufführung** und die öffentliche **Vorführung** (§ 19 UrhG). Kennzeichnend ist, dass die Zuhörer bzw. Zuschauer alle an einem Ort versammelt sind und die öffentliche Wiedergabe zeitgleich wahrnehmen. Öffentlich ist eine solche Werknutzung nach § 15 Abs. 3 UrhG dann, wenn sie für eine Mehrzahl von Mitgliedern der Öffentlichkeit bestimmt ist. Zur Öffentlichkeit gehört jeder, der nicht mit demjenigen, der das Werk verwertet, oder mit den anderen Personen, denen das Werk in unkörperlicher Form wahrnehmbar oder zugänglich gemacht wird, durch **persönliche Beziehungen** verbunden ist (die Negativformulierung hat mit der Beweisverteilung zu tun; ist eine Mehrzahl von Personen gegeben, so muss der Werknutzer nachweisen, dass diese Teilnehmer auf die in § 15 Abs. 3 UrhG genannte Art und Weise verbunden sind).

830 Ein Kernstück der letzten Urheberrechtsreform war die Einführung des **Rechts der öffentlichen Zugänglichmachung** als unkörperliches Verwertungsrecht (§§ 15 Abs. 2 Nr. 2, 19a UrhG). Dabei handelt es sich um das Recht, das Werk drahtgebunden oder drahtlos der Öffentlichkeit in einer Weise zugänglich zu machen, dass es Mitgliedern der Öffentlichkeit **von Orten und zu Zeiten ihrer Wahl** zugänglich ist.

831 Den Urhebern wird mit dieser Regelung das ausschließliche Recht zugebilligt, ihr Werk in digitalen Netzen vorzuhalten, da der einzelne Nutzer eines solchen Netzes von individuellen Orten und zu individuellen Zeiten einen Abruf des Werkes vornimmt. Die Norm stellt also eine Anpassung an die neuen technischen Möglichkeiten im Zusammenhang mit dem Internet dar. Bisher bestehende Rechtsunsicherheiten wurden so aus dem Weg geräumt, insbesondere die Frage, ob das Tatbestandsmerkmal der „Öffentlichkeit" bei einem Abruf aus einem digitalen Netz eine **Gleichzeitigkeit des Abrufs** zur Voraussetzung hat. Diese Frage wurde mit der Normierung der „sukzessiven Öffentlichkeit" („von Orten und zu Zeiten ihrer Wahl") verneint. §§ 15 Abs. 2 Nr. 5, 22 UrhG stellen des Weiteren klar, dass der Urheber auch das Zweitverwertungsrecht bzgl. auf öffentlicher Zugänglichmachung beruhender Wiedergaben des Werks hat.

832 Gesondert genannt ist im UrhG weiterhin das **Senderecht** (§ 20 UrhG). Hier müssen die Empfänger nicht mehr an einem Ort versammelt sein, noch müssen sie das gesendete Werk tatsächlich wahrnehmen. Vielmehr reicht aus, dass ihnen die Wahrnehmung durch die Sendesignale ermöglicht wird. Dem Senderecht unterfallen alle Arten von Sendung, sei es mit-

tels terrestrischer Sendeanlagen, Kabelsystemen oder per Satellit (dabei gelten nach §§ 20a und b UrhG einige Sonderregelungen für grenzüberschreitende Satellitensendungen und für die zeitgleiche, unveränderte Kabelweiterleitung). Ungeklärt ist nur, ob auch Webcasting der Sendung unterfällt oder nicht doch eher dem Bereithalten von Werken in Datenbanken zu vergleichen ist (was sich zwar nicht für die Urheber, wohl aber für die Inhaber verwandter Schutzrechte auswirkt; vgl. dazu nachfolgend in diesem Kapitel Rdnr. 856);

Im geltenden UrhG nicht genannt ist schließlich das Recht, geschützte **833** Werke zum **öffentlichen Abruf in Datenbanken bereit zu halten**. Inzwischen besteht jedoch in der Literatur weitgehende Einigkeit darüber, dass auch dies dem Urheber vorbehalten ist, und zwar als sog. unbenannte Verwertungsart i.S.v. § 15 Abs. 2 UrhG (zu weiteren Einzelheiten s. in diesem Kapitel *Schlünder*, Rdnr. 914 ff.);

Schließlich sind dem Urheber auch alle diejenigen öffentlichen Wieder- **834** gaben des geschützten Werks vorbehalten, die sich eines Bild- und Tonträgers oder einer Funksendung bedienen (§§ 21, 22 UrhG), also das Spielen von Musik in Restaurants und das Zeigen von Filmen über Fernsehmonitore an öffentlichen Plätzen.

Alle genannten Verwertungsrechte des Urhebers sind als solche ebenso **835** wenig wie das Urheberrecht insgesamt übertragbar; der Urheber kann jedoch in Bezug auf einzelne oder mehrere Verwertungsarten **Nutzungsrechte** einräumen (vgl. zur Einräumung und Übertragung von Nutzungsrechten nachfolgend in diesem Kapitel Rdnr. 877).

3. Schranken

Diese zunächst sehr weit formulierten Verwertungsrechte schützen das **836** Eigentumsinteresse der Urheber (zum Eigentumsschutz des Urheberrechts nach Art. 14 GG vgl. nur BVerfGE 31, S. 229, 239 – Kirchen- und Schulgebrauch). Die Urheberinteressen sind jedoch mit gegenläufigen **Interessen** insbesondere **der Allgemeinheit** in Einklang zu bringen. So würde es etwa die Freiheit der Berichterstattung über Gebühr einengen, wenn das berichterstattende Fernsehteam vor der Ablichtung erst die Erlaubnis der Urheber geschützter Werke einholen müssten, die im Zuge der Berichterstattung mit ins Bild gekommen sind, ehe es zu filmen beginnen könnte. Auch könnten Politiker über ihr Urheberrecht an ihren Reden und Äußerungen eine Art „Zensur" ausüben. Dem trägt das UrhG selbst Rechnung, ohne dadurch jedoch den grundsätzlichen Schutz der Urheber in Frage zu stellen. Umgesetzt wird diese Abwägung mittels der sog. **Schrankenbestimmungen** der §§ 45 ff. UrhG. Diese beschränken die weiten Ausschließlichkeitsrechte zum einen dort, wo es im allgemeinen Interesse ist, dass eine gewisse freie Nutzung fremden geistigen Eigentums erlaubt ist.

837 Zum anderen wird das Ausschließlichkeitsrecht der Urheber vielfach auch dort eingeschränkt, wo ein Verstoß gegen das Urheberrecht in der Praxis nicht oder nur mit erheblichem Aufwand zu kontrollieren ist und der Schaden für den Urheber gering ist. Zum Teil stellt das UrhG deshalb bestimmte, an sich urheberrechtsrelevante Handlungen erlaubnis- und vergütungsfrei, zum Teil beseitigt es jedoch nur die Erlaubnispflicht, belässt dem Urheber jedoch einen Anspruch auf eine Vergütung.

838 Hier seien nur die für den Bereich Film und Fernsehen wichtigsten Schranken kurz genannt. So dürfen z.b. **Schulfunksendungen** für den Unterrichtsgebrauch **aufgezeichnet** werden (§ 47 UrhG).

839 § 50 UrhG erlaubt die Nutzung von Werken im gebotenen Umfang, die im Laufe einer **Berichterstattung** wahrgenommen werden. Dabei handelt es sich z.b. um Hintergrundmusik, die beim Filmen eines Gegenstandes zufällig mit aufgenommen wird. Zusätzlich stellt § 57 UrhG die Nutzung von **unwesentlichem Beiwerk** erlaubnis- und vergütungsfrei. „Unwesentliches Beiwerk" sind alle die Werke, deren Erscheinen im „Hauptwerk" unvermeidlich ist, die aber gleichzeitig so nebensächlich sind, dass sie dem Nutzer gar nicht auffallen. Dieser Begriff ist zu Gunsten der Urheber sehr eng auszulegen. Im Zweifel ist nicht von einem unwesentlichen Beiwerk auszugehen. Schließlich dürfen Gegenstände, die sich bleibend an öffentlichen Plätzen oder Wegen befinden, nach § 59 UrhG (sog. **Wegbildfreiheit**) erlaubnis- wie auch vergütungsfrei aufgenommen werden und die Aufnahmen öffentlich wiedergegeben werden (vgl.: *KG* GRUR 1997, 129 – Verhüllter Reichstag I und II Christos Projekt nicht „bleibend" i.S.d. Vorschrift);

840 § 51 UrhG statuiert die sog. **Zitierfreiheit**. Die Nr. 2 ist nach allgemeiner Ansicht **auch für Filmwerke** und **Laufbilder** einschlägig.

841 Nach § 52 UrhG erlaubnisfrei zulässig ist weiterhin die **öffentliche Wiedergabe** eines Werks, solange diese keinem Erwerbszweck des Veranstalters dient, die Zuhörer ohne Entgelt eingelassen werden und keiner der ausübenden Künstler eine Vergütung erhält. Immerhin jedoch steht den Urhebern eine angemessene Vergütung zu, die nur bei Veranstaltungen zu bestimmten wohltätigen Zwecken (Jugend- und Sozialhilfe, Altenpflege u.a.) entfällt. Bei bühnenmäßigen Aufführungen allerdings ist gemäß § 52 Abs. 3 UrhG stets die Einwilligung des Urhebers einzuholen.

842 Die §§ 53 ff. UrhG regeln die Zulässigkeit von Vervielfältigungen zum **privaten** (Abs. 1) und zum **sonstigen eigenen Gebrauch** (Abs. 2). Diese sind in den engen, vom Gesetz genannten Fällen erlaubnisfrei, doch steht den Urhebern gegenüber den Herstellern und z.T. auch den Betreibern von Geräten zur Bespielung von Bild- oder Tonträgern sowie von Leerträgern (Leerkassetten, wiederbespielbaren CDs) ein Anspruch auf Vergütung zu, dessen Höhe vom Gesetz in einer **Anlage zu § 54d Abs. 1 UrhG** geregelt ist. Die Voraussetzungen dieser Vergütung sind insbesondere in Bezug auf die neuen digitalen Technologien höchst umstritten (vgl. nur

den 2. Bericht der Bundesregierung über die Entwicklung der urheberrechtlichen Vergütung gemäß §§ 54 ff. UrhG v. 5.7.2000).

Nach § 55 UrhG ist es **Sendeunternehmen** erlaubt, die Werke, zu deren Veröffentlichung sie berechtigt sind, für einen Monat auf Bild- und Tonträger zu übertragen (sog. **Ephemere Aufnahmen**). Allerdings hat sich die gesetzliche Löschungsverpflichtung spätestens einen Monat nach der Erstsendung als unpraktisch erwiesen, so dass die entsprechenden Rechte in der Praxis regelmäßig auf vertraglichem Wege erworben werden. 843

Auch **Geschäftsbetriebe**, die Bild- und Tongeräte vertreiben oder instand setzen, dürfen nach § 56 UrhG Bild- und Tonträger vervielfältigen, so weit dies zur Vorführung der Geräte notwendig ist und die Bild- und Tonträger umgehend wieder gelöscht werden. Auch dies ist aus der Sicht der Filmurheber praktisch nicht von allzu großer Bedeutung. 844

So weit eine Nutzung im Rahmen der Schrankenbestimmungen zulässig ist, dürfen dabei jedoch **keine Veränderung an den Werken** vorgenommen werden (§ 62 Abs. 1 UrhG). Zulässig sind jedoch **Übersetzungen** und **Transponierungen**, so weit diese zur Nutzung notwendig ist (**Abs. 2**), bei Werken der bildenden Kunst und bei Lichtbildwerken auch **notwendige Größenveränderungen** (Abs. 3). Für Sammlungen für den Kirchen-, Schul- oder Unterrichtsgebrauch sind darüber hinausgehend andere notwendige Änderungen mit Einwilligung des Urhebers erlaubt (**Abs. 4**). In bestimmten Fällen ist gemäß § 63 UrhG die **Quelle** des übernommenen oder zitierten Werks **anzugeben**. 845

Gemäß § 63a UrhG kann der Urheber auf gesetzliche Vergütungsansprüche aus den Schrankenregelungen im Voraus nicht verzichten. Lediglich die Abtretung an eine Verwertungsgesellschaft ist möglich. 846

4. Schutz technischer Maßnahmen

Die Möglichkeiten zur Kopie von urheberrechtlich geschützten Werken, die Jedermann durch die einschlägigen Online-Medien zur Verfügung steht, haben die Rechteinhaber – allen voran die Musikindustrie und die Filmhersteller – dazu gezwungen, ihrerseits **Kopierschutzmaßnahmen** zu ergreifen, um eine **unkontrollierbare und ungenehmigte Vervielfältigung** und Verbreitung ihrer Werke **zu verhindern**. Dies führt allerdings dazu, dass auch durch die Schrankenbestimmungen des Urhebergesetzes **legalisierte Vervielfältigungen nicht mehr möglich** sind. Der private Nutzer ist also bei einer kopiergeschützten CD z.B. nicht mehr in der Lage, seine Sicherheitskopie zu brennen, oder die CD als Mp3-File in seinem Computer zu speichern. Diese missliche Situation, in der die berechtigten Interessen von Rechteinhabern und Nutzern miteinander konkurrieren, hat der Gesetzgeber durch eine Neuregelung des Urheberrechtsgesetzes im Sommer 2003, basierend auf der **EU-Richtlinie** 847

2001/29/EG zum **Urheberrecht in der Informationsgesellschaft**, wie folgt gelöst:

848 Zunächst wurde den Rechteinhabern das Recht zugesprochen ihre Werke zu schützen; die Rechtswidrigkeit der Umgehung dieser Schutzmaßnahmen wurde ebenfalls normiert (umgesetzt in **§ 95a UrhG**). Gleichzeitig wurden die Rechteinhaber aber auch verpflichtet, durch geeignete Maßnahmen dafür zu sorgen, dass die Berechtigten einiger Schrankenbestimmungen im zulässigen Rahmen von diesen Gebrauch machen können. Das heißt, dass die Rechteinhaber dafür Sorge zu tragen haben, dass z.b. ein behinderter Mensch von der Schranke des **§ 45a UrhG** Gebrauch machen können muss. Bei Untätigkeit der Rechteinhaber haben die Mitgliedstaaten sicherzustellen, dass entsprechende Regelungen getroffen werden.

849 Die Regelungen zur Durchsetzung der Schrankenbestimmungen gelten im Übrigen nicht, so weit das Werk online zugänglich gemacht wurde (§ 95b Abs. 3 UrhG). Bei einigen Schrankenbestimmungen hat der EU-Gesetzgeber zwingend vorgesehen, dass es Regelungen zu deren Durchsetzung in den Mitgliedstaaten geben muss (**§ 95b UrhG**) bei der Schrankenbestimmung über die private Kopie (**§ 53 UrhG**) hat er es den Mitgliedstaaten überlassen, eine entsprechende Regelung aufzunehmen. Die übrigen Schrankenregelungen sind in der Richtlinie nicht erwähnt, was im Umkehrschluss bedeutet, dass eine entsprechende Durchsetzungsregelung in den Mitgliedsstaaten nicht erlaubt ist.

V. Rechte der ausübenden Künstler/Darsteller

1. Ausübende Künstler

850 Am Film wirken nicht nur Urheber mit. Eine weitere, besondere Gruppe Mitwirkender stellen bei einer Filmproduktion die ausübenden Künstler dar. § 73 UrhG zählt zu den **ausübenden Künstlern** diejenigen Mitwirkenden, die ein Werk oder eine Ausdrucksform der Volkskunst aufführen, singen, spielen oder auf eine andere Weise darbieten oder an einer solchen Darbietung künstlerisch mitwirkt.

851 Gemeint sind damit also die **Schauspieler, Synchronsprecher, Musiker, Sänger, Dirigenten, Tänzer** und ähnliche Personen. Nicht darunter fallen hingegen solche Mitwirkende, die kein fremdes „Werk" interpretieren (ob das interpretierte Werk zur Zeit der Darbietung noch geschützt ist, ist jedoch ohne Belang), sondern die etwa Kunststücke vorführen (Akrobaten, Clowns), sportlich tätig sind (Eiskunstläufer, Surfer) oder lediglich technische Unterstützungsleistungen (Beleuchter, Kabelträger) erbringen (vgl. die Auflistung und Einordnung der unterschiedlichen Tätigkeiten in der Praxis Schricker–*Krüger*, Urheberrecht, § 73 Rdnr. 41).

852 Den ausübenden Künstlern ist gemeinsam, dass sie von den **Anweisungen anderer** abhängen, insbesondere vom Regisseur, dem Drehbuch-

schreiber, dem Komponisten. Von daher schaffen sie nach traditioneller Vorstellung kein eigenes Werk, sondern interpretieren durch ihre Tätigkeit ein fremdes Werk, also etwa das Drehbuch oder die Komposition (freilich mag im Einzelfall auch ein ausübender Künstler auf den schöpferischen Gehalt des von ihm dargebotenen Werks Einfluss nehmen, und dadurch zum Urheber werden, wenn etwa ein Schauspieler Einfluss auf die Ausgestaltung des Drehbuchs nimmt; die Regel ist das jedoch nicht. Nach Ansicht der Rechtsprechung müssen die Schöpfung und die Darbietung voneinander trennbar sein, um zwei Rechte entstehen zu lassen, andernfalls absorbiere das Urheberrecht das Leistungsrecht; vgl. *BGH* GRUR 1984, 730 – Filmregisseur).

Obwohl sie also keine Urheber sind, bleiben ausübende Künstler in Bezug auf ihre persönliche Darbietung oder künstlerische Mitwirkung bei der Wiedergabe eines Werks als dem Schutzgegenstand dennoch nicht schutzlos. Zu diesem Zweck gewährt das Urheberrechtsgesetz ausübenden Künstlern in den §§ 73 ff. UrhG ebenfalls als sog. verwandtes bzw. Leistungsschutzrecht **persönlichkeits-** und **verwertungsrechtliche** Befugnisse – im Vergleich zu Urhebern allerdings in begrenzterem Umfang. Der Unterschied zwischen den Urheberrechten und den Leistungsschutzrechten des ausübenden Künstlers ist allerdings durch die letzten Urheberrechtsreformen stark verringert worden. 853

2. Persönlichkeitsrechtliche Befugnisse ausübender Künstler

Der neu gestaltete § 74 Abs. 2 UrhG führt zu einer **Gleichbehandlung** der ausübenden Künstler mit den Urhebern, was ihre **persönlichkeitsrechtlichen Befugnisse** angeht. Dies drückt sich zunächst einmal in seiner Anerkennung als ausübender Künstler aus und darin, dass er über die Nennung seines Namens entscheiden kann. Man kann also jetzt vom Vorliegen eines **Künstlerpersönlichkeitsrechts** sprechen. Bei größeren Gruppen von ausübenden Künstlern, wie z.B. Chören, übt ein gewählter Vertreter der Gruppe das Interesse der ganzen Gruppe aus (§ 74 Abs. 2 UrhG). Diese Gruppen haben allerdings nur ein Recht auf Nennung der Künstlergruppe als Ganzes. (Zur bisherigen Regelung über den persönlichkeitsrechtlichen Schutz ausübender Künstler umfassend *Rüll*, Allgemeiner und urheberrechtlicher Persönlichkeitsschutz des ausübenden Künstlers, 1998). 854

Schon nach dem bisher geltenden Recht stand dem ausübenden Künstlern entsprechend dem **Recht auf Werkintegrität** der Urheber das Recht zu, Entstellungen oder andere Beeinträchtigungen ihrer Darbietungen zu verbieten, sofern diese geeignet sind, ihr Ansehen oder ihren Ruf als ausübender Künstler zu gefährden (§ 75 UrhG = § 83 UrhG a.F.). Allerdings ist dieses Recht ebenso wie schon dasjenige der Urheber im Filmbereich durch § 93 UrhG auf **gröbliche Beeinträchtigungen** und durch das Ge- 855 bot gegenseitiger Rücksichtnahme beschränkt (vgl. bereits in diesem Kapitel Rdnr. 819). Zur **Dauer** des Entstellungsschutzes vgl. unten in diesem Kapitel Rdnr. 876.

3. Verwertungsrechte

856 Die Rechte an der Verwertung der Darbietung eines ausübenden Künstlers haben sich bzgl. der Erstverwertung weitestgehend an die des Urhebers angepasst. So steht den ausübenden Künstlern nach § 77 Abs. 1 und 2 UrhG das ausschließliche Recht zu, ihre **Darbietung aufzunehmen** (Erstaufnahme) sowie die dabei entstandenen **Bild- und Tonträger** zu **vervielfältigen** und zu **verbreiten**. Das Verbreitungsrecht schließt das sog. **Vermietrecht** mit ein (vgl. § 17 UrhG).

857 § 78 Abs. 1 Nr. 3 UrhG gewährt ausübenden Künstlern das Recht der **Bildschirm- und Lautsprecherübertragung** von Live-Darbietungen, und nach § 78 Abs. 1 Nr. 2 UrhG haben ausübende Künstler ein ausschließliches Recht auch in Bezug auf die Live-(Erst)-Sendung ihrer Darbietung.

858 Auch das ausschließliche Recht der **öffentlichen Zugänglichmachung** (§ 78 Abs. 1 Nr. 1 UrhG) ist dem ausübenden Künstler zugewiesen worden; Entsprechendes ist in § 15 Abs. 2 Nr. 2 UrhG für den Urheber geregelt.

859 Dies bedeutet jedoch lediglich ein Ausschließlichkeitsrecht des ausübenden Künstlers bezüglich der Erstverwertung. Bezüglich der Zweitverwertung hat der ausübende Künstler gemäß § 78 Abs. 2 UrhG einen nunmehr unverzichtbaren (§ 78 Abs. 3 UrhG) Vergütungsanspruch für bestimmte Fälle der Sendung, bzw. öffentlichen Wahrnehmbarmachung der Darbietung. Ein **generelles Recht** der Leistungsschutzberechtigen hinsichtlich **der öffentlichen Wiedergabe**, das auch solche öffentlichen Wiedergaben erfassen würde, die keine Sendung i.S.v. § 20 UrhG sind, oder die nicht unter Zuhilfenahme einer vorherigen Fixierung der Darbietung auf einem Bild- und/oder Tonträger erfolgen, **fehlt** dagegen.

860 § 79 UrhG schließlich regelt die Möglichkeit, dass ein ausübender Künstler einem Dritten die Möglichkeit einräumt, die Darbietung auf **einzelne oder alle ihm vorbehaltene Nutzungsarten zu nutzen**. Es handelt sich dabei um eine „vollwertige" Einräumung der Nutzungsrechte, wie sie der Urheber gemäß § 34 UrhG auch tätigen kann. Durch Verweis werden wesentliche Vorschriften zum Urhebervertragsrecht ebenfalls übernommen.

861 Zu den **vertragsrechtlichen Regelungen**, die das Urheberrechtsgesetz in Bezug auf die Rechte ausübender Künstler bereit hält, vgl. nachfolgend in diesem Kapitel Rdnr. 905).

862 Zur im Vergleich zum Urheberschutz kürzeren **Dauer** der Verwertungsrechte der ausübenden Künstler vgl. nachfolgend in diesem Kapitel Rdnr. 876.

VI. Rechte des Filmherstellers/Produzenten

Wie bereits ausgeführt, wird der **Filmhersteller** – also derjenige, dem die erste Bildfolgenfixierung unternehmerisch zuzurechnen ist – in der Regel **nicht Urheber** des Films, da er nicht geistig schöpferisch tätig wird (Ausnahmen kommen hier freilich immer dann vor, wenn der Hersteller auch auf den inhaltlichen Entstehungsprozess Einfluss nimmt). Dennoch soll der Filmhersteller **nicht schutzlos** bleiben, ist er doch derjenige, der das wirtschaftliche Risiko bei der Filmproduktion übernimmt. 863

Rechte, die der Hersteller in Bezug auf den fertigen Film geltend machen kann, können ihm auf zweierlei Weise zustehen: als eigene Rechte und als Rechte, die ihm die Filmurheber und am Film Beteiligten auf vertraglichem Wege übertragen haben. 864

1. Eigene Rechte des Filmherstellers

Zum einen gewährt § 94 UrhG dem Filmhersteller ein **eigenes Leistungsschutzrecht** an den von ihm produzierten Filmwerk (das Gleiche gilt nach § 95 UrhG auch für Laufbilder, d.h. für Filme, denen es im Gegensatz zu Filmwerken an der hinreichenden persönlichen geistigen Schöpfung fehlt; vgl. dazu bereits oben in diesem Kapitel Rdnr. 786). Danach hat der Hersteller das ausschließliche Recht, den Bildträger oder Bild- und Tonträger, auf den das Filmwerk aufgenommen ist zu **vervielfältigen**, zu **verbreiten** und zur **öffentlichen Vorführung** oder Funksendung zu nutzen oder sonst wie öffentlich zugänglich zu machen. Im Gegensatz zum Urheberrecht **erlischt** das Verwertungsrecht des Herstellers am Film allerdings bereits 50 Jahre nach dessen erstmaligem Erscheinen bzw. nach dessen erster erlaubten öffentlichen Wiedergabe oder nach der Herstellung, wenn der Film in den folgenden 50 Jahren weder erschienen noch öffentlich wiedergegeben worden ist (§ 94 Abs. 3 UrhG). 865

Das Leistungsschutzrecht umfasst gemäß § 94 Abs. 1 Satz 2 UrhG auch das Recht, Entstellungen oder Kürzungen des Bildträgers oder Bild- und Tonträgers zu verbieten, die geeignet sind, die berechtigen Interessen des Filmherstellers zu gefährden. Dadurch sollen nicht ideelle, sondern letztlich wirtschaftliche Belange des Filmherstellers geschützt werden (Schricker–*Katzenberger*, Urheberrecht, § 94 UrhG Rdnr. 26). 866

Darüber hinaus hat der Hersteller des Films ein **Leistungsschutzrecht am Tonträger**, wenn der Tonstreifen gesondert verwertet werden kann (§§ 85, 86 UrhG). Da sich dieses Rechte auf den Film- bzw. Tonträger bezieht, kommt es bei live gesendeten Fernsehwerken nicht zur Entstehung; denn diese werden nicht aufgezeichnet, so dass auch kein Filmträger bespielt wird. 867

2. Abgetretene Rechte

868 Neben den soeben genannten eigenen Rechten vermag der Filmhersteller Dritten gegenüber auch diejenigen Verwertungsrechte gelten zu machen, die ihm die Filmurheber und sonstigen Mitwirkenden am Film (vgl. dazu in diesem Kapitel Rdnr. 803) übertragen bzw. abgetreten haben. Hierzu sehen die §§ 88, 89 UrhG für die Rechte von Urhebern sowie § 92 UrhG für die Rechte ausübender Künstler Übertragungsvermutungen vor, welche dem Filmhersteller die Auswertung des von ihm produzierten Filmwerkes erleichtern (vgl. dazu näher in diesem Kapitel Rdnr. 877 ff.). Abgesehen davon lassen sich die Filmhersteller jedoch in der Praxis zumeist schon in den Verträgen mit den Urhebern und Mitwirkenden umfassend sämtliche Rechte übertragen, so dass sie unabhängig von der Übertragungsvermutung des Gesetzes das Filmwerk grundsätzlich selbständig verwerten können.

VII. Dauer des Urheberrechts/der verwandten Schutzrechte

869 Anders als das Eigentum an körperlichen Sachen, das zeitlich unbegrenzt ist, währt das Urheberrecht **nicht ewig**. Denn ab einem bestimmten Zeitpunkt sollen die einstmals geschützten Werke der Allgemeinheit wieder in vollem Umfang und einschränkungslos für das weitere Schaffen zur Verfügung stehen. Gleiches gilt für die verwandten Schutzrechte, zumal diese keine schöpferische Leistung schützen, sondern allenfalls die Darbietungsleistung ausübender Künstler sowie die kaufmännisch-organisatorischen Leistungen der Werkproduzenten und -vermittler. Hier erlischt das Bedürfnis für einen Investitions- und Amortisationsschutz sogar noch früher als im Urheberrecht, dessen Schutz ja nicht an die Tätigkeit des Produzenten, sondern an diejenige des individuellen Urhebers anknüpft.

1. Schutzdauer des Urheberrechts

870 Die **Dauer** des urheberrechtlichen Schutzes ist in den §§ 64 ff. UrhG geregelt. Danach erlischt das Urheberrecht **70 Jahre nach dem Tod des Urhebers** (post mortem auctoris, p.m.a.), bei mehreren Urhebern 70 Jahre nach dem Tod des Letztverstorbenen. Dieser Zeitraum ist bei mehreren Urhebern deshalb so lange bemessen, um sicherzustellen, dass der Schutz zu Lebzeiten des längsten überlebenden Urhebers nicht ausläuft, und damit die Erben auch dieses letztüberlebenden Urhebers in den vollen Genuss einer 70-jährigen Frist gelangen. Bei **anonymen** oder **pseudonymen Werken** erlischt das Urheberrecht 70 Jahre nach Veröffentlichung bzw. nach Fertigstellung, falls es bis dahin nicht veröffentlicht worden ist (§ 66 UrhG). Seit 1995 ist die Schutzfrist innerhalb der EU harmonisiert (zu den

Übergangsproblemen vgl. *N. Beier*, Die urheberrechtliche Schutzfrist, 2001, S. 159 ff.); auch die U.S.A. haben sich der Verlängerung der zuvor international üblichen 50 Jahre p.m.a. angeschlossen.

Bezüglich der Filmwerke enthält § 65 Abs. 2 UrhG eine auf die EU-Harmonisierung zurückgehende Sonderregelung. Danach kommt es bei Filmwerken nur auf den Tod des letzten der folgenden Personen an: Hauptregisseur, Urheber des Drehbuchs, Urheber der Dialoge und Komponist der für das betreffende Filmwerk komponierten Musik. Die Lebensdauer etwaiger sonstiger Miturheber (vgl. zu den Miturhebern bereits in diesem Kapitel Rdnr. 797) ist dagegen nicht ausschlaggebend. 871

Die 70-jährige Frist p.m.a. darf jedoch nicht dahingehend missverstanden werden, dass der Urheberschutz erst mit dem Tod des Urhebers einsetzte. Der Schutz **beginnt** vielmehr unmittelbar mit dem Zeitpunkt der Beendigung der Schöpfung (da auch Vorstufen des fertigen Films urheberrechtlich geschützt sind, kann dieser Zeitpunkt bereits vor Fertigstellung des Films liegen) und er **endet** dann zu dem in den §§ 64 ff. UrhG genannten Zeitpunkt. Dabei beginnt die 70-jährige Frist nach § 69 UrhG immer erst mit dem Ablauf des Jahres, in dem der Tod des maßgeblichen Urhebers eingetreten ist. Das genaue Todesdatum innerhalb eines Jahres braucht also nicht festgestellt zu werden. Verstirbt ein Urheber z.B. im Laufe des Jahres 2001, so endet die urheberrechtliche Schutzfrist der von ihm geschaffenen Werke (und zwar aller Werke, unabhängig davon, ob der Urheber sie zu Beginn seiner Karriere oder erst gegen deren Ende geschaffen hat) mit Ablauf des 31.12.2071. 872

Da die persönlichkeitsrechtlichen Befugnisse des Urhebers nach deutschem Verständnis integraler Bestandteil des Urheberrechts sind (s. bereits in diesem Kapitel Rdnr. 811), erlöschen auch sie grundsätzlich mit Ablauf der 70-jährigen Frist p.m.a. (anders hingegen etwa in Frankreich, das ein zumindest theoretisch unbegrenztes Urheberpersönlichkeitsrecht – „droit moral" – kennt). Allerdings vermag im Einzelfall durchaus auch darüber hinaus ein nachwirkender Schutz unter dem Gesichtspunkt des allgemeinen Persönlichkeitsrechts bestehen, der freilich mit fortschreitender Zeit immer schwächer wird (BVerfGE 30, S. 173, 194 – Mephisto). 873

2. Schutzdauer verwandter Schutzrechte

Die Schutzfristen der verwandten Schutzrechte sind aus den eingangs genannten Gründen kürzer als die des Urheberrechtsschutzes. Überdies sind sie nicht einheitlich und auch durch die EU-Harmonisierung nicht vollständig harmonisiert. 874

Für Filmproduzenten in Bezug auf Ihre eigenen Produktionen von Interesse ist hier zum einen die **Dauer** des originären Leistungsschutzrechts des Filmproduzenten gemäß § 94 UrhG, und zum anderen die Dauer des Laufbildschutzes gemäß § 95 UrhG. Die Schutzfrist beträgt in 875 beiden Fällen **50 Jahre nach dem Erscheinen des Films**, oder, wenn seine erste erlaubte Benutzung zur **öffentlichen Wiedergabe** früher erfolgt ist, nach dieser, jedoch bereits 50 Jahre nach **Herstellung**, wenn der Film innerhalb dieser Frist weder erschienen noch erlaubterweise zur öffentlichen Wiedergabe benutzt worden ist (§ 94 Abs. 3 bzw. § 95 i.V.m. § 94 Abs. 3 UrhG).

876 Die gleiche 50-jährige Frist gilt nach § 82 UrhG auch für die Darbietungen **ausübender Künstler** hinsichtlich deren Verwertungsrechten.

Die Persönlichkeitsrechte aus den §§ 74, 75 UrhG des ausübenden Künstler erlöschen nach § 76 UrhG mit dem Tode des ausübenden Künstlers, aber auf jeden Fall erst 50 Jahre nach der Darbietung, falls der Urheber vorher verstirbt. Außerdem bleiben die Persönlichkeitsrechte auf alle Fälle bis zum Erlöschen der Vermögensrecht des § 82 UrhG (Kriterium ist hier das Erscheinungsdatum, nicht das Darbietungsdatum) in Kraft. Auch hier wiederum beginnt die 50-jährigen Frist nach § 69 UrhG mit Beginn desjenigen Jahres, welches auf das maßgebliche Ereignis folgt.

D. Auswertung des Films

I. Übertragung von Nutzungsrechten

Thomas Dreier und *Birgit Kalscheuer*

877 Aufgrund seiner persönlichkeitsrechtlichen Begründung ist das **Urheberrecht** insgesamt **nicht übertragbar** (§ 29 Abs. 2 UrhG). Gleiches gilt auch für die einzelnen **Verwertungsrechte** (*Schricker,* Urheberrecht, 2. Aufl. vor §§ 28 ff. Rdnr. 18). Das Urheberrecht als solches kann allenfalls gemäß § 28 Abs. 1 UrhG **vererbt** werden, oder nach § 28 Abs. 2 Satz 1 UrhG in Erfüllung einer **Verfügung von Todes** wegen oder an Miterben im Wege der **Erbauseinandersetzung** übertragen werden. Gleiches gilt auch für diejenigen verwandten Schutzrechte, die insbesondere wie die **Rechte ausübender Künstler** gemäß §§ 73 ff. UrhG so stark persönlichkeitsbezogen sind, dass sie nur beschränkt übertragen bzw. vererbt werden können. **Andere verwandte Schutzrechte**, die eine kaufmännisch-organisatorische Investitionsleistung schützen – also insbesondere die Rechte an nachgelassenen Werken (§ 71 UrhG), die Rechte der Tonträger- (§§ 85 f. UrhG) und Filmhersteller (§ 94 UrhG) sowie die Rechte der Sendeunternehmen (§ 87 UrhG) und Datenbankhersteller (§§ 87a ff. UrhG) hingegen sind mangels persönlichkeitsrechtlichem Bezug **voll übertragbar**.

D. Auswertung des Films

1. Nutzungsrechte im Allgemeinen

Der Urheber kann einem Dritten jedoch das Recht einräumen, sein 878
Werk auf eine oder mehrere Arten zu nutzen (sog. **Nutzungsrechte,
§§ 31 ff. UrhG**). Werden solche Nutzungsrechte zum ersten Mal übertragen, spricht das Urheberrechtsgesetz von „**Einräumung**", im Übrigen,
wenn einmal an einen Dritten eingeräumte Nutzungsrechte von diesem
an einen anderen weitergegeben werden, von „**Übertragung**". Die Nutzungsrechte korrespondieren mit den Verwertungsrechten, können
jedoch auch **enger** zugeschnitten sein als diese. In der Praxis wird von
dieser Möglichkeit häufig Gebrauch gemacht, um die Verwertung eines
bestimmen Werks im Wege der Marktaufteilung nach Möglichkeit zu
steuern.

Nach § 31 Abs. 1 UrhG können Nutzungsrechte grundsätzlich als **ein-** 879
fache und **ausschließliche Nutzungsrechte** eingeräumt werden.

Ein ausschließliches Nutzungsrecht berechtigt den Inhaber dazu, das 880
Werk in der eingeräumten Nutzungsart unter Ausschluss anderer Personen zu nutzen (**§ 31 Abs. 3 UrhG**). Das bedeutet, dass kein Dritter, auch
nicht der ursprüngliche Urheber, das Werk auf die betreffende Art nutzen
darf, es sei denn die Nutzung durch den Urheber wurde ausdrücklich vereinbart (§ 31 Abs. 3 Satz 2 UrhG). Außerdem darf der Inhaber eines ausschließlichen Nutzungsrechts selber einfache Nutzungsrechte vergeben.
Nach dem Willen des Gesetzgebers bedarf er dazu grundsätzlich zwar der
Zustimmung des Urhebers, doch kann diese vertraglich abbedungen werden (vgl. § 35 i.V.m. § 34 Abs. 5 Satz 2 UrhG).

Demgegenüber schließt ein **einfaches** Nutzungsrecht Dritte – und den 881
Urheber selbst – von der gleichen Nutzungsart nicht aus. Dem Berechtigten wird lediglich erlaubt, das Werk in der ihm erlaubten Weise zu nutzen
(**§ 31 Abs. 2 UrhG**). So werden z.B. Kinofilme vielen Kinos gleichzeitig
zur Aufführung angeboten.

Nutzungsrechte können gemäß **§ 31 Abs. 1 Satz 2 UrhG** räumlich, 882
zeitlich oder **inhaltlich beschränkt** vergeben werden. Beispiel einer zeitlichen Begrenzung ist etwa die Vergabe von Senderechten für eine beschränkte Anzahl von Jahren. Eine inhaltliche Beschränkung kann etwa
auf die Satellitensendung erfolgen.

Die durch internationale Konventionen vorgesehene räumliche Be- 883
schränkung der Nutzungsrechte führt dazu, dass in der Hand des Urhebers ohne weitere Formalitäten ein ganzes „Bündel" nationaler Urheberrechte in den einzelnen Mitgliedstaaten entsteht, durch die z.B. eine
getrennte Vergabe von Nutzungsrechten an unterschiedliche Filmverleihe
in den einzelnen Ländern möglich wird.

Da der einzelne Urheber gegenüber den Produzenten in der Praxis zu- 884
meist – wenn auch nicht immer – die schwächere Partei ist, gilt es, diesen

2. Kapitel – Rechtsfragen des Filmrechts

Nachteil durch den **Urheber schützende Vorschriften** auszugleichen. Dieser Gedanke fand sich bereits im UrhG wieder, wurde jedoch durch eine Reform des **Urhebervertragsrechts** mit Wirkung vom 1.7.2002 verstärkt (Zum Gesetz zur Stärkung der vertraglichen Stellung von Urhebern und ausübenden Künstlern im Einzelnen siehe *Erdmann*, Urhebervertragrecht im Meinungsstreit, GRUR 2002, 923 ff.). Das UrhG enthält folgende urheberschützende Vorschriften:

885 Nach **§ 31 Abs. 4 UrhG** ist die (Voraus-)Einräumung von Nutzungsrechten für **Nutzungsarten**, die zum Zeitpunkt des Vertragsschlusses noch **nicht bekannt** sind, unwirksam; das gilt auch für diesbezügliche Verpflichtungserklärungen. Da nicht abzusehen ist, wie groß der wirtschaftliche Erfolg einer bislang unbekannten Nutzungsart sein wird, wäre es unbillig, dem Urheber den Erlös hieraus zu verwehren. Stellt sich nach dem ursprünglichen Vertragsschluss heraus, dass das betreffende Werk auch auf neue, zunächst noch unbekannte Arten genutzt werden kann (so seinerzeit alte Kinofilme durch das Fernsehen und den Vertrieb von Videokassetten, oder vor kurzem von Werken in digitalisierter Form), so muss der Rechteerwerber also selbst dann nachverhandeln, wenn er sich die Nutzungsrechte im Vertrag umfassend hat einräumen lassen und er das Werk jetzt auch im Hinblick auf die neue Nutzungsart verwerten will (vgl. dazu noch näher in diesem Kapitel Rdnr. 914 ff.);

886 **§ 31 Abs. 5 UrhG** regelt, dass dann, wenn bei der Einräumung des Nutzungsrechts die Nutzungsarten, auf die sich das Recht erstrecken soll, nicht einzeln bezeichnet sind, der Umfang des Nutzungsrechts nach dem mit seiner Einräumung verfolgten Zweck bestimmt wird (sog. **Zweckübertragungsregel**). Gleiches gilt auch dann, wenn nicht eindeutig geregelt ist, welche Art von Nutzungsrecht eingeräumt wird und für weitere, mit der Einräumung von Nutzungsrechten zusammenhängende Fragen (§ 31 Abs. 5 Satz 2 UrhG). Mit anderen Worten: es gehen im Zweifel grundsätzlich nur diejenigen Rechte über, die der Nutzer zu dem mit dem Vertrag verfolgten Zweck unbedingt benötigt, es sei denn, die Parteien haben vertraglich etwas anderes vereinbart. In der Praxis enthalten Verträge aus diesem Grunde zumeist umfangreiche Kataloge von Neben- und sonstigen Rechten, die der Urheber dann gleichfalls mit abtritt.

887 Hat der Urheber seinem Vertragspartner Nutzungsrechte eingeräumt, so kann dieser sie nach **§ 34 UrhG** grundsätzlich nur mit Zustimmung des Urhebers an Dritte weiterübertragen. Allerdings darf der Urheber eine solche Zustimmung nicht wider Treu und Glauben verweigern, d.h. der Grund des Urhebers für die Verweigerung der Zustimmung muss die Interessen desjenigen, der das Recht übertragen will, überwiegen. Überdies kann das Zustimmungserfordernis nach § 31 Abs. 5 Satz 2 UrhG vertraglich abbedungen werden. Gleiches gilt nach **§ 35 UrhG** dann, wenn der Inhaber eines ausschließlichen Nutzungsrechts einem Dritten einfache Nutzungsrechte einräumen will.

D. Auswertung des Films

Der § 36 UrhG schließlich hat durch die Gesetzesänderung die umfangreichste Änderung erfahren, da die Grundidee des sog. **Bestsellerparagraphen**, dem Urheber bei Übertragung der Nutzungsrechte nicht vorhersehbarem Verwertungserfolg eine nachträgliche Vergütung hierfür zukommen zu lassen, mit der alten Regel in der Praxis wenig Bedeutung erlangt hatte. (vgl. *BGH* GRUR 1986, 885 – METAXA; GRUR 1998, 680 – Comic-Übersetzungen sowie immerhin *BGH* GRUR 1991, 901 – Horoskop-Kalender). Die Neuregelungen der §§ 32, 32a, 36, 36a UrhG setzen zunächst einmal den Maßstab für einen Ausgleich von einem „groben Missverhältnis" der erwarteten zu den tatsächlichen Erträgen auf ein „**auffälliges Missverhältnis**" herunter, wobei genaue Kriterien hierzu der Rechtsprechung überlassen wurden. So sind die Urheber eines Films jetzt wirksam in der Lage, bei einem überragenden, nicht vorhersehbaren Erfolg des Werks nachträglich eine höhere Vergütung vom Filmproduzenten zu verlangen. 888

Unabhängig von dieser ex post-Vergütung enthalten die §§ 32 f., 36 f. UrhG zudem Regelungen zu einer angemessenen Vergütung des Urhebers zum Zeitpunkt der erstmaligen Übertragung von Nutzungsrechten. Danach ist zunächst einmal eine ausdrückliche vertragliche Regelung vorgesehen, die bei Unangemessenheit im **Nachhinein noch korrigiert** werden kann. Liegt eine solche vertragliche Vereinbarung nicht vor, gilt zwischen den Parteien eine „angemessene" Vergütung als vereinbart. Angemessen ist zunächst einmal eine Vergütung, die nach den in §§ 36 f. UrhG näher beschriebenen Regularien (Vergütungsregeln, die durch Vereinigungen von Urhebern und Vereinigungen von Werknutzern festgelegt werden) zustande kommt. Liegt eine solche Vereinbarung nicht vor, so ist nach der Legaldefinition des § 32 Abs. 2 Satz 2 UrhG das angemessen, was im Zeitpunkt des Vertragsschlusses dem entspricht, was im Geschäftsverkehr nach Art und Umfang der eingeräumten Nutzungsmöglichkeit, insbesondere nach Dauer und Zeitpunkt der Nutzung, unter Berücksichtigung aller Umstände **üblicher- und redlicherweise** zu leisten ist – wiederum bleibt es der Rechtsprechung überlassen, dieser Definition schärfere Konturen zu verpassen. Nach den **§§ 32 Abs. 3, 32 Abs. 3 UrhG** können die Regelungen über die angemessene Vergütung nicht vertraglich abbedungen werden. 889

Im Weiteren hat der Urheber ein Recht zum **Rückruf** des Nutzungsrechts, wenn der Inhaber des Rechtes dieses nicht ausübt (**§ 41 UrhG**) und dadurch die berechtigten Interessen des Urhebers gefährdet sind oder wenn das Werk nicht mehr seiner Überzeugung entspricht (**§ 42 UrhG**) und ihm deshalb eine Verwertung des Werks nicht mehr zugemutet werden kann. Der Inhaber des Rechtes ist ggf. (insbesondere im Fall des § 42 UrhG) zu entschädigen. 890

So weit die Parteien **im Vertrag** hinsichtlich der Einräumung von Nutzungsrechten keine ausdrückliche Regelung treffen, bleibt es also bei die- 891

Dreier/Kalscheuer 215

ser gesetzlichen Regelung. Wollen die Parteien von dieser ganz oder in Teilen abweichen, so müssen sie dies im Vertrag **ausdrücklich regeln** und entsprechende Vereinbarungen aufnehmen. Eine Grenze findet die Möglichkeit einer vertraglichen Modifizierung der gesetzlichen Regelungen jedoch dort, wo diese nicht nur „im Zweifel" greifen, sondern **unabdingbar** sind (so etwa die Unwirksamkeit der Einräumung von Rechten in Bezug auf künftige neue und unbekannte Nutzungsarten nach § 31 Abs. 4 UrhG).

892 Erwähnt sei in diesem Zusammenhang schließlich, dass Vereinbarungen über urheberrechtliche Nutzungsrechte auch in **allgemeinen Geschäftsbedingungen (AGB)** enthalten sein können (*Schricker*, Urheberrecht, 2. Aufl., vor §§ 28 ff. Rdnr. 10 ff.). Diese unterliegen grundsätzlich der Inhaltskontrolle nach den §§ 9–11 AGBG. Da die §§ 10 und 11 AGBG jedoch keine speziell auf die Einräumung urheberrechtlicher Nutzungsrechte zugeschnittenen Klauselverbote enthalten, konzentriert sich die Prüfung auf die Generalklausel des § 9 Abs. 1 AGBG. Entscheidend ist nach § 9 Abs. 2 Satz 1 AGBG die (Un-)Vereinbarkeit einer Klausel mit dem gesetzlichen Gerechtigkeitsmodell. Der BGH lässt hier Zurückhaltung walten, wenn er den nicht zwingenden Regelungen des Gesetzes als bloßen „Auslegungsregeln" keine gesetzliche Leitbildfunktion zumisst (*BGH* GRUR 1984, 45 – Honorarbedingungen: Sendeverträge). Im Ergebnis sind in AGB enthaltene Vereinbarungen über Nutzungsrechte daher weitgehend zulässig.

2. Besonderheiten in Bezug auf den Film

893 Da das Urheberrecht grundsätzlich in der Person des tatsächlichen Schöpfers entsteht, stehen auch die **Urheberrechte an Werken**, die im Rahmen eines **Arbeits-** oder eines **Dienstverhältnisses** geschaffen wurden zunächst ebenso dem ursprünglichen Urheber – d.h. dem menschlichen Schöpfer – zu (vgl. § 43 UrhG), wie die Rechte an Werken, die im **Auftrag** Dritter entstanden sind. Arbeitgeber und Auftraggeber können daher allenfalls Nutzungsrechte innehaben, die ihnen von den Urhebern eingeräumt worden sind (sog. **abgeleitete Rechte**).

894 Da das Arbeitsergebnis jedoch dem Arbeitgeber zustehen soll, der für die Arbeitsleistung immerhin bezahlt hat, bestimmt § 43 UrhG, dass die Nutzungsrechte eines im Arbeits- oder im Dienstverhältnis geschaffenen Werks dem Arbeitgeber insoweit zustehen, wie sich dies aus dem Inhalt oder dem Wesen des Arbeits- oder Dienstverhältnisses ergibt. Das ist jedoch zum einen nicht sehr präzise und zum anderen wird auch diese Zweckbestimmung von der Rechtsprechung in Übereinstimmung mit der Urheberrechtslehre tendenziell eher eng ausgelegt (zu arbeitsrechtlichen Fragen s. in diesem Kapitel *Behnke*, Rdnr. 327 ff.).

895 Aus diesem Grund enthält das Urheberrechtsgesetz in den **§§ 88 ff. zugunsten des Filmherstellers besondere urhebervertragsrechtliche Be-**

D. Auswertung des Films

stimmungen. Diese betreffen Nutzungsrechte sowohl an urheberrechtlich geschützten Werken (seien es Rechte an vorbestehenden Werken, auf die bei der Verfilmung zurückgegriffen wird, seien es Rechte derjenigen, die bei der Herstellung des Films mitgewirkt haben) als auch an Gegenständen verwandter Schutzrechte. Zugleich wird der Filmhersteller im Umfang der in den §§ 88 ff. UrhG genannten Rechtseinräumungen von der Verpflichtung entlastet, alle diese Rechte im Vertrag gesondert aufzulisten. Wenn sich in der **Praxis** dennoch häufig Aufzählungen finden, welche die in den §§ 88 ff. UrhG genannten Rechte wiederholen, so deshalb, weil damit der Vertrag aus sich heraus verständlicher wird. Auch die Anlehnung deutscher Verträge an die Vertragspraxis in den U.S.A., wo Verträge regelmäßig äußerst detailliert sind, spielt eine Rolle.

Die Privilegierung des Filmherstellers reicht nur soweit, wie dies zur 896
Verwertung des Filmes erforderlich ist. Dazu bedarf er jedoch **nicht** der Abtretung auch der **gesetzlichen Vergütungsansprüche** der einzelnen Rechteinhaber.

2.1. Vertragsrechtliche Bestimmungen in Bezug auf Urheberrechte

Hinsichtlich **vorbestehender Werke** bestimmt § 88 Abs. 1 UrhG, dass 897
in der Gestattung der Verfilmung im Zweifel zugleich auch die Einräumung des ausschließlichen Rechts liegt, das Werk unverändert oder unter Bearbeitung oder Umgestaltung zur Herstellung eines Filmwerks zu benutzen und das Filmwerk sowie Übersetzungen und andere filmische Bearbeitungen auf alle bekannten Nutzungsarten zu nutzen. Es handelt sich dabei um eine umfassende gesetzliche Zuweisung sämtlicher filmischer Verwertungsbefugnisse in eine Hand – nämlich der des Filmherstellers, wodurch die **Zweckübertragungstheorie** des § 31 Abs. 5 UrhG eingeschränkt wird.

Allerdings ist der Filmhersteller im Zweifel **nicht** zu einer Wiederver- 898
filmung des Werks berechtigt und der Urheber darf sein Werk im Zweifel nach Ablauf von zehn Jahren nach Vertragsabschluss anderweit filmisch verwerten. Im Übrigen sind diese Rechte dem Filmhersteller zur **ausschließlichen** Nutzung eingeräumt, sofern nichts anderes vereinbart ist.

Die parallele Regelung hinsichtlich der Nutzugsrechte an **Werken der-** 899
jenigen, die bei der Herstellung des Filmes mitwirken, findet sich in § 89 UrhG. Nach dessen **Abs. 1** räumt, wer sich zur Mitwirkung bei der Filmherstellung verpflichtet hat, dem Filmhersteller für den Fall, dass er ein Urheberrecht am Filmwerk erwirbt, im Zweifel das ausschließliche Recht ein, das Filmwerk sowie Übersetzungen und andere filmische Umgestaltungen des Filmwerks auf alle bekannten Nutzungsarten (vgl. zum Begriff und zur Problematik nachfolgend in diesem Kapitel Rdnr. 914 ff.) zu nutzen. Nach Abs. 2 kann der Urheber dem Filmhersteller einfache oder ausschließliche Nutzungsrechte selbst dann einräumen, wenn er entspre-

chende Rechte zuvor bereits Dritten, z.B. an eine Verwertungsgesellschaft, eingeräumt hat. Die Abtretung an den Filmhersteller geht insofern vor.

900 Der Rechtsübergang auf den Filmhersteller erstreckt sich jedoch auch insoweit **nur** auf den **Zweck, zu dem das Werk hergestellt** wurde. So darf etwa ein zu universitären Zwecken hergestelltes Filmwerk zu einem anderen Zweck nicht ohne Einwilligung der Urheber genutzt werden (*BGH GRUR* 1985, 529 – Happening). Soll **etwas anderes** gelten, ist dies **vertraglich** ausdrücklich festzulegen.

901 Gemäß § 89 Abs. 4 UrhG hat der Filmhersteller neben den Rechten zur filmischen Verwertung des Filmwerkes auch das Recht zur filmischen Verwertung der einzelnen Lichtbilder. Die nichtfilmische Verwertung der Lichtbilder hingegen ist deren Urheber (in der Regel also dem Kameramann; vgl. zu diesem *G. Schulze*, GRUR 1994, 855) vorbehalten. Soll insoweit etwas anderes gelten, ist dies vertraglich ebenfalls gesondert zu vereinbaren.

902 Eine weitere Einschränkung der Rechte der Urheber zugunsten des Filmherstellers enthält § 90 UrhG. Danach gelten für die in § 88 Abs. 1 sowie § 89 Abs. 1 UrhG aufgezählten Rechte die Bestimmungen über das Erfordernis der Zustimmung des Urhebers zur Übertragung von Nutzungsrechten (§ 34 UrhG) und zur Einräumung einfacher Nutzungsrechte (§ 35 UrhG) sowie über das Rückrufsrecht wegen Nichtausübung (§ 41 UrhG) und wegen gewandelter Überzeugung (§ 42 UrhG) nicht. Allerdings findet diese Regelung bis zum Beginn der Dreharbeiten für das Recht zur Verfilmung keine Anwendung, da zu diesem Zeitpunkt mangels Drehergebnis noch keine Verwertungsrechte entstanden sind.

903 Durch die Streichung des bisherigen § 90 Satz 2 UrhG wird klar gestellt, dass dem **Filmurheber ebenfalls die Rechte aus den §§ 32, 36 UrhG** über die angemessene – ggf. nachträgliche – Vergütung **zustehen**.

904 Die Privilegierung der §§ 88 ff. UrhG erstreckt sich nach § 95 UrhG auch auf den **Hersteller von Laufbildern**. Wenn § 89 Abs. 1–3 UrhG in dieser Vorschrift nicht genannt ist, so deshalb, weil es an einem Laufbild mangels Originalität kein eigenes Urheberrecht gibt, in Bezug auf das der Filmhersteller von den Mitwirkenden Nutzungsrechte erwerben müsste.

2.2. Vertragsrechtliche Bestimmungen in Bezug auf Rechte ausübender Künstler

905 Vergleichbar den §§ 88 ff. UrhG enthält das Gesetz in § 92 UrhG auch eine Regelung zur **Vereinfachung des vertraglichen Erwerbs der Rechte** ausübender Künstler durch den Filmproduzenten.

906 So enthält § 92 Abs. 1 UrhG die gesetzliche **Vermutung**, dass dann, wenn ein ausübender Künstler einen Vertrag über seine Mitwirkung bei der Herstellung eines Filmwerks mit einem Hersteller geschlossen hat, er dem Filmhersteller damit im Zweifel die Rechte nach den §§ 77, 78 Abs. 1

D. Auswertung des Films

UrhG UrhG übertragen hat, also das Recht zur Aufnahme, zur Vervielfältigung und Verbreitung einschließlich der Vermietung sowie zur Live-Sendung und zur ersten öffentlichen Zugänglichmachung. Das sind alle dem ausübenden Künstler zustehenden **Ausschließlichkeitsrechte** (vgl. hierzu in diesem Kapitel Rdnr. 856). Da die Regelung nur „im Zweifel" gilt, bleiben abweichende vertragliche Vereinbarungen zumindest theoretisch möglich. Allerdings betrifft die Regelung nur die Übertragung „hinsichtlich der Verwertung des Filmwerkes"; sollen auch darüber hinausgehende Rechte hinsichtlich einer Verwertung der Leistung des ausübenden Künstlers außerhalb des Filmwerks, also z.B. als Schallplatte, auf den Filmproduzenten übertragen werden, ist dies also ausdrücklich im Vertrag zu vereinbaren. **Vergütungsansprüche** bleiben von der Vermutung ohnehin unberührt.

Verstärkt wird die Rechtsstellung des Filmherstellers noch dadurch, 907
dass ihn **§ 92 Abs. 2 UrhG** davor schützt, dass ein ausübender Künstler seine Rechte im Voraus an Dritte – in der Praxis insbesondere an Verwertungsgesellschaften – abgetreten hat. Normalerweise könnte der Filmhersteller diese Rechte dann nicht mehr auf vertraglichem Wege erwerben, da der ausübende Künstler sie zum Zeitpunkt des Vertragsschlusses gar nicht mehr inne hätte. Die gesetzliche Regelung ermöglicht es ausübenden Künstlern trotzdem, ihre **Rechte** selbst in solchen Fällen **im Nachhinein noch an den Filmhersteller abzutreten**; die ursprüngliche Übertragung an die Verwertungsgesellschaft ist insofern dann unwirksam. In der Praxis führt dies immer dort, wo Filmproduzenten eine größere Verhandlungsmacht haben als der betreffende ausübende Künstler, freilich dazu, dass ausübende Künstler diese Rechte selbst dann nicht bei den Verwertungsgesellschaften belassen können, wenn Sie dies möchten.

§ 92 Abs. 3 UrhG schließlich verweist auf den § 90 UrhG und damit auf 908
den auch bei Urhebern geltenden Ausschluss bestimmter Rechte zu Gunsten des Filmherstellers, wodurch eine ungestörte Verwertung des Film ermöglicht wird.

Auf **Laufbilder**, also auf nichtoriginale Filme (§ 95 UrhG; vgl. dazu be- 909
reits in diesem Kapitel Rdnr. 784) ist der § 92 UrhG wegen der ausdrücklichen Beziehung auf das „Filmwerk" nicht anwendbar. Die genannten Rechte verbleiben dort also beim Künstler und müssen vom Filmhersteller vertraglich erworben werden. Dadurch sollen die Interessen ausübender Künstler geschützt werden, deren Leistungen bei nichtoriginalen Laufbildern nicht selten im Vordergrund stehen (z.B. bei der Aufzeichnung einer Theateraufführung).

Nicht abtretbar sind allerdings auch für ausübende Künstler die **per-** 910
sönlichkeitsrechtlichen Befugnisse an ihrer Leistung (vgl. dazu vorstehend Rdnr. 877 sowie in diesem Kapitel Rdnr. 854).

3. Weiterübertragung der Rechte durch den Filmhersteller

911 In dem Umfang, in dem der Filmhersteller Inhaber abgetretener oder eigener Rechte am Film ist, kann er diese dann frei **weiterübertragen**. Will er mehr übertragen, als er von den jeweiligen Rechteinhabern – sei es im Wege der gesetzlichen Auslegungsvermutungen, sei es durch ausdrückliche vertragliche Rechteeinräumung – erhalten hat, so muss der Erwerber diese noch fehlenden Rechte von den Urhebern bzw. den Inhaber von Leistungsschutzrechten selbst erwerben, sofern nicht Verwertungsgesellschaften diese Rechte wahrnehmen (wie etwa die GEMA das Senderecht von Musikwerken in Filmen).

912 In der **Praxis** haben sich hier eine Reihe üblicher Verträge herausgebildet. Darin überträgt der Filmhersteller in der Regel einer **Verleihfirma** die ausschließlichen Auswertungsrechte am Film, insbesondere das Vorführrecht für ein bestimmtes Gebiet und/oder für eine bestimmte Zeit (Filmlizenz-, -monopolvertrag). Zu diesem Zweck überlässt der Filmhersteller das notwendige Material, also das fertige Werk und eine angemessene Anzahl von Kopien. Die Auswertungsrechte des Verleihers beziehen sich jedoch nicht auf die nichtfilmische Verwertung einzelner Lichtbilder. Wie schon im Verhältnis Kameramann – Filmhersteller bleiben die Rechte an den einzelnen Bildern bei demjenigen, der die Rechte vergibt (also beim Filmhersteller bzw. beim Kameramann, falls dieser die entsprechenden Rechte nicht auf den Filmhersteller übertragen hat).

913 Der Verleiher räumt nachfolgend den **Filmtheatern** das Vorführungsrecht ein. Soll der Film nicht nur in einem Kino gezeigt werden, so ist dieses Recht als einfaches Nutzungsrecht einzuräumen (vgl. zu weiteren Einzelheiten generell etwa *Becker/Schwarz* (Hrsg.), Aktuelle Rechtsprobleme der Filmproduktion und Filmlizenz, 1999).

II. Auswertung des Films im Internet
Irene Schlünder

1. Einleitung

914 Das Internet ist ein Netz, durch das Daten auf einem bestimmten technischen Wege nach einem festgelegten System über so genannte Protokolle weltweit verbreitet werden. Es lässt sich auf vielfältige Weise nutzen. Zu den Internetdiensten gehören die e-mail, das world-wide-web, Telnet u.a. Es gibt daher unterschiedliche Möglichkeiten, einen Film über das Netz zu transportieren. Gemeinsam ist allen Verwertungsmöglichkeiten, dass sie sich nicht auf ein Land beschränken lassen. Der Abruf ist vielmehr prinzipiell **weltweit** möglich, sofern der einzelne über die kompatible Technik zum Empfang von Filmen verfügt. Versuche, bestimmte Inhalte für Abrufer aus dem Ausland sperren zu lassen, waren bislang wenig erfolgreich.

Die Übertragung eines Films im Internet hat zwei **technische Grundvoraussetzungen**: der Film muss in digitaler Form vorhanden sein und die Internetteilnehmer müssen über eine bestimmte Übertragungskapazität verfügen. Diese kann durch die bislang noch übliche technische Ausstattung nicht bereitgestellt werden, sondern setzt den Anschluss an so genannte Breitbandkabel voraus, wenn die Bild- und Tonqualität der des Fernsehens entsprechen soll. Während die digitale Aufbereitung von Filmen etwa für die Auswertung durch DVDs in immer größerem Umfang betrieben wird und neuere Filme z.T. bereits ausschließlich digital aufgenommen werden, verfügen bislang nur wenig Haushalte und kaum Kinos über die entsprechende Empfangstechnik. Die Übertragung von bewegten Bildern über das Internet bleibt daher für den durchschnittlichen Internetteilnehmer in der Qualität noch weit hinter der herkömmlichen Fernsehübertragung zurück. Gleichwohl ist die Positionierung der einzelnen Filmanbieter auf dem Internetmarkt in vollem Gange. Denn die Verbreitung der notwendigen Empfangstechnik ist absehbar, so dass ein jeder Anbieter rechtzeitig im Netz vertreten sein möchte, um sich einen Marktanteil in Zukunft zu sichern. 915

Obwohl die erste Euphorie verflogen ist, blüht der Handel mit „Internetrechten". Daher muss bei jeder Filmproduktion die potenzielle Verwertung eines Films über das Internet in Rechnung gestellt, insbesondere müssen die Verträge mit allen, die an der Herstellung des Films oder dessen Auswertung in irgendeiner Form beteiligt sind, darauf abgestimmt werden. Allerdings scheint über die **rechtlichen Rahmenbedingungen** der Verwertung eines Films über das Internet alles andere als Klarheit zu herrschen, und so müssen manche Lizenzhändler erstaunt feststellen, dass sie die „Internetrechte" an ein und demselben Film von zwei unterschiedlichen Seiten angeboten bekommen, die sich beide für exklusiv berechtigt halten („Chaos beim Handel mit Internetrechten", in: Blickpunkt:Film, 15/2000, 14). Es wird sich erweisen, dass es keine einheitliche „Internetverwertung" eines Films gibt, sondern unterschiedliche Möglichkeiten, einen Film über das Internet auszuwerten, die jeweils unterschiedliche rechtliche Konsequenzen haben. 916

2. Urheberrechtliche Grundlagen

Der urheberrechtliche Fragenkomplex der „Internetnutzung" wurde bisher ganz überwiegend als einheitliches Problem behandelt (vgl. etwa *Lütje*, in: Hoeren/Sieber, Handbuch Multimediarecht, Kap. 7.2., Rdnr. 106 ff.; *Reber*, GRUR 1998, 792 (797); *Schwarz*, GRUR 1996, 836 (837 ff.); unentschieden: *Hertin*, in: Fromm/Nordemann, Urheberrecht-Kommentar, 9. Aufl., 1998, §§ 31/32 Rdnr. 6, 18; a.A. nunmehr *Schwarz*, 917

ZUM 2000, 816 ff.) Auch die EU geht davon aus, das Internetproblem mit der Einführung des **„making available right"** abgedeckt zu haben. Dies ist aber nur dann gerechtfertigt, wenn die „Internetverwertung" sich als einheitliche Nutzungsart i.S.d. § 31 Abs. 5 UrhG qualifizieren lässt.

918 Ob das Transportieren eines Films über das Internet eine insgesamt einheitliche und gegenüber etwa der Fernsehausstrahlung im herkömmlichen Sinne **eigenständige Nutzungsart** darstellt, ist nicht in erster Linie abhängig von der zugrunde liegenden Technik, sondern von der wirtschaftlichen Bedeutung der entsprechenden technischen Möglichkeit (BGHZ 133, 281 [288 f.] – Klimbim; Schricker-*Schricker*, Urheberrecht, 2. Aufl. 1999, §§ 31/32, Rdnr. 38). Es kommt also darauf an, ob die in Betracht kommende Form der Verwertung nach der Verkehrsauffassung als selbständig und abspaltbar angesehen wird, etwa weil sie gegenüber einer anderen Verwertungsform eine Erhöhung der Qualität oder eine Erweiterung des potenziellen Publikums bewirkt (*Hertin*, a.a.O., §§ 31/32 Rdnr. 6 m.w.N.) Der BGH hat z.B. das Kabel- bzw. Satellitenfernsehen gegenüber der terrestrischen Fernsehübertragung nicht als eigenständige Nutzungsart qualifiziert, weil diese Übertragungstechnik für den Fernsehzuschauer keinen Unterschied bedeute (BGHZ 133, 281 ff. – Klimbim). Zwar ist diese Entscheidung im Ergebnis überwiegend auf Kritik gestoßen, weil sie nicht in Rechnung gestellt hat, dass durch die neue technische Möglichkeit der Kabelübertragung sich die Nutzung eines Films im Fernsehen durch die größere Anzahl der Fernsehkanäle wesentlich intensiviert hat (s. etwa *Loewenheim*, GRUR 1997, 220). Sie macht aber anschaulich, auf was es bei der Beurteilung, ob eine Nutzungsart selbständig ist, jedenfalls nicht ankommen kann: nämlich darauf, wie das Bild, das der Zuschauer empfängt, technisch auf den Bildschirm gelangt.

919 Wichtig ist vielmehr, ob Bildschirme zu Hause oder Kinoleinwände erreicht werden, wie viele Bildschirme erreicht werden und unter welchen Bedingungen der Zuschauer die Filme sehen kann – entgeltlich oder unentgeltlich, durch bloßes Einschalten des Geräts und des entsprechenden Senders oder nach entsprechender individueller Anforderung, wobei auch hier nicht der rein technische Vorgang gemeint ist, der für den Verbraucher nicht erkennbar ist, sondern die **Art der Kommunikation** zwischen Verbraucher und Anbieter. Urheberrechtlich irrelevant ist es daher, ob das Internet technisch zu den so genannten Pull- oder den Push-Media zählt, weil der Zuschauer den Unterschied nicht wahrnimmt und sich an die eine oder andere Technik an sich keine wirtschaftlichen Unterschiede in der Verwertbarkeit knüpfen. Erst wenn Anbieter und Zuschauer in rein wirtschaftlicher Hinsicht zwischen Sendung und Abruf eines Films unterscheiden und der Zugang zum Film daher unterschiedlichen Bedingungen unterliegt, dann liegt auch für den Urheber eine unterschiedliche Form der Verwertung seines Films vor. Wann dies bei der Internetübertragung der Fall ist, soll im Folgenden beleuchtet werden.

D. Auswertung des Films

3. Möglichkeiten der Auswertung eines Film im Internet

3.1. Internet-TV

Praktisch alle Fernsehanbieter, also sowohl die öffentlich-rechtlichen 920
Sendeanstalten wie die privaten Fernsehsender, sind inzwischen dazu übergegangen, **Parallelprogramme via Internet** anzubieten, obwohl dies im Augenblick nicht wirtschaftlich ist. Man rechnet aber mit einem zukünftigen gewinnbringenden Markt und möchte dann bereits vertreten sein. Schon jetzt wird z.T. neben der herkömmlichen Fernsehausstrahlung das komplette Programm eines Senders im Internet bereit gestellt, wie dies z.B. bei n-tv bereits seit April 2000 der Fall ist. Teilweise sind auch nur Lang- oder Kurzfassungen einiger im Fernsehen ausgestrahlter Sendungen abrufbar. SAT 1 etwa schickt Nach- und Vorbereitungen der „Harald-Schmidt-Show" über das Netz, ProSieben sendet Sketche aus der „Bully-Parade" via Internet und RTL ist seit Juni 2000 dazu übergegangen, die Daily Soap „Gute Zeiten Schlechte Zeiten" im Internet nochmals auszustrahlen und durch zusätzliche Inhalte wie Chaträume oder News zu den Themen Liebe und Partnerschaft anzureichern, dasselbe tut das ZDF mit seiner Daily Soap „EtageZwo". Darüber hinaus gehen immer mehr Sender dazu über, ein Programm speziell für die Ausstrahlung über das Internet zu entwickeln (vgl. etwa NetEntertainment Nr. 2/2000, 41, 45). Die Pay-TV-Sender PremiereWorld oder MediaVision verwenden bereits heute digitale Technik und können jederzeit ihr gesamtes Programm über das Internet ausstrahlen.

Schließlich gibt es auch Sender, die ausschließlich im Netz vertreten 921
waren oder sind. Dazu gehören u.a. das Berliner Internet-TV „Freshmilk.de", ferner „bobTV.com", „TV1.de", „IT-TV.de". Auch T-Online ist seit September 2000 in Zusammenarbeit mit dem Produktionsunternehmen United Visions Entertainment mit einer Web-Soap mit dem Titel „90sechzig90"im Netz vertreten. Fernsehen am Computer-Bildschirm wird damit mehr und mehr zur Realität.

Umgekehrt gibt es inzwischen Systeme, die den Fernsehapparat inter- 922
netfähig machen und es den Zuschauern ermöglichen, die entsprechende im Netz bereit gestellte Zusatzinformation zu einer Fernsehsendung am Fernsehgerät etwa auch parallel zur Sendung durch Splitscreen abzurufen und sich selbst zur Sendung zu äußern oder auch daran teilzunehmen. Es wird allgemein von einer allmählichen Konvergenz der Systeme ausgegangen, d.h. in einigen Jahren werden Fernsehgerät und Computer austauschbare Geräte sein, der klassische Fernsehapparat wird der Vergangenheit angehören. Wie dann die Fernsehprogramme aussehen werden, ist noch ungewiss, jedenfalls aber wird sich ihre Anzahl unübersehbar erhöhen, weil es keine begrenzte Anzahl von Kabelkanälen mehr geben wird. Darüber hinaus ist das Internet – wie bereits erwähnt – **territorial unbe-**

Schlünder

schränkt. Man wird daher in Deutschland nicht nur CNN empfangen können, sondern etwa auch einen texanischen Lokalsender. Eine Aufsplittung der Fernsehsenderechte nach Territorien, wie sie bisher in den Nutzungsverträgen üblich ist, ist daher schon heute mehr als problematisch, in Zukunft wird sie gar keinen Sinn mehr machen. Zu denken wäre eher an eine Anknüpfung an die jeweilige Sprachfassung.

923   Hinter dem gebräuchlichen Begriff „Internet-TV" verbergen sich aber durchaus unterschiedliche **technische Möglichkeiten**. Der herkömmlichen Fernsehausstrahlung kommt der Vorgang am nächsten, bei dem eine Sendung gleichzeitig von vielen Nutzern empfangbar ist. Oftmals sind Sendungen aber nur „point to point" abrufbar, wobei beim so genannten „live-streaming" die Daten in Echtzeit empfangbar sind, d.h. sofort auf dem Bildschirm erscheinen, wenn sie vom Sender abgesandt werden, während es manchmal lediglich möglich ist, die Sendung auf einen eigenen Zwischenspeicher zu laden, um sie sich dann anzusehen. Für Letzteres hat sich auch der Begriff „TV-on-demand" eingebürgert.

924   Wie oben dargelegt, bietet das Internet die Möglichkeit, Serien, Filme oder andere audiovisuelle Programme nicht nur auszustrahlen, sondern daneben **Begleitdienste** anzubieten wie Chaträume, Kommunikation mit den Darstellern, Hintergrundinformationen über die Herstellung des Films oder weiterführende Hinweise zu bestimmten Themen. Dadurch wird nicht allein das typische Fernsehpublikum angesprochen, sondern der potentielle Benutzerkreis erweitert, zumal das Programm nicht nur vor dem Fernsehgerät gesehen werden kann, sondern z.B. auch vom PC im Büro aus.

925   Dementsprechend wird von vielen bereits vorhergesagt, dass die neuen Möglichkeiten auch neue Sehgewohnheiten und daher **neue Formate** hervorbringen wird. So solle etwa der zwei- bis sechsminütige Kurzfilm bzw. Webclip als Kaffeepausenfüller (auch als „pop" bezeichnet) im Internet zum Format der Zukunft werden, um dem zum Klicker fortentwickelten Zapper das passende Angebot zu liefern. Solche Webclips stellt man sich vielfach als interaktive Daily Soaps vor, die mit viel Hintergrundinformationen angereichert sind. Der Zuschauer soll z.T. den Geschichtenverlauf selbst beeinflussen können und sich so direkt am Geschehen beteiligen. Verfilmt würde vom Anbieter daher u.U. nur der dramatische Höhepunkt, während der Rest durch Zeichentrick, Standfotos oder auch durch Text ausgefüllt wird – die Geschichte als Multimediawerk im eigentlichen Sinne des Wortes.

926   Es ändert sich also sowohl die Qualität des Programms durch die Möglichkeit, zusätzliche Informationen bereit zu stellen und den Zuschauer interaktiv am Programm teilnehmen zu lassen, als auch das potenzielle Publikum. Internet-TV dürfte daher gegenüber dem herkömmlichen Fernsehen eine **eigenständige Nutzungsart** darstellen. Denn selbst wenn in gewissem Umfang auch heute schon über Videotext gewisse Zusatzin-

D. Auswertung des Films

formationen abrufbar sind, so sind die Möglichkeiten, die das Internet bietet, ungleich größer und für das Publikum wesentlich einfacher verfügbar (a.A. *Schwarz*, ZUM 2000, 816 [822 ff.]). Rechtsprechung hierzu gibt es jedoch noch keine, so dass die Rechtslage noch einige Zeit unübersichtlich bleiben wird. Die Frage wird auch dadurch kompliziert, dass es bei einer Konvergenz der Medien in Zukunft gar keine herkömmliche Fernsehausstrahlung mehr geben wird, d.h. das Internet-TV wird die herkömmliche Fernsehausstrahlung vollkommen ersetzen. Würde man davon ausgehen, dass es sich beim Internet-TV gegenüber der herkömmlichen Fernsehausstrahlung um eine eigene Nutzungsart handelt, so würde dies bedeuten, dass die Fernsehrechte auch für Altfilme völlig neu verhandelt werden müssten, und zwar mit den Urhebern der Filme und deren vorbestehenden Werken, also mit den Drehbuchautoren, Regisseuren u.a. Die Rechtestocks der öffentlich-rechtlichen wie privaten Sender wären dann nahezu wertlos. Denkbar ist es auch, wenn man diese Konsequenz scheut, danach zu differenzieren, ob von den zusätzlichen Möglichkeiten, die das neue Medium bietet, Gebrauch gemacht wird, d.h. zusätzliche Informationen oder Interaktionsmöglichkeiten bereit gestellt werden, oder ob es bei einer einfachen Ausstrahlung, die lediglich über eine neue Technik gesendet wird, verbleibt, so dass Letzteres von den herkömmlichen Fernsehsenderechten abgedeckt wäre.

3.2. Abrufdienste/Video-on-demand

Video-on-demand nennt man den individuellen Abruf von Filmen. Diese sind dann auf dem heimischen Fernsehbildschirm zu sehen und können wie ein Video vor- oder zurückgespult werden. Die technischen Grundlagen hierfür sind seit längerem bekannt. Bislang fehlte jedoch auch hier eine flächendeckende Versorgung mit den entsprechenden Übertragungskapazitäten. Bis vor kurzem gab es in Deutschland noch kein echtes Video-on-demand, sondern nur eine spezielle Form des Pay-TV, das als Pay-per-view oder auch als Near-Video-on-demand bezeichnet wird und für das die Anschaffung eines Zusatzgerätes zum Fernseher, nämlich einer so genannten Set-Top-Box genügt. Auch hier kann der Kunde sich einzelne Filme ansehen und bezahlt lediglich für die tatsächliche Einschaltzeit. Im Unterschied zum echten Video-on-demand werden die Filme aber auf einem bestimmten Kanal laufend abgespielt, in den man sich dann einschaltet. Die Auswahl an Filmen ist daher begrenzt und die Filme lassen sich auch nicht anhalten oder zurückspulen. Die **Technik**, um echtes Video-on-demand zu empfangen, wird nun im Zuge der Verlegung neuer Breitbandnetze mehr und mehr in den Haushalten verfügbar, so dass Video-on-demand in naher Zukunft auch wirtschaftlich Sinn macht. In Deutschland ist bereits ein Anbieter unter dem Label „Cinema-on-demand" auf dem Markt vertreten, international gibt es eine Reihe von Abrufdiensten, z.B. „article27" mit Sitz in London, das demnächst an den

927

Start gehen soll. Während „Cinema-on-demand" ein entgeltlicher Abrufdienst ist, soll „article27", der Bezug nimmt auf Art. 27 des UN-Menschenrechtspaktes, Filme unentgeltlich zur Verfügung stellen.

928 Video-on-demand ist definitionsgemäß ein **Online-Dienst**, denn der Sinn besteht darin, dass der Kunde einen Film per Kabel direkt auf den heimischen Bidlschirm laden kann. Video-on-demand setzt also die Verfügbarkeit eines Netzes mit einer gewissen Verbreitung voraus. Zwar muss dies nicht notwendig das Internet sein, denkbar wäre auch, dass ein Video-on-demand-Anbieter ein eigenes Netz verlegen lässt. Es ist aber offensichtlich, dass dies wirtschaftlich nicht sinnvoll ist. So benutzt auch „Cinema-on-demand" das Internet, um seine Kunden zu erreichen. Video-on-demand ist ohne Internet kaum denkbar. Vielleicht ist daher Video-on-demand und Video-on-demand per Internet identisch. Die Frage ist bald, ab wann diese Möglichkeit der Nutzung als bekannt i.S.d. § 31 Abs. 4 UrhG anzunehmen ist.

3.3. Direktvertrieb an Kinos

929 Bislang wird in der Branche davon ausgegangen, dass das Kino durch die bereits geschilderten Formen der Verwertung eines Films im Internet nicht nennenswert beeinträchtigt wird, weil es gegenüber der Übertragung auf dem Bildschirm ein anderes Filmerlebnis ermöglicht und eine soziale Komponente hat. Mit anderen Worten: Kino ist und bleibt das Größte! Allerdings scheint sich eine Revolutionierung der Abspieltechnik und damit des Filmverleihs abzuzeichnen. Auch in Deutschland wurden bereits die ersten **digitalen Projektoren** in Kinos installiert, die Filme von digitalen Datenträgern und auch direkt aus dem Internet abspielen können. Auf diesem Wege könnte der klassische Filmvertrieb überflüssig werden, ferner wird die Abrechnung des Verleihs mit den Kinos erleichtert.

930 Ferner bietet das Internet die Möglichkeit, so genannte digitale Filmlager einzurichten, die gegenüber herkömmlichen Filmlagern erhebliche Vorteile mit sich bringen: digitale „Kopien" büßen nicht mit der Zeit an Qualität ein und verursachen kaum „Lagerkosten". Außerdem ist die Lieferung auf Bestellung denkbar einfach ohne Zeitverlust und ohne Transportkosten möglich. Und schließlich können potenzielle Besteller sich in Ruhe am Bildschirm Trailer anschauen, um Filme auszuwählen. Die Gesellschaft für Medientechnik mbH will als ein solches **digitales Filmlager** fungieren und versteht sich als eine Art Agentur für Kinos (NetEntertainment 2/2000, 46).

931 Die digitale Belieferung von Filmtheatern verändert die Nutzungsart „Kino" nicht, denn für den Kinobesucher ist es unerheblich, welche Projektionstechnik das Filmtheater benutzt und auf welchem Wege der Film in das Kino, das er besucht, gelangt ist. Das Internet verändert somit den Filmvertrieb, nicht aber zwangsläufig die Auswertungsform „Kino". Zwar könnte man daran denken, dass sich die Kinovorführungen eines

D. *Auswertung des Films*

Films dadurch deutlich erhöhen können, dass die Vervielfältigung und Belieferung von Kinos wesentlich einfacher, die **Nutzung in Filmtheatern** daher intensiver wird. Ob dies jedoch tatsächlich der Fall sein wird, bleibt abzuwarten und erscheint wenig wahrscheinlich, weil die Nachfrage nach Kinobesuchen nicht unbegrenzt ist. Dies mag sich ändern, wenn Kinos in irgendeiner Art multimedial werden und Filme über das öffentliche Filmabspiel gegen Entgelt hinaus verwenden. Bislang ist eine solche Entwicklung aber nicht absehbar.

3.4. Verwendung von Filmteilen in Homepages

Bereits jetzt unterliegt ein Film in der Regel einer sekundären Verwertung, indem Standbilder als T-Shirt-Aufdrucke, in Werbeanzeigen oder Ähnlichem verwendet oder indem Figuren aus Animationsfilmen als Puppen verkauft werden. Üblich ist ferner der Verkauf des Soundtracks auf Musik-CD. Schließlich können komplette Filmszenen für Werbespots im Fernsehen Verwendung finden. So mancher Film bringt mit diesem so genannten **Merchandising** ähnlich viel Geld in die Kassen des Produzenten wie die Auswertung des Films selbst durch Kino, Fernsehen oder Video. Das Internet erweitert die Möglichkeiten des Merchandising erheblich, denn via Netz können sowohl Standbilder als auch Filmszenen etwa zur Ausschmückung von Homepages – seien sie privat oder kommerziell – im Netz vertretener Unternehmen verwendet werden. Angesichts der potenziellen Unbegrenztheit des Mediums und der unzähligen Websites, die über das Netz abrufbar sind, ist dies ein riesiger Markt, der eine sehr intensive Nutzung von Filmen ermöglicht. Die Verwendung von Filmen in Homepages, seien es private oder solche von Unternehmen, ist eine grundsätzlich neue Form der Nutzung, weil die Homepage eine Kommunikationsform ist, die untrennbar zum Internet gehört und die vorher nicht bekannt war.

932

3.5. Einheitliche Nutzungsart Internet?

Wie gezeigt bedeutet die Benutzung des Internet als Übertragungsweg für einen Film nicht, dass der Film auf eine ganz bestimmte Art wirtschaftlich ausgewertet wird. Es handelt sich zunächst vielmehr lediglich um eine Technik, die den Markt nur als Reflex beeinflusst, indem sie neue Vertriebswege eröffnet, aber auch neue Nutzungsmöglichkeiten schafft. Diese neuen Nutzungsmöglichkeiten lassen sich kaum einheitlich als „**Internetnutzung**" bezeichnen, weil sie wirtschaftlich ganz unterschiedliches Gewicht besitzen. Das bereits erwähnte „making available right" deckt damit nicht etwa jegliche Internetnutzung ab, sondern lediglich die Abrufdienste.

933

Müßig wird damit auch die Diskussion, ab wann das Internet als unbekannte Nutzungsart i.S.d. § 31 Abs. 4 UrhG zu qualifizieren ist, d.h. ab welchem Zeitpunkt Vertragsklauseln, die eine Rechteübertragung in die-

934

sem Sinne zum Gegenstand haben, überhaupt wirksam sind. Denn wenn es überhaupt keine eigenständige Nutzungsart „Internetnutzung" gibt, dann kann es sich auch nicht um eine unbekannte Nutzungsart handeln. Die Frage nach der Bekanntheit der Nutzungsart muss vielmehr bei jeder der oben beschriebenen Nutzungsarten, so weit man sie als eigenständige ansieht, einzeln gestellt werden. Solange die erste Frage noch offen ist, braucht über die zweite allerdings kaum gestritten zu werden.

E. Verwertungsgesellschaften und Vergütungsansprüche
Christian Füllgraf

I. Überblick

935 Verwertungsgesellschaften sind Vereinigungen, die für Urheber kollektiv Urheberrechte und verwandte Schutzrechte wahrnehmen, die sie aus Praktikabilitätsgründen nicht selbst wahrnehmen können. Ziel ist dabei, den Urhebern und anderen durch das UrhG geschützten Rechtsinhabern einen angemessenen Anteil an der Nutzung des Werks zukommen zu lassen, auch wenn sie ihre Rechte aufgrund der vielfältigen Nutzungsmöglichkeiten, insbesondere der Vervielfältigung durch technische Vorrichtungen wie Videorecorder, Fotokopierer oder Scanner, nicht selbst wahrnehmen können. In einigen Fällen ist die Wahrnehmung der Rechte durch Verwertungsgesellschaften im UrhG ausdrücklich geregelt. So können die Rechte aus § 27 UrhG (Vermietung und Verleih), § 20b UrhG (Kabelweitersendung) sowie aus den §§ 54, 54a UrhG (Vervielfältigung auf Bild- und Tonträger, Fotokopien) nur von Verwertungsgesellschaften wahrgenommen werden. Für andere Rechte bietet sich diese Form der kollektiven Wahrnehmung ebenfalls an. Die Rechtsgrundlagen für Verwertungsgesellschaften finden sich im Urheberrechtswahrnehmungsgesetz (WahrnG) von 1965.

936 Die Verwertungsgesellschaften, die derzeit in Deutschland Rechte und Vergütungsansprüche für die folgenden Urheber und Leistungsschutzberechtigte wahrnehmen, sind:

– die **GEMA** (Gesellschaft für musikalische Aufführungs- und mechanische Vervielfältigungsrechte) – Komponisten, Textdichter und Musikverlage;
– die **VG Wort** (Verwertungsgesellschaft Wort) -Wortautoren und ihre Verleger;
– die **VG Bild-Kunst** (Verwertungsgesellschaft Bild-Kunst) – bildende Künstler, Fotografen, Bildagenturen, Grafik- und Fotodesigner sowie Urheber- und Leistungsschutzberechtigte im Bereich Film und Fernsehen (Regisseure, Kameraleute, Produzenten, Cutter);

E. Verwertungsgesellschaften/Vergütungsansprüche

- die **GVL** (Gesellschaft zur Verwertung von Leistungsschutzrechten) – ausübende Künstler, Tonträgerhersteller, Videoproduzenten;
- die **VFF** (Verwertungsgesellschaft der Film- und Fernsehproduzenten) – selbständige Filmhersteller (Auftragsproduzenten), Sendeunternehmen im Bereich der Eigen- und Auftragsproduktion;
- die **VGF** (Verwertungsgesellschaft für Nutzungsrechte an Filmwerken) – Filmproduzenten und -urheber;
- die **GWFF** (Gesellschaft zur Wahrnehmung von Film- und Fernsehrechten) – in- und ausländischen Filmproduzenten und -urheber;
- die **VG Musikedition** (Verwertungsgesellschaft zur Wahrnehmung von Nutzungsrechten an Editionen (Ausgaben) von Musikwerken) – Leistungsschutzrechte an wissenschaftlichen Ausgaben vor allem auf dem Gebiet der Musik;
- die **GÜFA** (Gesellschaft zur Übernahme und Wahrnehmung von Filmaufführungsrechten) – Filmproduzenten im Bereich des erotischen und pornografischen Films;
- die **AGICOA** (Association de Gestion Internationale Collective des Oeuvres Audivisuelles) – in- und ausländische Filmproduzenten (Rechte aus der Einspeisung und Weiterleitung von Filmen in Kabelnetzen).

Im Filmbereich sind die wesentlichen Verwertungsgesellschaften die VG Bild-Kunst, die VFF und die VGF. Die Abgrenzung zwischen den Verwertungsgesellschaften ist schwierig, die VG Bild-Kunst ist aber im Bereich der Filmurheber die einzige Verwertungsgesellschaft, im Bereich der Filmproduzenten nimmt sie die Rechte der Co-Produzenten und der freien Produktionen wahr. Die VFF nimmt die Rechte bei Auftrags- und Eigenproduktionen wahr. 937

Es ist möglich, Mitglied in mehreren Verwertungsgesellschaften zu sein. Es ist aber nicht zulässig, eine Produktion bei mehreren Verwertungsgesellschaften anzumelden. Die Verwertungsgesellschaften führen dazu Abgleiche ihrer Datenbestände durch und machen bei Doppelerhebungen Rückforderungen geltend. 938

Die GEMA und die GVL haben eine Bedeutung für die Klärung und den Erwerb von Nutzungsrechten für den Einsatz von Musik im Film. 939

Keine Verwertungsgesellschaften sind die **ZVV** (Zentralstelle für Videovermietung), die für Verwertungsgesellschaften das Inkasso für Vergütungsansprüche aus der Vermietung von Videocassetten wahrnimmt, und die **ZPÜ** (Zentralstelle für private Überspielungsrechte), die den Einzug der Vergütungsansprüche aus § 54 Abs. 1 UrhG gegenüber den Herstellern von Vervielfältigungsgeräten (Fotokopierer, Videorecorder) und den Herstellern von Bild- und Tonträgern übernimmt. 940

II. Übertragung der Rechte und Ansprüche

941 Die Verwertungsgesellschaften erwerben von den Wahrnehmungsberechtigten die von ihr wahrzunehmenden Vergütungsansprüche und Nutzungsrechte durch so genannte Berechtigungsverträge oder **Wahrnehmungsverträge**, in denen den Verwertungsgesellschaften mittels eines umfangreichen Kataloges die Ansprüche und Rechte zur Wahrnehmung treuhänderisch übertragen werden. Der Berechtigte räumt der Verwertungsgesellschaft die ihm gegenwärtig zustehenden Rechte sowie die ihm künftig zustehenden Rechte weltweit ein. Durch diese Vorausverfügung sind die Berechtigten nicht mehr in der Lage, die bereits an die Verwertungsgesellschaft übertragenen Rechte an Dritte weiter zu übertragen.

III. Wahrnehmungs- und Abschlusszwang

942 Die Verwertungsgesellschaften sind nach dem WahrnG in doppelter Hinsicht zum Abschluss von Verträgen verpflichtet. Zum einen unterliegen die Verwertungsgesellschaften dem **Wahrnehmungszwang** (§ 6 Abs. 1 WahrnG), wonach alle Wahrnehmungsberechtigten von der Verwertungsgesellschaft verlangen können, dass ihre Rechte zu angemessenen Bedingungen wahrgenommen werden. Zum anderen unterliegen die Verwertungsgesellschaften dem **Abschlusszwang** (§ 11 Abs. 1 WahrnG), der sie verpflichtet, die ihr anvertrauten Rechte auszuüben und „jedermann auf Verlangen zu angemessenen Bedingungen Nutzungsrechte einzuräumen oder Einwilligungen zu erteilen". Jeder Verwerter hat also die Möglichkeit, gegen Zahlung des Tarifentgelts das Werk im Rahmen der der Verwertungsgesellschaft übertragenen Rechte zu nutzen.

IV. Gesamtverträge und Tarife

943 Die **Höhe der Lizenzgebühren** wird von den Verwertungsgesellschaften mit den Verwertern vertraglich vereinbart. Dies kann zum einen mit Hilfe von Gesamtverträgen (§ 12 WahrnG) oder durch die Aufstellung von Tarifen (§ 13 WahrnG) geschehen.

944 **Gesamtverträge** können zwischen der Verwertungsgesellschaft und einer Nutzervereinigung geschlossen werden. Dieser Vertrag stellt einen Rahmenvertrag dar, der die einzelnen Nutzer der Nutzervereinigung nicht bindet, ihnen aber üblicherweise einen Preisnachlass gewährt. Beispiel für einen Gesamtvertrag ist der Rahmenvertrag über die Pressespiegelvergütung zwischen der VG Wort und dem Bundesverband der Deutschen Industrie.

E. Verwertungsgesellschaften/Vergütungsansprüche

Sofern die Verwertungsgesellschaft mit den Verwertern Einzelverträge 945
abschließt, geschieht dies auf Grundlage der von der Verwertungsgesellschaft aufgestellten **Tarife**. Diese Tarife sollen zum einen dafür Sorge tragen, dass die Nutzungsrechte zu angemessenen Bedingungen eingeräumt werden und zum anderen gleiche Bedingungen für die Verwerter schaffen. Die Tarife der Verwertungsgesellschaften werden im Bundesanzeiger veröffentlicht.

V. Verteilung der Einnahmen

Von dem Gesamtaufkommen, das die Verwertungsgesellschaft erzielt, 946
werden zunächst die Verwaltungskosten abgezogen. Nach weiterem Abzug von Geldern, die in Rücklagen oder in die sozialen und kulturellen Einrichtungen der Verwertungsgesellschaft fließen, wird der Rest an die Wahrnehmungsberechtigten verteilt.

Nach § 7 WahrnG sind die Verwertungsgesellschaften zur Aufstellung 947
von **Verteilungsplänen** verpflichtet. Die Grundsätze dieser Verteilungspläne müssen in die Satzung aufgenommen werden. Da an einem Werk häufig mehrere Wahrnehmungsberechtigte beteiligt sind, legt der Verteilungsplan bestimmte Quoten für die verschiedenen Berechtigtengruppen fest. So wird z.B. bei der VG Wort bei nicht-wissenschaftlichen Werken eine Verteilung zwischen Autor und Verleger im Verhältnis 70:30 festgelegt. Sofern kein Verlag vorhanden ist, verfällt dieser Anteil zugunsten der anderen Berechtigten in der entsprechenden Gruppe.

VI. Soziale und kulturelle Einrichtungen

§ 8 WahrnG erlaubt den Verwertungsgesellschaften die Einrichtung 948
von Vorsorge- und Unterstützungseinrichtungen für die Inhaber der von ihr wahrgenommenen Rechte oder Ansprüche. So gewährt z.B. das Sozialwerk der VG Bild-Kunst den Berechtigten Unterstützungen in Notlagen, bei Erwerbs- und Berufsunfähigkeit und zur Altersversorgung. § 7 Satz 2 WahrnG erlaubt die Verwendung von Geldern für die Förderung kulturell bedeutender Werke und Leistungen. Dies kann z.B. durch Förderung kultureller Veranstaltungen oder durch Begabtenförderung erreicht werden.

VII. Gegenseitigkeitsverträge

Um die Ansprüche und Rechte der Wahrnehmungsberechtigten auch 949
im Ausland wahrnehmen zu können, schließen die Verwertungsgesellschaften weltweit mit ausländischen Verwertungsgesellschaften, die in den jeweiligen Staaten die gleichen Rechte und Ansprüche für ihre Berechtig-

Fullgraf

ten wahrnehmen, Gegenseitigkeitsverträge ab. Damit wird gewährleistet, dass deutsche Wahrnehmungsberechtigte auch an der Nutzung ihrer Werke im Ausland beteiligt werden und ausländische Berechtigte an dem Aufkommen in Deutschland partizipieren. Mittlerweile haben die Verwertungsgesellschaften mit einer großen Anzahl von vergleichbaren Verwertungsgesellschaften in beinahe jedem Land der Erde Gegenseitigkeitsverträge abgeschlossen.

VIII. Abtretung von Vergütungsansprüchen

950 Im UrhG ist für einige Vergütungsansprüche ausdrücklich bestimmt, dass diese im Voraus nur an eine Verwertungsgesellschaft abgetreten werden können. So bestimmt § 27 Abs. 1 UrhG für das Vermietrecht (§ 17 UrhG), dass der Urheber, selbst wenn er das Vermietrecht an dem Bild- und Tonträger dem Tonträger- oder Filmhersteller eingeräumt hat, auf den Vergütungsanspruch gegen den Vermieter nicht verzichten und dieser im Voraus nur an eine Verwertungsgesellschaft abgetreten werden kann. § 27 Abs. 2 UrhG und § 20b Abs. 2 UrhG enthalten entsprechende Vorschriften für das Verleihen eines Werks durch eine Bücherei oder Sammlung und für das Recht der Kabelweitersendung. Damit soll gewährleistet werden, dass der Urheber regelmäßig an Einnahmen aus diesen Nutzungsarten teilhaben kann. Sofern eine Vertragsklausel in einem Vertrag mit einem Produzenten oder einem Sender eine solche Vorausabtretung vorsieht, ist sie unwirksam.

IX. Digitalrechte und VG Bild-Kunst

951 Eine Besonderheit bei der zur Wahrnehmung übertragenen Rechte findet sich in den Wahrnehmungsverträgen der Berufsgruppe III der VG Bild-Kunst. Erstmals wurde 1998 der § 1 des Wahrnehmungsvertrags der Berufsgruppe III um lit. i und j ergänzt, in denen so genannte „Digitalrechte" zur Wahrnehmung durch die VG Bild-Kunst auf diese übertragen wurden.

952 Nach einer weiteren Änderung der § 1 lit. i und j lässt sich die VG Bild-Kunst nun folgende Rechte übertragen:

i) für Urheber das Recht, in analogen Formaten hergestellte audiovisuelle Werke zu digitalisieren und diese Versionen von audiovisuellen Werken zu senden, öffentlich wiederzugeben oder anderweitig elektronisch zu übermitteln.

j) für Urheber das Recht, audiovisuelle Werke in Datenbanken zu speichern und das Recht, diese gespeicherten Werke aus diesen Datenbanken elektronisch zu übermitteln. Diese Rechte fallen an den Urheber zurück, so weit sie vom Verwerter auf Grund von Tarifverträgen eingeräumt wurden.

953 Diese Änderung des Wahrnehmungsvertrags führte in der Folge zu erheblichen Unsicherheiten bei Urhebern, Produzenten und Verwertern. Da

die in § 1 i und j bezeichneten Rechte bereits im Voraus an die VG Bild-Kunst übertragen wurden, war eine einzelvertragliche Übertragung oder eine tarifvertragliche Übertragung an Produzenten oder Verwerter vielfach nicht mehr möglich, da zum einen Rechte nicht mehrfach übertragen werden können und zum anderen ein gutgläubiger Erwerb von Rechten gemäß §§ 399, 413 BGB nicht möglich ist. Die Anwendung des § 89 Abs. 2 UrhG ist bei diesen Rechten in vielen Fällen ebenfalls nicht geklärt, da sich nicht genau bestimmen lässt, seit wann diese Nutzungsarten als bekannt gelten.

In den meisten Produktionsverträgen und Lizenzverträgen, die danach zwischen Urhebern und Verwertern oder zwischen Produzenten und Verwertern abgeschlossen wurden, waren davon die Klauseln betroffen, in denen dem Verwerter die Rechte an Video-on-demand, Zugänglichmachung über digitale Abrufsysteme, Datenbanken oder Internet übertragen wurden. 954

Als Folge der Unsicherheiten schloss die VG Bild-Kunst im Januar 2001 eine Abgrenzungsvereinbarung mit den öffentlich-rechtlichen Sendern, wonach klargestellt werden sollte, dass die Rechteeinräumung zugunsten der VG Bild-Kunst nur dann gelten solle, „wenn die entsprechende Rechteeinräumung an den Sender nicht Gegenstand von Tarif- oder Einzelverträgen ist, in denen dem Urheber hierfür eine angemessene Vergütung eingeräumt ist". 955

Diese Vereinbarung ist jedoch sowohl innerhalb der VG Bild-Kunst als auch in der juristischen Literatur Gegenstand von Kritik geworden, da fraglich ist, ob die VG Bild-Kunst überhaupt eine solche Vereinbarung treffen durfte, da nicht abgeschätzt werden kann, ob sich diese eventuell nachteilig für die Berechtigten auswirken kann. Weiterhin enthält die Vereinbarung Ungenauigkeiten, bei denen die Bedeutung geklärt werden muss. 956

Nach dem Wortlaut der Vereinbarung sind nur Rechteeinräumungen erfasst, die entweder tarifvertraglich vorgesehen sind oder auf Einzelvereinbarungen beruhen, die zwischen dem Urheber und dem Sender abgeschlossen wurden. Vom Wortlaut nicht erfasst sind damit sämtliche Auftrags- und Co-Produktionen, in denen zunächst ein Produzent sämtliche Nutzungsrechte vereinigt, um diese dem Sender zu übertragen. Aufgrund der an die VG Bild-Kunst abgetretenen Rechte kann der Urheber aus den oben genannten Gründen die Digitalrechte nicht mehr auf den Produzenten übertragen. Der Produzent verpflichtet sich aber regelmäßig in den Standardverträgen der Fernsehsender, diese Rechte mit zu übertragen, obwohl er oft schon bei Vertragsschluss dazu nicht in der Lage ist. In Verträgen zwischen Produzenten und Urheber sollte daher regelmäßig eine Klausel enthalten sein, die gewährleistet, dass der Urheber die Digitalrechte wieder von der VG Bild-Kunst zurückruft oder dieses Rückrufsrecht auf den Produzenten überträgt. Ansonsten setzt sich der Produzent im ungünstigsten Fall Schadensersatzforderungen der Sender aus. 957

Füllgraf

F. Rechtsverstöße und deren Folgen

Christlieb Klages

I. Einleitung

958 Sowohl die Durchsetzung als auch die Abwehr von urheberrechtlichen Ansprüchen erfordert neben den besonderen juristischen Kenntnissen auch eine gewisse Marktkenntnis. Ein Filmemacher, dessen Beitrag unerlaubt in einer Fernsehsendung ausgesendet wurde, nahm den Fernsehsender auf Schadensersatz in Anspruch und begehrte als Ausgleich 1.800 € pro Minute, die er als angemessene Entschädigung empfand. Ein Sachverständiger bezifferte die übliche Vergütung auf 200 € pro Minute. Zwar obsiegte der Filmemacher, da er 800 € Schadensersatz für vier Minuten unerlaubter Auswertung zugesprochen bekam, blieb er jedoch letztlich auf den Kosten sitzen, da er in Höhe von 6.600 € nicht obsiegen konnte.

959 Im Folgenden sind einige typische Situationen aufgeführt, die zur Durchsetzung von urheberrechtlichen Ansprüchen berechtigen:

– Jemand hat ein Werk unerlaubt bearbeitet, gekürzt, entstellt, verschnitten.
– Jemand wertet ein Werk aus, ohne dazu berechtigt zu sein oder benutzt unerlaubt Teile eines Werks.

960 Am nachfolgenden Beispiel wird die Durchsetzung von Ansprüchen erläutert werden: Ein Filmemacher liest in einem Programmhinweis, dass in fünf Tagen auf dem Sender ArteSAT eines seiner Werke im deutsch-französischem Sprachraum ausgestrahlt werden soll. Nutzungsrechte an dem Werk hat er nicht vergeben.

II. Abmahnung

961 Viele Streitigkeiten beginnen mit einer Abmahnung, der so genannten „Strafbewehrten Unterlassungserklärung" oder auch „Unterlassungs-Verpflichtungserklärung". Dieses Instrument entstammt dem Wettbewerbsrecht und gibt dem Schädiger die Chance, ohne gerichtliche Inanspruchnahme von seinem Vorhaben Abstand zu nehmen. Zum anderen ist es geeignet den Wiederholungsfall auszuschließen. Die Erklärung besteht aus drei verschiedenen Ansprüchen, die dem Begehren des Geschädigten entsprechen. Der Geschädigte hat die folgenden Anliegen:

– Er will eine zukünftige Auswertung durch den Sender ArteSAT unverzüglich unterbinden.

- Er möchte wissen, ob der Sender in der Vergangenheit, und wenn ja, in welchem Umfang, das Werk widerrechtlich ausgewertet hat.
- Er möchte Ersatz des entstandenen Schadens einschließlich der ihm entstandenen Anwaltskosten.

Diese drei Begehren sind in einer Abmahnung enthalten und entsprechen im Fall der gerichtlichen Geltendmachung der Stufenklage. Die Abmahnung soll den Parteien eine schnelle Einigung ermöglichen und dem Geschädigten schnell Rechtssicherheit verschaffen. Der Filmemacher hat das Bedürfnis, schnell und eindeutig zu klären, dass der Sender zur Auswertung nicht befugt ist, deshalb verlangt er eine schriftliche Erklärung. Das Verfassen einer korrekten strafbewehrten Unterlassungserklärung verlangt juristische Kenntnisse, da ein Schädiger nicht verpflichtet ist, eine falsch formulierte Unterlassungserklärung zu unterzeichnen. In der täglichen Praxis habe ich zahlreiche, auch von Anwälten verfasste Erklärungen gesehen, die den Anforderungen nicht entsprachen und deshalb vom Schädiger nicht abgegeben wurden. Begehrt der Geschädigte nunmehr gerichtliche Klärung, trägt er das Kostenrisiko. Der Schädiger kann im Prozess den Anspruch anerkennen. Er behauptet damit konkludent, dass er eine ordnungsgemäße Unterlassungserklärung sofort abgegeben hätte, sofern die von ihm verlangte Erklärung nicht falsch gewesen wäre. Damit ist denkbar, dass der Geschädigte schließlich im Prozess sein Begehren durchsetzt, aber die Kosten für die Durchsetzung zu tragen hat. 962

III. Unterlassungsanspruch

Das erste Anliegen des Geschädigten ist die sofortige Unterbindung der Ausstrahlung durch den Sender. Das Unterlassen ist damit auf zwei mögliche Situationen gerichtet: 963

- Der Sender hat bereits ausgestrahlt.
- Der Sender will ausstrahlen.

Im ersten Fall soll **die Wiederholungsgefahr**, im zweiten Fall die so genannte **Erstbegehungsgefahr** gebannt werden. Die Wiederholungsgefahr setzt eine rechtswidrige Auswertung voraus. Wenn aber rechtswidrig ausgewertet wurde, besteht die nahe liegende Möglichkeit einer erneuten Auswertung. In diesem Fall indiziert die begangene rechtswidrige Auswertung ohne weitere Anhaltspunkte die Möglichkeit eines erneuten Rechtsverstoßes. In dem Fall kann der Geschädigte abmahnen, ohne dass es eines weiteren Hinweises durch den Schädiger bedarf, dass er das Werk noch einmal auswerten will. 964

Etwas anderes gilt für die Erstbegehungsgefahr. In Fällen, in denen eine eindeutige Rechtsverletzung droht, ist dem Geschädigten nicht zuzumuten, erst den Rechtsverstoß abzuwarten, um sich anschließend zu wehren. 965

Ein typischer Fall, der die Erstbegehungsgefahr begründet, ist die so genannte Berühmung. Indem ein Fernsehsender einen Programmhinweis schaltet, berühmt er sich, die Nutzungsrechte zur Auswertung an dem Werk inne zu haben. Damit besteht aber die konkrete Gefahr eines Schadenseintritts, da durch die drohende Auswertung die Interessen des Berechtigten betroffen sind. Die Berühmung erfolgt häufig auch in der vorgerichtlichen Korrespondenz zwischen den Parteien. Bei Streitigkeiten zwischen den am Film Beteiligten fallen nicht selten Äußerungen, in denen sich eine Partei der Rechte berühmt. In den Sätzen: „Wir dürfen nur gemeinsam auswerten" oder „diese Rechte liegen bei mir" liegt ohne Zweifel eine Berühmung. Sofern der Filmproduzent Rechtssicherheit hinsichtlich der weiteren Auswertung herstellen möchte, wird er den Gegner zur Abgabe einer strafbewehrten Unterlassungserklärung auffordern.

966 Zur Klarstellung: Wer bei einem fremden Auto den Motor repariert, wird nicht behaupten können, Eigentümer des Fahrzeugs zu sein. Da der Filmhersteller ein berechtigtes Interesse an der Auswertung des Films hat, wird ein Rechtsschutzinteresse in den Fällen zu bejahen sein, in denen ein Dritter Rechte an dem Werk für sich beansprucht.

967 Im vorliegenden Fall ist es dem Filmemacher nicht zuzumuten, den Eintritt der Rechtsverletzung abzuwarten, also die unerlaubte Ausstrahlung seines Films zu dulden. Vielmehr kann er ob der drohenden Rechtsverletzung vom Sender die Abgabe einer Unterlassungsverpflichtungserklärung verlangen oder die Unterlassungsverpflichtung im Wege der einstweiligen Verfügung gerichtlich feststellen lassen. Ob sich der Anwalt des Filmemachers für eine Unterlassungsverpflichtungserklärung oder eine einstweilige Verfügung entscheidet, hängt von den Umständen des Einzelfalls ab. Hat die Sendeanstalt etwa im Vorfeld die Auffassung vertreten zur Ausstrahlung berechtigt zu sein, wird sie eine Unterlassungsverpflichtungserklärung nicht unterschreiben. In diesen Fällen bestehen in der Regel unterschiedliche Rechtsauffassungen, die gerichtlich zu klären sind. Ist der Sender dagegen versehentlich davon ausgegangen, noch über die entsprechenden Nutzungsrechte zu verfügen, wird er die Abmahnung unterschreiben oder eine andere außergerichtliche Einigung suchen. Die Fälle einer versehentlichen Ausstrahlung passieren etwa durch den Umstand, dass zeitliche Beschränkungen von Nutzungsrechten übersehen wurden.

IV. Strafbewehrung

968 Der Geschädigte will eine zukünftige Auswertung unterbinden und verlangt deshalb vom Schädiger eine Vertragsstrafe für den Fall der Zuwiderhandlung. Dabei haben sich in der Praxis zwei Möglichkeiten etabliert:

- Zahlung einer festgelegten Vertragsstrafe für jeden Fall der Zuwiderhandlung;
- Zahlung einer für jeden Einzelfall vom Geschädigten festzulegenden Vertragsstrafe, die gegebenenfalls vom zuständigen Amts- oder Landgericht zu überprüfen ist.

Im ersten Fall sollte ein Betrag über 5.000 € vereinbart werden, um die sachliche Zuständigkeit des Landgerichts zu begründen. Die Höhe der Vertragsstrafe sollte vom zugrunde liegenden Streitwert abhängen. Die schematische Anwendung beider Lösungen verbietet sich. Der Geschädigte sollte sein wirtschaftliches Interesse bewerten, welches durch den Rechtsverstoß betroffen ist. Den Schädiger muss die Strafe empfindlich treffen, ansonsten hat der Geschädigte keine Rechtssicherheit. Fantasiesummen helfen jedoch nicht, sie liefern dem Schädiger einen berechtigten Grund, die geforderte Erklärung zu verweigern. 969

Nicht selten wird eine festgelegte **Vertragstrafe** in der Erklärung gefordert, der Schädiger erklärt jedoch die zweite Variante, den so genannten Hamburger Brauch. Der Schädiger will damit die Vertragsstrafe in das Ermessen des Geschädigten stellen und sich gleichzeitig einen Weg offen lassen, überhöhte Forderungen gerichtlich überprüfen zu lassen. Beide Varianten haben Vor- und Nachteile. Sofern eine festgelegte Vertragsstrafe gefordert ist, ist das Risiko eines Missbrauchs beziffert. Im anderen Fall drohen Folgeprozesse, sofern der Schädiger von der gerichtlichen Überprüfung Gebrauch macht – allerdings hat der Schädiger hier auch noch zusätzlich die Gerichtskosten zu tragen, sofern angemessen abgestraft wurde. Nach der überwiegenden Rechtssprechung kann einer verlangten festgesetzten Vertragsstrafe mit dem Hamburger Brauch begegnet werden, ohne dass der Schädiger das Risiko trägt, dass der Geschädigte behaupten kann, der Schädiger habe die geforderte Unterlassungserklärung nicht abgegeben. 970

Durch die Abgabe der strafbewehrten Unterlassungserklärung hat der Filmemacher nun Rechtssicherheit. Eine einfache Unterlassungserklärung muss er nicht annehmen, erst die Strafbewehrung verdeutlicht den Willen des Schädigers, Abstand von (weiteren) Verletzungshandlungen zu nehmen. 971

V. Verteidigungsstrategie bei Abmahnungen

Der Empfänger einer Abmahnung steht unter psychologischem Druck und unter Zeitdruck. Der Empfänger wird aufgefordert, binnen kurzer Zeit, manchmal handelt es sich um Stunden, streitvermeidend eine Unterlassungserklärung abzugeben, häufig etwa vorab per Fax. 972

Bemühen Sie sich um **Fristverlängerung**. Sofern der wirtschaftliche Schaden durch die Fristverlängerung nicht vergrößert wird oder die Eilbe- 973 dürftigkeit dem entgegensteht, wird man Ihnen eine Fristverlängerung gewähren. Lassen Sie sich die Verlängerung schriftlich bestätigen. Besprechen Sie mit Ihrem Anwalt, ob Sie zur Abgabe der Erklärung verpflichtet sind. Sofern der Anspruch der Sache nach besteht, sollten Sie die Erklärung rechtsverbindlich abgeben. Es ist denkbar, dass man von Ihnen lediglich die Abgabe einer Unterlassungsverpflichtungserklärung fordert, ohne Ihnen einen Entwurf dieser Erklärung anbei zufügen. Andernfalls ist denkbar, dass dem Anschreiben ein Entwurf beigefügt ist, der in der Sache weit über den bestehenden Anspruch hinausgeht, indem etwa auch abstruse Summen als Schadensersatz gefordert werden. Denken Sie daran, dass Sätze wie: „Ich mache das nie wieder" eine Wiederholungsgefahr nicht ausräumen. Sofern in der Sache Klarheit besteht, dass der Anspruch auf Unterlassung besteht, sollten Sie fristgemäß eine eindeutige, rechtsverbindliche und strafbewehrte Unterlassungserklärung abgeben. Sofern Sie mit den Regelungen über den Schadensersatz nicht einverstanden sind, erklären Sie jedenfalls das Unterlassen. Dies sei am nachfolgenden Beispiel aufgezeigt:

974 Der Filmmacher fordert im obigen Beispielsfall eine Unterlassungsverpflichtungserklärung von ArteSAT bezüglich der nahenden Ausstrahlung des Beitrages sowie eine pauschale Vergütung zur Wiedergutmachung der entstandenen seelischen Qualen in Höhe von 50.000 €. Nachdem ArteSAT festgestellt hat, dass sie keine Nutzungsrechte mehr zur Auswertung haben, etwa aufgrund einer zeitlichen Befristung oder des Umstands, dass der Beitrag nur im deutschsprachigen Gebiet ausgewertet werden durfte, mag erklärt werden:

ArteSAT gibt rechtsverbindlich, jedoch ohne Anerkennung einer weiteren Rechtsverpflichtung, nachfolgende strafbewehrte Unterlassungsverpflichtungserklärung ab: Es bei Meidung einer Vertragsstrafe i.H.v. xxxx € zu unterlassen, den Beitrag „Schön blüht die Heide" auszustrahlen oder ausstrahlen zu lassen.

975 Durch die Abgabe der **Unterlassungserklärung** wird die einstweiligen Verfügung vereitelt. Den Auskunftsansprüchen und Ansprüchen auf Schadensersatz fehlt es an der Eilbedürftigkeit. Der Kläger muss insofern auf dem normalen Gerichtsweg seine Ansprüche auf Auskunft- und Schadensersatz durchsetzen.

Ratschläge:

976 – Versuchen Sie Zeit zu gewinnen, bitten Sie um Fristverlängerung.
– Besprechen Sie mit ihrem Anwalt, ob Sie zur Abgabe verpflichtet sind.
– Wenn Sie verpflichtet sind, geben Sie im Zweifel die Erklärung ab ohne Anerkenntnis einer weiteren Rechtsverpflichtung.
– Erwägen sie die außergerichtliche Einigung hinsichtlich Auskunfts- und Schadensersatzansprüchen.

VI. Auskunfts- und Schadensersatzansprüche

Der Geschädigte will nicht nur die Rechtsverletzung beenden, sondern auch wissen, in welchem Umfang sie begangen wurde, und er will schließlich Ersatz für den Schaden. Grundsätzlich sind **Auskunfts- und Schadensersatzanspruch** nicht im Wege der einstweiligen Verfügung durchzusetzen. Es sei jedoch auf § 101a UrhG hingewiesen, eine Vorschrift, die in der Praxis häufig übersehen wird. Danach kann in Fällen der offenkundigen Rechtsverletzung der Auskunftsanspruch auch durch die einstweilige Verfügung angeordnet werden. 977

Der Anspruch auf Auskunft und Rechnungslegung soll dem Geschädigten die Bezifferung seines Schadens- oder Bereicherungsanspruchs ermöglichen. Der Anspruch auf Rechnungslegung dient dazu, die im Auskunftsanspruch erteilten Angaben zu bestätigen und zu substantiieren. In Einzelfällen, etwa wenn Schädiger und Geschädigter in einem Wettbewerbsverhältnis stehen, mag es dem Schädiger nicht zuzumuten sein, sämtliche Kundenbeziehungen offen zu legen. In diesen Fällen wird von dem so genannten **Wirtschaftsprüfervorbehalt** Gebrauch gemacht, eine Bestimmung, die sich ohnehin in vielen Lizenzverträgen findet. Danach wird ein Dritter mit der Sichtung der Belege beauftragt, welcher auf dieser Grundlage die erteilte Auskunft bestätigen mag. Die Kosten für die Prüfung sind vom Schädiger zu tragen. Inwieweit der Schädiger verpflichtet ist, Bücher und Unterlagen vorzulegen, bestimmt sich aus den jeweilgen Einzelumständen. Grundsätzlich hat der Geschädigte einen Anspruch darauf, alle Angaben zu erhalten, die zur Berechnung seines Schadens notwendig sind. 978

VII. Schadensberechnungen

Das Urheberrecht gewährt dem Geschädigten drei verschiedene Arten zur Berechnung seines Schadens: 979

– Ersatz der Vermögenseinbuße einschließlich des entgangenen Gewinns,
– Zahlung einer angemessenen Lizenz im Wege der Lizenzanalogie,
– Herausgabe des Gewinns/Schädigergewinns.

Dem Geschädigten stehen alle drei Berechnungsmöglichkeiten alternativ zur Berechnung eines einzigen Schadensersatzanspruchs zur Verfügung. Bei dem in der Einführung aufgezeigtem Fall hatte sich der Filmmacher für die klageweise Geltendmachung der Lizenzanalogie entschieden. 980

1. Lizenzanalogie

981 Bei dieser Berechnung wird ein Lizenzvertrag zu angemessenen Konditionen fingiert. Der Schädiger soll nicht besser stehen als ein gewöhnlicher Lizenznehmer, der übliche und **angemessene Lizenzgebühren** für eine Auswertung gezahlt hätte. Angemessen sind Lizenzgebühren, die von verständigen Vertragspartnern vereinbart worden wären. Unser Filmemacher war der Auffassung, dass 1.800 € pro Minute eine angemessene Entschädigung darstellte. Er hatte die Summe begründet mit dem Umstand, dass er den Beitrag niemals dem TV-Sender lizenziert hätte. Darauf kommt es jedoch bei der Lizenzanalogie nicht an, auch nicht, ob der Sender durch die Ausstrahlung einen großen Gewinn gemacht hat oder ob der Geschädigte eine angemessene Lizenz überhaupt auf dem freien Markt hätte erzielen können.

982 Bei der so genannten **Entschädigungslizenz** soll es nur auf den objektiven, sachlichen Wert der Rechtebenutzung ankommen. Der Filmemacher hatte im vorliegenden Fall seinen Frust in Euro bewertet und kam so zu einer deutlich anderen Lizenzgebühr als der gerichtlich bestellte Gutachter, der nur anzugeben hatte, zu welchem Preis Fernsehanstalten vergleichbares Material einkauften. Wut, Frust und Enttäuschung bleiben dabei unberücksichtigt, ebenso wie der Vortrag, dass der Filmemacher den Beitrag nun nicht mehr auswerten kann, da er bereits im Fernsehen gesendet worden ist. Im vorliegenden Fall hat der Filmemacher die falsche Schadensberechnung gewählt.

983 Ein Schädigerzuschlag – ein einhundertprozentiger Tarifaufschlag – wird bislang nur der GEMA zuerkannt. Hintergrund ist, dass der Schädiger nicht besser, aber auch nicht schlechter stehen soll als ein vertraglicher Lizenznehmer (*BGH* GRUR 1962, 509, 513). Diese Auffassung ist zu kritisieren und verleitet zum Rechtsbruch. Die Lizenzanalogie ist die häufig gewählte Berechungsmethode zur **Bestimmung der Schadensersatzhöhe**, insbesondere auch weil sich die Voraussetzungen der beiden anderen Methoden schwerer darlegen lassen und weil sie als einfachste gilt (*Wild*, in: Schricker, Kommentar zum Urheberrecht, § 97 UrhG Rdnr. 60). Gerade im Filmbereich bietet sie sich an, da Lizenzvereinbarungen üblich sind und so die Fiktion eines Lizenzvertrags nahe liegt. Andererseits wird nach der vorliegenden Methode derjenige begünstigt, der sich ungefragt Werken eines Dritten bedient. Nicht nur besteht die Möglichkeit der unerkannten Verwendung, der Geschädigte trägt zunächst auch noch das Prozessrisiko und schließlich wird der Schädiger auch noch beschützt vor nicht marktgerechten Forderungen des Geschädigten. Wenn ein Dritter das Auto des Filmemachers zu einem üblichen Marktwert kaufen möchte, kann sich der Filmemacher widersetzen und den doppelten Preis verlangen oder Abstand nehmen von dem Geschäft. Es soll seine Entscheidung

sein, ob und zu welchem Preis er verkaufen möchte. Genau diese Freiheit büßt er bei der Berechnung der Lizenzanalogie ein. Warum ein Schädiger nicht per se den doppelten Preis zahlen soll wie jemand, der ein umständliches Rechte-Clearing und zähe Verhandlungen durchlaufen hat, ist nicht nachvollziehbar. Insofern sollte meiner Auffassung nach der Schädigerzuschlag als 100prozentiger Lizenzaufschlag unerlässlicher Bestandteil auch einer objektiven Berechnungslizenz sein: Wer fragt, bekommt es günstiger.

2. Konkreter Schaden – entgangener Gewinn

Der Filmemacher hätte vielleicht den entgangenen Gewinn geltend machen können. Bei dieser Berechnung soll die erlittene Vermögenseinbuße einschließlich des entgangenen Gewinns ausgeglichen werden. Hier mag der Filmemacher darlegen, dass aufgrund der Ausstrahlung seines Films in Frankreich nunmehr ein französischer Fernsehsender den zwischen den Parteien ausgehandelten Vertrag nicht unterschreiben will, da eine Auswertung in Frankreich aufgrund der durch ArteSAT erfolgten Ausstrahlung nicht mehr möglich ist. 984

Als entgangen gilt ein Gewinn, der nach dem gewöhnlichen Lauf der Dinge oder nach den besonderen Umständen, insbesondere nach den getroffenen Vorkehrungen, mit Wahrscheinlichkeit erwartet werden konnte. Kann der Filmemacher darlegen, dass etwa über zwei Ausstrahlungen in Frankreich verhandelt wurde und der Filmemacher pro Ausstrahlung 10.000 € erhalten sollte, dann entgehen dem Filmemacher zunächst 20.000 €. Sofern diese Umstände substantiiert darzulegen sind, ist immer noch fraglich, ob ihm der volle Betrag als entgangener Gewinn zugesprochen wird. Zweifel bleiben in Höhe von 10.000 €, da der französische Sender eine Wiederholungsauswertung geplant hatte. Damit aber fragt sich, warum durch die einmalige Auswertung nunmehr auch eine Folgeauswertung ausgeschlossen sein soll. Der Schädiger wird in diesen Fällen bemüht sein, die Kausalität zwischen Verletzungshandlung und entgangenem Gewinn zu bestreiten, für die der Geschädigte jedoch beweispflichtig ist. 985

3. Herausgabe des Schädigergewinns

Beispiel: Eine Sendeanstalt zieht Videos von einem Werk, da sie der Auffassung ist, auch über diese Rechte zu verfügen. Da es sich um ein Werk aus den 60er Jahren handelt, war diese Art der Auswertung jedoch eine technisch und wirtschaftlich unbekannte Nutzungsart. Die Rechte zur Videoauswertung verbleiben deshalb bei dem Filmemacher. Aufgrund einer außerordentlich geschickten Vermarktung wird das Video ein Verkaufsschlager. Welche Berechnungsart ist wirtschaftlich sinnvoll? 986

Der Schädiger hat den Gewinn herauszugeben, der tatsächlich erzielt wurde. Es kommt nicht darauf an, dass der Geschädigte selber einen derartigen Gewinn nicht hätte erzielen können. Der Gewinn ist eine betriebs- 987 wirtschaftliche Größe und wird ermittelt als Umsatz abzüglich der direkten Kosten. Ob indirekte Kosten, so genannte Handlungskosten, vom Umsatz abzuziehen sind ist streitig. Man wird dies nur zu einem bestimmten geringen Prozentsatz bejahen können, da andererseits jeder Gewinn herunterzurechnen wäre.

988 An diesem Beispiel zeigt sich, wie sorgsam der Schadensersatzanspruch im Urheberrecht vorzubereiten und zu berechnen ist. Der entgangene Gewinn ist nicht geltend zu machen. Zu untersuchen ist hier, ob die Lizenzanalogie oder die Gewinnabschöpfung die wirtschaftlich sinnvollere Berechnung ergibt. Für beide Berechnungen benötigt man jedoch unterschiedliche Angaben des Schädigers. Deshalb ist bereits bei der Formulierung des Auskunftsanspruchs daran zu denken, ob die Gewinnabschöpfung beabsichtigt ist. Für die Lizenzanalogie benötigt der Geschädigte lediglich die Angaben über die Anzahl der hergestellten und vertriebenen Exemplare. Üblicherweise werden Lizenzzahlungen für vertriebene und nicht retournierte Videos geschuldet. Für die Berechnung der Gewinnabschöpfung benötigt der Geschädigte zudem die Angaben über die Aufwendungen wie Marketingausgaben, Verpackungskosten und weiteres mehr. Unterstellt, der Filmemacher könnte eine fiktive Lizenzgebühr i.H.v. 20 % des Ladenverkaufspreises erhalten. Bei einem angenommenen Ladenverkaufspreis von 20 € und einer verkauften Stückzahl von 10.000 Videos schuldet der Schädiger dem Filmemacher 40.000 € als fiktive Lizenz.

989 Andererseits ist ein Umsatz i.H.v. 200.000 € erwirtschaftet worden. Bei Produktionskosten von 50.000 € etwa einschließlich der Abgaben an Verwertungsgesellschaften sowie Marketingaufwendungen einschließlich Vertriebskosten i.H.v. 50.000 € bliebe dem Schädiger ein Gewinn i.H.v. 100.000 €. Es wird deutlich, dass der Geschädigte bei der Formulierung des Auskunftsanspruchs im Rahmen der Stufenklage große Sorgfalt walten lassen muss, um die notwendigen Angaben für seine Berechnungen zu erhalten um sich schließlich für eine Berechnung zu entscheiden.

990 Während der Unterlassungsanspruch im Wege der einstweiligen Verfügung angeordnet werden kann, ist der Auskunftsanspruch im Regelfall und der Schadensersatzanspruch jedenfalls auf dem ordentlichen Klagewege durchzusetzen. Während eine einstweilige Verfügung an einem Tag zu erlangen ist, vergehen bei der klageweisen Durchsetzung der Ansprüche nicht selten mehr als sechs Monate.

991 Unter wirtschaftlichen Gesichtspunkten gilt Folgendes: Sofern der Unterlassungsanspruch dem Grunde nach unzweideutig besteht, ist er auf dem Wege der Unterlassungserklärung vorprozessual zu erklären. Über Auskunft und Schadensersatz mag man sich außergerichtlich einigen, andernfalls bleibt immer noch die streitige Auseinandersetzung, jedenfalls aber befreit von der Unterlassung, welche den **Streitwert** enorm nach oben treibt. Bestehen Zweifel an dem Unterlassungsanspruch ist die einst-

weilige Verfügung ein probates Mittel, um zügig Rechtssicherheit zu gewinnen. Durch den Widerspruch kommt es zu einem kurzfristig anberaumten Termin, in welchem der Rechtsstreit erörtert werden kann. Nicht selten werden Streitigkeiten in diesen Verhandlungen endgültig beendet.

Abschließend sei noch auf die Möglichkeit der Hinterlegung einer Schutzschrift hingewiesen. Sofern ArteSAT im obigen Fall der Auffassung ist, die Nutzungsrechte an der Ausstrahlung des Beitrags erworben zu haben, wird der Sender eine Unterlassungsverpflichtungserklärung nicht abgeben. Vielmehr wird der Sender am Landgericht am Wohnort des Schädigers und am Landgericht am Sitz des Senders an der zuständigen Kammer eine Schutzschrift hinterlegen. Durch die **Schutzschrift** soll verhindert werden, dass die Kammer auf Antrag des Filmemachers eine einstweilige Verfügung erlässt, ohne den Sender vorher anzuhören. Der Sender wird deshalb die Rechtsauffassung, warum er zur Ausstrahlung berechtigt ist, kurz darlegen. Sofern dennoch eine einstweilige Verfügung ergeht bleibt abschließend noch auf die **Abschlusserklärung** hinzuweisen. Der Antragsgegner hat im Rahmen einer angemessenen Frist dem Antragsteller eine Abschlusserklärung abzugeben, wonach er die Regelung der einstweiligen Verfügung als bindende Regelung akzeptiert und auf die Geltendmachung weiterer Rechtsmittel verzichtet.

992

G. Insolvenz

Philipp Kreuzer

I. Einleitung

Nach Ende des Medienbooms des 90er Jahre häufen sich die Insolvenzen von Medien- und Filmunternehmen. Die Kenntnis der **Grundzüge des Insolvenzrechts** ist für jeden Geschäftsführer von Bedeutung, unabhängig ob er sich selbst oder einer seiner Schuldner oder Lizenzpartner in der Krise befindet.

993

Das Insolvenzverfahren dient wie die Zwangsvollstreckung der **Befriedigung von Gläubigeransprüchen**, allerdings mit dem Unterschied, dass es sich anders als die Zwangsvollstreckung nicht auf einzelne Gläubiger oder Vermögensgegenstände, sondern auf sämtliche Gläubiger und das **gesamte** pfändbare **Vermögen** des in Vermögensverfall geratenen **Schuldners** bezieht. Ziel des Insolvenzverfahrens ist es, die bestmögliche, gemeinschaftliche und gleichmäßige Befriedigung aller Gläubiger des Schuldners zu ermöglichen, die in der **Unternehmenskrise** regelmäßig nicht mehr mit einer vollen Erfüllung ihrer Ansprüche rechnen können, weil dessen wirtschaftlicher Zusammenbruch droht oder dieser bereits eingetreten ist.

994

995 Am 1.1.1999 ist die **neue Insolvenzordnung** (InsO) in Kraft getreten, die für alle Verfahren gilt, die nach dem 31.12.1998 beantragt wurden, und das in den alten Bundesländern geltende Konkurs- und Vergleichsrecht wie auch die in den neuen Bundesländern geltende Gesamtvollstreckungsordnung abgelöst hat. Reformziel war insbesondere die bei konkursrechtlicher Abwicklung auftretenden Probleme infolge Massearmut zu beseitigen, die Verteilungsgerechtigkeit zu erhöhen, den Einfluss der Gläubiger auf das Verfahren zu stärken und vor allem **Alternativen zur Zerschlagung** des insolventen Unternehmens und dessen **Sanierung** zu ermöglichen. So können anstelle der Liquidation des Schuldnerunternehmens (durch Veräußerung von dessen Vermögens mit nachfolgender quotaler Erlösverteilung an die Gläubiger) in einem mit den Gläubigern abgestimmten **Insolvenzplan** alternative Regelungen getroffen werden, die zum Erhalt des Schuldnervermögens, der Sanierung und Fortführung des Schuldnerunternehmens führen können.

996 Durch die Neuregelung der Insolvenzordnung ergeben sich vor allem hinsichtlich der Behandlung von urheberrechtlichen Nutzungsrechten und Lizenzverträgen **neue Rechtsfragen**, die noch nicht vollständig geklärt sind. **Zentrale Problematik** ist dabei, wie sich die Insolvenz einer Vertragspartei eines urheberrechtlichen Nutzungsrechtsvertrags (z.b. ein Verfilmungsvertrag zwischen Drehbuchautor und Filmproduzent) oder eines Lizenzvertrags (z.b. Vertriebsverträge oder TV-Lizenzen zwischen dem Filmproduzenten und einem Verleiher oder Fernsehsender) auf den Bestand **der in diesen Verträgen eingeräumten oder übertragenen Rechte** auswirkt und inwieweit diese insolvenzfest sind. Aber auch die Abwicklung sonstiger Verträge in der Insolvenz (z.B. Mietverträge über Firmenbüros, Verträge mit Angestellten oder freien Mitarbeitern) ist in der Praxis von Bedeutung.

II. Ablauf des Insolvenzverfahrens

1. Beginn mit Stellung des Insolvenzantrags

997 Ein Insolvenzverfahren ist Antragsverfahren, d.h. es muss ein **Insolvenzantrag** beim zuständigen Insolvenzgericht gestellt werden. Mit Antragstellung beginnt das **Eröffnungsverfahren**, an dessen Ende das Insolvenzgericht über die Eröffnung des eigentlichen **Insolvenzverfahrens** bei Vorliegen eines Eröffnungsgrunds und ausreichender Masse zur Deckung der Verfahrenskosten entscheidet.

1.1. Gegenstand eines Insolvenzverfahrens

998 Das Verfahren kann über das Vermögen einer natürlichen Person, einer juristischen Person (z.B. **GmbH, AG,** e.V.) sowie einer Personengesellschaft (z.B. **KG, OHG**) eröffnet werden (§ 11 InsO). Der Betroffene

G. Insolvenz

bzw. das betroffene Unternehmen wird in der InsO als **Schuldner** bezeichnet.

1.2. Stellung eines Insolvenzantrags

Der Antrag auf Eröffnung eines Insolvenzverfahrens kann vom Schuldner oder jedem seiner Gläubiger, der in diesem Zeitpunkt der Antragstellung einen begründeten, vermögensrechtlichen Anspruch (d.h. auf Geld oder geldwerte Leistung) gegen diesen besitzt, gestellt werden (§§ 13, 14 InsO). — 999

1.3. Zeitpunkt und Verpflichtung zur Stellung eines Insolvenzantrags

Die Antragstellung setzt grundsätzlich einen **Eröffnungsgrund** voraus. Allgemeiner Eröffnungsgrund für ein Insolvenzverfahren ist die eingetretene **Zahlungsunfähigkeit** des Schuldners, d.h. wenn er nicht in der Lage ist, fällige Zahlungspflichten zu erfüllen, meist indem er Zahlungen einstellt (§ 16 InsO). Der Schuldner kann die Eröffnung allerdings bereits beantragen, wenn dessen Zahlungsunfähigkeit erst **droht**, d.h. er voraussichtlich nicht in der Lage sein wird, bestehende und künftig fällig werdende Zahlungspflichten zu erfüllen (§ 18 InsO). Durch Antragstellung kann damit der von der InsO vorgesehene Schutz des Schuldnerunternehmens einsetzen und eine Sanierung frühzeitig beginnen. Bei juristischen Personen und der GmbH & Co KG ist auch die **Überschuldung** Eröffnungsgrund, d.h. wenn das Vermögen die bestehenden Verbindlichkeiten (bei unterstellter Fortführung soweit nicht ausgeschlossen) nicht mehr deckt (§ 19 InsO). — 1000

Ist Zahlungsunfähigkeit oder Überschuldung bereits eingetreten, besteht für jeden einzelnen Geschäftsführer einer GmbH oder den Vorstand einer AG die **Pflicht zur Stellung eines Insolvenzantrags**, selbst wenn er nicht allein zur Vertretung berechtigt ist. Grundsätzlich muss der Antrag ohne schuldhaftes Zögern, d.h. rechtzeitig gestellt werden. Der/die Geschäftsführer haben **maximal drei Wochen** Zeit, um nach Eintritt der Zahlungsfähigkeit oder Überschuldung zwischen Stellung eines Antrags zu oder einer außergerichtlichen Sanierung durch Einigung mit den Gläubigern (weitere Stundung fälliger Zahlungen, Erhöhung des Unternehmenskredits) zu entscheiden (vgl. z.B. für die GmbH § 64 GmbHG). Besteht aber keine Hoffnung auf eine anderweitige Regelung der Schulden des Unternehmens, muss der Antrag sofort gestellt werden, um einer strafbaren Insolvenzverschleppung und einer **persönlichen Haftung** gegenüber den Gläubigern für zusätzliche Schäden aufgrund der verzögerten Antragstellung (vor allem weitere Minderung des Gesellschaftsvermögens) vorzubeugen. Erfolgt die Antragstellung nicht rechtzeitig, haften die Geschäftsführer den Vertragspartnern persönlich, mit denen ein Vertrag in einem Zeitpunkt geschlossen wurde, in dem bereits ein Insolvenzantrag gestellt hätte werden müssen. Bei drohender Zahlungsunfähigkeit sollte daher so- — 1001 fort ein in Insolvenzfragen erfahrener Rechtsanwalt (z.B. Fachanwalt für Insolvenzrecht) konsultiert werden. Die Stellung eines Insolvenzantrags ist in diesem Fall im Interesse des Schuldners, denn mit Antragsstellung treten gesetzliche Schutzwirkungen ein, durch die die Möglichkeit der Sanierung des Schuldnerunternehmens erhalten werden soll.

1.4. Inhalt des Insolvenzantrags

1002   Der Insolvenzantrag kann formlos schriftlich oder zu Protokoll der Geschäftsstelle des Insolvenzgerichts gestellt werden und bis zur Verfahrenseröffnung zurückgenommen werden. Anzugeben sind ladungsfähige Anschriften des Antragstellers und, so weit ein Gläubiger den Antrag stellt, auch die des Schuldners. Wird der Antrag von einem Gläubiger gestellt, muss dieser zudem seine Forderung darlegen und den Eröffnungsgrund glaubhaft zu machen (z.b. durch Kontoauszüge, Mahnschreiben etc.). Der antragstellende Gläubiger muss daher die Zahlungsunfähigkeit des Schuldners nachweisen. Wichtig ist auch die Beachtung der **Vertretungsmacht** bei Stellung des Antrags. Bei juristischen Personen und Personengesellschaften muss der Antrag bei drohender Zahlungsunfähigkeit von Geschäftsführern in vertretungsberechtigter Anzahl gestellt werden, während bei bereits eingetretener Zahlungsunfähigkeit oder Überschuldung jeder Geschäftsführer den Antrag stellen kann.

1.5. Wo ist der Antrag zu stellen?

1003   Sachlich zuständig sind die **Amtsgerichte**, wobei in einem Landgerichtsbezirk nur ein Insolvenzgericht bestimmt werden soll (§ 2 InsO). Einige Bundesländer haben allerdings von der Ermächtigung Gebrauch gemacht, in einem Landgerichtsbezirk besondere Zuständigkeiten zu schaffen. Dies ist bei der Antragstellung zu beachten. Die örtliche Zuständigkeit bestimmt sich nach dem allgemeinen Gerichtsstand des Schuldners, d.h. in der Regel des **Sitz des Schuldnerunternehmens** oder bei natürlichen Personen der **Wohnsitz** (§§ 12ff. ZPO). Bei selbständigen Schuldnern und Unternehmen gilt vorrangig aber der Ort, an dem der Schwerpunkt der wirtschaftlichen Tätigkeit liegt (§ 3 Abs. 1 InsO). Durch eine Sitzverlegung kann die Zuständigkeit eines bestimmten Insolvenzgerichts daher nicht begründet werden. Entsprechendes gilt für die internationale Zuständigkeit. Funktionell zuständig sind Richter und Rechtspfleger, wobei er Eröffnungsbeschluss vom Richter erlassen wird.

1.6. Besonderheiten bei Insolvenz natürlicher Personen

1004   Besonderheiten können bei Insolvenz einer **natürlichen Person,** die keine oder nur eine geringfügige wirtschaftliche Tätigkeit ausübt (z.B. des Urhebers), gelten, für die das sog. **vereinfachte Insolvenzverfahren** anwendbar sein kann (oder auch missverständlich Verbraucherinsolvenzverfahren genannt). Dies kann z.B. bei **selbständigen Filmschaffenden** in

Frage kommen, deren Gewinn vor Steuern 25.000 € sowie Umsatz 250.000 € im Wirtschaftsjahr nicht übersteigt, die weniger als fünf Arbeitnehmer beschäftigen und weniger als 20 Gläubiger besitzen. Ziel ist dabei vor allem, das umfangreiche Verfahren zur Verwaltung und Verwertung des Schuldnervermögens nach den (insoweit modifizierten) Vorschriften des Regelinsolvenzverfahrens zu vermeiden. Bei Antragstellung durch den Schuldner muss dieser daher nachweisen, dass eine **außergerichtliche Schuldenbereinigung** mit seinen Gläubigern fehlgeschlagen ist. Mit Antragstellung muss der Schuldner zudem einen Vorschlag eines **Schuldenbereinigungsplans** einreichen, den das Insolvenzgericht den Gläubigern zur Zustimmung zustellt. Nur wenn die Annahme des Plans durch die Hälfte der Gläubiger fehlschlägt, wird das Insolvenzgericht den zwischenzeitlich ruhenden Eröffnungsantrag des Schuldners berücksichtigen (vgl. § 304 ff. InsO). So weit ein Gläubiger das Verfahren bei Zahlungsunfähigkeit beantragt, sollte der Schuldner zugleich einen Antrag stellen, um in den Vorzug dieses vorgeschalteten Vermittlungsverfahrens zu kommen. Bei Insolvenz natürlicher Personen kann der redliche Schuldner eine **Restschuldverfreiung** von nicht erfüllten Verbindlichkeiten beantragen (§§ 286 ff. InsO). Dieser Antrag ist bereits in dem Eröffnungsantrag zu stellen.

1.7. Folgen der Antragstellung und vorläufiger Insolvenzverwalter

1.7.1. Vorläufige Sicherungsmaßnahmen und Insolvenzverwalter

Bei zulässigem Antrag prüft das Gericht im **Eröffnungsverfahren**, 1005 ob der Eröffnungsgrundes vorliegt, d.h. ob der Schuldner bzw. das Schuldnerunternehmer zahlungsunfähig oder überschuldet ist. Meist werden dazu Banken des Schuldner, Finanzbehörden, Gutachter herangezogen sowie der Schuldner selbst befragt. Darüber hinaus trifft das Insolvenzgericht in der Regel **vorläufige Sicherungsmaßnahmen**, um zu verhindern, dass sich bis zur Entscheidung über den Antrag die Vermögenslage des Schuldners weiter verschlechtert (z.B. kann es eine gegen den Schuldner geführte Zwangsvollstreckung vorläufig einstellen). In der Regel wird ein **vorläufiger Insolvenzverwalter** bestellt (i.d.R. Rechtsanwälte, Wirtschaftsprüfer oder Steuerberater, § 56 InsO). Eigenverwaltung kann bei Stellung des Insolvenzantrags zwar beantragt werden, kommt aber erst nach Verfahrenseröffnung in Betracht, siehe unten ausführlich Rdnr. 1011).

Das Insolvenzgericht kann entweder Verfügungen des Schuldners unter 1006 den Zustimmungsvorbehalt des vorläufigen Verwalters stellen (sog. „schwacher" Insolvenzverwalter, § 21 Abs. 2 Nr. 2 Alt. 1 InsO) – wie meist in der bisherigen Praxis – oder dem Schuldner ein allgemeines Verfügungsverbot auferlegen (sog. „starker" Insolvenzverwalter, § 21 Abs. 2 Nr. 2 Alt. 2 InsO). Bei Letzterem geht die gesamte Verwaltungs- und Verfügungsbefugnis über das vom Insolvenzverfahren erfasste Schuldnervermögen (sog. Insolvenzmasse) auf den vorläufigen Verwalter über (§ 22 Abs. 1 InsO), der dann bis zur Entscheidung über die Verfahrenseröffnung durch das Insolvenzgericht die **Unternehmensführung** übernimmt. Der „schwache" vorläufige Insolvenzverwalter hingegen hat keine eigene Geschäftsführungskompetenz. Verfügungen des Schuldners unterliegen seiner Zustimmung. Der vorläufige Insolvenzverwalter hat die Aufgabe, u.a. das Vermögen des Schuldners zu sichern, zu erhalten und festzustellen sowie im Falle des „starken" Insolvenzverwalters das Unternehmen vorerst fortzuführen, es sei denn, das Gericht ordnet ausnahmsweise eine Stilllegung an. Dabei kann er bereits vereinzelte Sanierungsmaßnahmen treffen. Der **Unterschied zwischen „schwachen" und „starken" vorläufigen Insolvenzverwaltern** ist vor allem bei Leistungen an den Schuldner während des Eröffnungsverfahrens, d.h. nach Antragstellung, aber vor Verfahrenseröffnung, von Bedeutung. Da nur der „starke" vorläufige Insolvenzverwalter voll aus der Insolvenzmasse zu befriedigende Masseforderungen i.S.d. § 55 Abs. 2 InsO begründen kann, sollte an einen Schuldner mit einem „schwachen" vorläufigen Insolvenzverwalter nur gegen Bar- oder Vorkasse geleistet werden, es sei denn das Insolvenzgericht hat den vorläufigen Insolvenzverwalter zur Begründung einer bestimmten Forderung (z.B. Weiterführung von Mietverträgen) ermächtigt. Andernfalls besteht das Risiko, mit der Gegenleistung nach Verfahrenseröffnung nur als quotal zu befriedigender Insolvenzgläubiger behandelt zu werden, selbst wenn der Schuldner die Leistung mit Zustimmung des Insolvenzverwalters annahm. Der „schwache" Insolvenzverwalter kann z.B. zur Aufrechterhaltung vorteilhafter und/oder für die Weiterführung des Schuldnerunternehmens zwingend erforderlicher Miet- oder Lizenzverträge die nach Antragstellung fälligen Zahlungen mit Mitteln der Masse erfüllen. Je nach Bedeutung des Vertrags für den Erhalt der Insolvenzmasse und die vorläufige Weiterführung des Schuldnerunternehmens kann er hierzu auch verpflichtet sein. Diese Zahlungen sollten zeitnah erfolgen, um eine Anfechtung durch einen Gläubiger auszuschließen (vgl. § 142 InsO, siehe auch Rdnr. 1015). Der insolvente Schuldner bzw. die Geschäftsführer müssen ihn bei der Erfüllung seiner Aufgaben unterstützen, Zutritt zu den Geschäftsräumen und -akten gewähren sowie umfangreich Auskunft erteilen. Das Gericht wird daher meist den vorläufigen Verwalter mit der Prüfung der Frage beauftragen, ob ein Eröffnungsgrund tatsächlich vorliegt.

1.7.2. Fortbestand bestehender Verträge

1007   Allein die Stellung des Insolvenzantrags hat keine Auswirkungen auf laufende, d.h. noch von keinem der Vertragsparteien vollständig erfüllten Verträge des Schuldners. Verträge sind daher grundsätzlich von beiden Parteien weiter zu erfüllen, wobei die Gegenleistung für die vom vorläufigen Insolvenzverwalter entgegengenommenen Leistungen, Weiterunt-

G. Insolvenz

zung von Mietgegenständen und Lizenzen spätestens nach Verfahreneröffnung vollständig aus der Masse zu bezahlen ist (vgl. § 55 Abs. 2 InsO). Vor allem **Arbeitnehmer** haben für drei Monate nach Antragstellung Anspruch auf **Insolvenzgeld** (Kap. 8 SGB III, beim Arbeitsamt zu beantragen).

1.7.3. Schutz vor insolvenzbedingter Kündigung und Vertragsbeendigung

Mit Stellung des Insolvenzantrags wird der Schuldner zudem gesetzlich **1008** durch eine durch die InsO neu eingeführte **Kündigungssperre** (§ 112 InsO) vor einem insolvenzbedingten **Verlust wichtiger Betriebsmittel** während des Eröffnungsverfahrens, die er von einem Dritten gemietet hat, geschützt. Damit soll die **Fortführung des Unternehmens** zumindest bis zur Entscheidung über die Zukunft des Schuldnerunternehmens gesichert und so letztendlich die Sanierungsmöglichkeit erhalten werden. Sie gilt entsprechend für urheberrechtliche Nutzungsrechts- und Lizenzverträge, wenn sie (wie in wie vielen Fällen) pachtähnlich ausgestaltet sind (s.u. ausführlich 4). **Ab Stellung des Insolvenzantrags** können Gläubiger daher Miet- und Pachtverträge sowie pachtähnliche Lizenzverträge des Schuldners (als Mieter, Pächter oder Lizenznehmer) während des Insolvenzeröffnungsverfahrens nicht wegen **rückständiger Zahlungen** (§ 112 Nr. 1 InsO) oder Verschlechterung der Vermögensverhältnisse (§ 112 Nr. 2 InsO) kündigen (*BGH* NJW 2002, 3326). Die oftmals in Miet-, Pacht- und Lizenzverträgen üblichen, insolvenzbedingten **Kündigungs-, Lösungs-, oder automatischen Rechterückfallklauseln** des Vermieters, Verpächters oder Lizenzgebers sind insoweit unwirksam (§ 119 InsO). Vor Antragstellung erhaltene Kündigungen sind allerdings ebenso wirksam wie Kündigungen, die sich allein auf die nach Antragstellung angefallenen Rückstände beziehen. Regelmäßig wird der Vertragspartner eine solche Verzugskündigung während des Eröffnungsverfahrens ausscheiden, denn der in diesem Zeitraum eingesetzte vorläufige Insolvenzverwalter wird die während des Insolvenzeröffnungsverfahrens anfallende Gegenleistung erfüllen, wenn der gemietete, gepachtete oder lizenzierte Gegenstand dem Schuldner erhalten bleiben soll (siehe auch Rdnr. 1006). Er ist zur Erfüllung bestehender Lizenzverbindlichkeiten aus dem Schuldnervermögen verpflichtet, wenn er die vertragliche Leistung weiter in Anspruch nimmt (§ 55 Abs. 2 InsO). Zudem wird der nach Verfahrenseröffnung eingesetzte endgültige Insolvenzverwalter Rückstände aus der Masse ausgleichen, die aufgrund der Eröffnung oftmals für solche Tilgungen ausreicht. So weit ein bestimmter Gegenstand zur Unternehmensfortführung nicht erforderlich ist, wird der vorläufige Verwalter versuchen den Vertrag einvernehmlich oder aufgrund nicht sonstiger, vertraglicher Kündigungsrechte mit den Vertragspartnern zu beenden. Der Schutz der Kündigungssperre **endet** nach der herrschenden Meinung nach **Eröffnung des Insolvenzverfahrens** (Münchner Kommentar InsO, *Eckert*

§ 112 Rdnr. 35 m.w.N). und gilt nicht in der Insolvenz des Vermieters, Verpächters oder Lizenzgebers. Hier greifen vertraglich vereinbarte, insolvenzbedingte Vertragsbeendigungsrechte. In Verträgen sollten Lizenznehmer daher auf dem Ausschluss solcher Klauseln bestehen.

2. Eigentliches Insolvenzverfahren nach Eröffnungsbeschluss

2.1. Eröffnungbeschluss und sein Inhalt

1009 Das Insolvenzgericht beendet das Eröffnungsverfahren per **Beschluss** (ohne mündliche Verhandlung), indem es das Verfahren eröffnet oder den Antrag entweder als unzulässig oder mangels Eröffnungsgrund als unbegründet oder mangels Masse abweist (§§ 26, 27 InsO). Schuldner und Gläubiger können gegen den Beschluss mit sofortiger Beschwerde vorgehen (§ 34 InsO). Im öffentlich bekannt zu machenden Beschluss ernennt das Gericht einen unabhängigen **Insolvenzverwalter** (i.d.R. wir der bereist mit dem Schuldnerunternehmer vertraute vorläufige Insolvenzverwalter), im vereinfachten Verfahren einen Treuhänder. Die Verfahrenseröffnung wird in die verschiedenen Register (z.B. **Handelsregister**) eingetragen. Daneben bestimmt es zwei Termine:

- Den **Berichtstermin**, in dem der Insolvenzverwalter nach Sichtung des Unternehmers den Gläubigern berichtet und diese daraufhin entscheiden, ob das Schuldnerunternehmen zur Erstellung eines Insolvenzplans vorläufig fortgeführt bzw. stillgelegt oder gleich vollständig liquidiert wird (§ 157 InsO). Oftmals treffen die Gläubiger nicht sofort die Entscheidung zur Liquidation des Unternehmens, sondern warten entwaige Vorschläge der Sanierung oder Teilveräußerung des Unternehmens ab. Im vereinfachten Verfahren entfällt der Berichtstermin (§ 312 Abs. 1 InsO).
- Den **Prüftermin**, in dem die von den Gläubigern schriftlich beim Insolvenzverwalter **innerhalb der im Beschluss festgesetzten Frist** in der Tabelle angemeldeten Forderungen ihrem Betrag und Rang nach geprüft werden (§ 29 Abs. 1 Nr. 2, §§ 174 ff. InsO). Gläubiger müssen daher ihre Forderungen innerhalb dieser Frist beim Insolvenzverwalter anmelden, um an der Verteilung der Erlöse aus der Verwertung des Schuldnervermögens partizipieren zu können (dies ist keine Ausschlussfrist, kann aber zu Nachteilen hinsichtlich der Kostentragung führen). Das Insolvenzgericht kann Prüf- und Berichttermin miteinander verbinden (§ 29 Abs. 2 InsO) sowie im vereinfachten Verfahren die schriftliche Durchführung des Verfahrens bzw. einzelne Teile anordnen, so weit die Vermögensverhältnisse weitgehend überschaubar sind (§ 312 Abs. 2 InsO). Durch Festlegung dieser Termine ist der zeitliche Ablauf des Insolvenzverfahrens durch den Eröffnungsbeschluss weitgehend vorbestimmt.

G. Insolvenz

2.2. Folgen der Verfahrenseröffnung

2.2.1. Übernahme der Unternehmensführung durch den Insolvenzverwalter

Mit Verfahrenseröffnung geht das Verwaltungs- und Verwertungsrecht an dem gesamten, in die Insolvenzmasse fallenden Vermögens – so weit bereits ein vorläufiger Insolvenzverwalter eingesetzt wurde, endgültig – und damit die **Unternehmensführung** auf den Insolvenzverwalter über. Der Schuldner bleibt zwar formell Rechtsinhaber, kann nicht mehr über das erfasste Vermögen verfügen und keine geschuldete Leistungen Dritter mehr wirksam annehmen, es sei denn diese wissen nichts von der Insolvenz und sind daher gutgläubig. Der Schuldner verliert vor allem auch die Verfügung über die Unternehmenskonten und kann Dritte nur mit Zustimmung des Insolvenzverwalters bezahlen. So weit das Unternehmen nicht ausnahmsweise stillgelegt wird, wird der Insolvenzverwalter das für die vorläufige Unternehmensfortführung erforderliche Personal weiterbeschäftigen und für die ab Verfahrenseröffnung erbrachte Arbeit bezahlen (vor Eröffnung kann für drei Monate Insolvenzgeld verlangt werden, siehe Rdnr. 1007). **Mietverträge der Firmenbüros** sowie **Arbeits- und Dienstverhältnisse** bestehen auch über die Insolvenz hinaus fort (§ 108 Abs. 1 InsO). Ansonsten kann der Insolvenzverwalter nicht mehr benötigtes Personal nur nach den allgemein geltenden gesetzlichen, tarif- oder einzelvertraglichen Fristen in der Regel betriebsbedingt kündigen, denn die Insolvenz gibt kein Recht zur außerordentlichen Kündigung. Freie Mitarbeiter und sonstige Dienstleistungsverträge kann er mit dreimonatiger Frist kündigen (vgl. § 113 Abs. 1 Satz 2 InsO). Gegen die Kündigung kann innerhalb von drei Wochen Kündigungsschutzklage erhoben werden (§ 113 Abs. 2 S. 1 InsO).

1010

2.2.2. Eigenverwaltung durch den Schuldner nur in Ausnahmefällen

Ausnahmsweise kann das Insolvenzgericht im Eröffnungsbeschluss auch eine **Eigenverwaltung** anordnen (§§ 270 ff. InsO), die den Schuldner bzw. die Geschäftsführer des Schuldners berechtigt, sein Vermögen bzw. das Schuldnerunternehmen unter Aufsicht eines vom Gericht anstelle des Insolvenzverwalters bestellten Sachwalters selbst zu verwalten. Der Schuldner kann dann zur Sicherheit übertragene Gegenstände selbst verwerten und vor allem über Schicksal offener, gegenseitiger Verträge entscheiden (letzteres im Einvernehmen mit dem Sachwalter). Die Eigenverwaltung kann vom Schuldner vor Verfahrenseröffnung beim Insolvenzgericht beantragt werden. Hat das Insolvenzgericht bei Verfahrenseröffnung eine Eigenverwaltung abgelehnt, kann ein entsprechender Antrag danach nur durch die Gläubigerversammlung beantragt werden. Die jederzeit aufhebbare Anordnung der Eigenverwaltung setzt voraus, dass dadurch weder eine Verfahrensverzögerung noch sonstige Gläubiger-

1011

2. Kapitel – Rechtsfragen des Filmrechts

nachteile zu erwarten sind und, soweit Gläubiger den Insolvenzantrag gestellt haben, diese der Eigenverwaltung zustimmen. Die Gläubigerversammlung kann entweder den Schuldner oder den Sachwalter zur Ausarbeitung eines Insolvenzplans beauftragen. **In der Praxis** ist die Anordnung der Eigenverwaltung **selten**.

2.2.3. Insolvenzbeschlag des Schuldnervermögens

1012 Gegenstand des Insolvenzverfahrens ist das **gesamte Vermögen im In- und Ausland**, das dem Schuldner zur Zeit der Verfahrenseröffnung gehört und das er während des Verfahrens erlangt (sog. Neuerwerb, § 35 InsO), so weit es der Zwangsvollstreckung unterliegt (sog. Insolvenzmasse, § 36 Abs. 1 InsO). Der Zwangsvollstreckung unterliegen alle Vermögensgegenstände die grundsätzlich übertragen werden können (andernfalls wäre eine Verwertung durch den Insolvenzverwalter nicht möglich). Bei juristischen Personen (z.b. GmbH, AG) werden in der Regel alle Vermögenswerte des Unternehmens vom Insolvenzverfahren erfasst, während bei natürlichen Personen bestimmte persönliche Gegenstände (z.b. Tagebuch), Mindestarbeitseinkommen oder Sachen, die der Schuldner für die Fortsetzung seiner Erwerbstätigkeit benötigt (z.b. Computer eines Drehbuchautors) unpfändbar und damit nicht Gegenstand des Insolvenzverfahrens sind (vgl. §§ 811 ff., 850 ZPO i.V.m. § 36 Abs. 1 InsO). Besonderheiten ergeben sich im Filmbereich (z.b. für urheberrechtliche Nutzungsrechte, Lizenzen, Filmnegative und Filmkopien etc.) aus urheberrechtlichen Vorschriften (s.u. ausführlich Rdnr. 1042 ff.).

2.2.4. Unterbrechung laufender Gerichtsverfahren

1013 Mit der Eröffnung werden alle laufenden, bei Gericht rechtshängigen Verfahren (für und gegen den Schuldner), die einen in die Insolvenzmasse fallenden Gegenstand betreffen, bis zur Wiederaufnahme unterbrochen (§§ 240 ZPO, zur Wiederaufnahme durch den Insolvenzverwalter: §§ 85, 86 InsO).

2.2.5. Beginn der Gläubigerbeteiligung

1014 Das Insolvenzgericht kann vor der ersten **Gläubigerversammlung** (vor allem bei größeren Unternehmen) einen Gläubigerausschuss einsetzen, insbesondere wenn kurzfristige oder bedeutsame Maßnahmen der Sanierung oder Verwertung getroffen werden müssen, die die **Zustimmung der Gläubiger** erfordern (z.B. Stilllegung bestimmter Betriebsteile, Veräußerung bestimmter Vermögensgegenstände des Schuldnerunternehmens oder Übernahme eines Unternehmensteils durch eine Auffanggesellschaft, Aufnahme umfangreicher Darlehen, vgl. § 160 InsO, s.u. Rdnr. 1016). Ansonsten entscheidet über solche Fragen die Gläubigerversammlung, so weit diese nicht selbst einen Gläubigerausschuss einrichtet (§§ 67 ff. InsO). Die Gläubiger entscheiden vor allem auch über das Schicksal des Schuldnerunternehmens. Stimmen sie einer alternativen Lösung durch einen Insolvenzplan nicht zu, kommt es zur Liquidation und endgültigen Verwertung des Schuldnerunternehmens.

2.3. Insolvenzverwalter und sein Aufgabenbereich

Er ist die **Zentralfigur des Insolvenzverfahrens**. Mit dem Eröffnungsbeschluss geht das Recht des Schuldners, das zur Insolvenzmasse gehörende Schuldnervermögen zu verwalten und über es zu verfügen, auf den Insolvenzverwalter über (§ 80 InsO). Bei Insolvenz eines Unternehmens wird er dieses bis zum Berichtstermin als eine Art **Generalbevollmächtigter** weiterführen und managen, indem er die **Insolvenzmasse** (auch Vermögen im Ausland) sofort in Besitz nimmt, sichert und verwaltet (§ 148 Abs. 1 InsO). Verfügungen des Schuldners (z.B. Veräußerung wesentlicher Vermögenswerte), die weniger als drei Monate vor Verfahrenseröffnung erfolgten und die Insolvenzmasse belasten (z.B. Entnahmen oder Veräußerungen wesentlicher Vermögenswerte) kann der Verwalter im Interesse der Gläubiger im Interesse der Masse und der Gläubiger anfechten (§§ 129 ff. InsO). Er **haftet** allen Verfahrensbeteiligten, d.h. vor allem den Gläubigern **persönlich** für schuldhafte Verletzung der ihm kraft Gesetz auferlegten Verpflichtungen (§ 60 InsO). Er hat jederzeit Rechenschaft über seine Tätigkeit abzuliefern und unterliegt dabei der Aufsicht des Gerichts, das ihn jederzeit aus wichtigem Grund abberufen kann (§§ 58, 59 InsO). Der Verwalter haftet zudem persönlich für solche Masseverbindlichkeiten, die durch seine Rechtshandlungen begründet werden (§ 61 InsO), insbesondere bei Wahl der Erfüllung gegenseitiger, nicht vollständig erfüllter Verträge.

1015

2.3.1. Feststellung, Bereinigung und Verwertung der Insolvenzmasse

Der Insolvenzverwalter wird ein Verzeichnis aller Massegegenstände und aller ihm bekannten Gläubiger sowie eine erste Vermögensübersicht und Insolvenzeröffnungsbilanz erstellen, die Grundlage seines Berichts über die wirtschaftliche Lage des Schuldners an die Gläubigerversammlung im Berichtstermin sind. Neben der Verwaltung obliegt ihm vor allem auch die **Verwertung** der Masse und die **Abwicklung von** noch **laufenden**, noch nicht vollständig erfüllten **Verträgen des Schuldners** (in der Regel durch Ausübung des Wahlrechts nach § 103 InsO, s.u. Rdnr. 1025), die im vollen Umfang aber **meist erst nach dem Berichtstermin** und einer Entscheidung der Gläubiger über das Schicksal des Schuldnerunternehmens erfolgt. In der Zwischenzeit wird der Insolvenzverwalter das Unternehmen fortführen, es sei denn es wird mit Zustimmung der Gläubiger stillgelegt. Bei der **Verwertung der Insolvenzmasse** ist der Verwalter frei, so weit nicht ein Geschäft wegen seiner besonderer Bedeutung der Zustimmung des Gläubigerausschusses oder der Gläubigerversammlung bedürfen. Darunter fallen z.B. die vorübergehende Stilllegung während des Insolvenzverfahrens, die **Veräußerung des Unternehmens oder eines**

1016

Unternehmensteils (z.B. durch Verkauf des Betriebs an eine Investorengemeinschaft, sog. **übertragende Sanierung**), die Aufnahme erheblich belastender Darlehen oder eines Rechtsstreits mit erheblichen Streitwert (vgl. §§ 160, 161 InsO). Ansonsten wird der Verwalter einzelne Gegenstände oder Betriebsteile frei veräußern sowie offene Forderungen einziehen. Können sich die Gläubiger nicht auf eine alternative Verwertung des Schuldnerunternehmens in einem Insolvenzplan einigen (s.u. Rdnr. 1036 ff.), dann verwertet er das Schuldnervermögen und das Schuldnerunternehmen wird endgültig liquidiert.

2.3.2. Feststellung und Prüfung der Gläubigerforderungen

1017 Der Insolvenzverwalter hat die von Gläubigern schriftlich mit Betrag und Schuldgrund (mit Nachweisen z.b. Vertragskopie) innerhalb der im Eröffnungsbeschluss gesetzten Frist (keine Ausschlussfrist!) angemeldeten Forderungen in einer Tabelle aufzuführen und in dem Prüftermin ihrem Betrag und Rang zu prüfen. Im Prüftermin können Forderungen vom Insolvenzverwalter, Schuldner oder Insolvenzgläubigern bestritten werden. Unbestrittene und nur noch vom Schuldner bestrittene Forderungen gelten als festgestellt. Ansonsten muss der Insolvenzgläubiger auf eigene Kosten auf Feststellung seiner bestrittenen Forderung klagen (vgl. §§ 174 ff. InsO).

2.4. Einstufung der Gläubiger

Das Insolvenzverfahren unterscheidet drei Typen von Gläubigern:

2.4.1. „Einfache" Insolvenzgläubiger

1018 Insolvenzgläubiger sind alle **Gläubiger** des Schuldners, die zur Zeit der Eröffnung des Insolvenzverfahrens einen begründeten, obligatorischen Vermögensanspruch (z.b. auf **Geldzahlung wegen erbrachter Leistungen** oder auf Lieferung, die bereits teilweise bezahlt wurde) besitzen, ohne besonders gesichert und damit zur Aus- oder Absonderung (Rdnr. 1019) berechtigt zu sein (§ 38 InsO). Sie haben mit Verfahrenseröffnung grundsätzlich **keinen Anspruch mehr auf vollständige Erfüllung** ihrer Ansprüche. Diese sog. „einfachen" Insolvenzforderungen können nur gleichberechtigt mit allen anderen Insolvenzgläubigern geltend gemacht (d.h. beim Insolvenzverwalter zur Insolvenztabelle angemeldet) werden. Sie werden (meist und wenn überhaupt) **nur mit einer Quote** des (nicht zur vollständigen Erfüllung ausreichenden) Erlöses bedient, den der Verwalter durch Verwertung der bereinigten Insolvenzmasse erwirtschaftet, die nach Verteilung an vorrangige Gläubiger mit Sicherungsrechten (Aus- und Absonderungsberechtigte) übrig bleiben.

1019 **Beispiel:** Macht eine Forderung des 1 % der gesamten angemeldeten Forderungen aus, erhält der Gläubiger 1 % des nach Verteilung an besonders gesicherte und Massegläubiger (selten) verbleibenden Resterlöses.

Dies gilt auch für noch nicht fällige Ansprüche, so weit der Schuld- 1020
grund (in der Regel ein Vertrag) vor Verfahrenseröffnung geschlossen
wurde. Dabei sind Forderungen, die nicht auf Geld oder eine geldwerte
Leistung gerichtet sind und nicht entsprechend umgerechnet werden können, werden betragsmäßig zu schätzen (§ 45 InsO). In der Regel bleiben
rückständige Ansprüche aus gegenseitigen Verträgen auch dann einfache
Insolvenzforderungen, wenn der Insolvenzverwalter weitere Erfüllung
des Vertrags verlangt (vgl. zur sog. „Teilbarkeit" § 105 Satz 1, 108 Abs. 2
InsO, s.u. Rdnr. 1031). Nur für die vom („starken" vorläufigen) Insolvenzverwalter während des Eröffnungsverfahrens sowie die nach Verfahrenseröffnung in Anspruch genommenen Leistungen können Gläubiger
die volle Gegenleistung erwartet werden (s.u. Masseschulden). In der Regel werden Insolvenzgläubiger (wenn überhaupt) mit einer Quote aus den
Erlösen befriedigt.

2.4.2. Besonders gesicherte Gläubiger

Dingliche Rechte wie Pfandrechte oder Sicherungsübertragungen oder 1021
Sicherungsübereignungen (z.B. Sicherungsübertragung aller Nutzungsrechte an einem Filmwerk und Sicherungsübereignung des Filmnegativs
zugunsten der **Produktions- oder Unternehmensbank**) sind insolvenzfest. Der Berechtigte kann den Gegenstand, der nicht zum Vermögen des
Schuldners gehört, zurückverlangen (d.h. „aussondern", § 47 InsO, z.B.
Eigentümer verlangt vom Schuldner Rückgabe einer gemieteten Sache
nachdem der Mietvertrag vor der Insolvenz beendet wurde). Absonderungsberechtigte (§§ 50, 51 InsO), insbesondere Sicherungsnehmer und
Pfandgläubiger des Schuldners (z.B. Produktionsbanken) können abge-
sonderte und damit vorrangige Befriedigung ihrer gesicherten Forderungen aus der Verwertung des besicherten bzw. verpfändeten Gegenstands
verlangen. Nach der Neuregelung des Verwertungsrechts erfolgt die gesonderte Verwertung in den meisten Fällen durch den Insolvenzverwalter,
der den Erlös vollständig nach Kostenabzug an den Absonderungsberechtigten auskehrt (vgl. §§ 166 ff. InsO). Absonderungsberechtigte Gläubiger
haben nur ausnahmsweise das Recht, den belasteten Gegenstand selbst zu
verwerten (vgl. § 173 InsO).

2.4.3. Massegläubiger

Ansprüche, die auf einem Verhalten des Insolvenzverwalters nach Ver- 1022
fahrenseröffnung beruhen, sind grundsätzlich Masseschulden und neben
den Verfahrenskosten vor den Insolvenzgläubigern vollständig und **in
voller Höhe** aus dem Erlös bzw. dem verbleibenden Unternehmensver-
mögen zu befriedigen (§ 55 Abs. 1 Nr. 1, Abs. 2 InsO). Darunter fallen
auch Leistungen, die der „starke" vorläufige Insolvenzverwalter während
des Eröffnungsverfahrens zur (vorläufigen) Weiterführung des Unternehmens (tatsächlich) in Anspruch nimmt, vor allem Dauerschuldverhältnisse

wie z.B. Weiternutzung gemieteter Gegenstände oder Arbeitsverhältnisse (anders beim üblicherweise eingesetzten „schwachen" vorläufigen Insolvenzverwalter: die nicht erbrachte Gegenleistung des Schuldners für vor Verfahrenseröffnung erhaltene Leistungen ist nur einfache Insolvenzforderung, soweit nicht das Insolvenzgericht den vorläufigen Insolvenzverwalter dazu ermächtigt hat, eine dahingehende Verpflichtung einzugehen. In diesen Fällen darf nur gegen Vorkasse geleistet werden, s.o. Rdnr. 1006). Voll aus der Masse zu erfüllen sind zudem Ansprüche, die nach Verfahrenseröffnung entstanden sind, indem ein Vertrag weiterhin zu erfüllen ist (entweder weil der Insolvenzverwalter Erfüllung verlangt oder der Vertrag automatisch über die Insolvenz hinaus fortbesteht, z.B. Ansprüche nicht gekündigter und weiterbeschäftigter **Arbeitnehmer** und freie Mitarbeiter oder **Mietzahlung** für die Weiternutzung der Firmenbüros, vgl. §§ 108 Abs. 1, 55 Abs. 1 Nr. 2 InsO). Aus der Masse ist auch der Insolvenzverwalter selbst vorab zu vergüten.

2.5. Schicksal und Abwicklung laufender Verträge des Schuldners

1023 Aufgabe des Insolvenzverwalters ist vor allem, die weder vom Schuldner noch von dessen Vertragspartner zur Zeit der Verfahrenseröffnung noch **nicht vollständig erfüllten, gegenseitigen Verträge** nach den Vorschriften der InsO (§ 103 InsO, in der Regel durch Ausübung des Wahlrechts) **abzuwickeln**, so weit der Vertragsgegenstand in seinen Zuständigkeitsbereich, d.h. grundsätzlich in die Insolvenzmasse fällt. Diese Vorschriften sind **zwingend** und können nicht durch vertragliche Vereinbarungen modifiziert werden (z.B. auch nicht durch vertragliche Wahl ausländischen Rechts, vgl. § 119 InsO).

2.5.1. Keine Durchsetzbarkeit vertraglicher Ansprüche ab Verfahrenseröffnung

1024 Insolvenzgläubiger des Schuldners und damit auch Vertragspartner aus vor Verfahreneröffnung abgeschlossenen, gegenseitigen Verträgen können nach Verfahrenseröffnung ihre ausstehenden und künftigen Ansprüche auf Erfüllung gegen den Schuldner nicht mehr durchsetzen. Sie müssen sich, wenn sie ihre ausstehenden Forderungen und den wegen Ausbleibens weiterer Erfüllung entstehenden Schadensersatzanspruch wegen Nichterfüllung beim Insolvenzverwalter anmelden, wie alle anderen Insolvenzgläubiger mit der Insolvenzquote aus den Verwertungserlösen zufrieden geben, so weit sie sind besondere Sicherungsrechte besitzen (z.B. Aus- und Absonderungsrechte, s.o. Rdnr. 1019). Grund hierfür ist der mit der Verfahrenseröffnung grundsätzlich eintretende **Verlust der Durchsetzbarkeit aller vertraglichen Erfüllungsansprüche**, weshalb weder der Vertragspartner noch der Insolvenzverwalter weiterhin Erfüllung der noch ausstehenden vertraglichen Leistungen verlangen können (aktuelle Grundsatzentscheidung: *BGH* NZI 2002, 345). Bereits erbrachte Leistungen verbleiben grundsätzlich beim Vertragspartner und können nicht zurückgefordert werden (vgl. § 105 Satz 2 InsO).

2.5.2. Automatischer Fortbestand nur von bestimmten Verträgen

Nur so weit die InsO ausnahmsweise den **Fortbestand des Vertrags** über die Verfahrenseröffnung hinaus vorsieht, bleiben die vertraglichen Ansprüche (zumindest für die nach Verfahrenseröffnung anfallenden Ansprüche) weiter durchsetzbar. Dazu gehören wie gesehen vor allem Dauerschuldverhältnisse wie **Arbeits- und Dienstverträge** (bei Insolvenz während der Produktion auch mit den zur **Mitwirkung an einer Produktion** verpflichteten Filmurhebern, z.B. Regisseur, Cutter, Kameramann und sonstige Filmschaffenden wie Schauspieler, Stab usw.) sowie **Miet- und Pachtverträge über unbewegliche Gegenstände** (z.B. Firmenbüros), § 108 Abs. 1 InsO. Hier hat der Insolvenzverwalter die nach Verfahrenseröffnung anfallenden Ansprüche voll zu erfüllen (vgl. § 108 Abs. 2 InsO), während rückständige Zahlungen aus solchen Verträgen vor Verfahrenseröffnung nur einfache, anzumeldende Insolvenzforderungen sind, soweit nicht der vorläufige Insolvenzverwalter eine Masseforderung begründete, s.o. Rdnr. 1020. Diese Verträge muss der Insolvenzverwalter kündigen, wenn er sie nicht fortsetzen will (bei Arbeitsverträgen nur nach den allgemeinen gesetzlichen, einzel- oder tarifvertraglichen Bestimmungen, z.T. auch vereinfacht, z.B. mit drei Monaten Kündigungsfrist bei Dienstverträgen, § 112 Abs. 1 Satz 1 InsO oder z.B. als Mieter nach der gesetzlichen Frist, § 109 Abs. 1 Satz 2 InsO).

2.5.3. Wahlrecht des Insolvenzverwalters

Bei allen anderen **gegenseitigen Verträge** des Schuldners, die zur Zeit der Verfahrenseröffnungen von beiden Vertragsparteien noch nicht vollständig erfüllt wurden, kann der Insolvenzverwalter grundsätzlich wählen, es bei der insolvenzbedingten Nichterfüllung des Vertrages und der Möglichkeit der Anmeldung des Nichterfüllungsanspruchs seins Vertragspartners zu belassen (§ 103 Abs. 2 Satz 1 InsO) oder von diesem weitere Erfüllung zu verlangen (**Wahlrecht des Insolvenzverwalters**, § 103 Abs. 1 InsO). Weil dem Vertragspartner nicht zugemutet werden kann, nach Verfahrenseröffnung seine Leistung an die Masse nur für eine schwache Insolvenzforderung zu erbringen, muss der Verwalter dann anstelle des Schuldners seine vertraglichen Leistungspflichten vollständig aus der Masse erfüllen (d.h. der Vertragspartner ist insoweit Massegläubiger und erhält für die nach Verfahrenseröffnung an die Masse erbrachten Leistungen die volle Gegenleistung, § 55 Abs. 1 Nr. 2 Alt. 1 InsO).

Das Wahlrecht ermöglicht dem Insolvenzverwalter, im Interesse der Masse dem Insolvenzverwalter **ungünstige Verträge nicht weiter zu erfüllen**, andererseits aber die Vorteile durch günstige oder notwendige Verträge weiterhin der Masse zukommen zu lassen. So weit z.B. der Wert der geschuldeten Leistung des Vertragspartners den Wert der Restforderung des Schuldners übersteigt, muss der Verwalter, wenn er die Leistung des Schuldners noch erbringen kann, in der Regel Erfüllung wählen, weil dies im Interesse der Masse ist. Gleiches gilt, wenn die Leistung z.b. zur Sanierung/Fortführung des Schuldnerunternehmens oder zur Erfüllung von Verträgen mit Dritten, die er weiter erfüllen will, erforderlich ist. In diesem Fall wird der Vertragspartner hinsichtlich seiner infolge Erfüllungswahl wieder auflebenden Verpflichtung zur Leistung in seinem Interesse dafür auch die volle Gegenleistung aus der Masse zu erhalten, geschützt.

1028   Die in § 103 InsO getroffene Regelung passt vor allem auf kaufähnliche Austauschverträge, die in der Regel durch einmaligen Leistungsaustausch erfüllt werden (z.B. Recht gegen Geld). Diesem Wahlrecht unterfallen grundsätzlich alle beiderseits nicht vollständig erfüllten, gegenseitigen Verträge des Schuldners, vor allem jetzt auch Dauerschuldverhältnisse wie Miet- und Pachtverträge über bewegliche Sachen (z.B. Produktionsmittel oder Leasingvertrag über Firmenwagen) und damit auch beiderseits unerfüllte (vor allem pachtähnliche) **urheberrechtliche Nutzungsrechts- und Lizenzverträge**. Anders als noch im Konkursrecht (§§ 19 ff. KO) gelten die Sonderregelungen für Dauerschuldverhältnisse grundsätzlich nur noch für Miet- und Pachtverträge über unbewegliche Gegenstände (z.B. Produktionsbüro), nicht aber für bewegliche Gegenstände (z.B. Produktionsmittel, Leasing-Pkw) und Rechte (z.B. Nutzungsrechte; vgl. § 108 Abs. 1 1 InsO). Die Erstreckung des Wahlrechts auf urheberrechtliche Nutzungsrechts- und Lizenzverträge hat **wesentliche Auswirkungen für die Praxis**, da solche Verträge von der herrschenden Meinung weitgehend als Dauerschuldverhältnisse eingeordnet werden und damit in der Regel während der gesamten Lizenzzeit beiderseits nicht vollständig erfüllt sind.

1029   Beispiel: Ist z.B. der **Filmlizenzvertrag** des Filmproduzenten mit einem insolventen Filmverleih von beiden Parteien noch nicht vollständig erfüllt, kann der Insolvenzverwalter über die weitere Erfüllung und je nach Vertrag auch über den Bestand der vertragsgegenständlichen Nutzungsrechte entscheiden. Will der Insolvenzverwalter TV-Lizenzverträge mit einem Fernsehsender weiter erfüllen, muss er daher die weitere Erfüllung des Filmlizenzvertrags mit dem Filmproduzenten wählen, um die entsprechenden Nutzungsrechte nicht zu verlieren.

Beispiel: Koproduktionsverträge unterliegen in der Regel dem Gesellschaftsrecht (Gesellschaft bürgerlichen Rechts, §§ 705 ff. BGB) und fallen als nicht gegenseitige Verträge i.S.d. § 103 InsO nicht unter das Wahlrecht. Die Folgen der Insolvenz eines Koproduzenten ergeben sich aus § 728 BGB (Auflösung der Gesellschaft) sowie der im Koproduktionsvertrag getroffenen Regelung.

2.5.4. Kein Wahlrecht bei einseitiger Erfüllung

1030   Eine insolvenzrechtliche Abwicklung für gegenseitige Verträge erfolgt aber nur, wenn beide Parteien den Vertrag noch nicht vollständig erfüllt haben. Hat eine Vertragspartei bereits die geschuldete Leistung vollständig erbracht (**Vorleistung**), so muss der Vertrag nicht durch das Wahlrecht abgewickelt werden. Hat z.B. der Vertragspartner bereits vollständig ohne besondere Absicherung an den Schuldner geleistet, kann er seine Leistung nicht mehr zurückfordern und ist mit der entsprechenden Gegenleistung nur einfacher Insolvenzgläubiger, der seinen in einen Geldanspruch umzurechnenden Gegenleistungsanspruch zur Tabelle anmelden muss und damit nur zur quotalen Befriedigung berechtigt ist. Der Insolvenzverwalter kann die erhaltene Leistung daher verwerten und den Gläubiger hinsichtlich seiner Gegenleistung auf die Quote verweisen. Hat andererseits der Schuldner bereits seine Leistung erbracht, aber noch nicht die Gegenleistung erhalten, muss der Vertragspartner diese an den Insolvenzverwalter erbringen. Für jeden gegenseitigen Vertrag des Schuldner ist daher zu fragen, ob dieser zur Zeit der Verfahrenseröffnung bereits von einer der Parteien erfüllt wurde (**Erfüllungsfrage**, s.u. Rdnr. 1077 ff.).

2.5.5. Beschränktes Wahlrecht bei teilbaren Verträgen und Teilleistungen

Sind Leistung und Gegenleistung teilbar und hat eine der Vertragsparteien seine Leistung bereits teilweise erbracht (**teilweise Vorleistung**), so spaltet sich der Vertrag mit Verfahrenseröffnung in einen erfüllten und nichterfüllten Teil auf. Das Wahlrecht des Insolvenzverwalters beschränkt sich auf den nicht erfüllten Teil, während die Gegenleistung für die vor Verfahrenseröffnung erbrachte Teilleistung wie eine vor Verfahrenseröffnung erfolgte Vorleistung behandelt wird (Rdnr. 1030). Die Gegenleistung für bereits erbrachte Teilleistungen des Schuldners kann der Insolvenzverwalter daher verlangen, ohne Erfüllung hinsichtlich der weiteren Ausführung des Vertrags wählen zu müssen. Der Insolvenzverwalter kann daher stets **nur Erfüllung des noch nicht erfüllten Vertragteils** wählen, weshalb der Vertragspartner hinsichtlich seines Gegenleistungsanspruchs für die vor Verfahrenseröffnung an den Schuldner erbrachte Teilleistung immer (d.h. auch bei Erfüllungswahl) einfacher Insolvenzgläubiger ist. Damit wird die Masse geschützt, indem die Erfüllungswahl nicht zur Folge hat, rückständige Gegenleistungsansprüche des Vertragspartners aus vorinsolvenzlich an den Schuldner erbrachten Leistungen aus der Masse befriedigen zu müssen. Entsprechend wird das Merkmal der Teilbarkeit aus Masseschutzgründen weit ausgelegt, d.h. vertragliche Leistungen sind teilbar, wenn sich die vor Insolvenz erbrachten Leistungen **objektiv feststellen und bewerten lassen** (*BGH* NZI 2002, 345). 1031

Beispiel: Mietverträge über Produktionsmittel (z.B. Avid) sind teilbar, weshalb selbst bei Erfüllungswahl die rückständigen Mietzahlungen nur Insolvenzforderungen sind und der Insolvenzverwalter nur die nach Verfahrenseröffnung sowie die bei Weiternutzung der gemieteten Sache durch den vorläufigen Insolvenzverwalter fälligen Mietzahlungen voll aus der Masse erbringen muss (vgl. § 108 Abs. 2 InsO bzw. § 55 Abs. 2 Nr. 2 InsO). 1032

Gerade für Lizenzverträge im Filmbereich ist die Frage der Teilbarkeit vertraglicher Leistungen von besonderer Bedeutung, denn Vertragspart- 1033 ner gehen oft in Vorleistung (z.b. Rechtseinräumung und Materialübergabe ohne sofortige Gegenleistung, z.b. gestaffelte Zahlung – **Teilbarkeitsfrage**). Davon zu unterscheiden ist aber, dass der Insolvenzverwalter bei einem einheitlichen Vertrag nur die Erfüllung des gesamten, noch zu erfüllenden Vertrags verlangen kann und die Erfüllungswahl nicht auf einzelne Vertragsteile beschränken kann (s.u. Rdnr. 1088).

2.5.6. Ausübung des Wahlrechts

1034   Der Insolvenzverwalter ist bei **Ausübung des Wahlrechts** grundsätzlich an keine Fristen oder Formvorschriften gebunden, vielmehr erfolgt die Ausübung durch formlose Erklärung gegenüber dem Vertragspartner, die aber dennoch stets **schriftlich** erfolgen sollte. Der Vertragspartner kann den Insolvenzverwalter zur Ausübung des Wahlrechts auffordern (§ 103 Abs. 2 Satz 2 InsO) und damit eine Entscheidung über das Schicksal des Vertrags herbeiführen. Erklärt der Insolvenzverwalter nicht unverzüglich, gilt dies als Ablehnung der Erfüllung (§ 103 Abs. 2 Satz 1 InsO).

1035   Besonderheiten gelten für **Kaufverträge des Schuldners**, durch die er eine bewegliche Sache unter Eigentumsvorbehalt erworben und noch nicht vollständig bezahlt hat, diese aber bereits nutzt (d.h. diese bereits übergeben wurde). Der Insolvenzverwalter kann die Sache zunächst weiternutzen und muss erst **nach dem Berichtstermin** über das Schicksal des Kaufvertrags entscheiden, selbst wenn er vom Gläubiger zur Wahlrechtsausübung aufgefordert wurde. Für Nutzungsverhältnisse wie pachtähnliche Nutzungsrechts- und Filmlizenzverträge gilt dies entsprechend (§ 107 Abs. 2 UrhG analog).

1036   Der Insolvenzverwalter kann bei einem **einheitlichen Vertrag** das **Wahlrecht nur hinsichtlich des gesamten Vertrags ausüben**, d.h. nicht nur für einzelne Vertragsteile Erfüllung verlangen. Insoweit ist der betroffene Vertrag zu fragen, ob die Parteien einen einheitlicher Vertrag wollten oder ob einzelne Vertragsteile unabhängig voneinander vereinbart wurden (vgl. § 139 BGB). In der Regel spricht eine einziges Vertragsdokument für einen einheitlichen Vertrag.

1037   **Beispiel**: Grundlage des Erwerbs von TV-Lizenzen war ausdrücklich ein Gesamtpaket von Filmen. Der Verwalter kann nicht hinsichtlich einiger Filme Erfüllung wählen und für die anderen Filme die weitere Erfüllung ablehnen.

2.6. Schicksal des Schuldners und Verfahrensbeendigung

2.6.1. Alternative Lösung durch Insolvenzplan

1038   Die InsO sieht ein Regelinsolvenzverfahren vor, das auf Liquidation des Schuldnervermögens und Erlösverteilung ausgerichtet ist. Abweichende Regelungen können in einem von den Gläubigern gebilligten **Insolvenzplan** getroffen werden (§ 159 InsO). Der Insolvenzplan ist ein

G. Insolvenz

Vergleich mit den Gläubigern, in dem festgelegt wird, ob und wie das Schuldnervermögen verwertet wird und welche Zahlungen an die Gläubiger erfolgen. Der Schuldner kann unter Mitwirkung des Insolvenzverwalters und des Insolvenzgerichts einen Insolvenzplan vorschlagen. Der Insolvenzplan muss von der Gläubigerversammlung mehrheitlich (in Stimmen und Forderungssumme) angenommen werden. Nach Annahme richten sich die Rechtsverhältnisse zwischen Schuldner und Gläubigern ausschließlich nach dem Insolvenzplan, weshalb eine Restschuldbefreiung nicht erforderlich ist. Der Insolvenzverwalter überwacht die Erfüllung des Insolvenzplans. Scheitert die Aufstellung eines solchen Plans, wird der Verwalter die Insolvenzmasse nach den Bestimmungen des Regelinsolvenzverfahrens verwerten und das Unternehmen endgültig liquidieren.

Die **bisherige Praxis** hat gezeigt, dass es nicht immer zur einer vollständigen Abwicklung des Schuldnerunternehmens nach dem Regelinsolvenzverfahren kommt. Vielmehr werden z.T. vor einer vollständigen Abwicklung oder Bestätigung eines Insolvenzplans für das gesamte Schuldnerunternehmen, Unternehmensteile, deren Sanierung und Weiterführung möglich ist, mit Zustimmung der Gläubiger veräußert (z.B. Kinowelt). Darüber hinaus werden bestehende Verträge (z.B. Output-Vereinbarungen oder Lizenzverträge) oftmals neu verhandelt, was eine insolvenzrechtliche Abicklung nach den §§ 103 ff. InsO entbehrlich macht. 1039

2.6.2. Verwertung bei Scheitern einer alternativen Lösung und Liquidation

Der Insolvenzverwalter „bereinigt" das in Besitz genommene pfändbare Vermögen des Schuldners (sog. „Ist-Masse") durch Aussonderung massefremder Gegenstände, gesonderte Verwertung von Gegenständen mit Absonderungsrechten (z.B. zur Sicherheit an ein Kreditinstitut übertragenen Nutzungsrechte an einem Film), Vorwegbefriedigung von Massegläubigern und Verfahrenskosten. Ansonsten wird er die Vermögensgegenstände des Schuldners (auch Betriebsteile mit Zustimmung der Gläubiger) freihändig veräußern, offene Forderungen einziehen sowie unterbrochene Prozesse wieder aufnehmen und diese ebenso wie noch offene Verträge endgültig beenden. Bei der Veräußerung muss der Insolvenzverwalter den Wert der zu veräußernden Gegenstände vorab bestimmen. Bei Filmrechten und Lizenzen ist dies z.T. nicht einfach und erfordert in der Regel die Hinzuziehung eines Sachverständigen. Bei Weiterübertragung von urheberrechtlichen Nutzungsrechten (z.B. Veräußerung der Filmrechtebibliothek) muss er **Zustimmungsrechte** der beteiligten Urheber beachten (§ 34 Abs. 1 UrhG). Sind diese vertraglich oder gesetzlich (wie bei fertigen Filmwerken, § 90 1 UrhG) ausgeschlossen, haftet der Erwerber für die noch offenen Ansprüche der Urheber gegen den insolventen Schuldner (§ 34 Abs. 4 UrhG – so wohl h.M. – nach Neufassung des § 90 Satz 1 UrhG nicht mehr haltbar). Das nach der Massebereinigung 1040 noch vorhandene Vermögen (sog. „Soll-Masse") dient nach Verwertung vollständig zur Befriedigung der Insolvenzgläubiger. Nur so weit ein Gegenstand keinen Ertrag für die Masse erwarten lässt, kann der Verwalter diesen zugunsten des Schuldners freigeben.

1041 Sobald die Verwertung beendet ist, erfolgt mit Zustimmung des Insolvenzgerichts die Schlussverteilung (§ 196 InsO). Nach Abschluss der Schlussverteilung beschließt das Insolvenzgericht die **Aufhebung des Insolvenzverfahrens** (§ 200 InsO). Nach der Aufhebung können Insolvenzgläubiger ihre restlichen Forderungen weiterhin gegen den Schuldner unbeschränkt geltend machen, wobei die Gläubiger zur Befriedigung der festgestellten, im Prüftermin unbestrittenen Forderungen unmittelbar gegen den Schuldner die **Zwangsvollstreckung** betreiben können, soweit beim Schuldner ausnahmsweise noch Vermögenswerte vorhanden sind. Eine Restschuldbefreiung kann nur bei natürlichen Personen beantragt werden. **Juristische Personen** (AG, GmbH) **verlieren** mit Aufhebung nach dem Schlusstermin sowie nach Verteilung des vollständig verwerteten Vermögens oder nach Einstellung mangels Masse (§§ 207 ff. InsO) zwingend ihre **Rechtsfähigkeit**, ohne dass die Gesellschafter eine Fortsetzung beschließen können (§ 141a FGG). Ein solcher Beschluss der Hauptversammlung (AG) oder der Gesellschafter (GmbH) kann nur gefasst werden, wenn das Verfahren wegen Wegfalls des Insolvenzgrundes (z.B. durch neues Kapital), mit Zustimmung der Gläubiger oder durch Verabschiedung eines Insolvenzplan eingestellt wird (§§ 212 ff. InsO). Nach der wohl noch herrschenden Meinung ist verbleibendes Restvermögen der Gesellschaft nach den Liquidationsvorschriften des GmbHG abzuwickeln. Nach neuerer Ansicht erfolgt die Aufhebung des Insolvenzverfahrens erst nach vollständiger Abwicklung der Insolvenzmasse (vgl. zum Streitstand *Baumbach/Hueck*, GmbH-Gesetz, § 64 Rdnr. 54 m.w.N.).

G. Insolvenz

Vereinfachte Übersicht: Verfahrensablauf

Regelinsolvenzverfahren	Vereinfachtes Insolvenzverfahren ("Urheberinsolvenz")
Natürliche Person	Natürliche Person
Personen- oder Kapitalgesellschaft	Kleingewerbetreibender

Regelinsolvenzverfahren (Personen-/Kapitalgesellschaft):
- Drohende Zahlungsunfähigkeit
- Zahlungsunfähigkeit
- Überschuldung
- Eröffnungs-Verfahren
- Insolvenzverfahren
  - Massesicherung
  - Masseverwaltung
  - Massebereinigung
  - Prüfungsverfahren
  - Verwertung
  - Verteilung

Regelinsolvenzverfahren (Natürliche Person):
- Antragstellung Schuldner
- Antragstellung Gläubiger / Schuldner

Gemeinsamer Ablauf:
- Antragstellung Schuldner – Außergerichtliche Schuldenbereinigung
- Antragstellung Gläubiger/Schuldner
- Sicherungsmaßnahmen
  - Bestellung vorläufiger Insolvenzverwalter ("starke" od. "schwache")
  - Verfügungsverbot oder Zustimmungsvorbehalt
- Eröffnungsbeschluss
  - Abweisung als unzulässig oder unbegründet (bei Fehlen eines Insolvenzgrundes)
  - Abweisung mangels Masse (§ 26 InsO)
  - Eröffnung des Verfahrens (§ 27 InsO)
- Bestellung Insolvenzverwalter / Weitere Sicherungsmaßnahmen
- Bestellung Treuhänder / Weitere Sicherungsmaßnahmen
- Berichtstermin
  - Entscheidung über Fortführung oder Liquidation

Verwertungswege (Regelinsolvenzverfahren):
- Verwertung – Prüftermin
- Verteilung
- Schlussverteilung
- Aufhebung
- Unbefriedigte Ansprüche bestehen fort

Insolvenzplan:
- Überwachung der Durchführung durch den Insolvenzverwalter

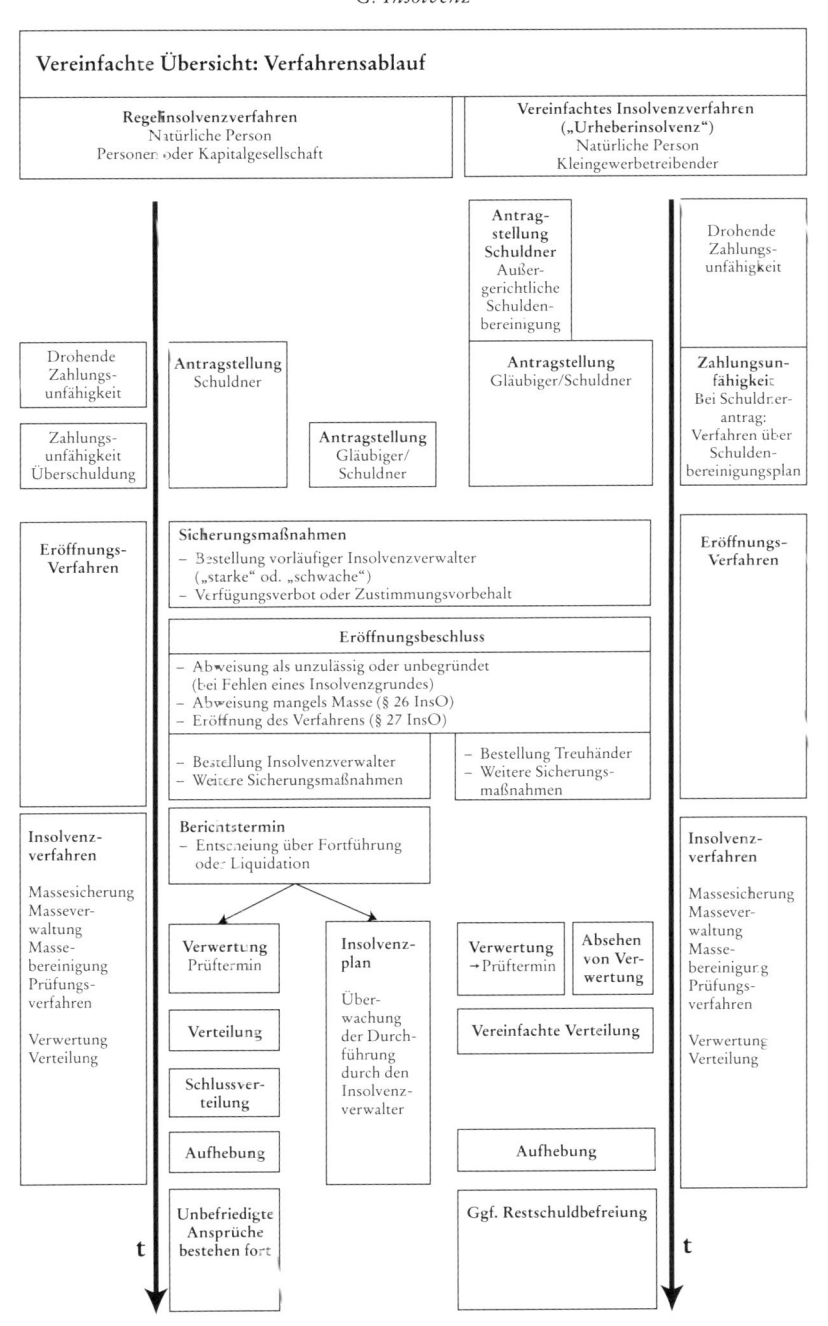

Vereinfachtes Insolvenzverfahren:
- Drohende Zahlungsunfähigkeit
- Zahlungsunfähigkeit
  - Bei Schuldnerantrag: Verfahren über Schuldenbereinigungsplan
- Eröffnungs-Verfahren
- Insolvenzverfahren
  - Massesicherung
  - Masseverwaltung
  - Massebereinigung
  - Prüfungsverfahren
  - Verwertung
  - Verteilung
- Verwertung → Prüftermin / Absehen von Verwertung
- Vereinfachte Verteilung
- Aufhebung
- Ggf. Restschuldbefreiung

Abb. 1: Verfahrensablauf

III. Betroffene Vermögenswerte im Film- und Fernsehbereich

1. Einleitung

1042 Wie gesehen erstreckt sich das Verwaltungs- und Verwertungsrecht des (vorläufigen und endgültigen) Insolvenzverwalters auf die **Insolvenzmasse**, d.h. das **gesamte Vermögen des Schuldners** (im In- und Ausland), das dieser zur Zeit der Verfahrenseröffnung besitzt und während des Insolvenzverfahrens erlangt, so weit es der Zwangsvollstreckung unterliegt (sog. pfändbares Vermögen §§ 35, 36 Abs. 1 InsO), d.h. in der Regel alle **übertragbaren und** damit im Insolvenzverfahren zur Befriedigung der Gläubiger **verwertbaren Vermögensgegenstände des Schuldners**. Entsprechend erstreckt sich das Recht des Insolvenzverwalters zur **Abwicklung** offener gegenseitiger Verträge des Schuldners, die zur Zeit der Verfahrenseröffnung weder vom Schuldner noch von dessen Vertragspartner erfüllt sind, nur auf solche Verträge, die einen Vermögensgegenstand betreffen, der in die Insolvenzmasse fällt.

> **Übersicht: Wesentliche Vermögensgegenstände im Filmbereich:**
> - Urheberrecht und vertragliche Nutzungsrechte:
>   - an vorbestehenden, noch nicht verfilmten oder sich in Entwicklung oder in Verfilmung befindenden Werken (z.B. Verfilmungsrechte an Romanen, Drehbüchern, Kurzgeschichten, Opern, Ausschnitte aus Filmen, Filmmusik etc.);
>   - an hergestellten Filmwerken;
> - Eigentums- und Besitzrechte an Sachen, die Werke verkörpern und meist zur Auswertung erforderlich sind (sog. materielle Substrate: z.B. Manuskripte und Filmmaterialien wie Filmnegativ, Filmkopien, DVDs, Videokassetten etc.);
> - Leistungsschutzrechte am fertigen Film (vor allem des Filmproduzenten oder der Schauspieler);
> - Erlös- und Vergütungsansprüche, die sich aus der Teilnahme an der Herstellung und aus der Auswertung des Filmwerks ergeben (Zahlung, Lizenzgebühren, Tantiemen etc.);
> - sonstige Rechte und Sachen im Vermögen des Schuldners (Betriebsmittel, Inventar etc.)

2. Rechte am Film als Teil der Insolvenzmasse

2.1. Vertragliche Nutzungs- und Leistungsschutzrechte an Film- und vorbestehenden Werken

1043 Der Wert eines urheberrechtlich geschützten Werks (Film, Roman, Drehbuch, Musikkomposition) liegt in dem vorrangig durch das UrhG für eine bestimmte Schutzdauer (§§ 64 ff. UrhG) dem Urheber vorbehaltenen Recht, dieses ausschließlich nutzen zu können. Nach deutschem Recht ist das Urheberrecht nicht als solches, sondern nur in Form von vertraglich **urheberrechtlichen Nutzungsrechten** übertragbar, indem der bzw. die Urheber jemandem (i.d.R. dem Filmproduzenten oder Verlag) das zeitlich beschränkte oder unbeschränkte Recht einräumt, ein Werk auf einzelne (z.B. zur Verfilmung) oder alle Nutzungsarten je nach Vereinbarung exklusiv oder nicht exklusiv zu nutzen (§ 31 Abs. 1 UrhG). Grundsätzlich erwirbt der Filmproduzent aufgrund von Verträgen mit beteiligten Urhebern (insbesondere Drehbuchautoren, Regisseur) und Leistungsschutzberechtigten (z.B. Schauspielern) das ausschließliche Nutzungsrecht, den fertigen Film in allen zur Zeit des Vertragsschlusses bekannten Nutzungsarten exklusiv zu nutzen (§§ 88, 89 UrhG). Zwar sind urheberrechtliche Nutzungsrechte selbst grundsätzlich nur mit Zustimmung des Urhebers weiterübertragbar (§ 34 Abs. 1 UrhG), wobei aber nach der überwiegenden Meinung das Erfordernis der Zustimmung den Insolvenzbeschlag als solches nicht ausschließt, sondern nur den Verwalter in seinen Verwertungsmöglichkeiten beschränkt, indem er bei Veräußerung dessen Zustimmung einholen muss.

In der Regel besteht der Produzent auf der Vereinbarung der freien Übertragbarkeit der von beteiligten Urhebern und Leistungsschutzberechtigten eingeräumten Nutzungsrechte an dem von ihm produzierten Film. Nach Drehbeginn ist dies für alle Nutzungsrechte zur Auswertung des Films in allen bekannten Nutzungsarten auch ohne vertragliche Vereinbarung gesetzlich vorgesehen (§ 90 Satz 1 UrhG), weshalb selbst durch ausdrücklich vereinbarte Übertragungsverboten die betroffenen Nutzungsrechte nicht dem Insolvenzverfahren entzogen werden können (vgl. § 36 Abs. 1 InsO, § 112 UrhG, § 851 Abs. 2 ZPO). Entsprechendes gilt für die neben den urheberrechtlichen Nutzungsrechten an einem Filmwerk bestehenden **Leistungsschutzrechte** z.B. des Schauspielers oder des Filmproduzenten, die als solche frei übertragbar sind. 1044

In der **Insolvenz des Filmproduzenten** oder eines seiner in der Rechtekette nachfolgenden **Lizenznehmers** (z.B. Filmverleih) fallen daher Nutzungs- und Leistungsrechte stets in die Insolvenzmasse. Entsprechend ist der Insolvenzverwalter zuständig für die **Abwicklung von Lizenzverträgen** mit Vertragspartnern des Schuldners, die den Erwerb oder die Übertragung oder Einräumung/Lizenzierung von Nutzungs- und Leistungsschutzrechte als Vertragsgegenstand haben und die von beiden Vertragparteien zur Zeit der Eröffnung des Insolvenzverfahrens noch nicht vollständig erfüllt wurden. Erschwert wird die Problematik durch die in der Vertragspraxis üblichen, längeren Vertragsketten. Insoweit ist stets zu beachten, wer in einem Nutzungsrechtsverhältnis insolvent ist (**Lizenzgeber** oder **Lizenznehmer**, der selbst auch Sublizenzgeber sein kann), und welche Nutzungsrechte betroffen sind. 1045

2.2. Übliche Lizenzvertragsketten im Film- und Fernsehbereich

Bei der Beurteilung der Folgen der Insolvenz einer der Vertragsparteien innerhalb der in der Praxis üblichen, längeren Lizenz- und Rechteketten sind die Vertragsverhältnisse zu unterscheiden. 1046

2.2.1. Herstellung

1047 Vereinfacht lässt sich die Situation wie folgt darstellen: Zentralfigur einer Filmproduktion ist der Filmhersteller (Produzent), bei dem Rechte zur Herstellung und Auswertung des Filmwerks durch Verträge mit Urhebern vorbestehender Werke (i.d.R. Autoren, Komponisten), mit Filmurhebern (i.d.R. Regisseur, Kameramann, Cutter), mit Werkmittlern (z.B. Verlagen, Filmherstellern, Lizenznehmer oder Verwertungsgesellschaften) und mit Leistungsschutzberechtigten (z.B. Schauspielern, Sängern, Tonträgerherstellern etc.) gebündelt werden. Der Filmhersteller ist dadurch Inhaber der Rechte, die vorbestehenden Werke durch Bearbeitung in ein Filmwerk umzusetzen bzw. einzufügen und das fertige Filmwerk umfassend auszuwerten. Art und Umfang der Einräumung und Übertragung von Nutzungsrechten bestimmen sich nach den vertraglichen Vereinbarungen, soweit diese auslegungsbedürftig sind, sowie nach den neu gefassten gesetzlichen Auslegungsregeln des UrhG (insbesondere §§ 88 ff. UrhG). Dabei verbleiben den beteiligten Urhebern und Leistungsschutzberechtigten außer Ansprüchen auf Erlös- oder Gewinnbeteiligung selten Rechte am Filmwerk selbst, denn die entsprechenden Verträge sehen regelmäßig umfassende Rechtseinräumungen an den Filmhersteller vor. Wiederverfilmungsrechte liegen im Zweifel bei den jeweiligen Urhebern des Drehbuchs und etwaiger Buchvorlagen und können zehn Jahre nach Abschluss des Verfilmungsvertrags erneut vergeben werden (§ 88 Abs. 2 UrhG).

2.2.2. Auswertung

1048 Der Filmhersteller überträgt die bei ihm liegenden Auswertungsrechte an verschiedene Verwerter (z.B. Filmverleih, Weltvertrieb, Videovertrieb, Fernsehanstalt, Licensing- und Merchandisingunternehmen), die den Film entsprechend auswerten, in der Regel durch Einschaltung weiterer **Sublizenznehmer** (z.B. Kinos, Videotheken, ausländische Verleihfirmen etc.). Die entsprechenden vertraglichen Lizenzketten bestimmen die Parteien der jeweiligen Vergütungs- und Zahlungsansprüche. Als Vergütung erhält der Filmhersteller u.a. Minimumgarantiezahlungen, prozentuale Beteiligung an Auswertungserlösen (nach Abzug der Herausbringungskosten und Vertriebsgebühren) oder Pauschalzahlungen.

1049 Oftmals werden die Nutzungsrechte des Filmherstellers an vorbestehenden Werken und am Filmwerk (im Voraus) sowie künftige Vergütungs- und Lizenzansprüche gegen Verwerter (z.B. auf Zahlung einer Minimumgarantiesumme bei Ablieferung des Filmwerks an den Filmverleih) an die produktionsfinanzierende Bank und sonstige Sicherungsnehmer (z.B. Fertigstellungsgarant, Filmfonds) zur Sicherheit des Rückflusses der in die Produktion eingebrachten Finanzierung abgetreten (z.B. Produktionsdarlehen).

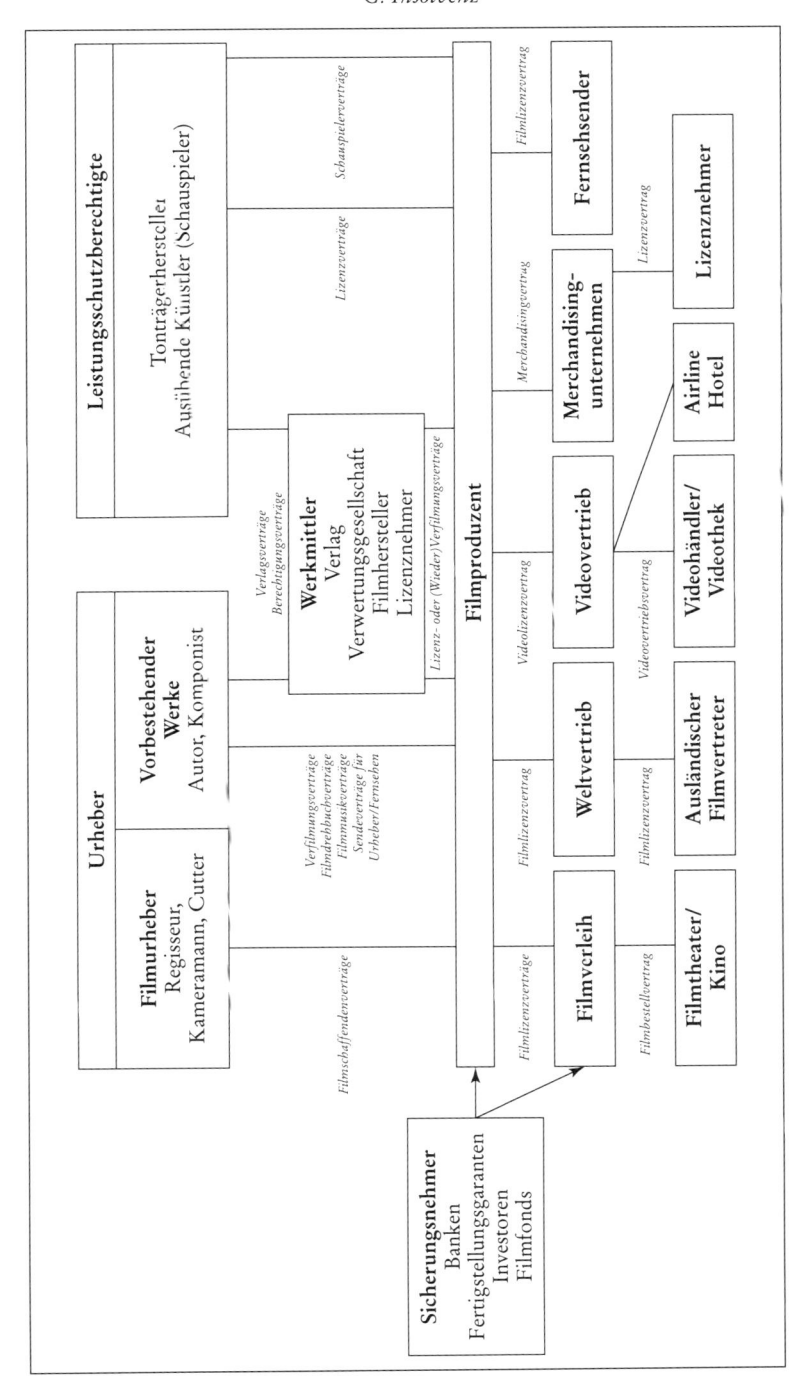

Abb. 2: Vollstreckungsrechtlich relevante Lizenzvertragsketten bei Filmwerken

> **Übersicht:** Nutzungsrechte zur Auswertung des Filmwerks verhandelt und eingeräumt bzw. übertragen:
>
> - Theaterrechte (Kino- und Vorführungsrechte für alle Filmformate etc.)
> - Senderechte (für alle möglichen Sendeverfahren, u.a. Free-TV, pay-TV, Pay-per-channel, Pay-per-view, Breitband-Übertragung etc.)
> - Rechte zur Verfügungstellung auf Abruf („On-Demand"-Rechte, u.a. Television-on-demand, Video-on-demand, Near-Video-on-demand, Internet und Multichannel-Dienste etc.)
> - Videogrammrechte (Verkauf, Vermietung, Leihe, u.a. von DVDs, VHS etc.)
> - Rechte zur elektronischen Lieferung/Interaktive Rechte (z.B. CD-ROM, Multimedia-Nutzungen)
> - Bearbeitungs- und Synchronisationsrechte (Voice-Over-Fassungen, Untertitel, Kürzung etc.)
> - Rechte zur Werbung und Klammerteilauswertung (Trailer, Verwertung von Ausschnitten etc.)
> - Merchandising-Rechte (Name, Titel, Figuren usw. für Waren oder Dienstleistungen)
> - Drucknebenrechte (Pressearbeit und Marketing, Buch zum Film)
> - Tonträgerrechte (Soundtrack etc.)
> - Bühnen- oder Radiohörspielrechte
> - Vervielfältigungs- und Verbreitungsrechte im Hinblick auf die eingeräumten Nutzungsarten

3. Eigentumsrechte an Filmnegativ, Filmkopien und sonstigen Filmmaterialien

1050 Vom den Urheber- und Nutzungsrechten an einem Filmwerk zu unterscheiden ist das Eigentum an den körperlichen Gegenständen, die dieses verkörpern (z.B. Filmnegativ, Filmkopien, DVDs des Filmwerks, Manuskript oder Buchausgaben für Filmgeschichte). Eigentümer des Filmnegativs ist in der Regel der das Kopierwerk bezahlende Filmproduzent, so weit nicht dieses z.B. der Produktionsbank zur Sicherheit für die Produktionsfinanzierung übereignet wurde (die Bank ist dann Absonderungsberechtigte, s.u. Rdnr. 1099) oder ein Eigentumsvorbehalt des Kopierwerks vereinbart wurde. In der Praxis fallen Inhaberschaft an Nutzungsrechten und Eigentum am Filmnegativ nicht selten auseinander, insbesondere wenn mehrere Lizenznehmer als Sublizenznehmer zur Nutzung des Filmnegativs oder von Negativkopien berechtigt sind. Der Filmverleih muss z.B. nicht Eigentümer des Filmnegativs sein, um Nutzungsrechte am Filmwerk auszuwerten. Vielmehr genügt z.B. eine sog. Ziehungsgenehmigung des Eigentümers/Lizenzgebers, beim Kopierwerk, in dem das Filmnegativ lagert, Filmkopien herstellen zu lassen („lab access letter").

G. Insolvenz

Der Eigentümer des Filmnegativs oder der Filmkopien ist als solcher nicht zur Nutzung und Auswertung des darin enthaltenen urheberrechtlichen Filmwerks berechtigt, sondern muss die dafür erforderlichen urheberrechtlichen Nutzungsrechte durch Vertrag erworben haben. Daher ist in der Regel das Eigentum am Filmnegativ oder an Filmkopien, d.h. der reine Materialwert wertlos. Um eine unwirtschaftliche Verwertung nur des Eigentums zu vermeiden, fällt das Eigentum an Filmnegativen, Filmkopien oder sonstigen Wiedergabe und Vervielfältigungsvorrichtungen (z.B. Digi-Beta) in der Insolvenz des Eigentümers nur in die Insolvenzmasse, wenn der Schuldner entsprechende Nutzungsrechte zur Wiedergabe oder Vervielfältigung des Filmwerks oder eine Ziehungsgenehmigung besitzt, die ebenfalls in die Masse fallen (§ 119 UrhG i.V.m. § 112 UrhG, § 36 Abs. 2, § 35 InsO). 1051

Beispiel: In der Insolvenz des Filmverleihs fallen damit die in einem Filmlizenzvertrag mit dem Filmhersteller eingeräumten Nutzungsrechte sowie überlassene Negativkopien und hergestellte Filmkopien des Filmwerks in die Insolvenzmasse und damit in die Zuständigkeit des Insolvenzverwalters (selbst wenn diese unter Eigentumsvorbehalt stehen, vgl. § 107 Abs. 2 InsO). Er kann daher den Vertrag erfüllen oder die weitere Erfüllung ablehnen. 1052

4. Formate, Ideen und Ergebnisse der Stoffentwicklung

Formate, Ideen und Ergebnisse der Stoffentwicklung, die keinem urheberrechtlichen Schutz unterliegen sowie sonstige, unter den allgemeinen gewerblichen Rechtsschutz fallenden Vermögenswerte eines Unternehmens wie Know-how und Goodwill fallen ebenfalls in die Insolvenzmasse und können insbesondere bei Fortführung des Unternehmens vom Verwalter weiter verwaltet werden. Eine isolierte Verwertung ist jedenfalls innerhalb der Übertragung des Schuldnerunternehmens oder von Unternehmensteilen möglich (z.B. bei einer sanierenden Unternehmensübertragung). Darüber hinaus kann der Verwalter im Zuge der Verwertung auch zeitlich unbeschränkte entsprechende Nutzungsverträge mit Dritten abschließen. 1053

5. Vertragliche Ansprüche und sonstige Vermögensgegenstände

Vertragliche Ansprüche des Schuldners fallen ebenso wie die zugrunde liegenden Verträge grundsätzlich in die Zuständigkeit des Insolvenzverwalters. Vor der Insolvenz fällige Ansprüche auf teilbaren oder seitens des Schuldner bereits vollständig erfüllten Verträgen kann er für die Masse einziehen (z.B. ausstehende Lizenzzahlungen). Hinsichtlich künftiger Ansprüche gilt das Wahlrecht aus § 103 InsO. 1054

6. Besonderer Schutz bei Urheberinsolvenz durch Einwilligungserfordernis

1055 In der Insolvenz des Urheber fällt dessen Urheberrecht an seinen Werken und dessen Eigentum an Werkoriginalen nur und so weit in die Masse als er dazu seine Einwilligung dazu erteilt hat (§§ 112, 113, 114 UrhG). Der Urheber hat es damit in der Hand, ob und inwieweit die in seinen urheberrechtlichen Werken liegenden Vermögenswerte Gegenstand des Insolvenzverfahrens werden. Entsprechend sind bereits abgeschlossene, weder vom Urheber noch von seinem Vertragspartner vollständig erfüllte Nutzungsrechtsverträge ohne Einwilligung des Urhebers entsprechend „insolvenzfrei" und unterliegen nicht dem Wahlrecht nach § 103 InsO. Dies bedeutet aber nicht, dass das Vertragsverhältnis vollständig dem Insolvenzverfahren entzogen ist. Die sich aus diesen ergebenden Vergütungs- und Gegenleistungsansprüche des Urhebers sind, auch wenn sie während des Insolvenzverfahrens entstehen, Bestandteil des Insolvenzbeschlags und fallen in die Insolvenzmasse.

1056 **Beispiel:** Soweit der insolvente Urheber dem Insolvenzverwalter die Einwilligung zur Verwertung der Verfilmungsrechte im Insolvenzverfahren erteilt, kann dieser zur Verwertung auch kurzfristig auf das Manuskript (als Werkoriginal) zugreifen, muss dieses aber nach Herstellung einer Kopie wieder an den Urheber zurückgeben (vgl. § 114 Abs. 2 Nr. 1 UrhG). Hat der Urheber einem Filmhersteller bereits diese Nutzungsrechte eingeräumt, fällt dieser Vertrag in der Urheberinsolvenz, soweit er von beiden Vertragsparteien noch nicht vollständig erfüllt wurde, nur bei Einwilligung des Urhebers in die Zuständigkeit des Insolvenzverwalters, der im Falle der noch nicht eingetretenen Erfüllung unter das Wahlrecht nach § 103 InsO ausüben kann. Unabhängig von der Einwilligung gebühren die rückständigen Vergütungen des Urhebers stets der Insolvenzmasse.

IV. Behandlung von Nutzungsrechts- und Lizenzverträgen

1. Einleitung

1057 Sowie die Fortsetzung des Schuldnerunternehmens als auch die Verwertung der Vermögensgegenstände des Schuldners setzen voraus, dass diese endgültig beim Schuldner verbleiben. Weite Teile des Vermögens und der Betriebsmittel des Schuldners beruhen oft auf Verträgen (z.B. Mietverträgen oder Lizenzverträgen), die zur Zeit der Verfahrenseröffnung noch nicht vollständig erfüllt sind. Für die filmrechtliche Praxis ist von besonderer Bedeutung, welche Auswirkungen die Insolvenz des Lizenzgebers oder Lizenznehmers vor allem auf bestehende **Nutzungsrechts- und Lizenzverträge** besitzt, die noch nicht vollständig abgewickelt sind, d.h. noch vertragliche Leistungen des Schuldners und des Vertragspartners ausstehen. Die in der Filmpraxis üblichen Verträge sind stets **gegenseitige Verträge** (i.S.d. §§ 320 ff. BGB), in denen der Leistung eine Gegenleistung gegenübersteht (z.B. Nutzungsrecht und Filmmaterial

G. Insolvenz

gegen einmalige oder laufende Lizenzvergütung). Entsprechend sind die **Grundsätze zur Behandlung gegenseitiger, von beiden Parteien noch nicht vollständig erfüllter Verträge des Schuldners** in der Insolvenz einer der Vertragsparteien heranzuziehen (insbesondere §§ 103 ff. InsO, siehe Rdnr. 1023 ff.). Zentrale Frage ist dabei inwieweit der Lizenznehmer in seiner oder in der Insolvenz seines Lizenzgebers oder einer Partei in der Rechtekette zur weiteren Auswertung der vertraglich erworbenen Nutzungsrechte und Filmmaterialien berechtigt ist.

Die **Insolvenzfestigkeit von Nutzungsrechten** in der Insolvenz und die Möglichkeit eines insolvenzbedingten Rechterückfalls wird infolge der Neuregelung der Abwicklungsvorschriften durch die InsO in der Literatur kontrovers diskutiert (Nachweise im Anhang). Grundsätzlich sind dabei die jeweiligen Lizenzverhältnisse innerhalb der vertraglichen Rechtekette und die jeweils betroffenen Nutzungsrechte auseinander zu halten und jeweils zwischen Insolvenz des Lizenzgebers oder Lizenznehmers zu unterscheiden (s.o. Rdnr. 1043). 1058

2. Fortbestand der Nutzungsrechte bei abgeschlossenem Erwerb

Die insolvenzrechtliche Abwicklung eines gegenseitigen Nutzungsrechts- oder Lizenzvertrags (und damit die Ausübung des Wahlrechts aus § 103 InsO) entfällt, wenn beide oder zumindest eine der Vertragsparteien seine/ihre Leistung bereits vor Verfahrenseröffnung vollständig erbracht haben: 1059

– In der **Lizenzgeberinsolvenz** würde dies bedeuten, dass der Insolvenzverwalter nur einen Anspruch auf die Gegenleistung gegen den Lizenznehmer besitzt, wenn der Lizenzgeber seine Leistung bereits vollständig erbracht hatte (z.B. durch Verschaffung des Nutzungsrechts und ggf. Materialübergabe). Der Lizenznehmer kann die Leistung, d.h. das (dann insolvenzfeste) Nutzungsrecht behalten.
– Umgekehrt kann in der **Lizenznehmerinsolvenz** bei vollständiger Erfüllung durch den Schuldner der Insolvenzverwalter Einräumung der Nutzungsrechte und Materialübergabe verlangen. Eine Abwicklung solcher Verträge vor allem durch Ausübung des Wahlrechts des Insolvenzverwalters ist in diesen Fällen nicht erforderlich.

Für urheberrechtliche Nutzungsrechts- und Lizenzverträge ist daher die äußerst umstrittene Frage von Bedeutung, wann diese Verträge von den Vertragsparteien vollständig erfüllt sind (Erfüllungsfrage, s.u. ausführlich Rdnr. 1077). 1060

3. Schutz durch Stellung des Insolvenzantrags

3.1. Fortbestand laufender Verträge des Schuldners

1061 Die Antragsstellung als solche hat keinen Einfluss auf die vertraglichen Verpflichtungen der Vertragsparteien. Selbst wenn ein dem Nutzungsrechts- oder Lizenzvertrag zugrunde liegender Vertrag von beiden Parteien noch nicht vollständig erfüllt wurde (d.h. vor allem bei pachtähnlichen Nutzungsrechtsverträgen), bleibt der vom Insolvenzgericht eingesetzte vorläufige Insolvenzverwalter bei der **Insolvenz des Lizenznehmers** (z.B. eines Filmverleihs), soweit dies für das Schuldnervermögen nützlich ist, zur weiteren, vertragsgemäßen Auswertung des Films berechtigt, auch ohne sich ausdrücklich für die weitere Erfüllung entscheiden zu müssen (diese Wahl trifft der Insolvenzverwalter erst nach Verfahrenseröffnung). Die dafür fällige Vergütung muss er dann voll aus der Masse an den Lizenzgeber zahlen, um die vertragsgegenständlichen Nutzungsrechte nicht infolge der nach Antragstellung eintretenden Zahlungsrückstände z.B. durch Kündigung zu verlieren (§ 112 InsO gilt insoweit nicht, siehe Rdnr. 1065).

1062 Beispiel: In der Insolvenz eines Filmverleihs wird die Auswertung der vom Filmproduzenten lizenzierten Nutzungsrechte auf Anordnung des vorläufigen Insolvenzverwalters fortgesetzt. Die vertraglich geschuldete Erlösbeteiligung aus der fortgesetzten Auswertung ist nach der Verfahrenseröffnung voll an den Filmproduzenten zu bezahlen, selbst wenn der Insolvenzverwalter dann die weitere Erfüllung des Vertrags ablehnt.

1063 Beispiel: Will der vorläufige Insolvenzverwalter allerdings weitere Leistungen aus dem Vertrag in Anspruch nehmen (z.B. Erlaubnis zur Ziehung von Filmkopien von einem Negativ an einem weiteren Film aus einem erworbenen Lizenzpakets), kann der Lizenzgeber dies von einer Sicherheitsleistung (z.B. Bardepot) abhängig machen.

1064 Ein automatischer Rechterückfall tritt allein durch die Antragstellung nicht ein. Auch in der **Insolvenz des Lizenzgebers** kann der Lizenznehmer die vertragsgegenständlichen Nutzungsrechte zunächst weiter auswerten und muss die dafür geschuldete Gegenleistung (v.a. Zahlung der Lizenzgebühr) an den vorläufigen Insolvenzverwalter erbringen. Dem vorläufigen Insolvenzverwalter steht es aber in beiden Fällen stets frei, den Vertrag mit Lizenzgeber oder Lizenznehmer einvernehmlich auflösen.

3.2. Schutz des insolventen Lizenznehmers vor insolvenzbedingtem Rechtsverlust

1065 Infolge einer gesetzlichen **Kündigungssperre** (§ 112 InsO), die entsprechend auch für pachtähnliche Nutzungsrechts- und Lizenzverträge gilt, wird der insolvente Lizenznehmer vor einem insolvenzbedingten Verlust der Nutzungsrechte während des Verfahrens über die Eröffnung des Insolvenzverfahrens geschützt. **Ab Stellung des Insolvenzantrags** kann der Lizenzgeber daher den Vertrag mit dem insolventen Lizenznehmer nicht wegen vor Antragstellung **rückständiger Lizenzzahlungen** (§ 112 Nr. 1 InsO) oder Verschlechterung der Vermögensverhältnisse kündigen (§ 112 Nr. 2 InsO). Gleiches gilt auch bei insolvenzbedingter Nichtauswertung vor Antragsstellung. Die in Lizenzverträgen üblichen Vertragsklauseln, die den Lizenzgeber bei Insolvenz des Lizenznehmers zur **Kündigung** oder **Lösung** vom Vertrag berechtigen oder sogar einen automatischen **Rechterückfall** vorsehen, greifen daher nicht (§ 119 InsO). Allerdings bleiben verzugsbedingte Kündigungen, die der Lizenznehmer bereits vor Antragstellung erhalten hat, wirksam. Eine Kündigung wegen Rückständen, die erst nach Antragsstellung angefallen sind, bleibt weiterhin möglich, denn der vorläufige Insolvenzverwalter wird diese voll aus der Masse tilgen, um die vertragsgegenständlichen Nutzungsrechte nicht zu verlieren (nur beim „starken" vorläufigen Insolvenzverwalter ist die infolge Weiterauswertung vertraglicher Nutzungsrechte ab Antragstellung fällige Gegenleistung Masseschuld, § 55 Abs. 2 Satz 2 InsO, siehe Rdnr. 1020). In der **Insolvenz des Lizenzgebers** hingegen ist der Lizenznehmer nicht vor insolvenzbedingten Kündigungs- und Lösungsrechten geschützt. Ist ein solches vorgesehen, kann bereits der vorläufige Insolvenzverwalter dieses ausüben oder z.B. wegen Zahlungsverzug kündigen.

4. Insolvenzverwalterwahlrecht nach Verfahrenseröffnung (§ 103 InsO)

4.1. Grundsätzliche Anwendung des § 103 InsO

Nach Eröffnung des Insolvenzverfahrens sind vertragliche Ansprüche sowohl des Gläubigers als auch des Schuldners grundsätzlich nicht mehr durchsetzbar. Urheberrechtliche Nutzungsrechts- und Lizenzverträge als gegenseitige Verträge **unterfallen** grundsätzlich dem **Wahlrecht des § 103 InsO**, wenn sie weder vom Schuldner noch von seinem Vertragspartner entweder vollständig oder nur teilweise erfüllt wurden. Die Sonderregeln für pachtähnliche Dauerschuldverhältnisse (§§ 108 ff. InsO), die das Wahlrecht ausschließen und den Fortbestand des Vertrags anordnen (damit auch einen Rechterückfall ausschließen), gelten anders als noch im Konkursrecht nicht. Die Ausweitung des Wahlrechts aus § 103 InsO hat zur Folge, dass bei **Nutzungsrechts- und Filmlizenzverträgen**, die weder vom Lizenznehmer noch vom Lizenzgeber zur Zeit der Verfahrenseröffnung vollständig erfüllt wurden, der Insolvenzverwalter durch Ablehnung der Erfüllung den Vertrag endgültig beenden kann. 1066

Diese Rechtsänderung hat für die Praxis wesentliche Auswirkungen, denn die herrschende Meinung stuft **Nutzungsrechts- und Filmlizenzverträge** weitgehend als pachtähnliche Dauerschuldverhältnisse ein. Dies führte im alten Konkursrecht in der Insolvenz des Lizenzgebers weitgehend zur Insolvenzfestigkeit der vertragsgegenständlichen Nutzungsrechte. Das nunmehr ausschließlich geltende Wahlrecht des Insolvenzverwalters nach § 103 InsO kann es dem Insolvenzverwalter vor allem in der 1067

Insolvenz des Lizenzgebers ermöglichen, dem Lizenznehmer durch Ablehnung der weiteren Vertragserfüllung die Nutzungsrechte oder Nutzungsberechtigungen zu entziehen. Hinsichtlich der Ausübung des Wahlrechts kann der Insolvenzverwalter, selbst wenn der Gläubiger diese von ihm verlangt, bei Nutzungsverhältnissen wie urheberrechtlichen Nutzungsrechts- und Filmlizenzverträgen das Wahlrecht **erst nach dem Berichtstermin** und damit nach der Entscheidung der Gläubiger über die Fortsetzung des Schuldnerunternehmens ausüben (§ 107 Abs. 2 UrhG analog).

4.2. Folgen bei Erfüllungswahl

1068 Wählt der Insolvenzverwalter in der **Insolvenz des Lizenzgebers** die Erfüllung des Nutzungsrechts- oder Lizenzvertrags, bleiben die Nutzungsrechte bzw. die Nutzungsberechtigung beim Lizenznehmer. Der Insolvenzverwalter kann aufgrund der Wirkungen der Verfahrenseröffnung die durch die Weiterausführung des Vertrags infolge Erfüllungswahl fälligen Lizenzzahlungen für die Masse geltend machen, selbst wenn diese Zahlungsansprüche vor der Insolvenz (z.B. einem Kreditinstitut zur Sicherheit eines Produktionsdarlehens) im Voraus abgetreten wurden. Besonderheiten gelten hier aber in bestimmten Fällen der Drittfinanzierung des Erwerbs oder Herstellung der lizenzierten Nutzungsrechte (§ 108 Abs. 1 Satz 2 InsO analog, s.u. Rdnr. 1093).

1069 Auch in der **Insolvenz des Lizenznehmers** bleibt dieser zur Weiternutzung berechtigt, wobei der Insolvenzverwalter die entsprechende Gegenleistung grundsätzlich vollständig aus der Masse erbringen muss (§ 55 Abs. 1 Nr. 2 InsO). Bei Verfahrenseröffnung rückständige Lizenzzahlungen sind aufgrund der oft vorliegenden Teilbarkeit des Vertrags auch bei Erfüllungswahl nur einfache, anzumeldende Insolvenzforderungen, es sei denn die Rückstände wurden von einem „starken" vorläufigen Insolvenzverwalter während des Eröffnungsverfahrens begründet (siehe Rdnr. 1061; zur Teilbarkeit s.u. ausführlich Rdnr. 1088 ff.). Der Insolvenzverwalter muss daher nur die volle Gegenleistung für die nach Verfahrenseröffnung erfolgende Nutzung der Rechte aus der Masse erbringen (§ 55 Abs. 1 Nr. 2 InsO). So kann der Insolvenzverwalter bei günstigen Lizenzverträgen durch Erfüllungswahl die Nutzungsrechte weiter auswerten, gewinnbringend weiterveräußern oder sublizenzieren. Überträgt der Insolvenzverwalter Nutzungsrechte an einem Film im Zuge der Verwertung an einen Dritten, so **haftete der Erwerber** nach der wohl h.M. entgegen § 90 Satz 1 UrhG gegenüber den am Film beteiligten Urhebern (Regisseur, Autor) für deren **Ansprüche gegenüber dem Filmproduzenten**, die noch nicht erfüllt wurden (§ 34 Abs. 4 UrhG, z.B. Erlösbeteiligungen vor allem bei Rückstellungen). Nach der Neufassung des § 90 Satz 1 UrhG im Zuge der letzten Urheberrechtsreform ist dies nicht mehr haltbar. Diese Haftung entfällt ansonsten nur, wenn die betroffenen Ur-

G. Insolvenz

heber der Weiterübertragung ausdrücklich zustimmten (in der Praxis z.T. schwierig).

4.3. Folgen bei Erfüllungsablehnung

Lehnt der Insolvenzverwalter hingegen die weitere Erfüllung ab, bleibt 1070 es bei der mit der Verfahrenseröffnung eingetretenen Undurchsetzbarkeit der vertraglichen Ansprüche.

4.3.1. Erlöschen von schuldrechtlichen Nutzungsberechtigungen

Bei rein **schuldrechtlichen Lizenzen** (z.B. **Filmmiete**) erlischt automa- 1071 tisch die Nutzungsberechtigung. Der Vertragspartner kann seinen Nichterfüllungsanspruch nur als Insolvenzgläubiger geltend machen (§ 103 Abs. 2 Satz 1 InsO).

4.3.2. Rückfall der vertraglichen Nutzungsrechte

Bei allen sonstigen Nutzungsrechts- und Lizenzverträgen, die **Nut-** 1072 **zungsrechte** (§ 31 Abs. 1 UrhG) zum Gegenstand haben, tritt nach der **herrschenden Meinung** im urheberrechtlichen Schrifttum mit der insolvenzbedingten Beendigung des Vertrags durch Anlehnung der Erfüllung grundsätzlich ein **automatischer Rückfall der Nutzungsrechte** an den Lizenzgeber ein, weil im Urheberrecht das Nutzungsrecht mit dem Schicksal des schuldrechtlichen Vertrags verbunden ist (sog. Kausalitätsprinzip, vgl. § 9 VerlG, so Schricker–*Schricker* Urheberrecht, Vor §§ 28 ff. Rdnr. 61; *Nordemann/Fromm/Hertin*, Urheberrecht, Vor § 31 Rdnr. 10; *OLG Hamburg*, ZUM 2001, 1005, 107 ff.). Dies soll für alle Verträge mit Urhebern sowie für Verträge gelten, durch die ein Lizenznehmer eine beschränkte Sublizenz erteilt (i.S.d. § 85 Abs. 1 UrhG z.B. Vergabe von Videorechten durch einen Filmverleih), nur nicht, wenn eine vollständige Weiterübertragung von Nutzungsrechten erfolgt ist (§ 34 Abs. 1 UrhG, z.B. Rechtehandel). Dies bedeutet, dass die vertraglichen Nutzungsrechte vor allem bei Insolvenz des Lizenzgebers während der Lizenzzeit nicht mehr insolvenzfest wären, da der Insolvenzverwalter durch Ablehnung der weiteren Erfüllung einen Rechterückfall auslösen kann.

Nach **anderer Ansicht** muss gerade im Filmvertragsrecht aus gesteiger- 1073 ten Verkehrsschutzgründen der Lizenzgeber nur Rückübertragung bzw. Aussonderung des Nutzungsrechts verlangen können (für eine Geltung des Abstraktionsprinzips, vgl. *Schwarz/Klingner*, GRUR 1998, 103, 112; *Hausmann*, ZUM 1999, 914, 921; *Schack*, Rdnr. 525–527, Rdnr. 942). Im Ergebnis werden dadurch erteilte Sublizenzen geschützt, da bei Unmöglichkeit der Rückübertragung bzw. Aussonderung infolge Weiterübertragung oder Sublizenzierung kein Durchgriff ermöglicht wird. Schließlich wird auch argumentiert, dass ein automatischer Rückfall zumindest bei außerordentlicher Vertragsbeendigung (wie z.B. durch Insolvenz) ausscheidet, wenn die Parteien die freie Weiterübertragbarkeit eines eingeräumten Nutzungsrechts (wie oft in der Praxis) ausdrücklich vereinbart haben oder eine Weiterübertragung bzw. Sublizenzierung der Nutzungsrechte vom Lizenzgeber genehmigt wurde. Eine klarstellende Stellungnahme der Rechtsprechung steht noch aus.

4.3.3. Erlöschen von Sublizenzen

1074 Für die filmrechtliche Praxis ist die Folgeproblematik von besonderer Bedeutung, inwieweit die Sublizenznehmer auf nachfolgenden Lizenzstufen bei einem insolvenzbedingten Rückfall der Nutzungsrechte auf einer in der Rechtekette vorgelagerten Erwerbsstufe ihre erworbenen Nutzungsrechte verlieren. Die hierzu vertretenen Standpunkte entsprechen den gleichen Lagern der bereits erörterten Streitfrage. Die wohl herrschenden Meinung im urheberrechtlichen Schrifttum geht davon aus, dass der Sublizenznehmer die Rechte nur insoweit erwerben kann, wie sie in der Person des Sublizenzgebers vorhanden sind, d.h. mit der Möglichkeit eines Rückfalls bei Beendigung eines in der Rechtekette vorangehenden Nutzungsrechtsvertrags (vgl. *Nordemann/Fromm/Hertin*, Urheberrecht, § 34 Rdnr. 15; Schricker–*Schricker*, Urheberrecht, § 33 Rdnr. 11). Wird ein Nutzungsrechtsvertrag in der vorgelagerten Rechtekette insolvenzbedingt beendet, **erlöschen** daher auch zwischenzeitlich auf nachfolgenden Lizenzstufen **erteilte Sublizenzen.**

1075 Nach **anderer Ansicht** sind selbst bei automatischem Rechterückfall im Verhältnis Lizenzgeber-Sublizenzgeber die von Letzterem erteilten Sublizenzen wirksam (vgl. *Schwarz/Klingner*, GRUR 1998, 103, 112; *Sieger*, UFITA 1978, 287, 307; *Platho*, FuR 1984, 135). Dafür spreche insbesondere der Rechtsgedanke der die Urheber schützenden Haftungsübernahme bei Weiterübertragung der Nutzungsrechte (§ 34 Abs. 4 UrhG) sowie der erforderliche Verkehrs- und Vertrauensschutz des vertragstreuen Sublizenznehmers, der keinen Einfluss auf die ihm vorgelagerten Vertragsverhältnisse besitzt. Schließlich könne bei frei übertragbaren Nutzungsrechten davon ausgegangen werden, dass der Lizenzgeber bei Fehlen entsprechender Abreden dazu berechtigt ist, vom Bestand des ursprünglichen Lizenzvertrags unabhängige Sublizenzen zu vergeben, soweit es sich um eine außerordentliche Vertragsbeendigung handelt (wie durch Insolvenz). Der Gesetzgeber hat die Klärung dieser Streitfrage bei der Reform des Urheberrechts ausdrücklich ausgelassen und der Rechtsprechung überlassen.

1076 Beispiel: Der Insolvenzverwalter eines insolventen Filmproduzenten lehnt die weitere Erfüllung eines noch nicht erfüllten Filmverleihvertrags mit einem Filmverleiher ab. Die vergebenen Nutzungsrechte fallen nach der herrschenden Meinung an den Filmproduzenten zurück. Die inzwischen an TV-Sender vergebenen Ausstrahlungslizenzen erlöschen ebenfalls. Der Filmverleiher kann seinen Schadensersatzanspruch wegen Nichterfüllung nur als Insolvenzgläubiger geltend machen.

4.4. Einordnung und Erfüllung urheberrechtlicher Nutzungsrechts- und Lizenzverträge

Diese insolvenzbedingten Folgen durch Anwendbarkeit des Wahlrechts nach § 103 InsO setzen voraus, dass der betreffende urheberrechtliche Nutzungsrechts- oder Lizenzvertrag von beiden Vertragsparteien vor Eröffnung des Insolvenzverfahrens weder ganz oder teilweise erfüllt wurde (d.h. der geschuldete Leistungserfolg bereits vor Verfahrenseröffnung eingetreten ist, § 362 Abs. 1 BGB). 1077

4.4.1. Unklarheiten hinsichtlich schuldrechtlichem Charakter

Bei der Frage, wann ein urheberrechtlicher Nutzungsrechts- und Lizenzvertrag von den Vertragsparteien jeweils erfüllt ist, sind nach umstrittener Rechtsprechung sowohl Haupt- als auch Nebenleistungspflichten zu berücksichtigen (BGHZ 58, 246, 249). Die Bestimmung der schuldrechtlichen Leistungspflichten von den in der Praxis des Filmrechts üblichen Verträge ist im Einzelfall schwierig und Gegenstand von verschiedenen juristischen Grundsatzdebatten, die bisher weder von der Rechtsprechung noch vom Gesetzgeber eindeutig entschieden wurden. Entsprechend ist es schwer, der Praxis eine klare und handhabbare Lösung zu bieten. Umstritten ist, ob urheberrechtliche Nutzungsrechts- und Lizenzverträge stets als **pachtähnliches Dauerschuldverhältnis** zu einzuordnen ist. Folge einer solchen Einordnung wäre, dass der Vertrag bei Insolvenz einer Vertragspartei während der gesamten Vertragszeit dem Wahlrecht nach § 103 InsO unterliegen würde und bei Ablehnung die Parteien des schuldrechtlichen Lizenzvertrags keine weitere Erfüllung mehr verlangen können. Dies würde selbst dann gelten, wenn der Urheber alle Nutzungsrechte für die gesamte Schutzdauer einräumt („buy-out") und der Filmproduzent die volle Vergütung bereits bezahlt hat. 1078

Davon geht die herrschende Meinung im urheberrechtlichen Schrifttum unter Berufung auf die Systematik des Urheberrechts aus, wonach das Urheberrecht als solches nicht übertragbar ist (§ 29 Satz 1 UrhG) und der Urheber daher für die gesamte Lizenzzeit zur rechtlichen Gestaltung, Rechtserhaltung und Enthaltung störender Verfügungen verpflichtet sei. Allein mit Rechtseinräumung und Materialübergabe (z.B. Drehbuch, Filmnegativ) hätte der Lizenzgeber daher nicht erfüllt (z.B. *Möhring/Nicolini/Lütje*, UrhG, § 112 Rdnr. 13 m.w.N.). Danach wären daher alle Verträge mit Urhebern Dauerschuldverhältnisse, auf die bei Insolvenz das Wahlrecht nach § 103 InsO stets anzuwenden wäre. 1079

Entsprechendes soll für Verträge gelten, in denen der Inhaber ausschließlicher Nutzungsrechte einem Dritten neue Sublizenzen vergibt, ohne seine Rechte vollständig zu übertragen (z.B. Vergabe der Verleihrechte für zehn Jahre durch den Filmproduzenten an einen Filmverleih). Für diese beschränkten Rechtseinräumungen gelte daher für die gesamte 1080 vertragliche Dauer ebenfalls das Wahlrecht des § 103 InsO, und durch Erfüllungsablehnung wird ein automatischer Rechterückfall ausgelöst. Nach der anderen Ansicht kann der Lizenzgeber mit Rechtseinräumung und Übergabe bzw. Zurverfügungstellung des Filmmaterials den Vertrag seinerseits erfüllen, soweit nicht sonstige Vertragspflichten vereinbart wurden und der Vertrag dadurch **rechtskaufähnlichen Austauschcharakter** besitzt (z.B. *Schack*, Urheber- und Urhebervertragsrecht, Rdnr. 776; *Schwarz/Klingner*, UFITA 1999 [138], 29, 44 ff.). Dies hätte zur Folge, dass das Wahlrecht keine Anwendung finden würde. In der Insolvenz des Lizenzgebers könnte der Lizenznehmer die verschafften Nutzungsrechte wie gesehen behalten und müsste nur die Gegenleistung weiter an den Lizenznehmer erbringen. Auch bei Lizenznehmerinsolvenz bliebe dieser Inhaber der Nutzungsrechte während der Lizenzgeber mit seiner Gegenleistung nur Insolvenzgläubiger wäre.

1081 **Beispiel:** Die Rechtseinräumung in einem Verfilmungsvertrag durch einen Autor an einen Filmhersteller wäre nach der hM Dauerschuldverhältnis und würde damit für die gesamte Vertragszeit dem § 103 InsO unterfallen. Dies würde auch gelten, wenn der Autor alle Nutzungsrechte für die gesamte Schutzdauer einräumt („buy-out"). Gleiches würde für Verträge des Filmherstellers gelten, der bestimmte Nutzungsrechte beschränkt an einen Sublizenznehmer vergibt.

1082 Die **Rechtsprechung** hat in Anlehnung an den Verlagsvertrag einen **Filmlizenzvertrag mit Erlösbeteiligung** des Filmproduzenten als (verlagsvertragsähnliches) Dauerschuldverhältnis eingestuft, weil den Filmverleiher während der gesamten Vertragsdauer eine Auswertungsverpflichtung trifft (*BGH* UFITA 1982, 184). Auch ein Stoffrechteverlag, der mehrere Buchvorlagen umfasste wurde als Dauerschuldverhältnis eingestuft (*OLG Schleswig*, ZUM 1995, 867, 873 – Werner Serie).

1083 **Beispiel:** Der Filmproduzent vergibt die Kino- und Videorechte für ein Territorium für zehn Jahre an einen Filmverleih und erhält wärhend der gesamten Vertragsdauer die nach Abzug der Herausbringungs- und Marketingkosten sowie der Vertriebskommission verbleibenden Erlöse.

1084 Einigkeit besteht, dass jedenfalls Lizenzverträge, die die **vollständige Weiterübertragung** i.S.d. § 34 Abs. 1 UrhG bereits eingeräumter Nutzungsrechte gegen eine Einmal- oder Ratenzahlung vorsehen, damit einmaligen (kaufähnlichen) Austauschcharakter besitzen. Solche Verträge können mit der Übertragung und Materialübergabe seitens des Lizenzgebers erfüllt sein.

1085 **Beispiel:** Übertragung aller (von beteiligten Urhebern und Leistungsschutzberechtigten abgeleiteten) Nutzungsrechte am Filmwerk durch den Filmproduzenten an einen Fernsehsender im Wege der Auftragsproduktion („buy-out") oder an einen Filmverleih („outright sale") für die gesamte Schutzdauer gegen eine Einmalgebühr.

1086 Darüber hinaus sind rein **schuldrechtliche Lizenzen** und Berechtigungen als pachtähnliche Dauerschuldverhältnisse einzuordnen und unterfallen daher stets § 103 InsO. Im Filmbereich sind dies vor allem **Film-

bestellverträge zwischen Filmverleihern und Filmtheatern (sog. „Filmmiete").

4.4.2. Allgemeine Unterscheidungskriterien

In der Praxis ist die Erfüllungsfrage **im Einzelfall** zu beantworten, wobei grundsätzlich zu unterscheiden ist, ob der jeweilige Lizenzvertrag dem Schwerpunkt nach eher als kaufähnlicher Austauschvertrag oder pachtähnliches Dauerschuldverhältnis ausgestaltet ist. Wesentliches Unterscheidungskriterium ist die **Rechtsverschaffung**. Überträgt der Lizenzgeber vertraglich erworbene Nutzungsrechte vollständig und endgültig ohne Rückerwerb nach Vertragsende an den Lizenzgeber, so spricht dies eher für eine kaufähnliche Vertragsgestaltung. Erfolgt die Nutzungsrechtsverschaffung nur zeitlich begrenzt und ist ein (i.d.R. automatischer) Rückerwerb nach Vertragsende vorgesehen, so spricht dies eher für eine pachtähnliche Vertragsgestaltung. Weiterübertragungen von Nutzungsrechten i.S.d. § 34 Abs. 1 UrhG (z.B. Übertragung von Verfilmungsrechten an einem Drehbuch durch einen Filmproduzenten) sind daher eher kaufähnlich Sublizenzierungen i.S.d. § 35 Abs. 1 UrhG (z.B. Vergabe der Kino- und Videovertriebsrechte für zehn Jahre an einen Filmverleih) eher pachtähnlich einzustufen. Darüber hinaus kann auch die **Gegenleistung** ein Indiz für den Vertragscharakter sein. Einmalzahlungen als einzige Gegenleistungspflicht sprechen eher für einen kaufähnlichen Vertrag, während nutzungsabhängige Vergütung und die sich daraus ergebenden Dauerpflichten (Erlösbeteiligung, laufende Abrechnung und entsprechende Pflicht zur Auswertung) eher für ein pachtähnliches Dauerschuldverhältnis sprechen. 1087

Einmalverträge mit Urhebern wie die einmalige Vergabe von **Verfilmungsrechten** oder Verträge mit sonstigen Filmurhebern (z.B. Regisseur, Kameramann) sowie die erstmalige **Vergabe von Einmallizenzen** (TV-Senderechte) für eine Einmalvergütung sollten entgegen der herrschenden Meinung als kaufähnliche Austauschverträge eingestuft werden, die mit der Rechtseinräumung und Materialübergabe sowie Zahlung der Vergütung als einzige Gegenleistung von beiden Parteien erfüllt sind. Eine insolvenzrechtliche Abwicklung ist für solche Verträge bei einseitiger oder beiderseitiger nicht erforderlich. Zeitlich beschränkte Nutzungsrechtsverträge, durch die sich die Parteien für die gesamte Vertragsdauer aneinander binden (vor allem mit **Abrechnungs-** und/oder **Auswertungspflichten**) wie typische Filmverleih- und Lizenzverträge, in denen Erlöse während der gesamten Lizenzdauer sind weitgehend als pachtähnliche Dauerschuldverhältnisse einzuordnen, auf die ab Verfahreneröffnung das Wahlrecht des Insolvenzverwalters anwendung findet. 1088

4.5. Beschränktes Wahlrecht bei teilweiser Erfüllung und Teilbarkeit

1089 Die **Frage, wann Leistungen** eines Lizenzvertrags teilbar sind, ist von besonderer Bedeutung, da häufig eine der Parteien vor Insolvenzeröffnung in Vorleistung gegangen ist, ohne in dem Zeitraum vor Insolvenzeröffnung die entsprechende Gegenleistung erhalten zu haben (Rdnr. 1031). Wie gesehen sind vertraglich geschuldete Leistungen teilbar, wenn sich die vor und nach Verfahrenseröffnung erbrachten Leistungen zur Zeit der Verfahrenseröffnung **objektiv feststellen und bewerten lassen** (*BGH* NZI 2002, 375 ff.).

1090 Rein schuldrechtliche Lizenzen wie die **Filmmiete** sind nach Auswertungszeit teilbar. Entscheidet sich der Insolvenzverwalter des insolventen Filmtheaters für die Fortsetzung des Vertrags, hat er künftige Filmmieten aus der Masse zu erfüllen, während der Filmverleih rückständige Filmmieten grundsätzlich nur als Insolvenzgläubiger geltend machen kann. Entsprechend können urheberrechtliche Nutzungsrechtsverträge, die Nutzungsrechte pachtähnlich für eine bestimmte Lizenzzeit einräumen und sich die Gegenleistung entsprechend zuordnen lassen (z.B. **Filmlizenzvertrag** mit periodischer Lizenzzahlung und/oder Erlösbeteiligung), ebenfalls der Lizenzzeit nach teilbar sein. Das Wahlrecht des Insolvenzverwalters beschränkt sich dann auf den Fortbestand der eingeräumten Nutzungsrechte. In der Insolvenz des Lizenznehmers sind daher bei Teilbarkeit des Vertrags selbst bei Erfüllungswahl rückständige Lizenzzahlungen nur Insolvenzforderungen. Der Insolvenzverwalter muss nur für die nach Verfahrenseröffnung fällige Vergütung die volle Gegenleistung erbringen (zu Rückständen, die nach Antragstellung angefallen sind, siehe Rdnr. 1058). Rechtskaufähnliche Nutzungsrechtsverträge oder Einmallizenzen können laut Vertragsgegenstand (Werk, Nutzungsrecht, Nutzungsart) teilbar sein, so weit sich eine entsprechende Gegenleistung feststellen lässt. Auch bei Teilbarkeit ist stets zu beachten, dass der Insolvenzverwalter das Wahlrecht nur hinsichtlich des gesamten unerfüllten Vertrags stets ausüben kann (siehe Rdnr. 1033).

1091 **Beispiel:** Hat z.B. ein insolventer TV-Sender (Lizenznehmer) ein Lizenzpaket erworben und einzelne TV-Lizenzen gegen eine Einmalgebühr bereits bezahlt, könnte der Insolvenzverwalter vom Lizenzgeber Materialübergabe verlangen, ohne Erfüllung hinsichtlich des gesamten Lizenzpakets verlangen zu müssen. Auch wenn der Insolvenzverwalter weitere Erfüllung ablehnt, könnte der Lizenzgeber die Materialien nicht aufgrund seines Nichterfüllungsanspruchs zurückhalten (§ 96 Abs. 1 Nr. 2 InsO). Alternativ könnte der Insolvenzverwalter die geleistete Zahlung zurückfordern, wobei allerdings der Lizenzgeber diesen dann mit seinem Schadensersatzanspruch verrechnen könnte (nachteilig). Wurden umgekehrt dem insolventen Fernsehsender bereits einzelne TV-Lizenzen eingeräumt, ohne dass dieser dafür die volle Vergütung erbracht hatte, wäre die rückständige Vergütung Insolvenzforderung, selbst wenn der Insolvenzverwalter Erfüllung wählt. Dabei könnte der Insolvenzverwalter bei einem einheitlichen Lizenzpaket aber nur Erfüllung des gesamten, noch zu erfüllenden Vertrags teils verlangen.

1092 **Beispiel:** Hat z.B. ein TV-Sender die Lizenzgebühr einer TV-Lizenz eines Lizenzpakets bereits an den insolventen Filmproduzenten bezahlt, aber z.B. die Materialien noch nicht erhalten, wäre der entsprechende Anspruch nur in Geld umzurechnende Insolvenzforderung. Hat der insolvente Filmproduzent andererseits Nutzungsrechte und Filmmaterialien an einer TV-Lizenz bereits unbedingt eingeräumt, aber noch nicht die volle Vergütung erhalten, kann der Insolvenzverwalter diese verlangen, ohne weitere Erfüllung wählen zu müssen. Die bereits verschafften Nutzungsrechte sind insolvenzfest.

Beispiel: Ein Stoffrechtevertrag umfasst mehrere noch herzustellende Drehbücher. **1093** Nach Fertigstellung und Übergabe des ersten Manuskripts wir der Filmproduzent insolvent. Der Insolvenzverwalter kann das abgelieferte Drehbuch weiter auswerten ohne hinsichtlich der weiteren Drehbücher Erfüllung des Vertrags wählen zu müssen.

4.6. Insolvenzfestigkeit und Ausschluss des Wahlrechts bei Drittfinanzierung

Das Wahlrecht nach § 103 InsO kann ausgeschlossen sein, wenn der **1094** insolvente Lizenzgeber die lizenzierten Nutzungsrechte durch einen Dritten finanziert hat. Wurde z.B. dem insolventen Filmproduzenten ein Produktionsdarlehen zur Verfügung gestellt und einem Kreditinstitut zur Sicherung des Darlehens (wie in der Regel) alle Nutzungsrechte am produzierten Film sowie die Erlös- und Lizenzansprüche aus künftig vom Filmproduzenten abzuschließenden Verwertungs- und Filmlizenzverträgen übertragen, bestehen diese über die Verfahrenseröffnung mit Wirkung für die Insolvenzmasse hinaus fort (§ 108 Abs. 1 Satz 2 InsO analog). Diese für Miet- und Pachtverhältnisse geltende Vorschrift kann entsprechend **auf pachtähnliche Filmlizenzverträge** des insolventen Filmproduzenten angewendet werden. Damit wollte der Gesetzgeber vermeiden, dass entsprechend der Rechtsprechung des BGH bei Erfüllungswahl die Abtretung der künftigen, nach Verfahrenseröffnung infolge Weiterauswertung entstehenden Zahlungsansprüche des Lizenznehmer ins Leere geht (z.B. BGHZ 106, 236, 240 ff. und vgl. § 91 InsO). Damit könnten künftige Vergütungs- und Lizenzansprüche nicht mehr als insolvenzfestes Sicherungsmittel eingesetzt werden. Durch Anordnung des **Fortbestands des Vertrags und Ausschluss des Wahlrechts** greift die Vorausabtretung, und das Kreditinstitut behält (bis zur Tilgung des Darlehens) das durch die Sicherungszession an den künftigen Zahlungsansprüchen begründete Absonderungsrecht und kann diese entsprechend des in der Regel im Sicherungsvertrag getroffenen Verwertungsrechts im Insolvenzfall selbst einziehen, wenn die Abtretung dem Dritten angezeigt wurde. Andernfalls erfolgt der Einzug durch den Insolvenzverwalter (§ 166 Abs. 2 Satz 1 InsO). Entsprechendes kann auch für Fälle gelten, in denen der insolvente Lizenzgeber die lizenzierten Nutzungsrechte nur erworben hat und dieser Erwerb durch ein Kreditinstitut finanziert wurde (Lizenzhandel).

5. Folgen der Neuregelung für die Praxis

5.1. Insolvenz des Lizenznehmers

1095 So weit ein urheberrechtlicher Nutzungsrechts- oder Lizenzvertrag als Dauerschuldverhältnis einzuordnen ist, sind jedenfalls in der **Insolvenz des Lizenznehmers** die Folgen dieser Grundsatzfragen gering. Auch nach der alten Rechtslage besaß der Konkursverwalter des insolventen Lizenznehmers das Recht, pachtähnliche Nutzungsrechts- und Lizenzverträge insolvenzbedingt zu kündigen und den von der herrschenden Meinung angenommenen automatischen Rechterückfall herbeizuführen. Neu ist der zusätzliche Schutz des insolventen Lizenznehmers im Eröffnungsverfahren infolge **analoger Anwendung der zwingenden Kündigungssperre § 112 InsO**, soweit sich diese Kündigung auf rückständige Lizenzzahlungen vor Antragstellung oder auf die Verschlechterung der Vermögensverhältnisse des Lizenznehmers stützt. Ein Rechterückfall an den Lizenzgeber kommt daher insoweit auch durch Konkurs-, Auflösungs- oder Rückfallklauseln nicht in Frage. Entscheidet sich der Insolvenzverwalter für die ab Antragstellung Fortführung des Vertrags, werden die künftig fälligen Lizenzforderungen Masseschulden (§ 55 Abs. 1 Nr. 2 Alt. 1 InsO). Kommt der Verwalter (auch der vorläufige) mit der Zahlung der Lizenzgebühren oder Erfüllung sonstiger vertraglicher Gegenleistungspflichten nach Antragstellung oder Verfahrenseröffnung in Verzug, kann der Lizenzgeber unbeschränkt wegen Verzugs kündigen oder sich auf einen Rückfall berufen. Erfüllt der Insolvenzverwalter den Vertrag also weiter, dann verbleiben die vertragsgegenständlichen Nutzungsrechte bei der Insolvenzmasse und können durch Auswertung oder, so weit zulässig, auch weiterübertragen werden, wenn das Schuldnerunternehmen vollständig liquidiert wird.

5.2. Keine Insolvenzfestigkeit bei Lizenzgeberinsolvenz

1096 Die durch die Neuregelung des InsO verschärfte **Problematik der Insolvenzfestigkeit** urheberrechtlicher Nutzungsrechte und Lizenzen stellt sich vor allem, weil die herrschende Meinung urheberrechtliche Nutzungsrechts- und Lizenzverträge weitgehend als pachtähnliche Dauerschuldverhältnisse einordnet und durch Möglichkeit der Erfüllungsablehnung durch den Insolvenzverwalter des insolventen Lizenzgebers einen automatischen Rechterückfall und Erlöschen aller nachfolgenden Lizenzen innerhalb der Rechtekette annimmt. Die Insolvenz erlaubt es daher dem Insolvenzverwalter, diese Verträge insolvenzbedingt zu beenden und dem Lizenznehmer, der z.B. bereits einen großen Teil der Lizenzgebühr bezahlt und Investitionen in die Auswertung getätigt hat (z.B. Marketingmaßnahmen für einen Kinostart), die Nutzungsrechte zu entziehen. Praxisrelevant ist dies vor allem für zeitlich beschränkte Filmlizenzverträge (z.B. Filmverleihvertrag mit Erlösbeteiligung). Wie gesehen sollten sich diese Folgen nur auf solche Verträge beschränken, bei denen beiderseits die Erfüllung noch zu keinem Teil begonnen wurde oder bei denen der Lizenznehmer nicht nur eine Einmalleistung, sondern weitere Pflichten (z.b. Auswertung, fortlaufende Zahlung) über die gesamte Vertragsdauer zu erfüllen hat.

Der Fall der **Urheberinsolvenz** hingegen wird eher keine Rolle spielen, denn meistens wird eine außergerichtliche Schuldenbereinigung erfolgen. Der Insolvenzverwalter des Lizenzgebers wird zudem nach Fertigstellung des Films in der Regel Erfüllung wählen, um hohe Schadensersatzforderungen (und eine persönliche Haftung) infolge des mit der Ablehnung der Erfüllung nach der herrschenden Meinung eintretenden Rechterückfalls und der damit verursachten Unverwertbarkeit des Films zu vermeiden. Darüber hinaus sollten **Einmallizenzen** (so wie die einmalige Vergabe der Verfilmungsrechte oder TV-Lizenzen gegen eine Einmalgebühr) oder sonstige, rechtskaufähnlich ausgestaltete Austauschverträge wie in der Regel **Weiterübertragungen** abgeleiteter Nutzungsrechte durch den Lizenznehmer der ohne Vereinbarung weiterer Pflichten mit Rechtsverschaffung und Materialübergabe auch vom Lizenzgeber weitgehend erfüllt sein und damit § 103 InsO ausscheiden.

1097

5.3. Juristische Diskussion

In der juristischen Literatur werden verschiedene Möglichkeiten diskutiert, um eine Insolvenzfestigkeit der Nutzungsrechte bei Lizenzgeberinsolvenz zu erreichen. Einerseits wird aus **Treu und Glauben (§ 242 BGB)** eine Pflicht des Insolvenzverwalters zur Rücksichtnahme begründet, zumindest für eine bestimmte Zeit eine Vertragsfortführung zu ermöglichen (z.B. zur Beendigung der begonnenen Kinoauswertung; Münchner Kommentar InsO, *Eckert*, § 108 Rdnr. 171; *Brandt*, NZI 2001, 337, 342). Andererseits soll zumindest für kaufähnliche Nutzungsrechte- und Lizenzverträge (z.B. „buy-out" des Urhebers) **§ 107 Abs. 1 InsO analog** angewendet werden (*Pape*, in: Kölner Schrift zur Insolvenzordnung, S. 531, 561 m.w.N.). Damit könnte der Lizenznehmer vom Insolvenzverwalter weiterhin Erfüllung des Lizenzvertrags verlangen (ähnlich der Regelung im US-amerikanischen Insolvenzrecht § 365 (n) Bankruptcy Code). Schließlich wird die Insolvenzfestigkeit von urheberrechtlichen Nutzungsrechten bei Insolvenz des Lizenzgebers mit dem Argument begründet, dass zumindest wenn der Lizenzgeber seine vertraglichen Pflichten weiter erfüllt, der von der herrschenden Meinung zum Schutz des Urhebers und Lizenzgebers geforderte **Rechterückfall nicht geboten** ist (*Wallner*, NZI 2002, 70 ff.). Die derzeit herrschende Meinung geht aber dennoch von der Möglichkeit eines insolvenzbedingten Rechterückfalls bei Erfüllungsablehnung pachtähnlicher Nutzungsrechts- und Lizenzverträge aus. Es kann nur gehofft werden, dass hierzu bald eine höchstrichterliche Stellungnahme erfolgt. Bis dahin bleibt die Unsicherheit für die Praxis.

1098

5.4. Vertragliche Regelungsmöglichkeiten

1099 Selbst nach der herrschenden Meinung im urheberrechtlichen Schrifttum kann die Geltung des Abstraktionsprinzips und damit der Schutz vor einem automatischen Rechterückfall vertraglich vereinbart werden. Vor allem Sublizenznehmer können sich daher vor einem Rechterückfall der erworbenen Rechte durch Bruch der Rechtekette auf vorliegenden Lizenzstufen absichern. Die übliche Versicherung des Sublizenzgebers, dass seine Nutzungsrechtsverträge mit Urhebern und Lizenzgebern keine auflösenden Bedingungen, insbesondere keine Konkurs- und Insolvenzklauseln enthalten, wird im Insolvenzfall bei Geltung des Kausalitätsprinzips wenig helfen. Der Sublizenznehmer sollte daher darauf bestehen, dass in allen Verträgen mit Urhebern und sonstigen Lizenzgebern ausdrücklich die Fortgeltung der vertragsgegenständlichen Nutzungsrechte sowie der selbst an Dritte eingeräumten und weiter übertragenen Nutzungsrechte für den Fall der Beendigung des schuldrechtlichen Lizenzvertrags (auch nachträglich) festgelegt wird. Zusätzlich sollte er sich die entsprechenden Verträge der Rechtekette vorlegen lassen und prüfen. Hinsichtlich des Fortbestands bereits erfolgter Verfügungen über Nutzungsrechte kann für einen solchen Schutz des Erwerbers bei Fehlen besonderer Abreden mit einer stillschweigenden Einwilligung des Urhebers bzw. Lizenzgebers argumentiert werden, die den Bestand der Sublizenz zumindest bei außerordentlicher Vertragsbeendigung wie bei Insolvenz begründet.

V. Möglichkeiten der Kreditsicherung in der Insolvenz

1100 Grundsätzlich können vor Eröffnung des Insolvenzverfahrens Sicherheiten am Vermögen des Schuldners bestellt werden. Typische Kreditsicherungsverträge beinhalten in der Regel die Sicherungsübertragung aller am besicherten Film bestehenden Nutzungsrechte, die Sicherungübereignung des Filmnegativs sowie die Sicherungszession von bestehenden und künftigen Erlösforderungen. Möglich ist auch die Bestellung eines Vertragspfandrechts, §§ 1204 ff. BGB. Der Sicherungsnehmer (i.d.R. ein Kreditinstitut) besitzt an den besicherten Vermögensgegenständen des insolventen Schuldners nur ein Absonderungsrecht (vgl. §§ 50, 51 InsO).

1101 Vermögensgegenstände des Schuldners, an denen ein Absonderungsrecht besteht, werden gesondert verwertet und der Erlös unverzüglich zur Befriedigung des absonderungsberechtigten Gläubigers verwendet. Die neu geregelten Verwertungsvorschriften gehen vom grundsätzlichen Verwertungsrecht des Verwalters aus, insbesondere von Sachen, die sich in dessen Besitz befinden und sicherungshalber abgetretene Forderung (Einziehung durch den Verwalter, Einziehung durch den Sicherungsnehmer nur, wenn die Abtretung dem Dritten angezeigt wurde), vgl. §§ 165, 166 InsO. Verpfändete Forderungen hingegen kann der Pfandnehmer selbst einziehen. Für Immaterialgüterrechte wie urheberrechtliche Nutzungsrechte besteht Streit, ob die Verwertung auch hier in die Zuständigkeit des Insolvenzverwalters fällt (vgl. § 173 InsO, vgl. *Wallner*, Die Insolvenz des Urhebers, S. 111 ff. m.w.N.). Die wohl herrschende Meinung geht von einem Verwertungsrecht des Insolvenzverwalters aus. Hinsichtlich besicherter, künftiger Erlösforderungen ist der Sicherungsnehmer im Fall des § 108 Abs. 1 Satz 2 InsO geschützt, denn dieser führt zur Insolvenzfestigkeit der Sicherungszession (s.o. Rdnr. 1090).

VI. Schlussbewertung

Die Neuregelung des Insolvenzrecht hat die Lage des Schuldners 1102 verbessert, vor allem weil der Schutz des Unternehmens und damit die Möglichkeit der Sanierung gestärkt wurden. Allerdings wird aus den Ausführungen deutlich, dass es innerhalb der insolvenzrechtlichen Behandlung von urheberrechtlichen Nutzungsrechts- und Lizenzverträgen viele Unklarheiten gibt, die z.T. nicht im Insolvenzrecht selbst ihre Ursache haben. Erschwerend kommt hinzu, dass es der Gesetzgeber bei der Neuregelung des § 103 InsO versäumt hat, auf die Besonderheiten von Immaterialgüterrechten wie dem Urheberrecht Rücksicht zu nehmen, da die Vorschriften weitgehend auf die klassische Unterscheidung bewegliche/unbewegliche Sache und Recht/Forderung ausgerichtet sind. Für den Rechtsverkehr problematisch ist vor allem die **Neuregelung der InsO bei der Insolvenz des Lizenzgebers**. Die Anwendung des § 103 InsO kann hier unter Zugrundelegung der herrschenden Meinung im Urheberrecht zu unbilligen Ergebnissen führen, auch wenn in der Praxis die Ablehnung der Erfüllung zumindest bei Insolvenz eines Urhebers eines sich in Auswertung befindenden Films sehr unwahrscheinlich ist. Letztendlich werden die Folgen dieser Rechtsunsicherheit leider den nicht-insolvenzbedrohten Lizenzgeber treffen, denn Lizenznehmer werden künftig vorsichtiger sein, große Vorinvestitionen und Minimumgarantien zu erbringen, wenn weiterhin das Risiko besteht, dass die eingeräumten Rechte bei Insolvenz des Lizenzgebers auch während der Auswertung zurückfallen können.

Die nachträgliche Einführung des § 108 Abs. 1 Satz 2 InsO führt zu- 1103 mindest zu einem mittelbaren Schutz des Lizenznehmers in Fällen, in denen die vom insolventen Lizenzgeber lizenzierten Nutzungsrechte drittfinanziert wurden. Aber auch der Anwendungsbereich dieser Vorschrift ist noch nicht vollständig geklärt. Die in der Literatur vorgeschlagenen Lösungen, die eine Insolvenzfestigkeit vertraglicher Nutzungsrechte in der Lizenzgeberinsolvenz zu begründen versuchen, können die Rechtssicherheit bis zu einer höchstrichterlichen Entscheidung oder einer Neuregelung durch den Gesetzgeber jedenfalls nicht vollständig beseitigen. Nachdem in den USA das gleiche Problem auftrat, wurde eine Regelung eingeführt, die den Fortbestand von Lizenzverträgen bei Insolvenz des Lizenzgebers festschreibt, wenn der Lizenznehmer dies verlangt (vgl. § 365 (n) US-Bankruptcy Code). Diese Unklarheiten sind wahrscheinlich Erklärung dafür, dass in der bisherigen Praxis der Insolvenzen im Filmbereich oft eine einvernehmliche Lösung mit den Gläubigern über den Bestand und Fortbestand von Rechten am Film gefunden wurde (z.B. durch eine Übernahmelösung, d.h. durch Veräußerung einzelner Unternehmensteile mit Zustimmung der Gläubiger kombiniert mit einer Neuverhandlung der bestehenden Lizenzvertäge).

Anhang

Quellen: *Frentz/Marrder,* Filmrechtehandel mit Unternehmen in der Krise – Risiken und Lösungen, ZUM 2003, 94 ff.; *Hausmann,* Auswirkungen der Insolvenz des Lizenznehmers auf Filmlizenzverträge nach geltendem und künftigem Insolvenzrecht, in: Becker/Schwarz (Hrsg.), Festschrift Wolf Schwarz: Aktuelle Probleme der Filmlizenz, 1998, S. 81 ff.; *ders.*, Insolvenzklauseln und Rechtefortfall nach der neuen Insolvenzordnung, ZUM 1999, 914 ff.; *Schwarz/Klingner,* Rechtsfolgen der Beendigung von Lizenzverträgen, GRUR 1998, 103 ff.; *dies.*, Mittel der Finanzierungs- und Investitionssicherung im Medien- und Filmbereich, UFITA 1999, (138), 29, 44 ff.; *Wallner,* Die Insolvenz des Urhebers, 2001; *ders.*, Insolvenzfeste Nutzungsrechte und Lizenzen an Software, NZI 2002, 70 ff.

Anhang I

Vor- und Nachkalkulationsschema
(Spiel- und Dokumentarfilm) vom _____

für den Film: _____

Produktion:	_____	Format: Aufnahme	_____
Produzent:	_____	Format: Endfassung	_____
Produktionsleitung:	_____	Sprach-Version:	_____
Regie:	_____	Länge:	_____
Kamera:	_____		
Szenenbildner:	_____		
Cutter:	_____		
Vorgesehene Ateliers:	_____	Vorgesehene Digitale Studios:	_____
Orte der Außenaufnahmen:	_____	Digitale Bearbeitung insgesamt:	_____ Tage
a) Inland:	_____	a) Inland:	_____ Tage
b) Ausland:	_____	b) Ausland:	_____ Tage
Geplanter Drehbeginn:	_____	Rohschnitt:	_____ Tage
Bautage, Atelier:	_____	Feinschnitt:	_____ Tage
Außenbau:	_____	Sprachaufnahmen:	_____ Tage
Originalmotive:	_____	Geräuschaufnahmen:	_____ Tage
insgesamt:	_____	Musikaufnahmen:	_____ Tage
Drehtage, Atelier:	_____	Mischung:	_____ Tage
Originalmotive:	_____	Ablieferung der 0-Kopie am:	_____
insgesamt:	_____		
Reisetage:	_____		
Geplanter Drehschluss:	_____		

Anhang

Zusammenstellung

	Position	Name	Kostenvoranschlag	endgültige HerstellungsKosten	Abweichung
I.	**Vorkosten**				
II.	**Rechte und Manuskript**				
III.	**Gagen**				
a)	Produktionsstab				
b)	Regiestab				
c)	Ausstattungsstab				
d)	Sonstiger Stab				
e)	Darsteller				
f)	Musiker				
g)	Zusatzkosten Gagen				
IV.	**Atelier**				
a)	Atelier-Bau				
b)	Außenbau durch Atelier				
c)	Atelier-Dreh				
d)	Abbau Atelier und Außenbau				
V.	**Ausstattung und Technik**				
a)	Genehmigung und Mieten				
b)	Bau und Ausstattung				
c)	Technische Ausrüstung				
VI.	**Reise- und Transportkosten**				
a)	Personen				
b)	Lasten				
VII.	**Filmmaterial und Bearbeitung**				
VIII.	**Endfertigung**				
IX.	**Versicherungen**				
X.	**Allgemeine Kosten**				
XI.	**Kostenmindernde Erträge (./.)**				

I. Vor- und Nachkalkulationsschema

	Position	Name	Kostenvoranschlag	endgültige Herstellungs-Kosten	Abweichung
A.	Fertigungskosten				
B.	Handlungskosten	% v A			
C.	Überschreitungsreserve	% v A			
D.	Zwischensumme				
E.	Finanzierungskosten (Anlage)				
F.	Treuhandgebühren				
G.	Completion Bond Kosten				
H.	Herstellungskosten				

_____, den _____

_____   _____   _____
Produzent   Regisseur   Produktionsleiter

Anhang

Position	Name	Kostenvor- anschlag €	endgültige Herstellungs- kosten €	Abweichung €
I. Vorkosten				
1. Casting				
2. Probeaufnahmen				
3. Motivsuche				
4. Kosten für Kalkulation und Drehplan				
5. Reisekosten				
6. Recherchekosten				
7. Rechts- und Beratungskosten				
8. Sonstiges (Anlage)				
II. Rechte und Manuskript				
9. Verfilmungsrechte/Option				
10. Drehbuch				
11. Drehbuch/Buy Out-Anteil				
12. Drehbuchbearbeitung				
13. Synchronbuch				
14. Archivrechte				
15. Ausschnittrechte				
16. Textrechte				
17. Interpretationsrechte (Musik)				
18. Verlagsrechte (Musik)				
19. Kompositionsrechte Filmmusik				
20. Dolby Lizenz				
21. Sonstiges (Anlage)				
III. Gagen				
a) **Produktionsstab**				
22. Produzent				
23. Koproduzent				
24. Executive Producer				
25. Associate Producer				
26. Line Producer				
27. Herstellungsleiter Pauschale oder vom ___ bis ___	Tage = Wochen à Monate			
28. Produktionsleiter Pauschale oder vom ___ bis ___	Tage = Wochen à Monate			
29. Produktionsleiter Pauschale oder vom ___ bis ___	Tage = Wochen à Monate			
	Übertrag:			

I. Vor- und Nachkalkulationsschema

Position	Name	Kostenvor-anschlag €	endgültige Herstellungs-kosten €	Abweichung €
	Übertrag:			
30. Produktionsleiter				
Pauschale oder vom _____ bis _____	Tage = Wochen à Monate			
31. Produktionsleiter-Assistent				
Pauschale oder vom _____ bis _____	Tage = Wochen à Monate			
32. Aufnahmeleiter				
Pauschale oder vom _____ bis _____	Tage = Wochen à Monate			
33. Aufnahmeleiter				
Pauschale oder vom _____ bis _____	Tage = Wochen à Monate			
34. Aufnahmeleiter				
Pauschale oder vom _____ bis _____	Tage = Wochen à Monate			
35. Aufnahmeleiter (Syncron)				
Pauschale oder vom _____ bis _____	Tage = Wochen à Monate			
36. Produktionssekretärin				
Pauschale oder vom _____ bis _____	Tage = Wochen à Monate			
37. Produktionssekretärin				
Pauschale oder vom _____ bis _____	Tage = Wochen à Monate			
38. Kassierer				
Pauschale oder vom _____ bis _____	Tage = Wochen à Monate			
39. Filmgeschäftsführer				
Pauschale oder vom _____ bis _____	Tage = Wochen à Monate			
40. Filmgeschäftsführer				
Pauschale oder vom _____ bis _____	Tage = Wochen à Monate			
41. Filmgeschäftsführer				
Pauschale oder vom _____ bis _____	Tage = Wochen à Monate			
42. Buchhaltung				
Pauschale oder vom _____ bis _____	Tage = Wochen à Monate			
43. Lohnbuchhaltung				
Pauschale oder vom _____ bis _____	Tage = Wochen à Monate			
44.				
	Übertrag:			

Anhang

Position	Name	Kostenvor-anschlag €	endgültige Herstellungs-kosten €	Abweichung €
Übertrag:				
b) Regiestab				
45. Regisseur				
Pauschale oder vom ___ bis ___ = Tage / Wochen à / Monate				
46. Regie-Assistent				
Pauschale oder vom ___ bis ___ = Tage / Wochen à / Monate				
47. Regie-Assistent				
Pauschale oder vom ___ bis ___ = Tage / Wochen à / Monate				
48. Dialog-Coach				
Pauschale oder vom ___ bis ___ = Tage / Wochen à / Monate				
49. Continuity				
Pauschale oder vom ___ bis ___ = Tage / Wochen à / Monate				
50. Storyboard				
Pauschale oder vom ___ bis ___ = Tage / Wochen à / Monate				
51. Casting Director				
Pauschale oder vom ___ bis ___ = Tage / Wochen à / Monate				
52. Casting Assistenten (Anlage)				
Pauschale oder vom ___ bis ___ = Tage / Wochen à / Monate				
53. Dialog-Regisseur (Synchron)				
Pauschale oder vom ___ bis ___ = Tage / Wochen à / Monate				
54. 1. Kameramann				
Pauschale oder vom ___ bis ___ = Tage / Wochen à / Monate				
55. Schwenker				
Pauschale oder vom ___ bis ___ = Tage / Wochen à / Monate				
56. 1. Kamera-Assistent				
Pauschale oder vom ___ bis ___ = Tage / Wochen à / Monate				
57. Kamera-Assistent				
Pauschale oder vom ___ bis ___ = Tage / Wochen à / Monate				
58. Material-Assistent				
Pauschale oder vom ___ bis ___ = Tage / Wochen à / Monate				
Übertrag:				

I. Vor- und Nachkalkulationsschema

Position	Name	Kostenvor-anschlag €	endgültige Herstellungs-kosten €	Abweichung €
	Übertrag:			
59. 2. Kameramann				
Pauschale oder vom ____ bis ____	Tage = Wochen à Monate			
60. 2. Kamera-Assistent				
Pauschale oder vom ____ bis ____	Tage = Wochen à Monate			
61. Tonmeister				
Pauschale oder vom ____ bis ____	Tage = Wochen à Monate			
62. Tonassistent				
Pauschale oder vom ____ bis ____	Tage = Wochen à Monate			
63. Sound Designer				
Pauschale oder vom ____ bis ____	Tage = Wochen à Monate			
64. Ton Cutter				
Pauschale oder vom ____ bis ____	Tage = Wochen à Monate			
65. Ton Cutter-Assistent				
Pauschale oder vom ____ bis ____	Tage = Wochen à Monate			
66. Play-Back-Assistent				
Pauschale oder vom ____ bis ____	Tage = Wochen à Monate			
67. Cutter				
Pauschale oder vom ____ bis ____	Tage = Wochen à Monate			
68. Cutter-Assistent				
Pauschale oder vom ____ bis ____	Tage = Wochen à Monate			
69. Cutter-Assistent				
Pauschale oder vom ____ bis ____	Tage = Wochen à Monate			
70. Synchron-Cutter				
Pauschale oder vom ____ bis ____	Tage = Wochen à Monate			
71. Synchroncutter-Assistent				
Pauschale oder vom ____ bis ____	Tage = Wochen à Monate			
72. Standfotograf				
Pauschale oder vom ____ bis ____	Tage = Wochen à Monate			
	Übertrag:			

Anhang

Position	Name	Kostenvor-anschlag €	endgültige Herstellungs-kosten €	Abweichung €
	Übertrag:			
73. Script				
Pauschale oder vom ___ bis ___	= Tage Wochen à Monate			
74. Fachmännischer Beirat				
Pauschale oder vom ___ bis ___	= Tage Wochen à Monate			
c) Ausstattungsstab				
75. Produktions Designer/Szenenbildner				
Pauschale oder vom ___ bis ___	= Tage Wochen à Monate			
76. Architekt				
Pauschale oder vom ___ bis ___	= Tage Wochen à Monate			
77. Architekt				
Pauschale oder vom ___ bis ___	= Tage Wochen à Monate			
78. Ausstatter				
Pauschale oder vom ___ bis ___	= Tage Wochen à Monate			
79. Kunstmaler				
Pauschale oder vom ___ bis ___	= Tage Wochen à Monate			
80. Bildhauer				
Pauschale oder vom ___ bis ___	= Tage Wochen à Monate			
81. Außenrequisiteur				
Pauschale oder vom ___ bis ___	= Tage Wochen à Monate			
82. Außenrequisiteur				
Pauschale oder vom ___ bis ___	= Tage Wochen à Monate			
83. Set Dresser				
Pauschale oder vom ___ bis ___	= Tage Wochen à Monate			
84. Innenrequisiteur				
Pauschale oder vom ___ bis ___	= Tage Wochen à Monate			
85. Innenrequisiteur				
Pauschale oder vom ___ bis ___	= Tage Wochen à Monate			
86. Requisitenhilfe				
Pauschale oder vom ___ bis ___	= Tage Wochen à Monate			
	Übertrag:			

I. Vor- und Nachkalkulationsschema

Position	Name	Kostenvor-anschlag €	endgültige Herstellungs-kosten €	Abweichung €
	Übertrag:			
87. Kostümbildner				
Pauschale oder vom ____ bis ____	Tage = Wochen à Monate			
88. Kostümbildner-Assistent				
Pauschale oder vom ____ bis ____	Tage = Wochen à Monate			
89. Garderobier				
Pauschale oder vom ____ bis ____	Tage = Wochen à Monate			
90. Garderobier				
Pauschale oder vom ____ bis ____	Tage = Wochen à Monate			
91. Garderobier				
Pauschale oder vom ____ bis ____	Tage = Wochen à Monate			
92. Garderobier				
Pauschale oder vom ____ bis ____	Tage = Wochen à Monate			
93. Schneiderin				
Pauschale oder vom ____ bis ____	Tage = Wochen à Monate			
94. Garderoben-Aushilfe				
Pauschale oder vom ____ bis ____	Tage = Wochen à Monate			
95. Chef-Maskenbildner				
Pauschale oder vom ____ bis ____	Tage = Wochen à Monate			
96. SFX Maskenbildner				
Pauschale oder vom ____ bis ____	Tage = Wochen à Monate			
97. Maskenbildner				
Pauschale oder vom ____ bis ____	Tage = Wochen à Monate			
98. Maskenbildner				
Pauschale oder vom ____ bis ____	Tage = Wochen à Monate			
99. Maskenbildner				
Pauschale oder vom ____ bis ____	Tage = Wochen à Monate			
100. Maskenbildner-Aushilfen				
Pauschale oder vom ____ bis ____	Tage = Wochen à Monate			
101. _____				
	Übertrag:			

Anhang

Position	Name	Kostenvor-anschlag €	endgültige Herstellungs-kosten €	Abweichung €
	Übertrag:			
102.				
103.				
104.				
105.				
d) Sonstiger Stab				
106. Oberbeleuchter				
Pauschale oder vom ___ bis ___	Tage = Wochen à Monate			
107. Beleuchter				
Pauschale oder vom ___ bis ___	Tage = Wochen à Monate			
108. Beleuchter				
Pauschale oder vom ___ bis ___	Tage = Wochen à Monate			
109. Beleuchter				
Pauschale oder vom ___ bis ___	Tage = Wochen à Monate			
110. Aggregatfahrer				
Pauschale oder vom ___ bis ___	Tage = Wochen à Monate			
111. Drehbühnenmeister				
Pauschale oder vom ___ bis ___	Tage = Wochen à Monate			
112. Drehbühnenmann				
Pauschale oder vom ___ bis ___	Tage = Wochen à Monate			
113. Drehbühnenmann				
Pauschale oder vom ___ bis ___	Tage = Wochen à Monate			
114. Drehbühnenmann				
Pauschale oder vom ___ bis ___	Tage = Wochen à Monate			
115. Baubühnenmeister				
Pauschale oder vom ___ bis ___	Tage = Wochen à Monate			
116. Baubühnenmann				
Pauschale oder vom ___ bis ___	Tage = Wochen à Monate			
117. Baubühnenmann				
Pauschale oder vom ___ bis ___	Tage = Wochen à Monate			
	Übertrag:			

I. Vor- und Nachkalkulationsschema

Position	Name	Kostenvor-anschlag €	endgültige Herstellungs-kosten €	Abweichung €
	Übertrag:			
118. Baubühnenmann Pauschale oder vom ___ bis ___	Tage = Wochen à Monate			
119. Baubühnenmann Pauschale oder vom ___ bis ___	Tage = Wochen à Monate			
120. Produktionsfahrer Pauschale oder vom ___ bis ___	Tage = Wochen à Monate			
121. Produktionsfahrer Pauschale oder vom ___ bis ___	Tage = Wochen à Monate			
122. Produktionsfahrer Pauschale oder vom ___ bis ___	Tage = Wochen à Monate			
123. Wachmann/Sanitär Pauschale oder vom ___ bis ___	Tage = Wochen à Monate			
124. Geräuschemacher Pauschale oder vom ___ bis ___	Tage = Wochen à Monate			
125. Pyrotechniker, SFX Pauschale oder vom ___ bis ___	Tage = Wochen à Monate			
126. Pyrotechniker, SFX Pauschale oder vom ___ bis ___	Tage = Wochen à Monate			
127. Sonstige Hilfskräfte Pauschale oder vom ___ bis ___	Tage = Wochen à Monate			
128. Special Effects Pauschale oder vom ___ bis ___	Tage = Wochen à Monate			
129. Special Effects Pauschale oder vom ___ bis ___	Tage = Wochen à Monate			
130. Visual Effects Pauschale oder vom ___ bis ___	Tage = Wochen à Monate			
131. Kinderbetreuung Pauschale oder vom ___ bis ___	Tage = Wochen à Monate			
	Übertrag:			

Anhang

Position	Name	Kostenvor-anschlag €	endgültige Herstellungs-kosten €	Abweichung €
	Übertrag:			
e) Darsteller				
132. Hauptdarsteller (Anlage)				
133. Nebendarsteller (Anlage)				
134. Tagesrollen (Anlage)				
135. Komparsen (Anlage)				
136. Komparsen Casting				
137. Artisten/Stuntmen/Double (Anlage)				
138. Stunt-Koordinator				
139. Choreograph				
140. Tänzer				
141. Synchronsprecher				
142. Kommentarsprecher				
143. Interviewpartner				
144. Weitere Personalkosten (Anlage)				
145.				
f) Musiker				
146. Musiker im Bild (Anlage)				
147. Musiker im Aufnahmestudio (Anlage)				
148. Dirigent (Anlage)				
149. Sänger und Chor (Anlage)				
150. Instrumentenmiete und Transport (Anlage)				
151. Notenschreibarbeiten (Anlage)				
152.				
g) Zusatzkosten Gagen				
153. Samstags- und Sonntagsarbeit				
154. Überstunden				
155. Urlaubsabgeltung				
156. Zusatzverpflegung				
157. Berufsgenossenschaft				
158. Sozialversicherung (Arbeitgeberanteil)				
159. Künstlersozialversicherung (Arbeitgeberanteil)				
160. Pauschale Lohnsteuer				
161.				
IV. Atelier				
a) Atelier-Bau				
162. Hallenmiete Atelier Tage à				
163. Hallenmiete Atelier Tage à				
164. Miete Vorbauhalle Atelier Tage à				
165. Miete Nebenräume Atelier Tage à				
166. Heizung				
167. Reinigung				
168. Feuerwehr				
169. Telefonkosten				
	Übertrag:			

I. Vor- und Nachkalkulationsschema

Position	Name	Kostenvor- anschlag €	endgültige Herstellungs- kosten €	Abweichung €
	Übertrag:			
170.	Löhne Baubühne*			
171.	Material für Bau (Kauf)			
172.	Baufundus (Miete)*			
173.	Geräte und Maschinen*			
174.	Stromkosten			
175.	An- und Abtransporte			
176.				
177.				
	b) Außenbau durch Atelier			
178.	Löhne Baubühne*			
179.	Material für Bau (Kauf)			
180.	Baufundus (Miete)*			
181.	Geräte und Maschinen*			
182.	Lastentransporte			
183.	Personentransporte			
184.	Tage- und Übernachtungsgelder			
185.				
186.				
	a) Atelier Dreh			
187.	Hallenmiete			
188.	Hallenmiete			
189.	Miete Nebenräume			
190.	Heizung			
191.	Reinigung			
192.	Feuerwehr			
193.	Telefon			
194.	Löhne Beleuchter*			
195.	Löhne Drehbühne*			
196.	Beleuchtungsgeräte*			
197.	Verbrauch und Schaden (Beleuchtungsgeräte)*			
198.	Technische Geräte und Material*			
199.	Kran, Elemack, Dolly etc. *			
200.	Stromkosten			
201.	Transportfahrzeuge*			
202.	Aufpro-, Rückpro-Anlage			
203.	Blue-Screen-Anlage			
204.				
205.				
	b) Abbau Atelier und Außenbau			
206.	Hallenmiete			
207.	Löhne Abbau*			
208.	Geräte und Maschinen			
209.	Reinigung, Müllabfuhr			
*vom Atelier berechnet		Übertrag:		

Anhang

Position	Name	Kostenvor-anschlag €	endgültige Herstellungs-kosten €	Abweichung €
	Übertrag:			
210. Lastentransporte				
211. Personentransporte				
212.				

V. Ausstattung und Technik
a) Genehmigungen und Mieten

Position	Name			
213. Drehgenehmigungen				
214. Drehgenehmigungen				
215. Motivnebenkosten				
216. Absperrungen				
217. Polizei- und Feuerwehreinsätze				
218. Mieten für Büroräume				
219. Mieten für sonstige Räume				
220. Telefon				
221.				
222.				

b) Bau und Ausstattung

Position	Name			
223. Material für Bau (Kauf)				
224. Baufundus (Miete)				
225. Geräte und Maschinen				
226. An- und Abtransporte				
227. Sonstige Baukosten				
228. Reinigung, Müllabfuhr				
229. Kostüm (Kauf)				
230. Kostüm (Miete)				
231. Kostüm (Anfertigung)				
232. Kostümtransporte				
233. Schminkmaterial und Haarteile (Kauf)				
234. Schminkmaterial und Haarteile (Miete)				
235. Requisiten (Kauf)				
236. Requisiten (Miete)				
237. Requisitentransporte				
238. Fahrzeuge im Bild				
239. Großrequisiten im Bild				
240. Tiere und Nebenkosten				
241. Gärtnerarbeiten				
242. Pyrotechnik-Material (ggf. Anlage)				
243. Spezialeffekt-Material				
244. Modellbau				
245.				
246.				
247.				

c) Technische Ausrüstung

Position	Name			
248. Kamera (Anlage)				
*vom Atelier berechnet	Übertrag:			

I. Vor- und Nachkalkulationsschema

Position	Name	Kostenvor-anschlag €	endgültige Herstellungs-kosten €	Abweichung €
	Übertrag:			
249.	Kamerazubehör und Verbrauch			
250.	Zusätzliche Kameraausrüstung			
251.	Hubschrauber, Aufnahmewagen			
252.	Tonapparatur			
253.	Tonzubehör und Verbrauch			
254.	Playbackanlage			
255.	Sprechfunkgeräte etc.			
256.	Beleuchtungsgeräte			
257.	Verbrauch, Schaden (Beleuchtungsgeräte)			
258.	Technische Geräte			
259.	Verbrauch, Schaden (Technische Geräte)			
260.	Kran, Elemack, Dolly usw.			
261.	Aggregat*			
262.	Stromkosten incl. Anschlussgebühren			
263.	Lastwagen für Beleuchtungsgeräte *			
264.	Lastwagen für Bühnengeräte *			
265.	Kameratransportwagen *			
266.	Tongerätewagen *			
267.	Produktionsfahrzeug *			
268.	Produktionsfahrzeug*			
269.	Produktionsfahrzeug*			
270.	Wohnwagen etc.*			
271.	Bus*			
272.	Berufsgenossenschaft			
VI. Reise- und Transportkosten				
a) Personen				
273.	Reisekosten zum Drehort – Inland			
274.	Reisekosten zum Drehort – Ausland			
275.	Tage- und Übernachtungsgelder am Drehort – Inland			
276.	Tage- und Übernachtungsgelder am Drehort – Ausland			
277.	Reisekosten zu Synchron/Endfertigung			
278.	Tage- und Übernachtungsgelder Synchron/Endfertigung			
279.	Sonstige Personentransporte			
280.	km-Geld und Benzin			
281.				
282.				
b) Lasten				
283.	Transport am Drehort – Inland			
284.	Transport zum Drehort – Inland			
285.	Transport am Drehort – Ausland			
286.	Transport zum Drehort – Ausland			
287.	Sonstige Lastentransporte			
*incl. Km-Geld und Benzin	Übertrag:			

Anhang

Position	Name	Kostenvor-anschlag €	endgültige Herstellungs-kosten €	Abweichung €
	Übertrag:			
288. Sonstige Lastentransporte				
289. Zoll- und Grenzkosten				
290.				
VII. Filmmaterial und Bearbeitung				
291. Rohfilmmaterial (Anlage)				
292. Tonbandmaterial (Anlage)				
293. Kopierwerksleistungen (Anlage)				
294. Digitale Bildbearbeitung (Anlage)				
295. Visual Effects				
296. Tonüberspielung				
297. Video- und MAZ-Bearbeitung				
298. Fotomaterial + Fotobearbeitung				
299. Elektronic Press Kid				
300. Trailer				
VIII. Endfertigung				
301. Vorführung				
302. Schneideraum (Bild)				
303. Schneideraum (Ton)				
304. Schneideraummaterial				
305. Nummeriermaschine etc.				
306. Sprachaufnahmen				
307. Geräuscheaufnahmen				
308. Musikaufnahmen				
309. Sounddesign				
310. Mischung				
311. IT-Mischung				
312.				
IX. Versicherungen				
313. Ausfallversicherung				
314. Negativversicherung				
315. Haftpflichtversicherung				
316. Unfallversicherung				
317. Feuerregressversicherung				
318. Apparateversicherung				
319. Kassenversicherung				
320. Reisegepäckversicherung				
X. Allgemeine Kosten				
321. Vervielfältigungen				
322. Büromaterial				
323. Bürogeräte (Miete)				
324. Telefon, Porto				
*incl. Km-Geld und Benzin	Übertrag:			

I. Vor- und Nachkalkulationsschema

Position	Name	Kostenvoranschlag €	endgültige Herstellungskosten €	Abweichung €
	Übertrag:			
325. Übersetzungen				
326. Kleine Ausgaben				
327. Bewirtungen				
328. FSK-, FBW-Gebühren				
329. Produzentenverband				
330. Produktionspresse				
331. PR-Kosten				
332. Rechts- und Steuerberatung				
333. Projektberatung				
334. Projektüberwachung				
335.				
XI. Kostenmindernde Erträge (./.)				
336. aus Versicherungsleistungen				
337. aus Verkauf von Sachen (Fundus etc.)				
338. aus Verkauf von Rechten (Musik etc.)				
339. aus Werbung, von Sponsoren etc.				

Darsteller-Gagen
A. Hauptdarsteller

Rolle	Name	Pauschale für wieviel Drehtage	Pro Tag a) € b) Anzahl der Tage	Gesamt

Anhang

Darsteller-Gagen
B. Neben-Darsteller + Tagesrollen

Rolle	Name des Hauptdarstellers	Pauschale für wieviele Drehtage	Pro Tag a) € b) Anzahl der Tage	Gesamt

Darsteller-Gagen
C. Komparsen

Dekoration Motiv	Anzahl der Komparsen	Anzahl der Drehtage	Gage pro Tag	Gesamt

I. Vor- und Nachkalkulationsschema

Reisekosten

Name	Reise von – nach	Anzahl	Fahrkosten pro Fahrt	Anzahl Tage	Diäten pro Tag	Anzahl Nächte	Kosten pro Nacht	Summe

Filmmaterial und Bearbeitung

Rohfilmmaterial

Negativ

_____ m Bild – _____ à _____ = _____

_____ m Bild – _____ à _____ = _____

_____ m Dup – _____ à _____ = _____

Positiv

_____ m Bild – Farbe _____ à _____ = _____

_____ m Bild – Schwarz-weiß _____ à _____ = _____

_____ m Ton – _____ à _____ = _____

_____ m Dup – _____ à _____ = _____

_____ m Magnetton Kaufbänder _____ à _____ = _____

_____ m Magnetton Kaufbänder _____ à _____ = _____

Rollen Magnetton Mietbänder _____ Wochen à _____ = _____

insgesamt:

Anhang II

Tarifvertrag für Film- und Fernsehschaffende

Manteltarifvertrag – gültig ab 1. Januar 1996

1. Geltungsbereich
2. Vertragsabschluss
3. Rechte an Film, Foto und Namen
4. Tätigkeit des Filmschaffenden
5. Arbeitszeit
6. aufgehoben
7. Vorbereitungsarbeiten
8. Ausschließlichkeits- und andere Verpflichtungen des Filmschaffenden
9. Absage einer disponierten Aufnahme bei Tagesgage und Warten auf Abruf
10. Vertragsdauer
11. Gagen und Gagenzahlung
12. Auslagen, Spesenvergütung und Reisekosten für Dienstreisen, Vergütung für An- und Abreise
13. Verhinderung des Filmschaffenden
14. Urlaub
15. Abweichende gesetzliche Bestimmungen
16. Verjährung
17. Besitzstandswahrung
18. Vertragsrecht und Gerichtsstand
19. Beginn und Beendigung des Tarifvertrages

Gagentarifvertrag – gültig ab 1. Mai 2000

1. Geltungsbereich
2. Wochengage
3. aufgehoben
4. Gagenhöhe
5. Gagen-Tabelle
6. Andere Film- und Fernsehschaffende
7. Geltungsdauer

Tarifvertrag für Kleindarsteller – gültig ab 1. Mai 2000

1. Geltungsbereich
2. Allgemeine Regelungen

3. Produktionsdelegierter
4. Gagenregelungen
5. Zuschläge
6. Sondervergütungen
7. Pauschalbesteuerung
8. Geltungsdauer

Abgeschlossen zwischen dem Bundesverband Deutscher Fernsehproduzenten e.V.; der Arbeitsgemeinschaft Neuer Deutscher Spielfilmproduzenten e.v.; dem Verband Deutscher Spielfilmproduzenten e.v. und der IG Medien- Druck und Papier, Publizistik und Kunst der DAG Deutschen Angestellten-Gewerkschaft – Berufsgruppe Kunst und Medien –

Präambel:

Die vertragsschließenden Parteien erkennen die Wichtigkeit der unabhängige Produktion in Film und Fernsehen an und tragen deren Bedeutung durch den Abschluss dieses Tarifvertrages Rechnung, der den wesentlichen, außerhalb der öffentlich-rechtlichen Strukturen liegenden Bereich der Filmherstellung erfasst.

I. Manteltarifvertrag

1 Geltungsbereich

1.1 Räumlich: für das Gebiet der Bundesrepublik Deutschland.

1.2 Sachlich: Für die nicht öffentlich-rechtlich organisierten Betriebe zur Herstellungvon Filmen.

1.3 Persönlich: Für alle Film- und Fernsehschaffenden (Angestellte und gewerbliche Arbeitnehmer).
Film- und Fernsehschaffende im Sinne dieses Tarifvertrages sind: Architekten (Szenenbildner), Ateliersekretärinnen (Skript), Aufnahmeleiter, Ballettmeister, Continuities, Cutter, Darsteller (Schauspieler, Sänger, Tänzer), Filmgeschäftsführer, Filmkassierer, Fotografen, Geräuschemacher, Gewandmeister, Kameramänner, Kostümberater, Maskenbildner, Produktionsfahrer, Produktionsleiter, Produktionssekretärinnen, Regisseure, Requisiteure, Special Effect Men, Tonmeister, sowie Assistenten vorgenannter Sparten und Filmschaffende in ähnlichen, mit der Herstellung von Filmen unmittelbar im Zusammenhang stehenden Beschäftigungsverhältnissen.

1.4 Kleindarsteller gelten als Filmschaffende im Sinne dieses Tarifvertrages.

Kleindarsteller sind Filmschaffende, deren darstellerische Mitwirkung die filmische Handlung nicht wesentlich trägt und die ihr kein eigenpersönliches Gepräge gibt.

Die besonderen Arbeitsbedingungen der Kleindarsteller sind im Tarifvertrag für Kleindarsteller (Abschnitt III) geregelt.

1.5 Für die ständig beschäftigten Filmschaffenden sind abweichende Vereinbarungen im Rahmen der gesetzlichen Bestimmungen zulässig. Unter ständig Beschäftigten im Sinne dieses Vertrages sind solche Filmschaffenden zu verstehen, die von dem Filmhersteller für mindestens sechs zusammenhängende Monate beschäftigt werden. Den ständig beschäftigten Filmschaffenden im vorstehenden Sinne stehen solche Filmschaffende gleich, die durch einen Vertrag engagiert werden, in dem eine Tätigkeit in mindestens drei Filmen während der Dauer eines Jahres vereinbart wird.

2 Vertragsabschluss

2.1 Verträge zwischen Filmherstellern und Filmschaffenden sollen schriftlich abgeschlossen werden. Sofern sie mündlich abgeschlossen sind, hat sie der Filmhersteller unverzüglich schriftlich zu bestätigen. Hat der Filmschaffende die vereinbarte Tätigkeit ohne schriftlichen Vertrag und ohne die schriftliche Bestätigung eines mündlich geschlossenen Vertrages bereits aufgenommen, so gilt im Zweifelsfalle ein Arbeitsverhältnis zu
angemessenen Bedingungen nach Maßgabe dieses Vertrages als vereinbart. Abänderungen, Ergänzungen und eine Aufhebung des Vertrages bedürfen zu ihrer Wirksamkeit einer schriftlichen Vereinbarung, wobei Schriftwechsel genügt.

2.2 Im Falle des Abschlusses durch einen Vertreter des Filmschaffenden ist der Filmhersteller unbeschadet der Gültigkeit des Vertrages berechtigt zu verlangen, dass der Vertrag auch von dem Filmschaffenden selbst gezeichnet oder eine Vollmacht nachgereicht wird.

3 Rechte an Film, Foto und Namen

A Ziff. 3 des Tarifvertrages wurde mit Wirkung vom 1.1.1995 gekündigt. Die Tarifvertragsparteien verpflichten sich, mit dem Ziel einer Neuregelung unverzüglich in Verhandlungen einzutreten.

B Ansprüche auf Ausschüttungen von Verwertungsgesellschaften dürfen individualvertraglich nicht auf den Filmhersteller zurückübertragen werden.

C Die bisherige Regelung lautet wie folgt:

Der Filmschaffende räumt mit Abschluss des Vertrages alle ihm etwa durch das vertragliche Beschäftigungsverhältnis erwachsenden Nutzungs- und Verwertungsrechte an Urheber- und verwandten Schutzrechten dem Filmhersteller für die Herstellung und Verwertung des Films ausschließlich und ohne inhaltliche, zeitliche oder räumliche Beschränkung ein.

Die Einräumung umfasst:

a) den Film als Ganzes, seine einzelnen Teile (mit und ohne Ton), auch wenn sie nicht miteinander verbunden sind, die zum Film gehörigen Fotos sowie die für den Film benutzten und abgenommenen Zeichnungen, Entwürfe, Skizzen, Bauten und dgl.;

b) die Nutzung und Verwertung des Films durch den Filmhersteller in unveränderter oder geänderter Gestalt, gleichviel mit welchen technischen Mitteln sie erfolgt, einschließlich Wieder- oder Neuverfilmungen, der Verwertung durch Rundfunk oder Fernsehen und der öffentlichen Wiedergabe von Funksendungen, sowie der Verwertung durch andere zur Zeit bekannte Verfahren, einschließlich AV-Verfahren und -Träger, gleichgültig, ob sie bereits in Benutzung sind oder in Zukunft genutzt werden.
Der Filmhersteller erwirbt das Eigentum an den in Ziffer 3.1 a genannten zum Film gehörenden Materialien, so weit es ihm nicht ohnehin zusteht.

Protokollnotiz:

Die Tarifvertragsparteien erklären ihre Bereitschaft, im Zuge der Aufnahme der Gespräche zwischen RFFU/IG Medien und den öffentlich-rechtlichen Rundfunkanstalten hinsichtlich einer Zahlung von Wiederholungs- und Übernahmevergütungen sowie Erlösbeteiligungen nach Maßgabe der Tarifverträge Bestimmungen über Urheber- und Leistungsschutzrechte in den Tarifverträgen für auf Produktionsdauer Beschäftigte des WDR oder anderer Rundfunkanstalten hierzu entsprechende Tarifverhandlungen aufzunehmen.

3.2 Dem Filmhersteller sind die Rechte mit der Maßgabe eingeräumt, dass er sie lediglich für die Zwecke der Herstellung, Auswertung und Propagierung von Filmen benutzen darf, ohne dabei auf einen bestimmten Film beschränkt zu sein. Jedoch ist der Filmhersteller nur dann berechtigt, einzelne Aufnahmen oder Teile eines Films in andere Filme zu übernehmen, wenn durch eine solche Verwendung das künstlerische Ansehen des Filmschaffenden nicht gröblich verletzt wird.

3.3 Der Filmhersteller ist uneingeschränkt befugt, die ihm im Rahmen der Ziffer 3 eingeräumten Rechte insgesamt und einzeln auf/Dritte weiter zu übertragen.

3.4 Der Filmschaffende hat dem Filmhersteller bei Vertragsabschluss zu versichern, dass er die dem Filmhersteller eingeräumten Nutzungs- und Verwertungsrechte nicht anderweitig, auch nicht Verwertungsgesellschaften eingeräumt hat und dass diese Rechte nicht mit Rechten Dritter belastet sind.

3.5 Die Entscheidung über die inhaltliche, künstlerische und technische Gestaltung des Films steht dem Filmhersteller zu. Durch die Gestaltung darf das künstlerische Ansehen des Filmschaffenden nicht gröblich verletzt werden.

3.6 Der Filmhersteller ist berechtigt, den Film, einzelne Teile daraus sowie alle für den Film hergestellten Fotos zur Werbung für diesen Film uneingeschränkt zu verwenden, auch so weit eine solche Werbung in besonderer Form erfolgt. Näheres bleibt dem Einzelarbeitsvertrag vorbehalten.

3.7 Der Filmhersteller kann von den unter Mitwirkung des Filmschaffenden zustande gekommenen Aufnahmen durch Synchronisation fremdsprachige Fassungen herstellen oder durch Dritte herstellen lassen. Er kann hierbei den Filmschaffenden durch eine andere Kraft ersetzen.

3.8 Der Filmhersteller kann Aufnahmen derselben Fassung nachsynchronisieren sowie Stummaufnahmen sprachlich synchronisieren und die Berechtigung hierzu Dritten einräumen. In solchen Fällen darf der Filmschaffende nur dann durch eine andere Kraft ersetzt werden, wenn dies aus künstlerischen oder wirtschaftlichen Gründen notwendig ist, insbesondere dann, wenn die durch eine Verwendung des ursprünglich tätig gewordenen Filmschaffenden anfallenden Kosten für den Filmhersteller unzumutbar sind.

3.9 Sich auf die Tätigkeit des Filmschaffenden im jeweiligen Film beziehende Ankündigungen, sonstige Mitteilungen und bildliche Darstellungen, auch Abbildungen der eigenen Person des Filmschaffenden, dürfen nur mit Zustimmung des Filmherstellers verbreitet werden.

3.10 Name und Bilder des Filmschaffenden stehen dem Filmhersteller für die Zwecke der Herstellung, der Auswertung und der Propagierung des mit dem Filmschaffenden hergestellten Films zur Verfügung. Einen Anspruch auf Nennung des Namens im Vor- oder Nachspann des Films haben, so weit ein Vor- oder Nachspann hergestellt wird, Regisseure, Hauptdarsteller, Produktionsleiter, Kameramänner, Architekten, Tonmeister, Cutter, 1. Aufnahmeleiter, Masken- und Kostümbildner, andere Filmschaffende jedoch nur dann, wenn die Verpflichtung zu ihrer Nennung im Einzelvertrag vereinbart worden ist.

3.11 Die Bestimmungen der Ziffern 3.1 bis 3.10 gelten nicht für Kleindarsteller.

4 Tätigkeit des Filmschaffenden

4.1 Umfang und Tätigkeit des Filmschaffenden werden durch den Vertrag bestimmt.

4.2 Der Filmschaffende hat auf Verlangen des Filmherstellers die von ihm vertraglich übernommenen Leistungen in der Vertragszeit auch für einen anderen Film zu erbringen oder eine andere Tätigkeit, die seiner beruflichen, im Vertrag vorausgesetzten Eignung entspricht, in demselben Film zu übernehmen. Diese Verpflichtung besteht auch dann, wenn die Tätigkeit des Filmschaffenden bereits begonnen hat. Sofern der Filmschaffende sich weigert, die ihm angebotene Tätigkeit zu übernehmen, verliert er seinen Gagenanspruch aus dem Vertrag, der dem Arbeitsverhältnis zugrunde liegt. Sofern er für den alten Vertrag bereits tätig war, verliert er den Gagenanspruch anteilig insoweit, als er noch nicht tätig war.

Er erhält seine Gage anteilig, insoweit er bereits tätig geworden ist.

4.3 Der Filmhersteller kann auf die Dienste des Filmschaffenden verzichten, – so weit im Einzelvertrag nichts anderes vereinbart ist. Der Filmschaffende hat in diesem Fall Anspruch auf die vereinbarten Vergütungen.

4.4 Der Filmschaffende ist verpflichtet

a) ab Vertragsabschluss dafür Sorge zu tragen, dass der Filmhersteller ihn jederzeit erreichen kann;

b) bei und nach Vertragsabschluss dem Filmhersteller auf Verlangen über abgeschlossene Verträge, die innerhalb eines Zeitraums von vier Wochen nach vereinbartem Vertragsende beginnen, schriftlich in Kenntnis zu setzen;

c) vom Vertragsbeginn an dem Filmhersteller an jedem von ihm gewünschten Arbeitsort zur Verfügung zu stehen, sofern nicht Dispositionen erfolgen, die dies für den Filmschaffenden aus schwer wiegenden Gründen unzumutbar machen;

d) im Falle einer entsprechenden Vereinbarung im Einzelvertrag an der Uraufführung einer weiteren Aufführung des Films im Inland, an offiziellen Filmfestspielen sowie an den im Rahmen der Spio-Gemeinschaftswerbung stattfindenden Veranstaltungen teilzunehmen. Die Anwesenheit kann nicht verlangt werden, wenn der Filmschaffende wegen anderweitiger vertraglicher Verpflichtungen an der Teilnahme verhindert ist.

4.5 Der Filmschaffende hat innerhalb der Vertragsdauer auch bei der Herstellung eines Reklamevorspanns und der Evtl. Kurzfassung zur Werbung für den Film auch im Fernsehen mitzuwirken.

4.6 Ein Filmschaffender, der im Jahresvertrag oder im Ausschließlichkeitsvertrag für noch nicht genannte Filme angestellt wird, ist berechtigt, wenn seine Beschäftigung innerhalb der ersten 5/12 der Vertragszeit nach Vertragsbeginn aus nicht in seiner Person liegenden Gründen vertragswidrig gröblich vernachlässigt worden ist, am Ende dieser Zeitspanne den Filmhersteller unter Setzung einer Nachfrist von acht Wochen schriftlich zum Beginn seiner Beschäftigung aufzufordern. Nach fruchtlosem Ablauf dieser Zeit erlischt das Vertragsverhältnis, ohne dass es einer Kündigung bedarf, mit Ausnahme des Gagenanspruchs des Filmschaffenden. Dem Filmschaffenden steht kein Anspruch auf zusätzlichen Schadenersatz zu. Er braucht sich einen anderweitigen Erwerb während der Vertragszeit nicht anrechnen zu lassen.

4.7 Der Filmschaffende hat außer in den im Einzelvertrag vorgesehenen Fällen das Recht, die Arbeit einzustellen, wenn und solange der Filmhersteller mit der Erfüllung seiner Zahlungsverpflichtungen im Verzug ist, oder wenn bei festgestellten, ihn gefährdenden Verstößen gegen Arbeitsschutzbestimmungen keine Abhilfe geschaffen wird. Im Falle des Zahlungsverzuges oder des Streites hierüber ist der Filmschaffende – auf Verlangen des Filmherstellers gegen eine von diesem innerhalb einer Woche nachzuweisende Sicherheitsleistung zur Fortsetzung seiner Dienste verpflichtet.

Protokollnotiz zu Ziffer 4.6:

Die Tarifvertragsparteien sind sich darüber einig, dass es sich bei dieser Vereinbarung stets um befristete Arbeitsverhältnisse handelt.

5 Arbeitszeit

5.1 Präambel

Die besonderen Bedingungen der Film- und Fernsehproduktion haben zur Folge, dass die Arbeitszeiten sich grundsätzlich an den künstlerischen und technischen Erfordernissen des jeweiligen Herstellungsprozesses orientieren. Für die jeweils auf Produktionsdauer befristeten Arbeitsverhältnisse kann daher bei den folgenden Bestimmungen dem Umstand Rechnung getragen werden, dass die Filmschaffenden während eines Kalenderjahres nicht durchgehend 52 Wochen beschäftigt sind.

5.2 Arbeitszeit

5.2.1 Die wöchentliche regelmäßige Arbeitszeit beträgt 40 Stunden, die, so weit dieser Tarifvertrag nichts anderes bestimmt, gleichmäßig auf die Wochentage Montag bis Freitag zu verteilen sind.

5.2.2 Die Arbeitszeit rechnet sich von dem Zeitpunkt an, zu dem der Produzent oder dessen Beauftragter den Filmschaffenden bestellt haben, ohne Rücksicht auf den Zeitpunkt des Einsatzes.

5.2.3 Als Arbeitszeit gelten außer der Proben- und Drehzeit am Set auch die Zeit für die Vorbereitungs-, Bearbeitungs- und Abwicklungstätigkeiten des Filmschaffenden, die er auf Veranlassung des Produzenten oder dessen Beauftragten in Erfüllung seiner vereinbarten Tätigkeit zu leisten hat. Für Darsteller rechnet das Herrichten zur Aufnahme bis zu einer Stunde nicht zur regelmäßigen Arbeitszeit.

5.2.4 Jeder angefangene Arbeitstag wird mit mindestens 8 Stunden berechnet.

5.3 Wochengage

5.3.1 Die Wochengage vergütet eine 5-Tage-Woche innerhalb einer Kalenderwoche, in der jeder angefangene Arbeitstag mit mindestens 8 Stunden berechnet wird.
Sie beinhaltet die Verpflichtung, an einzelnen Tagen bis zu 4 weitere Stunden zu arbeiten, wobei insgesamt 50 Wochenstunden nicht überschritten werden dürfen.

5.3.2 Die Wochengagen, die der gesondert kündbare Gagentarifvertrag ausweist, vergüten den Regelfall der Film- und Fernsehproduktion; sie sind als Mindestgagen verbindlich, so weit nicht ein Vertrag nach Ziff. 5.3.3 abgeschlossen wird.

5.3.3 Ausnahmsweise kann – unter Berücksichtigung der Produktionsformen, insbesondere bei nichtszenischen Produktionen – ein Vertrag mit verminderter Wochengage abgeschlossen werden; die Gage beträgt in diesem Fall 80 % der Wochengage gemäß TZ 5.3.2., wobei die Wochengrundgagen des Gagentarifvertrages vom 1.4.1994 nicht unterschritten werden dürfen. Bei Verträgen mit verminderter Wochengage bestehen Verpflichtungen gem. TZ 5.3.1 nicht. Die Arbeitszeit richtet sich ausschließlich nach TZ 5.2.1.

5.3.4 Die Verrechnung der Mehrarbeitszuschläge mit übertariflichen Gagenbestandteilen ist nur zulässig, wenn es einzelvertraglich vereinbart ist und die tarifvertraglichen Mindestbedingungen nicht unterschritten werden (Günstigkeitsprinzip).

5.4 Mehrarbeit

5.4.1 Mehrarbeit ist im Rahmen der gesetzlichen Bestimmungen zulässig. Sie muss vom Produzenten oder dessen Beauftragten angeordnet sein. Überschreitet sie an einem Arbeitstag – sofern gesetzlich zulässig – die 12. Arbeitsstunde, bedarf sie der Zustimmung des Filmschaffenden. Mehrarbeit ist bei Verträgen mit veminderter Wochengage nach TZ 5.3.3 die Überschreitung der täglichen Arbeitszeit von 8 Stunden gemäß TZ 5.2.1.

5.4.2 Der Produzent oder dessen Beauftragter sind für die Anordnung und schriftliche Fixierung der Mehrarbeitsstunden bzw. -tage sowie der -vergütungen verantwortlich.

5.4.3 Mehrarbeit bei Wochengagenverträgen gemäß TZ 5.3.1

5.4.3.1 Angeordnete Arbeit, die im Rahmen der gesetzlichen Bestimmungen über die 12. Stunde pro Tag (tägliche Mehrarbeit) oder über die 50. Stunde bzw. den 5. Tag pro Woche (wöchentliche Mehrarbeit) hinausgehen ist ebenso wie die Arbeit am 6. und 7. Tag der Kalenderwoche Mehrarbeit. Sie ist zusätzlich zur zeitanteiligen Gage mit Zuschlägen gemäß TZ 5.4.3.2 oder 5.4.3.3 zu vergüten.

5.4.3.2 Wöchentliche Mehrarbeit: Für jede angefangene, über die 50. Wochenarbeitsstunde hinausgehende Stunde betragen die Mehrarbeitszuschläge.
für die 51. bis 55. Stunde 30 %
für die 56. bis 60. Stunde 35 %
für jede weitere Stunde 70 %.

5.4.3.3 Tägliche Mehrarbeit: Fallen unabhängig von der vorstehenden Regelung an einem Tag – sofern gesetzlich zulässig – mehr als 12 Stunden Arbeitszeit an, so beträgt der Mehrarbeitszuschlag 70 %. Diese Mehrarbeitsstunden werden bei der Berechnung der wöchentlichen Mehrarbeit nach TZ 5.4.3.2 nicht mehr berücksichtigt.

5.4.3.4 Arbeit am 6. und 7. Tag der Kalenderwoche wird wie wöchentliche – Mehrarbeit nach T Z 5.4.3.2 berechnet und abgegolten.

5.4.4 Mehrarbeit bei Verträgen mit verminderter Wochengage gemäß TZ 5.3.3

5.4.4.1 Im Fall eines Vertrages mit verminderter Wochengage gem. TZ 5.3.3 ist jede auf Anordnung geleistete Arbeit über die 8. Stunde

Anhang

pro Tag hinaus Mehrarbeit. Gleiches gilt für die Arbeit am 6. und 7. Tag.

5.4.4.2 Die Vergütung für Mehrarbeit für die 41. bis 50. Wochenstunde an den Tagen von Montag bis Freitag beträgt zusätzlich zur zeitanteiligen Gage 25 %; für darüber hinausgehende Mehrarbeit gilt TZ 5.4.3.2 entsprechend.

5.5 Nachtarbeit

5.5.1 Nachtarbeit ist die Arbeit, die in der Zeit zwischen 22.00 und 6.00 Uhr geleistet wird.

5.5.2 Pro Nachtarbeitszeitstunde wird zusätzlich zur Gage ein Zuschlag von 25 % gezahlt. So weit es sich um Mehrarbeit handelt, wird zusätzlich der Mehrarbeitszuschlag gezahlt.

5.5.3 Ist die Benutzung von öffentlichen Verkehrsmitteln aufgrund der Lage des Arbeitsortes oder der Arbeitszeit nicht möglich, so hat der Filmhersteller für den Transport zum und vom Arbeitsort zu sorgen.

5.6 Arbeit an Sonn- und Feiertagen

5.6.1 Sonn- und Feiertagsarbeit ist die Arbeit, die an diesen Tagen zwischen 0.00 Uhr und 24.00 Uhr geleistet wird. Feiertage sind die gesetzlichen Feiertage am Arbeitsort, zusätzlich Ostersonntag, Pfingstsonntag so wie Hl. Abend und Silvester; die beiden letzteren jeweils ab 12.00 Uhr mittags.

5.6.2 Für die Arbeit an Sonntagen wird zusätzlich zur zeitanteiligen Gage ein Zuschlag von 50 % an gesetzlichen Feiertagen von 100 % gezahlt. Sofern es sich um einen Sonn- oder Feiertag innerhalb der Phase des 1. bis 5. Produktionstages einer Kalenderwoche handelt, wird kein Zuschlag gezahlt.

5.6.3 Für jeden Sonn- und Feiertag, an dem gearbeitet wurde, ist als Ausgleich an einem Werktag ein bezahlter Ruhetag zu gewahren (Feiertage im Sinne dieser TZ sind Weihnachten, Ostern, Pfingsten und 1. Mai) Kann dieser Ruhetag nicht gewährt werden, so ist ein zusätzlich bezahlter Urlaubstag zu gewähren.

5.7 Berechnung der Zuschläge

5.7.1 Die zeitanteiligen Gagen pro Stunde und die Zuschläge für Mehr- und Nachtarbeit sind nach der umgerechneten Stundengage zu berechnen. Eine Stundengage entspricht 1/50 der Wochengage bzw. 1/10 der Tagesgage oder bei Verträgen mit einer verminderten Wochengage nach TZ 5.3.3 1/40 der Wochengage bzw. 1/8 der Tagesgage.

5.7.2 Die Umrechnung der Wochengagen erfolgt:

a) bei Filmschaffenden, mit denen die Zahl der Drehtage fest vereinbart ist, nach der Zahl der vereinbarten Drehtage;

b) bei Filmschaffenden, bei denen die Zahl der Drehtage nicht fest vereinbart ist, nach der für den Fall einer Vertragsverlängerung vereinbarten Tagesgage;

c) bei allen übrigen Filmschaffenden nach der Zahl der Werktage (außer Sonnabend), die in die Vertragszeit fallen.

5.7.3 Die Zuschläge für Sonn- und Feiertagsarbeit sind nach der unmittelbaren oder umgerechneten Tagesgage zu berechnen. Eine Tagesgage entspricht 1/5 der Wochengage oder 1/22 der Monatsgage.

5.8 Pausen

5.8.1 Dem Filmschaffenden steht bei einer Arbeitszeit bis zu 8 Stunden eine Pause zu, die in da Regel zwischen der 4. und 5. Arbeitsstunde liegen soll. Die Pausenlänge ist so zu bemessen, dass der Filmschaffende ausreichend Gelegenheit hat, eine warme Mahlzeit einzunehmen, sie muss mindestens ,/: Stunde betragen. Aus zwingenden produktionstechnischen Gründen kann im Rahmen der Bestimmungen des Arbeitszeitgesetzes die Pause verlegt werden.

5.8.2 Bei verlängerten Arbeitszeiten muss nach der 9. Arbeitsstunde eine weitere Pause gewährt und Gelegenheit zur Einnahme einer Mahlzeit gegeben werden; sie muss mindestens 15 Minuten betragen.

5.8.3 Die Pausen rechnen bis zur Dauer von 1 Stunde nicht zur Arbeitszeit.

5.9 Arbeitsfreie Zeit

5.9.1 Zwischen dem Ende und dem Beginn der Arbeitszeit muss eine arbeitsfreie Zeit von mindestens 11 Stunden liegen.

5.9.2 Ein arbeitsfreier Tag zählt als Ruhe- oder Urlaubstag im Sinne dieses Tarifvertrages nur dann, wenn er neben den arbeitsfreien 24 Stunden auch die gesetzliche Ruhezeit von 11 Stunden umfasst.

5.9.3 Ist der Filmschaffende länger als 21 Tage beschäftigt, müssen pro Monat mindestens zwei zusammenhängende Ruhetage gewährt werden.

6 **aufgehoben**

Anhang

7 Vorbereitungsarbeiten

7.1 Jeder Filmschaffende hat im Rahmen seine Tätigkeitsbereiches auf Anforderung des Filmherstellers bei Proben, Motivsuchen, Anfertigung von Entwürfen, Erstellung von Kalkulationen und anderen Vorarbeiten für den Film mitzuwirken.

7.2 Wenn derartige Dienstleistungen vor Beginn der Vertragszeit erbracht werden sollen, so gilt die dafür aufgewendete Zeit als Arbeitszeit im Sinne von Ziff. 5.2.

8 Ausschließlichkeits- und andere Verpflichtungen des Filmschaffenden

8.1 Gegen Pauschalgagen, Monats- und Wochenbezüge verpflichtete Filmschaffende haben für die gesamte Vertragszeit ausschließlich zur Verfügung zu stehen, so weit im Vertrag nichts anderes vereinbart ist. Weitere Ausnahmen bedürfen der Zustimmung des Filmherstellers.

8.2 Gegen Tagesgage oder tageweise verpflichtete Filmschaffende sind berechtigt, während der Vertragszeit auch anderweitig tätig zu sein, wenn sie den neuen Vertragspartner bei Vertragsabschluss auf die bestehenden Verpflichtungen hingewiesen haben. Wird daraufhin der Filmschaffende von mehreren Filmherstellern für die gleichen Tage angefordert, geht die früher eingegangene Verpflichtung der später eingegangenen vor.

9 Absage einer disponierten Aufnahme bei Tagesgage und Warten auf Abruf

9.1 Werden Innenaufnahmen dem Filmschaffenden bis 20.00 Uhr des vorausgehenden Tages abgesagt, entfällt der Gagenanspruch für diesen Tag. Werden Innenaufnahmen dem Filmschaffenden später als zu dem vorgenannten Zeitpunkt bis zu 3 Stunden nach seinem disponierten Eintreffen abgesagt, beträgt der Gagenanspruch 1/3 der Tagesgage. Bei Absage nach dem Ablauf von 3 Stunden bleibt der Gagenanspruch in voller Höhe bestehen.

9.2 Werden Außenaufnahmen dem Filmschaffenden bis zu 3 Stunden vor seinem disponierten Eintreffen am Arbeitsort aus wetterbedingten Gründen abgesagt, entfällt der Gagenanspruch für diesen Tag.

9.3 Hält sich der Filmschaffende auf Verlangen des Filmherstellers bis zu 5 Stunden nach disponiertem Arbeitsbeginn auf Abruf zur Verfügung, er hält er für eine Wartezeit bis 13.00 Uhr des Abruftages die Hälfte der Tagesgage und für eine über diesen Zeitraum hinausgehende Wartezeit die volle Tagesgage, wenn er nicht mehr beschäftigt wird.

10 Vertragsdauer

10.1 Der Beginn der Vertragszeit soll kalendermäßig festgelegt werden.

10.2 Bei ausnahmsweise nicht terminierten Verträgen hat der Filmhersteller dem Filmschaffenden den datierten Vertragsbeginn mindestens 6 Wochen vorher schriftlich mitzuteilen. Erfolgt diese Mitteilung nicht, so ist der Filmschaffende berechtigt, von dem Vertrag zurückzutreten.
Bei Filmschaffenden, die gegen Tages-, Wochen- oder Monatsgage verpflichtet sind, muss da früheste Zeitpunkt der Beendigung der Tätigkeit nach dem Datum festgelegt werden.

10.3 Der Filmhersteller kann den Beginn der Vertragszeit durch schriftliche Mitteilung bis zu 7 Tage aufschieben. In einem solchen Falle verschiebt sich das Ende der Vertragszeit um die entsprechende Zeit. Eine Verschiebung um mehr als 7 Tage bedarf der Zustimmung des Filmschaffenden.

10.4 Der Filmhersteller ist berechtigt, die Vertragsdauer aus produktionsbetrieblichen Gründen zu verlängern, sofern dadurch nicht anderweitige ihm schriftlich bekanntgegebene Verpflichtungen des Filmschaffenden beeinträchtigt werden.
Zur Behebung von Ausfall- und Negativschäden ist der Filmschaffende verpflichtet, über den Ablauf der Vertragszeit hinaus mindestens noch drei Tage dem Filmhersteller zur Verfügung zu stehen und diese Priorität des Filmherstellers bei neuen Verpflichtungen zu berücksichtigen. Die Gage für die Zeit der Vertragsverlängerung ist nach da für die Vertragszeit vereinbarten Gage zeitanteilig zu berechnen (Ziff. 13.2 bleibt unberührt).

10.5 Der Filmschaffende hat auch nach Vertragsende unter Berücksichtigung seiner anderweitigen Verpflichtungen für Neu-, Nachaufnahmen oder Synchronisationsarbeiten zur Verfügung zu stehen. Da Filmschaffende erhält für Neu- und Nachaufnahmen eine Vergütung, die aus der für die Vertragszeit vereinbarten Gage zeitanteilig zu berechnen ist.

10.6 Der Filmhersteller ist berechtigt, den Vertrag auch ohne Einhaltung einer Kündigungsfrist zu lösen, wenn der Filmschaffende bei Abschluss des Anstellungsvertrages wesentliche Umstände auf ausdrückliches Befragen verschwiegen, bzw. nicht angegeben hat, die er kannte oder kennen musste, und welche die Erfüllung der von ihm übernommenen vertraglichen Verpflichtungen gefährden oder unmöglich machen.

Anhang

10.7 Erfolgt aufgrund der Bestimmungen dieses Vertrages eine Auflösung des Vertragsverhältnisses ohne Einhaltung einer Kündigungsfrist, so hat der Filmschaffende nur insoweit Anspruch auf die Gage, als sie der bisherigen Dienstleistung und dem Zeitanteil an der gesamten Vertragszeit entspricht.
Die dem Filmhersteller neben dem Anspruch auf Dienstleistung zustehenden sonstigen Ansprüche aus dem Vertragsverhältnis bleiben unberührt.

10.8 Der Darsteller ist berechtigt, unter Verrechnung der zusätzlich fällig werdenden Arbeitgeberanteile bei einer befristeten Beschäftigung von weniger als einer Woche unter Anrechnung der Vorbereitungszeit
bei bis zu 2 Drehtagen 3 Tage
bei bis zu 4 Drehtagen 5 Tage
als abrechnungsmäßige Vertragszeit zu vereinbaren. Dies gilt nicht, wenn der Darsteller anderweitig für diesen Zeitraum beschäftigt ist.

11 Gagen und Gagenzahlung

11.1 Die Gagen werden in einem gesondert kündbaren Gagen-Tarifvertrag zum Manteltarifvertrag für Film- und Fernsehschaffende festgelegt und sind als Mindestgagen verbindlich.

11.2 Die Zahlung erfolgt bei Tagesgagen nach Drehschluss, spätestens am darauf folgenden Werktag (ausgenommen Sonnabend, Sonn- und Feiertag). Bei Wochen- und Monatsgagen erfolgt die Zahlung jeweils am letzten Tag des Abrechnungszeitraums. Ist bei Pauschalgagen keine einzelvertragliche Regelung erfolgt, gilt folgende Zahlungsweise: 1/3 bei Vertragsbeginn, 1/3 in der Vertragsmitte, 1/3 bei Vertragsende. Im Abrechnungszeitraum angefallene Zuschläge sind mit der nächstfolgenden Gagenzahlung abzurechnen.

11.3 Die Beendigung von auf Produktionsdauer befristeten Verträgen muss mindestens sieben Kalendertage vorher bekanntgegeben werden. Erfolgt dies nicht, so ist von Bekanntgabe der Beendigung des Vertrages an die Gage zeitanteilig noch 7 Kalendertage zu bezahlen.

11.4 Der Filmschaffende soll mit Arbeitsaufnahme, spätestens aber zum Abrechnungstermin, seine Steuer- und Versicherungskarte dem Filmhersteller zur Verfügung stellen.

12 Auslagen, Spesenvergütung und Reisekosten für Dienstreisen, Vergütung für An- und Abreise

II. Tarifvertrag für Film- und Fernsehschaffende

12.1 Dienstreisen
Eine Dienstreise liegt vor, wenn ein Filmschaffender auf Anordnung oder mit Genehmigung des Filmherstellers oder seines Beauftragten sich zur Ausübung dienstlicher Aufgaben an einen anderen Ort begibt. Der Filmschaffende hat Anspruch auf Erstattung der Fahrtkosten und der durch die Dienstreise entstehenden Mehrkosten. Die tatsächlich aufgewendete Reisezeit wird wie normale Arbeitszeit ohne Zuschläge vergütet. Dies gilt auch für Dienstreisen an Sonnabenden, Sonn- und Feiertagen. Der Filmschaffende ist hinsichtlich der Wahl des Verkehrsmittels an die Weisungen der Produktionsfirma gebunden.

12.2 Reisekostenvergütung
Die zu vergütenden Reisekosten bestehen aus
Fahrtkosten
Tagegeld
Übernachtungskosten
Nebenkosten.

a) Inlandsreisen
Als Fahrtkosten werden nur die tatsächlichen Ausgaben gegen Vorlage der Belege erstattet. Bei Flugreisen werde grundsätzlich die Kosten der Touristenklasse erstattet.

b) Die Mehraufwendungen für Verpflegung (Tagegeld) werden pauschal nach den jeweils gültigen steuerlichen Richtlinien erstattet.

c) Die Kosten für Übernachtung werden pauschal ohne Nachweis der Kosten in Höhe der jeweils gültigen steuerlichen Richtlinien erstattet, wenn eine Übernachtung erforderlich war. Sollten unvermeidbare höhere Übernachtungskosten entstehen, sind sie gegen entsprechenden Nachweis zu erstatten.

d) Nebenkosten sind alle Auslagen, die aus dienstlichen Gründen während der Dienstreise entstanden sind und nicht zu den Fahrt-, Verpflegungs- und Unterbringungskosten zählen. Die Auslagen sind zu belegen.

12.3 Auslandsreisen
Als Fahrtkosten werden nur die tatsächlichen Ausgaben gegen Vorlage der Belege erstattet. Bei Flugreisen werden grundsätzlich die Kosten der Touristenklasse erstattet. Bei Flugreisen werden grundsätzlich die Kosten der Touristenklasse erstattet. Schiffspassagen unterliegen einer gesonderten Vereinbarung. Grundsätzlich sind über Art Umfang und Höhe der erstattungspflichtigen Tage- und Übernachtungsgelder vor Antritt der Reise von Fall zu Fall gesonderte Vereinbarungen zu treffen.

Anhang

12.4 Reisezeitbezahlung
Reist der Film-/Fernsehschaffende zur Aufnahme seiner Beschäftigung an einen anderen Ort als den Geschäftssitz des Herstellers, so werden die Zeit für An- und Abreise von bzw. zu seinem Wohnsitz wie Arbeitszeit vergütet, jedoch ohne jegliche Zuschläge. Diese Regelung gilt nur, wenn der ständige Wohnsitz des Beschäftigten im Geltungsbereich dieses Tarifvertrages liegt. Sie gilt nicht für Darsteller. Außerdem werden die tatsächlichen Aufwendungen für Eisenbahn- bzw. Flugzeuge vergütet. Ferner wird eine Reisekostenvergütung gemäß 12.2 b und 12.2 d vorgenommen. Ziffer 12.4 Satz 1 gilt nicht für die tägliche An- und Abfahrt vom Wohnsitz zum Arbeitsort, wenn der Arbeitsort innerhalb der Wohnortsgrenzen bzw. bis zu 20 km außerhalb liegt. Die besonderen Bestimmungen für Kleindarsteller bleiben unberührt.

13 Verhinderung des Filmschaffenden

13.1 Ist der Filmschaffende am pünktlichen Erscheinen oder an der Ausübung seiner Tätigkeiten verhindert, so hat er dem Filmhersteller dies unter Angabe der Gründe und unter Angabe der voraussichtlichen Dauer der Verhinderung unverzüglich mitzuteilen. Der Filmhersteller hat das Recht der Nachprüfung. Im Krankheitsfall ist der Filmhersteller berechtigt, Filmschaffende, die Angestellte im Sinne des AVG § 3 sind, durch einen von ihm beauftragten Vertrauensarzt untersuchen zu lassen, sofern der Filmschaffende kein Zeugnis eines Vertrauensarztes einer Krankenversicherung beibringt. Gegebenenfalls hat sich der als Angestellter geltende Filmschaffende der Untersuchung durch einen von der Ausfallversicherung des Filmherstellers bestimmten Vertrauensarztes zu unterziehen. In diesem Falle entbindet der Filmschaffende den hinzugezogenen Vertrauensarzt der Ausfallversicherung des Filmherstellers notwendigerweise in Bezug auf Angaben über die Dauer der Krankheit und die sich daraus ergebende Arbeitsunfähigkeit von der ärztlichen Schweigepflicht gegenüber dem Filmhersteller.
Für alle Filmschaffenden, die gewerbliche Arbeitnehmer im Sinne des Lohnfortzahlungsgesetzes sind, gelten ausschließlich die Bestimmungen des Lohnfortzahlungsgesetzes.

13.2 Im Falle der Verhinderung des Filmschaffenden hat der Filmhersteller das Recht, die Dienste des Filmschaffenden für eine Zeit, die derjenigen der Verhinderung entspricht, länger zu den vertraglichen Bedingungen in Anspruch zu nehmen, es sei denn, der Grund der Verhinderung ist höhere Gewalt.

13.3 Bei Verhinderung des Beschäftigten durch Krankheit oder Unfall ohne sein Verschulden wird die Vergütung gem. § 3 Abs. 1 Entgeltfortzahlungsgesetz für die Dauer von 6 Wochen, längstens bis zum Vertragsende fortgezahlt. Die ärztliche Bescheinigung der Krankmeldung kann vom ersten Tag an verlangt werden. So weit der Produzent Beiträge zu einer aufgrund gesetzlicher Verpflichtung bestehenden Kranken- oder Unfallversicherung oder einen Zuschuss gemäß § 405 RVO leistet, werden die Leistungen dieser Versicherungen für den Fortzahlungszeitraum auf Ansprüche nach Satz 1 angerechnet.

13.4 Bei Verhinderung des Beschäftigten aus anderen, in seiner Person liegenden Gründen ohne sein Verschulden wird die Vergütung nach Maßgabe des § 616 BG8 fortgezahlt, wobei als verhältnismäßig nicht erhebliche Zeit im Sinne des § 616 BGB gelten:
bei Verpflichtungen bis zu 7 Kalendertagen 2 Tage
bei längerer Verpflichtung 4 Tage.

13.5 Stehen dem Beschäftigten aufgrund der Verhinderung Ansprüche wegen des Verdienstausfalls gegen Dritte zu, so hat er diese Ansprüche in Höhe der vom Produzenten für die Ausfallzeit zu erbringenden Leistungen an diesen abzutreten.

14 Urlaub

14.1 Urlaub ist grundsätzlich innerhalb der Vertragszeit zusammenhängend zu gewähren und zu genehmigen. Sofern die Tätigkeit endet, ohne dass der Urlaub durchgeführt werden konnte, wird er abgegolten. Eine pauschale Abgeltung mit der Wochengage ist unzulässig, sie hat gesondert zu erfolgen.

14.2 Dem Filmschaffenden stehen pro 7 zusammenhängender Tage der Vertragszeit ein halber Urlaubstag zu. Bei der Anrechnung von Bruchteilen von Urlaubstagen gilt die Regelung des Bundesurlaubsgesetzes. (Bruchteile von Urlaubstagen, die mindestens 1/2 Tag ergeben, sind auf volle Urlaubstage aufzurunden.)

14.3 Die Höhe des für die Urlaubstage zu zahlenden Urlaubsentgeltes berechnet sich nach der gegebenenfalls unmittelbaren oder umgerechneten Tagesgage.

14.4 Eine Abgeltung des Urlaubs durch Zahlung statt bezahlter Freizeit ist nur statthaft, wenn die Tätigkeit endet, ohne dass der Urlaub gewährt werden konnte. Die Höhe der Urlaubsabgeltung entspricht dem entgangenen Urlaubsentgelt.

14.5 Im übrigen gelten die gesetzlichen Bestimmungen, so weit die vorstehenden nicht günstiger für den Filmschaffenden sind.

Anhang

15 Abweichende gesetzliche Bestimmungen

15.1 So weit einzelnen Bestimmungen dieses Tarifvertrages zwingende gesetzliche Bestimmungen, insbesondere für bestimmte Arbeitnehmergruppen (z.b. Jugendliche, Schwer beschädigte), entgegenstehen, gelten diese, ohne dass die übrigen Bestimmungen des Tarifvertrages hierdurch berührt werden.

16 Verjährung

16.1 Für die Verjährung von Ansprüchen des Vertragspartners gelten die gesetzlichen Bestimmungen. So weit es sich um Ansprüche auf Zuschläge zu Gagen (Ziff. 5) handelt, hat der Filmschaffende diese gegenüber dem Filmhersteller innerhalb von 3 Monaten schriftlich geltend zu machen, andernfalls verfallen sie. Diese Frist ist gehemmt, solange der Filmschaffende an der Geltendmachung der Ansprüche gehindert ist.

17 Besitzstandswahrung

17.1 Zur Zeit des Inkrafttretens dieses Tarifvertrages bestehende, für den Filmschaffenden günstigere Bestimmungen in Einzelverträgen werden durch diesen Tarifvertrag nicht berührt.

18 Vertragsrecht und Gerichtsstand

18.1 Für die Anwendung und Auslegung des Beschäftigungsvertrages gilt deutsches Recht. Gerichtsstand für Streitigkeiten aus dem Arbeitsverhältnis ist Berlin, Hamburg oder München nach Maßgabe des Sitzes oder Wohnsitzes des Beklagten innerhalb des örtlich zuständigen oder des ihm örtlich nächstliegenden dieser Gerichte. Differenzen über die Auslegung des Tarifvertrages, die die Filmschaffenden mit den Filmherstellern haben, dürfen nicht zu ihren beruflichen oder persönlichen Nachteilen führen.

19 Beginn und Beendigung des Tarifvertrages

19.1 Der Tarifvertrag tritt am 1.1.1996 in Kraft. Für Verträge, die vor dem 1.7.1996 auf der Grundlage des Ergänzungstarifvertrages vom 29.7.1993/5.10.1993 abgeschlossen worden sind, gilt dieser bis zum 30.6.1996. Er ist frühestens zum 31.12.1997 mit einer Frist von drei Monaten kündbar.

19.2 Im Falle der Beendigung des Tarifvertrages durch Kündigung bleiben seine Bestimmungen unabdingbar solange in Kraft, bis ein Tarifpartner dem anderen schriftlich mitteilt, dass er die Verhandlungen über einen Tarifvertrag nicht aufnehmen oder fortsetzen wird.

19.3 Die Vertragsschließenden werden innerhalb von 6 Wochen nach Kündigung über den Abschluss eines neuen Tarifvertrages in Verhandlungen eintreten.

19.4 Die Vertragsschließenden streben die Allgemeinverbindlicherklärung dieses Tarifvertrages durch den Bundesminister für Arbeit und Sozialordnung an.

München, Stuttgart, Hamburg, 24. Mai 1996
Bundesverband Deutscher Fernsehproduzenten e.V.
Arbeitsgemeinschaft Neuer Deutscher Spielfilm Produzenten e.V.
Verband Deutscher Spielfilmproduzenten
IG Medien – Druck und Papier, Publizistik und Kunst
DAG Deutsche Angestellten-Gewerkschaft

II. Gagentarifvertrag

1 Geltungsbereich

1.1 Für das Gebiet der Bundesrepublik Deutschland.

1.2 *Sachlich*
Für die nicht öffentlich-rechtlich organisierten Betriebe zur Herstellung von Filmen.

1.2.1 Dieser Gagentarifvertrag gilt nicht für Werbefilme.

1.3 *Persönlich*
Für alle Film- und Fernsehschaffenden (Angestellte und gewerbliche Arbeitnehmer). Film- und Fernsehschaffende im Sinne dieses Tarifvertrages sind: Architekten (Szenenbildner), Ateliersekretärinnen (Skript), Aufnahmeleiter, Ballettmeister, Continuities, Cutter, Darsteller (Schauspieler, Sänger, Tänzer), Filmgeschäftsführer, Filmkassierer, Fotografen, Geräuschemacher, Gewandmeister, Kameramänner, Kostümberater, Maskenbildner, Produktionsfahrer, Produktionsleiter, Produktionssekretärinnen, Regisseure, Requisiteure, Special Effect Men, Tonmeister sowie Assistenten vorgenannter Sparten und Film- und Fernsehschaffende in ähnlichen, mit der Herstellung von Filmen unmittelbar in Zusammenhang stehenden Beschäftigungsverhältnissen.

1.3.1 Ausgenommen sind Film- und Fernsehschaffende, die ausschließlich mit Synchronarbeiten beschäftigt werden.

Anhang

2 Wochengage

2.1 Die Wochengage gilt die im Manteltarifvertrag für Film- und Fernsehschaffende unter TZ 5.2 vereinbarte wöchentliche Arbeitszeit ab.

3 aufgehoben

4 Gagenhöhe

4.1 Die in der Gagentabelle Ziffer 5 angegebenen Tages- oder Wochengagen sind Mindestgagen, die für die unter den persönlichen Geltungsbereich Fallenden nicht unterschritten werden dürfen.

5 Gagen-Tabelle
Ab 1. Mai 2000 Ab 1. Januar 2001

Wochengagen	DM	EURO	DM	EURO
Regie-Assistenz	2.089	1.068,09	2.140	1.094,16
Produktionsleitung	2.781	1.421,90	2.849	1.456,67
Produktionsassistenz	1.963	1.003,67	2.011	1.028,21
1. Aufnahmeleitung	1.896	969,41	1.943	993,44
2. Aufnahmeleitung	1.475	754,16	1.518	776,14
Filmgeschäftsführung mit Kassenführung	1.786	913,17	1.830	935,66
Produktionssekretariat	1.326	677,97	1.365	697,91
Atelier-Sekretariat Skript	1.326	677,97	1.365	697,91
Continuity	1.672	854,88	1.721	879,93
Produktionsfahrer (mit Produktionserfahrung)	1.051	537,37	1.082	553,22
Kamera	4.510	2.305,93	4.620	2.362,17
Kamera-Assistenz	2.076	1.061,44	2.127	1.087,52
2. Kamera-Assistenz	1.475	754,16	1.518	776,14
Schnitt	2.154	1.101,32	2.207	1.128,42
1. Schnitt-Assistenz	1.316	672,86	1.355	692,80
2. Schnitt-Assistenz	1.135	580,32	1.168	597,19
Außen-Requisite	1.896	969,41	1.943	993,44
Innen-Requisite	1.657	847,21	1.706	872,26
Kostümbild	2.306	1.179,04	2.363	1.208,18
Kostümbild-Assistenz	1.611	823,69	1.658	847,72
Kostümberatung	1.984	1.014,40	2.033	1.039,46
Garderobe/Gewand	1.575	805,28	1.621	828,80
Maske	1.984	1.014,40	2.033	1.039,46
Ton	2.348	1.200,51	2.406	1.230,17

II. Tarifvertrag für Film- und Fernsehschaffende

Ton-Assistenz	1.670	853,86	1.719	878,91
Szenenbild	2.435	1.245,00	2.495	1.275,67
Szenenbild-Assistenz	1.733	886,07	1.776	908,05
Tagesgagen				
Standfoto	324	165,66	334	170,77
Tänzer				
(bei Sololeistung + 50 %)	363	185,60	374	191,22

6 Andere Film- und Fernsehschaffende

6.1 Für alle im persönlichen Geltungsbereich des Tarifvertrages für Film- und Fernsehschaffende unter Ziffer 1.3 genannten Berufe, die in der vorstehenden Gagentabelle (Ziffer 5) nicht enthalten sind, werden die Gagen auf der Basis der manteltarifvertraglichen Bedingungen des Tarifvertrages frei ausgehandelt.

7 Geltungsdauer

7.1 Dieser Tarifvertrag tritt am 1.5.2000 in Kraft. Er ist mit einer Frist von drei Monaten, erstmals zum 31. Dezember 2001, kündbar. Die Kündigung muss schriftlich per Einschreiben oder gegen Empfangsquittung erfolgen.

7.2 Erfolgt keine Kündigung, verlängert sich der Vertrag bei gleicher Kündigungsfrist jeweils um ein Jahr.

7.3 Nach erfolgter Kündigung bleiben die Vertragsbestimmungen bis zum Abschluss eines neuen Vertrages in Kraft oder bis eine der Vertragsparteien die Verhandlungen für gescheitert erklärt.

7.4 Die Vertragsparteien verpflichten sich, nach einer Kündigung innerhalb von sechs Wochen Verhandlungen über einen Neuabschluss aufzunehmen.

7.5 Die Vertragschließenden streben die Allgemeinverbindlicherklärung dieses Tarifvertrages durch den Bundesminister für Arbeit und Sozialordnung an.

München, Stuttgart, Hamburg, den 6. April 2000
Bundesverband Deutscher Fernsehproduzenten e.V.
Arbeitsgemeinschaft Neuer Deutscher Spielfilm Produzenten e.V.
Verband Deutscher Spielfilmproduzenten
IG Medien – Druck und Papier, Publizistik und Kunst
DAG Deutsche Angestellten-Gewerkschaft

Anhang

III. Tarifvertrag für Kleindarsteller

1 Geltungsbereich

1.1 Kleindarsteller gelten als Film- und Fernsehschaffende im Sinne dieses Tarifvertrages.

1.2 Kleindarsteller sind Film- und Fernsehschaffende, deren darstellerische Mitwirkung die filmische Handlung nicht wesentlich trägt und die ihr kein eigenpersönliches Gepräge gibt.

2 Allgemeine Regelungen

2.1 Kleindarsteller-Engagements können durch Beauftragte einer Filmproduktion mündlich (z.B. telefonisch) abgeschlossen werden. Auf eine schriftliche Bestätigung kann verzichtet werden.

2.2 Kleindarsteller haben bei Verlegung des Beginns der Vertragsdauer Anspruch auf das vereinbarte Honorar, wenn ihnen die Verlegung nicht mindestens 24 Stunden vor vereinbarter Arbeitsaufnahme bekanntgegeben wird.

2.3 Für Kleindarsteller, die zu Aufnahmen außerhalb des Bereichs öffentlicher Verkehrsmittel verpflichtet werden, gilt die Zeit der An- und Abreise vom Endpunkt öffentlicher Verkehrsmittel zum bzw. vom Aufnahmeort als Arbeitszeit.

2.4 Sofern bei Beendigung der Dreharbeiten öffentliche Verkehrsmittel die Heimfahrt nicht ermöglichen, hat der Filmhersteller auf seine Kosten für die Heimbeförderung der Kleindarsteller zu sorgen.

2.5 Wird nach Beendigung der normalen Arbeitszeit durch Abschminken, Kostenabgabe oder Gagenzahlung ohne Verschulden des Kleindarstellers eine weitere Stunde überschritten, so ist jede weitere angefangene Stunde als
Mehrarbeit zu vergüten.

3 Produktionsdelegierter

3.1 Werden an einem Aufnahmetag mehr als fünfzig Kleindarsteller zugleich beschäftigt, so ist zusätzlich ein Kleindarsteller als „Produktionsdelegierter" einzusetzen. Der Produktionsdelegierte ist Vertrauensmann der Kleindarsteller im Auftrag der vertragschließenden Gewerkschaften. Er ist beauftragt, den ordnungsgemäßen Arbeitsablauf zwischen Produktion und Kleindarstellern zu gewährleisten und bei der Abrechnung mitzuhelfen.

3.2 Der Produktionsdelegierte ist von der Tätigkeit als Kleindarsteller freigestellt. Als Vergütung erhält er die gleiche Gage, die dem höchstbezahlten Kleindarsteller – einschließlich eventueller Zuschläge für Mehr-, Nacht-, Sonn- und Feiertagsarbeit gemäß TZ 5.3 – zusteht.

3.3 Zuschläge und Sondervergütungen nach TZ 5 und 6 bleiben hierbei außer acht.

4 Gagenregelungen

4.1 Der Kleindarsteller erhält je achteinhalbstündigem Einsatztag, unabhängig davon, ob er in eigener oder von der Produktion gestellter Kleidung auftritt, eine Tagesgage in Höhe von DM 165/*EURO 84,36* (ab 1.1.2001: DM 170/*EURO 86,92*). Beträgt der Einsatz lediglich bis zu 6,5 Stunden, so erhält der Kleindarsteller je sechseinhalbstündigem Einsatztag, unabhängig davon, ob er in eigener oder von der Produktion gestellter Kleidung auftritt, eine Tagesgage in Höhe von DM 124/*EURO 63,40* (ab 1.1.2001: DM 128/*EURO 65,45*).

4.2 Mit der Tagesgage sind alle Leistungen des Kleindarstellers abgegolten, die er innerhalb der Filmhandlung nach Weisung der Regie erbringen muss, so weit sie für den Spielablauf erforderlich sind und über den Rahmen der allgemeinen Mitwirkung von Kleindarstellern nicht hinausgehen.

4.3 Den Weisungen der Produktion hinsichtlich seiner Kleidung, eventuell verlangtem Zubehör und seiner Mitwirkung im Film hat der Kleindarsteller Folge zu leisten.

4.4 Bei Kleindarstellern dürfen Pauschalgagen bis zu einer Woche die tarifvertraglich vereinbarten Tagesgagen nicht unterschreiten. Bei Ausschließlichkeitsverpflichtung von Kleindarstellern ab einer Woche gegen Tagesgage besteht Anspruch auf mindestens vier Tagesgagen pro Woche.

4.5 Die Honorarabrechnung für Kleindarsteller erfolgt entweder über Gagenschein – wobei die einbehaltene Lohnsteuer und eventuelle Sozialabgaben nach den gesetzlichen Bestimmungen bescheinigt werden – oder aufgrund einer Gagenliste.
Wird aufgrund einer Gagenliste abgerechnet, so trägt da Arbeitgeber die Lohnsteuer (Lohnsteuer-Pauschalierung).

4.6 Der Filmhersteller ist verpflichtet, dem Kleindarsteller täglich seine Gage auszuzahlen. Die Auszahlung soll grundsätzlich am Drehort erfolgen.

Anhang

5 Zuschläge

5.1 Für besondere Aufwendungen und Leistungen des Kleindarstellers sind zur Tagesgage Zuschläge zu zahlen.

5.1.1 Bei Mitwirkung in eigener gepflegter Gesellschaftskleidung, z.B. Gehrock, Cutaway, Frack, Stresemann, Abendkleid, Cocktailkleid, Pelzmantel, Pelzstola DM 45,00.

5.1.2 Wenn sich der Kleindarsteller in einer nicht der Jahreszeit entsprechenden Kleidung länger als nur vorübergehend im Freien aufhalten muss DM 60,00.

5.1.3 Werden vom Kleindarsteller über die in TZ 1.2 (persönlicher Geltungsbereich) bezeichneten Aufgaben hinaus eigenpersönliche Leistungen verlangt, wie z.b. Einzeldarstellung besonderer Typen oder Charaktere, kleine Sprechrollen u.ä. DM 70.00.

5.2 Werden bei Dreharbeiten oder Proben eigene Sachen des Kleindarstellers beschmutzt oder beschädigt, so haftet der Filmhersteller für den Schaden.

5.3 Mehrarbeitszuschläge über die vereinbarte Arbeitszeit gemäß T Z 4.1 hinaus sowie Nacht-, Sonn- und Feiertagszuschläge richten sich nach dem Manteltarifvertrag, TZ 5.4 – 5.7.

6 Sondervergütungen

6.1 Wird ein Kleindarsteller namentlich aufgefordert sich für eine eventuelle Engagementsverpflichtung persönlich vorzustellen, so erhält er unabhängig davon, ob ein Engagement zustande kommt oder nicht – eine Aufwandsentschädigung von DM 30,00.

6.2 Wird ein engagierter Kleindarsteller an einem Tag vor Beginn der Dreharbeiten gesondert zur Einkleidung oder Kostümprobe an den Drehort oder einen anderen Ort bestellt, so erhält er eine Aufwandsentschädigung von DM 30,00.

7 Pauschalbesteuerung
Bei Pauschalbesteuerung von Kleindarstellern nach Finanzamtslisten reduzieren sich die Gagen der TZ 4 bis einschließlich 5.1.3 um jeweils 20 %.

8 Geltungsdauer
Dieser Tarifvertrag tritt am 1. Mai 2000 in Kraft. Er kann nur gemeinsam mit dem Manteltarifvertrag oder dem Gagentarifvertrag gekündigt werden. Im übrigen gilt TZ 7 des Gagentarifvertrages.

II. Tarifvertrag für Film- und Fernsehschaffende

München, Stuttgart, Hamburg, den 6. April 2000
Bundesverband Deutscher Fernsehproduzenten e.V.
Arbeitsgemeinschaft Neuer Deutscher Spielfilm Produzenten e.V.
Verband Deutscher Spielfilmproduzenten
IG Medien – Druck und Papier, Publizistik und Kunst
DAG Deutsche Angestellten-Gewerkschaft

Sachverzeichnis

Die mit S. versehenen Seiten beziehen sich auf die Seitenzahlen.
Ansonsten verweisen die Zahlen auf die zugehörige Randnummer.

Abnahme des Werks 522 ff.
– Bearbeitung 529 ff.
– Gewährleistung 542 ff.
– Mangelhaftigkeit 524 ff.
– Nachbesserung 529 ff.
– Zeitpunkt 523
Ablieferung des Werks 517 ff.
– Bestätigungsschreiben 518
– Nachfrist 520
– Verzug 518 ff.
– Verzugsfolgen 518 ff.
– Zahlungsverzug 521
absolute Person der Zeitgeschichte, *siehe Persönlichkeitsrecht*
aktuelle Ereignisse
– Archivmaterial 161
– Bild- und Tonberichterstattung 155 ff.
– Dokumentarfilm 165
– Tagesereignis 157
– unwesentliches Beiwerk 164 ff.
Archivmaterial 128 ff.
– Bundesfilmarchiv 129
– Checkliste 146
– Transitfilm GmbH 145
– urheberrechtlicher Schutz 142 ff.
– Verwertungsvertrag 140 ff.
Auswertung des Films, *siehe Filmauswertung*
Autorenverband 413 ff.
– Verband Deutscher Drehbuchautoren 413 ff.
– Verband Deutscher Schriftsteller 413 ff.
Autorenvertrag, *siehe Filmautorenvertrag*

Beiwerk 223
Bildmaterial 128 ff.
Budget 4 ff., 11

Bundesfilmarchiv 129
Buyout-Vertrag
– Fälligkeit 505 ff.
– Quotelung 505 ff.
– Vorteil des Auftraggebers 512
– Wiederverfilmung 126

Completion Bond 41, 655 ff., 726
Credits 540, 567 ff.
– Koproduktion 651
– Platzierung der C. 572
– Reihenfolge der Nennung 575

Deutsche Wochenschau 133 ff.
Digitalrecht 951 ff.
Dokumentarfilm 28, 33
Double 817
Drehbuch
– Abweichung 98 f.
– urheberrechtlicher Schutz 87
Drehplan 22
Drehverhältnis 18

Errors und Omissions (E&O) Versicherung 655 ff., 685, 727 ff.
– ausgeschlossene Risiken 749 ff.
– ausländische Versicherung 773
– Beendigung 760 f.
– Checkliste 768
– clearance procedures 768 ff.
– Copyright-Recherche 765
– Ehrverletzung 732
– Eintritt des Versicherungsfalls 748
– Einwilligungserklärung 767
– Gegenstand des Versicherungsschutzes 730 ff.
– gerichtliche Verfügung 756
– Geschmacksmusterrecht 737
– Höchsthaftung 759
– Kosten 762 f.

Sachverzeichnis

- Laufzeit 760 f.
- Markenrecht 737
- Namensrecht 735
- Namensrecht 737
- Patentrecht 737
- Recht am eigenen Bild 735
- Rechtekette 765771
- Rufschädigung 732
- Selbstbehalt 759
- Shortfall Guarantee 774 ff., *siehe dort*
- Titelrecht 737
- Überschreitung von Nutzungsrechten 743
- Urheberrechte 739
- Verlängerung 760 f.
- Verletzung des allgemeinen Persönlichkeitsrechts 731 ff.
- Verletzung von Immaterialgüterrechten 737 ff.
- Vermögensschadensversicherung des Produzenten 730
- Vertragsbedingungen 759 ff.
- Voraussetzungen für den Versicherungsschutz 765
- Wiederverfilmung 755

Exposé 81 ff.
- urheberrechtlicher Schutz 82 ff.

Filmauswertung
- ausschließliches Nutzungsrecht 880
- Besonderheiten 893 ff.
- Bestsellerparagraf 888
- einfaches Nutzungsrecht 881
- Internet 914 ff., *siehe dort*
- Laufbilder 904
- Rückruf des Nutzungsrechts 890
- Übertragung von Nutzungsrechten 877 ff.
- vertragsrechtliche Bestimmungen 897 ff.
- Zweckübertragungsregel 886

Filmautorenvertrag 385 ff.
- Agent 406 ff., 411
- Agenturvertrag 396
- Anwesenheitsrechte des Autors 559 ff.
- Arbeitsvertrag 327 ff., 332, 335 ff., 360 f.
- Auflösungsvertrag 373
- außerordentliche Kündigung 372
- Ausschlussklausel 581 f.
- Autorenverband 413 ff., *siehe dort*
- Belegexemplare 585
- Besitzstandswahrung 586
- Bestätigungsschreiben 429 ff., 534
- Buyout–Vertrag 425, 436 ff.
- Definition des Projekts 453 ff.
- Dienstvertrag 327 ff., 333, 335 ff., 342 ff.
- Fälligkeit der Honorarzahlung 493 ff.
- gemeinsame Vergütungsregelungen 387
- Gesellschafterverträge zwischen Autoren, *siehe dort*
- Honorarhöhe 476 ff.
- Medienagentur 406 ff.
- Mehrwertsteuer 482 ff.
- Mindesthonorar 390
- Mitspracherecht des Autors 553 ff.
- Mitspracherecht des Schauspielers 576 ff.
- Nachforderung 387
- neues Urhebervertragsrecht 385 ff.
- Nutzungsrechte 460 ff.
- Nutzungsvertrag 436 ff.
- Optionsvertrag 395
- Quotelung der Honorarzahlung 493 ff.
- Produzenten 85, 398 ff.
- Rechteübertragung 472 f.
- Rechtsschutzklauseln 588
- Reisekosten 485 ff.
- Salvatorische Klauseln 589 ff.
- Schlichtungsverfahren 387
- Schnittabnahme 559 ff.
- Sender 402 ff.
- Sonderfälle 594 ff.
- tarifvertragliche Vorgaben 452
- Theaterverlage 406 ff., 411
- Übertragung der Rechte 459 ff.
- Urhebernennung 567 ff.
- Vertragsarten 391 ff.
- Vertragsdauer 361
- Vertragspartner 398 ff.

Sachverzeichnis

- Vertragsform 428 ff.
- Werknutzung durch den Auftraggeber 584
- Werkvertrag 327 ff., 342 ff., *siehe dort*
- Wiederholungshonorar 446
- Zeithonorar 434
- Zweckbestimmung des Werks 456

Filmförderung 58 ff.
- Eurimages 64

Filmförderungsanstalt (FFA) 13, 60
Filmhersteller, Rechte des
Filmherstellung 327 ff.
- Arbeitsverhältnis 356 ff.
- arbeitsvertragliche Pflichten des Filmschaffenden 362
- Arbeitszeit 367
- Beschäftigung von Kindern und Jugendlichen 370
- Ende des Arbeitsverhältnisses 371 ff.
- Herstellungskosten 6, 16
- Herstellungsleiter 10
- Mehrarbeit 368
- Optionsabrede 374
- Rechtseinräumung 805
- Scheinselbständigkeit 345 ff.
- Selbständigkeit 345 ff.
- Tarifvertrag 352 ff., *siehe dort*
- Teilzeit- und Befristungsgesetz 357
- Urlaub 369
- Verhandlungsspielraum 421 ff.

Filmgeschäftsführung 43
Filmidee 74, 76, 78 ff.
Filmmusik 277 ff.
- Auftragsproduktion 279 f.
- Checkliste 290
- GEMA-freie Musik 287
- Kosten 281 f.
- Musik als Beiwerk 286
- Musikurheber 278
- Musikzitat 288
- Nutzung ohne Einwilligung 287 ff.
- Rechte an der Tonträgeraufnahme 283 ff.

Filmrecht 784 ff., *siehe auch Urheberrecht*

- Filmwerk 789
- Insolvenzmasse 1043 ff.
- Laufbilder 785, 787 ff.
- Miturheber 797 ff., 804, 807 f.
- Sammelwerk 801
- Schutz gegen die unerlaubte Auswertung 784
- unerlaubte Auswertung 783
- Urheberschaft der Beteiligten 797 ff., 806
- Werkcharakter 787 ff.
- Werkverbindung 800, 804

Filmtheater 913
Filmurheber
- Ausstellungsrecht 822, 827
- Bearbeitungsrecht 828
- Erlaubnis zum Remake 117 ff.
- Namensnennungsrecht 816 f.
- Nutzungsvertrag 818
- Recht auf Werkintegrität 818 ff.
- Recht der öffentlichen Zugänglichmachung 830
- Rechte 810 ff.
- Schranken 836 ff.
- Urheberpersönlichkeitsrecht 811 ff.
- Verbreitungsrecht 826
- Veröffentlichungsrecht 815
- Vervielfältigungsrecht 822, 825, 842
- Verwertungsrecht 810
- Verwertungsrecht 821 ff.
- Werkverwertung in körperlicher Form 824 ff.
- Werkverwertung in unkörperlicher Form 829 ff.

Filmversicherung 655 ff.
- Abweichungen 693
- acceptance of assignment 675
- Altersfreigaben 686
- Ausschlüsse 689 ff.
- Auswahl des Fertigstellungsgaranten 670 f.
- Besetzung 700
- Bonitätsrisiko 670 f., 687
- Budget 701
- Budgetüberschreitungsreserve 679
- completion agreement 674
- Completion Bond 657 ff.

335

Sachverzeichnis

- Drehbuch 701
- E&O Versicherung, *siehe dort*
- Essential Elements 693
- Fertigstellungsgarant 679
- Fertigstellungsgarantie 657 ff., 666 ff., 677 ff.
- Fertigstellungsrisiko 63 ff.
- Finanzierungsrisiko 667
- gap–financing 675
- Garantiegebühr 780
- Haftungsausschlüsse 684 ff.
- interparty-agreement 675
- Kopierwerkserklärung 674
- laboratory letter 674
- letter of credit 675
- Lieferbedingungen 694
- Lieferfristen 663, 692
- Mehrparteienvereinbarung 696
- Nachweis des Versicherungsschutzes 683
- Pflichten des Begünstigten 695
- Pflichten des Produzenten 697 ff.
- producer agreement 674
- Produktionscontrolling 669
- Produzentenvereinbarung 697 ff., *siehe Produzent*
- Rückversicherung 670 f
- Sicherungsvereinbarung 696
- takeover 695, 713 f
- technische Anforderungen 663
- Überschreitungsgründe 661 f.
- Überschreitungsrisiko 661
- Übersicht 655, 673
- Vertragsbruch 687
- Vertragsverhältnisse 672 ff.
- Vertragswerke 673, 676
- Währungsrisiko 662
- Zahlung der Garantiegebühr 698 ff.

Filmwerk 130 ff., 789
- Schutzfrist 132

Filmzitat 169 ff.
- Änderungsverbot 191
- Checkliste 198
- Entwicklung des Zitatrechts 194 ff.
- Gebrauch 169 ff.
- Großzitat 175 ff.
- Kleinzitat 178 ff.
- Musikzitat 180 ff.
- Quellenangabe 192 f
- selbständiges Werk 183
- Umfang 184 ff.
- Urheberrecht 172 ff.
- wissenschaftliches Werk 176 f.
- Zweck 184 ff.

Finanzierung 49 ff.
- Gap Financing 656
- Gesamtf. 72
- Package 49
- Rechtekette 50
- Rückstellung 67
- Sponsoring 68
- Verleiher 51
- Vorabverkauf 674

Formatschutz 291 ff.
- Film 294
- Jingles 313
- Merchandising 104, 307 f.
- Moderator 304 f.
- Real-Live-Soap 299
- Rechtsschutz der Bestandteile 303 ff.
- Serie 294
- Show 295 ff.
- Spielshow 299
- Stillhalteabkommen 314
- Studioausstattung 312
- Tipps 314 f.
- Titelschutz 306 ff.
- Titelschutzanzeiger 311
- wettbewerbsrechtlicher Schutz 300 ff.

Foto
- Nutzung im Film 153 ff.
Formatschutz 291 ff.

Gage
- Anspruch auf Gagenzahlung 363 ff.
- Darsteller 20
- Fälligkeit der Honorarzahlung 493 ff.
- Mindestgage 363
- Quotelung der Honorarzahlung 493 ff.
- Tagesgage 364
- Tarif 19, *siehe Tarifvertrag*

Sachverzeichnis

- Wiederholungshonorar 446
- Zeithonorar 434
Gemälde
- Nutzung im Film 153 ff.
Gesellschafterverträge zwischen Autoren
- BGB-Gesellschaft 605
- Eintragung als Dienstleistungsmarke 608
- Gemeinschaftseigentum 607
- Geschäftsführung 612
- Gesellschafterversammlung 616
- Gesellschaftskonto 610
- Haftung 617, 623
- Kündigung 618
- Liquidation 621
- Sachentscheidungen 613
- Stimmrecht bei Gesellschafterbeschlüssen 615
- Verteilung der Einkünfte 609
- Vertretungsbefugnis 614

Head of Department 24
Herstellung des Films, siehe *Filmherstellung*

Ideenschutz 89 ff.
- Copyright 90
- Stillhalte- und Vertrauensabkommen 92
Insolvenz
- Ablauf 997 ff.
- Arbeitsverhältnis 1010, 1025
- Ausschluss des Wahlrechts 1093
- Ausübung des Wahlrechts 1034
- Berichtstermin 1009
- beschränktes Wahlrecht 1088 ff.
- Dienstverhältnis 1010, 1025
- Eigentumsrechte an Filmmaterial 1050
- Eigenverwaltung 1011
- Einwilligungserfordernis 1055 f.
- Erfüllungsablehnung 1070
- Erfüllungsfrage 1030
- Erfüllungswahl 1068 f.
- Eröffnungsbeschluss 1009
- Eröffnungsgrund 1000
- Eröffnungsverfahren 1005
- Fortbestand bestehender Verträge 1007, 1023, 1025, 1061 ff.
- Fortführung des Unternehmens 1008 f.
- Gegenstand des Insolvenzverfahrens 998
- Gläubigeranspruch 994, 1017 ff.
- Gläubigerbeteiligung 1014
- I. natürlicher Personen 1004
- Inhalt des Antrags 1002
- Insolvenzantrag 997, 999
- Insolvenzfestigkeit 1093
- Insolvenzmasse 1015 f.
- Insolvenzordnung 995 f.
- Insolvenzplan 995, 1038
- Insolvenzverfahren 1009
- Insolvenzverwalter 1005 f., 1009, 1015
- Kreditsicherung 1099 f.
- Kündigungssperre 1008, 1065
- Liquidation 1040 ff.
- Lizenzgeber: 1059, 1065, 1095, 1101
- Lizenznehmer: 1094
- Lizenzvertrag 1028, 1057 f., 1066, 1077 ff.
- Lizenzvertragsketten 1046 ff.
- Massegläubiger 1022
- Mietvertrag 1010
- Nutzungsrechtsvertrag 1028, 1057 ff., 1066, 1072, 1077 ff.
- Ort des Antrags 1002
- persönliche Haftung 1001
- Prüftermin 1009
- Rechte am Film 1043 ff.
- Schuldrechtliche Lizenzen 1085
- Schuldner 1038 ff.
- Schuldnervermögen 1012
- Schutz vor Kündigung 1008
- Sicherungsmaßnahmen 1005
- Sublizenz 1048, 1074 ff.
- Übersicht Lizenzvertragsketten 1049
- Übersicht Nutzungsrechte 1049
- Übersicht Verfahrensablauf 1041
- Übersicht Vermögenswerte 1042
- Unterbrechung des Gerichtsverfahrens 1013
- Urheberinsolvenz 1055 f., 1096

Sachverzeichnis

- Verfahrensaufhebung 1041
- Verfahrensbeendigung 1038 ff.
- Verfahrenseröffnung 1010
- Vergleich 1038
- vertragliche Regelungsmöglichkeit 1098
- Vorleistung 1031
- vertragliche Ansprüche 1054 ff.
- Wahlrecht des Insolvenzverwalters 1026, 1030 ff., 1066
- Zahlungsunfähigkeit 1000
- Zeitpunkt des Antrags 1000

Internetnutzung 914 ff.
- Abrufdienste 927 f.
- Auswertung des Films 914 ff.
- Begleitdienste 924
- Datenbank 954
- Digitalrechte 951 ff.
- Direktbetrieb an Kinos 929 ff.
- eigenständige Nutzungsart 918, 926
- Internet–TV 920 ff.
- Merchandising 932
- neue Formate 925
- Nutzung in Filmtheatern 931
- rechtliche Rahmenbedingungen 916
- technische Voraussetzungen 915, 923
- urheberrechtliche Grundlagen 917 ff.
- Verwendung auf Homepage 932
- Video-on-demand 927 f., 954

Kalkulation 4 ff., 12, 27
- Drehplan 22
- Fertigungskosten 15
- Herstellungskosten 16
- Programm 26
- Tarifgagen 19
- Zeitfaktor 39

Kopierwerk 21
Koproduktionsvertrag 628 ff.
- Auswertungsrechte 643
- Budget 634, 636
- Credits 649
- Drehbuchautor 630
- Erlöse 647 ff.
- Filmmaterial 633
- Finanzierungslücken 635
- Gerichtsstand 654
- Gesamtverantwortung 640
- Gesellschaftsfor 652
- Haftung 652
- Postproduktion 641
- Produzentenhonorar 637
- Recoupment 649
- Sprachfassung 632
- Steuerfragen 653
- Versicherungen 642
- Vertragsgegenstand 630 ff.
- Vorarbeiten 638
- Weltvertrieb 645

Kosten
- Filmmusik 281 f.
- Finanzierungskosten 16
- Fertigungskosten 15
- Handlungskosten 42
- Produktionskosten 46 ff.
- Recherchekosten 488 ff.
- Reisekosten 485 ff.

Künstler, Rechte des
- Ausschließlichkeitsrecht 906
- ausübender Künstler 850 f.
- Leistungsschutzrecht 853, 875
- Persönlichkeitsrecht 853 ff.
- Verbreitungsrecht 856
- Vergütungsanspruch 906
- vertragsrechtliche Bestimmungen 905 ff.
- Vervielfältigungsrecht 856
- Verwertungsrecht 853, 856 ff.

Künstlersozialkasse 30

Laufbilder
- Nachahmung durch Neuverfilmung 147 ff.
- urheberrechtlicher Schutz 94 f., 130 ff., 149 ff., 896, 904, 909

Liquidität 5
Letter of Intent 57
Low-Budget-Produktion 32

Musikzitat 180 ff., 288

Null–Kopie 3
Nutzungsrecht, *siehe Filmauswertung*

Sachverzeichnis

Persiflage 102
Persönlichkeitsrecht 199 ff.
– absolute Personen der Zeitgeschichte 218 f.
– anwaltliches Gutachten 552
– Aufnahme- und Sendeverbot 207
– Beleidigung 250
– Daten von Personen 246
– E&O-Versicherung, *siehe dort*
– Einwilligung 209 ff., 214 ff., 228 f.
– Entschädigung 215 f.
– Exklusivrecht 208
– falsche Angaben von Personen 247 ff.
– Folgen bei Verletzung 745 ff.
– Gegendarstellung 266 ff.
– Haftung 262 f.
– Immunitätsschutz 255
– Informationsbedürfnis der Öffentlichkeit 199
– Interessenabwägung 226
– Intimbereich 227 ff.
– juristische Personen 203
– kommerzielle Verwertung 235
– Namensnennung 237 f.
– Notwehr 265 f.
– öffentliche Versammlung 224 f.
– Person als Beiwerk 223 f.
– Person der Zeitgeschichte 240
– Persönlichkeitsverletzung 272 ff.
– Pressefreiheit 233
– Privatbereich 227 ff.
– Recht am eigenen Bild 205 ff.
– Recht der Betroffenen 264 ff.
– Rechtfertigung 257 ff.
– relative Personen der Zeitgeschichte 220 ff.
– Richtigstellung 270
– Sachverständigengutachten 259
– Schadensberechnung 745
– Schadensersatz 214 f., 238, 745
– Schmähkritik 251 f.
– Schmerzensgeld 271 f., 745
– schützenswerter Personenkreis 201 ff.
– Tatsachenbehauptung 249
– üble Nachrede 254 ff.
– Verletzung 200, 202, 262, 272, 543
– Verleumdung 254 ff.
– Vernichtung der Aufnahmen 275
– versteckte Kamera 234
– Verwechslung 239
– Verwendung von Namen 236 ff.
– Widerruf 270
– Wiedergabe der Stimme 243 f.
– Wiedergabe von Zitaten 245
– Widerruf 216
– Zitat 245
Prequel 105, 122 ff.
Produzent
– Abschluss von Produktionsversicherung 705
– Abschlussverfahren 724
– Abtretungsanzeige 719 f.
– Ausschluss von stop-dates 704
– Avalzinsen 723
– Besetzung 700
– Budget 701
– Completion Bond 726
– Drehbuch 701
– Drehplan 701
– Durchführung der Übernahme 711 f.
– E&O-Versicherung 730, 766 f.
– Einsichtsrechte 707 ff.
– Fertigstellungsgarantie 723
– Festlegung der Vertragsproduktion 699 ff.
– Festlegung von Übernahmevoraussetzungen 710
– Garantiegebühr 698
– Informationsrechte 707 ff.
– Insolvenz 1045
– interparty agreement 721
– Kopierwerkserklärung 718
– Mehrparteienvereinbarung 721
– Pflichten 698 ff.
– Produktionskonto 702
– Produktionsübernahmeerklärung 712
– Rechteerwerb von Urheberrechten 703
– Recoupment 715 ff.
– Sicherung der Produktionsfinanzierung 702
– Sorgfaltspflicht 766 f.
– stop-dates 704
– takeover 713 f.

339

Sachverzeichnis

- Vermögensschadenversicherung 730
- Vertragsanlagen 722
- Weisungsrechte 707 ff.
- Weiterübertragung der Rechte 911 ff.

Produzent, Rechte des
- abgetretene Rechte 868
- eigene Rechte 865 ff.

Rechte des Produzenten, *siehe Produzent, Rechte des*
Rechte des Künstlers, *siehe Künstler, Rechte des*
Rechteübertragung (Autorenvertrag)
- räumliche Begrenzung 474 f.
- zeitliche Begrenzung 472 f.

Rechtsverstoß 958 ff.
- Abmahnung 961 ff.
- Abschlusserklärung 992
- Auskunftsanspruch 977 ff.
- Herausgabe des Schädigergewinns 986 ff.
- Lizenzanalogie 981 ff.
- Ratschläge 976
- Schadensberechnung 979 f.
- Schadensersatzanspruch 977 ff.
- Schutzschrift 992
- Strafbewehrung 968 ff.
- Unterlassungsanspruch 963 ff.
- Verteidigungsstrategie 972 ff.
- Wirtschaftsprüfervorbehalt 978

Recoupment 649
Remake 109, 117

Senderechte 56
Shortfall 655 ff.
Shortfall Guarantee 774 ff.
- Arten der versicherten Produktionen 779
- Ausgangssituation 774 f.
- Auswertungsrisiko 776 f.
- Bonitätsrisiko 778
- Gegenleistung des Produzenten 780
- Gegenstand der Versicherung 776 ff.
- Haftungsausschlussklausel 781
- Voraussetzung für den Abschluss 782

slate funding 73
spin off 105

Tarifgage 19, 29
Tarifvertrag
- Allgemeinverbildicherklärung 354
- Gagentarifvertrag für Film- und Fernsehschaffende 353
- Manteltarifvertrag für Film und Fernsehschaffende 352, S. 307
- Tarifvertrag für Kleindarsteller 353
- Titelschutz 316 ff.
- Kennzeichnungskraft 319 f.
- Musik 306 ff.
- Titelschutzanzeiger 311, 322 ff.
- Verwechslungsgefahr 312 ff., 321

Treatment
- urheberrechtlicher Schutz 86

Urheberrecht 74 ff., 787 ff., *siehe auch Filmrecht, Filmurheber, Künstlerrecht, Recht des Filmherstellers/Produzenten*
- Alleinurheber 807
- anonymes Werk 871
- Bearbeitung 111 ff., 298
- Berichterstattung 839
- Beweisbarkeit der Autorenschaft 80
- Einmaligkeit 76
- Einschränkung 902
- Entstellungsschutz 820
- Ephemere Aufnahmen 843
- freie Benutzung 111 ff., 129, 299
- Größenveränderung 845
- Idee 89 ff.
- Internet 917 ff.
- Laufbild 94 f., 796
- Logo 307
- Merchandising 307
- Moderator 305 ff.
- Namensnennungsrecht 816 f.
- Neuverfilmung 109
- Nutzungsrecht 891, 897 ff.
- öffentliche Wiedergabe 841
- Originalität 879 ff.

- Originalmerkmale 114 ff.
- persönliche geistige Schöpfung 790 ff.
- Persönlichkeitsrecht 810 ff.
- pseudonymes Werk 870
- Recht der öffentlichen Zugänglichmachung 830
- Rechtsfolgen ungenehmigter Verwertung 88
- Rechtsverstoß, *siehe dort*
- Richtlinie 2001/29/EG 847
- Schranken 836 ff.
- Schutz technischer Maßnahmen 847 ff.
- Schutzdauer 869 ff.
- Showformat 295 ff.
- Titel 306 ff.
- Übersetzung 110, 845
- Veröffentlichungsrecht 815
- Vervielfältigung 298, 847
- verwandte Schutzrechte 869 ff., 874 ff.
- Wegbildfreiheit 839
- Werkintegrität 818 ff.
- Zitat 172 ff., 840

Verleiher 51, 55
Verleihgarantie 54, 57
Verleihkatalog 52
Verfilmung
- Abweichung vom Drehbuch 98 f.
- Erlaubnis 96 ff.
- freie Bearbeitung 101 f.
- freie Benutzung 107
- kulturelles Gemeingut 108 ff.
- Persiflage 103
- Prequel 122 ff.
- Remake 119, 122 f., 126 f., 755
- Sequel 104 ff., 123
- Spin Off 124
- Übersetzung 100
Vergütung
- Abtretung von Vergütungsansprüchen 950
- Anspruch, 846, 935 ff.
- Lizenzvergütung 136 ff.
- Nutzungsvergütung 136 ff.
Versicherung
- Completion Bond, *siehe dort*

- Filmausfallv. 41
- Negativv. 40
- Produktion 655
Vertrag
- Agenturenv. 594 ff.
- Autorenteams 604 ff.
- Filmautorenv., *siehe dort*
- Förderungseinrichtungen 624 ff.
- Gesellschafterverträge zwischen Autoren 604 ff.
- Koproduktionsvertrag 628 ff.
- Produzent 697 ff.
- Sonderfälle 594 ff.
- Verfilmungsv. 31
- Verlagsv. 594 ff.
- Vermögenschadenv. 730
Verwerter
- Beteiligung an Umsatz/Gewinn 514 ff.
- Nettoerlösbeteiligung 515
Verwertungsarten 823
- filmische V. 901
- körperlicher Form 822 f
- nichtfilmische V. 901
- unkörperlicher Form 829 ff.
Verwertungsgesellschaft 907, 935 ff.
- Abschlusszwang 942
- Abtretung von Vergütungsansprüchen 950
- AGICOA 936
- Digitalrecht 951 ff.
- Gegenseitigkeitsvertrag 949
- GEMA 936
- Gesamtvertrag 943 ff.
- GÜFA 936
- GVL 936
- GWFF 936
- kulturelle Einrichtung 948
- Lizenzgebühr 943
- soziale Einrichtung 948
- Tarif 945
- Verteilung der Einnahmen 946 ff.
- VFF 936
- VG Bild–Kunst 936, 951 ff.
- VG Musikedition 936
- VG Wort 599, 601, 936
- VGF 936
- Wahrnehmungsvertrag 941
- Wahrnehmungszwang 942

Sachverzeichnis

Verwertungsrechte 821 ff., 835
- Bildschirm- und Lautsprecherübertragung 857
- Erstverwertung 859
- Nutzungsrecht 860
- öffentliche Zugänglichmachung
- Vergütungsanspruch 859

Video-on-demand 954
Vor- und Nachkalkulationsschema, S. 287
Weltvertrieb 53, 55, 645
Werknutzung durch den Auftraggeber 584
Werktitel
- internationale Verwendung 325
- Mitspracherecht des Autors 554

Werkvertrag 327 ff., 342 ff.
- Abfassung 382 ff.
- Abnahme als Voraussetzung des Vergütungsanspruchs 378 ff.
- Bedeutung 375 f.
- Mangelfreiheit des Werks 381
- versprochenes Werk 377

Wiederverfilmung 106, 126, 755
Wirtschaftsprüfervorbehalt 978
Wochenschauen
- Werkcharakter 133 ff.

Zitat, *siehe Filmzitat, Musikzitat*